Bessere Organisationen – besseres Leben

Christian Thielscher

Bessere Organisationen – besseres Leben

Warum Arbeit so schlecht funktioniert und wie man die Wohlfahrt deutlich erhöht

Christian Thielscher
Kompetenzcentrum für Medizinoekonomie
FOM Hochschule für Oekonomie und Management
Essen, Deutschland

ISBN 978-3-658-46800-2   ISBN 978-3-658-46801-9 (eBook)
https://doi.org/10.1007/978-3-658-46801-9

Die Deutsche Nationalbibliothek verzeichnet diese Publikation in der Deutschen Nationalbibliografie; detaillierte bibliografische Daten sind im Internet über https://portal.dnb.de abrufbar.

© Der/die Herausgeber bzw. der/die Autor(en), exklusiv lizenziert an Springer Fachmedien Wiesbaden GmbH, ein Teil von Springer Nature 2025

Das Werk einschließlich aller seiner Teile ist urheberrechtlich geschützt. Jede Verwertung, die nicht ausdrücklich vom Urheberrechtsgesetz zugelassen ist, bedarf der vorherigen Zustimmung des Verlags. Das gilt insbesondere für Vervielfältigungen, Bearbeitungen, Übersetzungen, Mikroverfilmungen und die Einspeicherung und Verarbeitung in elektronischen Systemen.
Die Wiedergabe von allgemein beschreibenden Bezeichnungen, Marken, Unternehmensnamen etc. in diesem Werk bedeutet nicht, dass diese frei durch jede Person benutzt werden dürfen. Die Berechtigung zur Benutzung unterliegt, auch ohne gesonderten Hinweis hierzu, den Regeln des Markenrechts. Die Rechte des/der jeweiligen Zeicheninhaber*in sind zu beachten.
Der Verlag, die Autor*innen und die Herausgeber*innen gehen davon aus, dass die Angaben und Informationen in diesem Werk zum Zeitpunkt der Veröffentlichung vollständig und korrekt sind. Weder der Verlag noch die Autor*innen oder die Herausgeber*innen übernehmen, ausdrücklich oder implizit, Gewähr für den Inhalt des Werkes, etwaige Fehler oder Äußerungen. Der Verlag bleibt im Hinblick auf geografische Zuordnungen und Gebietsbezeichnungen in veröffentlichten Karten und Institutionsadressen neutral.

Springer ist ein Imprint der eingetragenen Gesellschaft Springer Fachmedien Wiesbaden GmbH und ist ein Teil von Springer Nature.
Die Anschrift der Gesellschaft ist: Abraham-Lincoln-Str. 46, 65189 Wiesbaden, Germany

Wenn Sie dieses Produkt entsorgen, geben Sie das Papier bitte zum Recycling.

Für Nina

Vorwort

Seit 30 Jahren beschäftige ich mich mit Management in Theorie und Praxis: als BWLer (Diplom-Kaufmann) und als Volkswirt, als Managementlehrer, als McKinsey-Berater, als Unternehmer, und nicht zuletzt als Arzt, der Krankheiten bei Patienten und im übertragenen Sinne auch bei Organisationen aufspürt. Wie ich in der Einleitung weiter erläutere, funktionieren weder Management noch Managementtheorie richtig. Beides kann man mit relativ einfachen Maßnahmen dramatisch verbessern; davon handeln die übrigen Kapitel. Diese Nachricht scheint mir wichtig genug, um sie zu veröffentlichen.

Mein herzlicher Dank gilt meinem lieben Kollegen Dr. Arne Hofmann, der nicht nur einen Gastbeitrag verfasst hat, sondern mich in allen Fragen zur Psychologie in Unternehmen mit seinen immer konstruktiven und weisen Ratschlägen unterstützte. Prof. Dr. Dr. Konrad Obermann, ebenfalls ein enger Freund und Kollege, und mein Bruder, Dr. Stefan Thielscher, haben das Manuskript komplett durchgearbeitet; ihnen verdanke ich viele wertvolle Hinweise und Ratschläge.

Auch mein lieber Freund, Dr. Markus Hofmann, der jahrzehntelang als Unternehmensberater und Manager Organisationen geholfen hat, steuerte viele zentrale Überlegungen bei. Ich hätte gerne noch so manches Projekt mit Markus zusammen unternommen, aber 2022 starb er unerwartet und viel zu früh. Markus: Wir sehen uns wieder!

Meiner langjährigen Lektorin, Margit Schlomski, danke ich für ihre wie immer versierte und sorgfältige Durchsicht des Manuskripts und die freundliche und kompetente Begleitung des gesamten Projektes.

Im Buch argumentiere ich mit einer Reihe von Beispielen, von denen ich die meisten selbst erlebt habe. Selbstverständlich wurden alle Namen geändert – außer in Fällen, in denen Handlung und Beteiligte ohnehin öffentlich sind. In einigen Fällen habe ich die Geschichte leicht verändert. Dieses Buch ist keine Dokumentation, aber alle Geschichten sind strukturell wahr, denn sie haben sich so ereignet oder hätten sich genauso ereignen können.

Hinweise auf Fehler und Änderungsvorschläge nehme ich gerne entgegen.

Lohmar, Deutschland C. Thielscher
Mitte 2025

Inhaltsverzeichnis

1	**Einleitung**	1
1.1	Warum sie wichtig sind: die Bedeutung von Wirtschaft, Management und BWL	3
1.2	Management und Managementtheorie funktionieren nicht richtig	6
	Literatur	16

Teil I Individuen

2	**Heureka, der Sinn ist da! – oder: Was ist eigentlich „Arbeit"?**	21
2.1	Was ist „Arbeit"? Eine Definition	23
2.2	Aspekte der Arbeit	27
2.3	Zur historischen Veränderung von „Arbeit"	28
2.4	Folgerungen für das Verstehen und Leiten von Unternehmen	36
2.5	Das Ende der Geschichte	38
	Literatur	41

3 Der Glückspilz im Pech oder: Was macht einen Mitarbeiter zum guten Mitarbeiter? 43
- 3.1 Homines oeconomici in vollkommenen Märkten 44
- 3.2 Einige Beispiele für „Managementtheorien" 49
- 3.3 Managementratgeber 56
- 3.4 Schlechte Theorie, starke Ergebnisse – und umgekehrt 60
- 3.5 Arbeitspsychologie 62
- 3.6 Gut und Böse: Bad Leadership und schlechte Strukturen 68
- 3.7 Produktivität und Sterblichkeit 70
- 3.8 Weitere Elemente einer Theorie der Arbeit 75
- 3.9 Der Mangel an belastbaren Verhaltenstheorien 76
- 3.10 Wie eine funktionierende Theorie der Arbeitsqualität aussehen könnte: eine Lösungsskizze 78
- 3.11 Folgerungen für das Verstehen und Leiten von Unternehmen 80
- Literatur 81

4 Der großartige Vorstandsvorsitzende: narzisstische Persönlichkeitsstörungen 83
- 4.1 Narzissmus: Konzepte und Definitionen 85
- 4.2 Narzissten im Unternehmen 92
- 4.3 Eine mögliche Deutung der Rede des Vorstandsvorsitzenden 97
- 4.4 Exkurs: Psychopathie und die dunkle Seite des Narzissmus 99
- Literatur 101

Teil II Gruppen

5 Cost Cutting: ein Verhältnis gegenseitiger Verachtung   107
    5.1   Wie Cost Cutting funktioniert.   108
    5.2   Warum ist es so einfach, Unternehmen zu optimieren?   114
    5.3   Folgerungen für das Verstehen und Leiten von Unternehmen   116

6 Der glücklose Verkäufer: das Elend der Führungstheorie   117
    6.1   Führen in einer neoklassichen Welt   118
    6.2   Das Erbe der Neoklassik in der Managementtheorie   119
    6.3   Möglichkeiten und Grenzen der Führungstheorie   122
    6.4   Ein Lösungsansatz: Elemente einer brauchbaren Führungstheorie   135
    6.5   Folgerungen für das Verstehen und Leiten von Unternehmen   139
    Literatur   142

7 Oben und unten: Streit, Mobbing, Hierarchien   143
    7.1   Die Entstehung von Hierarchien aus der Größe von Unternehmen   144
    7.2   Mobbing und andere kontraproduktive Verhaltensweisen   150
    7.3   Folgerungen für das Verstehen und Leiten von Unternehmen   151
    Literatur   152

Teil III Unternehmen

8 Hoechst befremdlich: wie Großunternehmen funktionieren ... 155
    8.1   Unternehmertum, Korruption, und Barbesuche ... 158
    8.2   Folgerungen für das Verstehen und Leiten von Unternehmen – und für die Gesellschaft ... 175
    Literatur ... 176

9 Marienhaus: ein christliches Unternehmen mit unchristlicher Führung ... 177
    9.1   Die Planung des medizinischen Versorgungsbedarfes ... 181
    9.2   Das Problem der Marienhaus GmbH ... 185
    9.3   Bedeutung der Unternehmenskultur ... 186
    9.4   Das Versagen der Systemtheorie ... 187
    9.5   Folgerungen für das Verstehen und Leiten von Unternehmen ... 189
    Literatur ... 189

10 Mythos McKinsey entmythologisiert ... 191
    10.1   Der „Mythos" McKinsey ... 192
    10.2   Zeichenhaftes Handeln ... 196
    10.3   Der Sündenfall des Rajat Gupta ... 199
    10.4   Gerissene bis bösartige Auftraggeber ... 202
    10.5   Folgerungen für das Verstehen und Leiten von Unternehmen ... 208
    Literatur ... 208

11 Faktorherstellung: Blutsaugerkapitalismus im Wortsinne ... 209
    11.1   Zum medizinischen, technischen und ökonomischen Hintergrund ... 210
    11.2   Der Beginn des Skandals ... 212
    11.3   Die Rolle der deutschen Ärzte ... 212

11.4	Die Rolle der Krankenkassen und des BGA	213
11.5	Die Rolle der Industrie	214
11.6	Folgerungen für das Verstehen und Leiten von Unternehmen	219
Literatur		220

Teil IV Gesellschaft

12 Betende Chefs: Möge uns Gott von der Gewerkschaft befreien 223
- 12.1 Die Kumulation von Macht und Kapital 225
- 12.2 Gesellschaftliche Auswirkungen 227
- 12.3 Gerissenheit und Gouvernementalität 230
- 12.4 Folgerungen für das Verstehen und Leiten von Unternehmen und für die Gesellschaft 234
- Literatur 235

13 Deutschland 2024: Krankheit macht arm, und Armut macht krank 237
- 13.1 Der Druck, schön zu sein 240
- 13.2 Soziale Sicherung 241
- 13.3 Folgerungen für das Verstehen und Leiten von Unternehmen und für die Gesellschaft 242
- Literatur 243

14 Die Guck-Guck-Welt: GAFAM als Brandbeschleuniger der Kapitalakkumulation 245
- 14.1 Wie Internetmonopolisten die Gesellschaft verändern 253
- 14.2 … und Facebook 256
- 14.3 Auf dem Weg zur Plutokratie 260

	14.4 Folgerungen für das Verstehen und Leiten von Unternehmen und für die Gesellschaft	260
	Literatur	261
15	**Die Wissenschaft rettet uns auch nicht mehr**	**263**
	15.1 Das Problem hierarchischer Willkür	270
	15.2 Rankings und Drittmittel: mit Lichtgeschwindigkeit in die Einbahnstraße	275
	15.3 Folgerungen für das Verstehen und Leiten von Unternehmen und für die Gesellschaft	278
	15.4 PS.: Die Diktatur des Proletariats ist auch keine Lösung	279
	Literatur	281

Teil V Lösungen

16	**Anatomie und Physiologie – bessere Managementtheorie**	**285**
	Literatur	294
17	**Bessere Unternehmen – besseres Leben**	**295**
	17.1 Die Zukunft unserer Arbeit: Was wir wollen	296
	17.2 Aufklärung und Unternehmen	298
	Literatur	300

1 Einleitung

Uns allen könnte es viel besser gehen, wenn Unternehmen und andere Organisationen ordentlich funktionierten: Die Arbeit würde mehr Freude bereiten, wir hätten mehr Freizeit, schonen die Umwelt und könnten trotzdem Güter und Dienstleitungen von höherer Qualität konsumieren (und, wo sinnvoll, mehr davon). Schlecht geführte Unternehmen vernichten massenweise Lebensqualität und Ressourcen. Es dürfte wenige Menschen geben, die einige Zeit gearbeitet und sich noch nie über ihre Arbeit, Vorgesetzten, Mitarbeiter oder Arbeitgeber geärgert hätten. Das muss nicht so sein: Schlechtes Management ist nicht schicksalhaft.

Dieses Buch weist nach:

1. Management und Betriebswirtschaftslehre (BWL) sind *wichtig*: Die meisten Menschen verbringen ihre Arbeitstätigkeit in Organisationen; und die BWL stellt nicht nur den studierendenstärksten Studiengang überhaupt, sondern ihre Absolventen steuern sehr viele Unternehmen (und große Teile der Wirtschaftspolitik) – und damit das Schicksal der dort Beschäftigen.

2. Das Management selbst funktioniert in der Praxis, also in Unternehmen und anderen Organisationen, nicht richtig. Das Engagement der Mitarbeiter ist – empirisch nachweisbar! (s. u.) – ebenso lausig wie die Führungsqualität der Vorgesetzten. Das kostet nicht nur Lebensqualität, sondern auch ca. ein Drittel der gesamten Leistung unserer Volkswirtschaft.

   „Management" als Theorie funktioniert ebenfalls nicht richtig. Die aktuell gelehrte BWL ist zentraler Bestandteil des Problems, denn sie ist in entscheidenden Bereichen defekt. Genau genommen „funktionieren" zwar das Rechnungswesen, die Steuerlehre und in Teilen Investitionsrechnung und Controlling. Aber zur Personal- und Unternehmensführung (d. h. zum Management!) bietet die BWL keine brauchbare Theorie. Ihre Absolventen führen Unternehmen nicht auf Basis einer belastbaren Theorie, sondern nach dem Prinzip „Versuch und Irrtum" – daher überrascht es nicht, dass sie manchmal ganze Unternehmen vernichten.
3. Das heißt *nicht*, dass „Management" als solches wirkungslos wäre. Im Gegenteil: Genauso, wie schlechtes Management ganze Firmen zerstören kann, so kann auch gutes Management sehr wirksam sein. *Daher lautet die entscheidende Frage:* Wie bekommen wir eine funktionierende BWL und gute Manager? Was genau muss sich ändern – an den Universitäten, in der Lehre und in den Unternehmen?
4. Und wenn wir hier konsequent weiterdenken: Warum wird jeder Stecker zertifiziert, aber die Art, wie man sein Arbeitsleben verbringt, bleibt dem Zufall historischer Bedingungen überlassen? Muss Arbeit immer fremdbestimmt sein? Warum soll sie *nicht* Freude bereiten? Und was ist das genau – Freude an der Arbeit? (Arbeitsleid und -freude können sich überlagern, wenn man sich z. B. am Ergebnis einer ungeliebten Tätigkeit freut.) Mehr Freude, mehr Geld, weniger Arbeitsleid und Ärger – wir haben *viel* zu gewinnen!

1.1 Warum sie wichtig sind: die Bedeutung von Wirtschaft, Management und BWL

In marktwirtschaftlich gestalteten Gesellschafts- und Wirtschaftsverfassungen, wie sie nach dem Ende der meisten kommunistischen Staaten weltweit üblich geworden sind, werden Produktion und Verteilung von Gütern und Dienstleistungen überwiegend von Märkten geregelt. Das bedeutet auch: Was man bekommt („sich leisten kann"), hängt von der jeweiligen Wirtschaft ab. Es ist nicht der Staat, der regelt, wer welche Produkte – vom Frühstücksbrötchen bis zum Strandurlaub – bekommt, sondern der Markt.

Nicht nur das: (Arbeits-)Märkte regeln auch, wie Menschen bei der Arbeit miteinander umgehen – sie gestalten die Arbeitsbeziehungen und die Gehälter und damit den größten Teil unseres Lebens. Märkte haben ihre eigenen Spielregeln, die je nach Ort und Zeitpunkt *sehr* unterschiedlich sein können. Arbeiter in US-amerikanischen Golfballfabriken erhalten 20 US-Dollar die Stunde; Arbeiter, die auf Haiti Baseballs produzieren, 50 Dollarcent. In Europa sind Unternehmen gesetzlich verpflichtet, die Gesundheit ihrer Mitarbeiter zu schützen; in Bangladesch verbrannten mehr als 100 Arbeiter, weil sie in ihrer Fabrik eingeschlossen waren, als sie in Flammen aufgang.

Die wenigsten von uns arbeiten allein oder in Kleinstunternehmen; die große Mehrheit (um die 80 %) verbringt ihr Arbeitsleben in Organisationen und erlebt täglich deren „Management". Wer als Managementlehrer oder Berater miterlebt hat, wie schlecht durchschnittliche Manager arbeiten, staunt darüber, dass es noch keinen Volksaufstand gegeben hat. Ich werde diese Managementprobleme im weiteren Verlauf des Buches präzise definieren und beschreiben.

Die Tätigkeit in einer gehobenen Managementposition setzt in der Regel ein Studium voraus. In Deutschland belegen knapp 20 % aller Studenten BWL oder ein BWL-nahes Studium (wie Wirtschaftswissenschaften, Internationales Management u. Ä., Statistisches Bundesamt 2024). Zum Vergleich: Die Rechtswissenschaften bzw. Medizin bilden weniger als ein Viertel davon aus, nämlich jeweils ca. 4 %. Auch international liegen „Business"-Studiengänge deutlich vor allen anderen.

Studierende der Wirtschaftswissenschaften landen nach ihrem Examen meist in der Wirtschaft. Fast alle Vorstandsmitglieder in DAX-Konzernen haben ein Studium abgeschlossen, davon rund die Hälfte Betriebs- oder Volkswirtschaftslehre und verwandte Studiengänge, danach folgen u. a. Ingenieurswissenschaften, Jura und Naturwissenschaften. International findet man ähnliche Ergebnisse (Torrens 2024).

Die Wirtschaft bestimmt nicht nur unser Leben und unsere (Arbeits-)Beziehungen. Sie wird auch immer wichtiger für die Deutung unseres Daseins, also den „Sinn des Lebens". Gary Becker (1996), ein amerikanischer Ökonom und Wirtschafts-Nobelpreisträger, meinte, dass Menschen dann heiraten, wenn dadurch ihr Kosten-Nutzen-Verhältnis besser ist als beim Alleinbleiben bzw. der Suche nach einem Partner. Kinder werden als langlebige Konsumgüter verstanden: „Produziert" werden sie qua Erziehung und Ausbildung, und sie liefern einen „Nutzen" in Form besserer Versorgung im Alter. Wenn ihr Einkommen steigt, verbessern Konsumenten die Qualität ihrer langlebigen Konsumgüter – also von Kindern, Autos oder Waschmaschinen. Studenten wird in Managementkursen beigebracht, wie sie „sich am besten verkaufen". Auch ich habe das anfangs so gehalten, bis ich mich fragte, ob das „Sich-Verkaufen" nicht zu sehr nach Selbstentwertung klingt.

Natürlich gibt es auch andere Bereiche, die unser Leben beeinflussen: das (Wirtschafts-)Recht, die Medien, die Wissenschaft, die Religion u. v. a. Aber auch sie werden von der Wirtschaft zumindest mitgesteuert: Rechtsanwälte erzielen ein Einkommen – das in den USA erfolgsabhängig sein kann und zu absurden Klagen führt –, auch der Pfarrer möchte für seine Tätigkeit bei der Beerdigung bezahlt werden, und Wissenschaftler müssen heute selbstverständlich Drittmittel einwerben können.

Der oben erwähnte Gary Becker war davon überzeugt, dass es von der Ehe bis zur Kriminalität keinen Lebensbereich gibt, den man nicht ökonomisch deuten kann; dabei versteht er „ökonomisch" in einem sehr spezifischen und engen Sinn, nämlich als bloße Maximierung des mathematisch berechenbaren Nutzens des Konsumenten (der z. B. Gefühle nur dann kennt, wenn man sie ausrechnen kann). Ich halte Beckers Theorie für grob unvollständig, aber sie ist ein Beispiel für die Verbreitung dieses „ökonomischen" Verständnisses.

Neben der ökonomischen Deutung des Lebens im Sinne einer nur beschreibenden Theorie wirken die Wirtschaftswissenschaften auch direkt auf die reale Machtverteilung ein; im Rahmen der neoliberalen Umgestaltung der Gesellschaft wird z. B. eine stärker marktliche Steuerung der Güter- und Geldflüsse angestrebt: weniger öffentliche Fürsorge, mehr Markt.

Es gibt nicht viele gute Erklärungen für diese Entwicklungen. Der frankokanadische Philosoph Lyotard meinte in seinem Buch „Das postmoderne Wissen" (2019, im französischen Original 1979 erschienen), dass die großen „Erzählungen" der Moderne heute nicht mehr geglaubt würden. Hegel hatte noch angenommen, dass der Weltgeist sich in der Geschichte entfalte – dass es also einen Fortschritt des Wissens gebe, der nach Kant zugleich zu Aufklärung und Emanzipation führe. Inzwischen gehe aber niemand mehr davon aus, dass es so etwas wie „die Wahrheit" gebe; stattdessen konkurrierten viele „Wahrheiten" miteinander in einer pluralen Gesellschaft (wie auf einem Markt, möchte man hinzufügen). Wenn das aber so ist, verlieren Institutionen, die nach der Wahrheit suchen, an Bedeutung, während andere, die auch ohne sie funktionieren, aufgewertet werden. Universitäten oder gute Zeitschriften büßen an Bedeutung, Geld und Ansehen ein; früher bewunderte man Wissenschaftler, heute Superreiche und Models.

Im Übrigen gibt es auch noch eine weitere Erklärung, die der ersten nicht widerspricht: Wie der französische Wirtschaftswissenschaftler Piketty (2014) gezeigt hat, nimmt in allen Industrieländern der Kapitalbestand im Verhältnis zum Bruttoinlandsprodukt (BIP) zu. Gleichzeitig wächst auch der Anteil des BIP, der für Kapitalerträge ausgeschüttet wird. (Es handelt sich um eine mittel- bis langfristige Entwicklung, die unbeschadet der manchmal mickrigen Zinsen auf Sparbücher gilt.) Einfach gesagt: Die Reichen werden reicher, die Armen (relativ und gelegentlich sogar absolut) ärmer, und die Einkommen für Aktien, Grundbesitz usw. steigen schneller als die Löhne und Gehälter.

Wenn das so ist, erscheint es plausibel, dass auch der Einfluss der Kapitaleigner wächst, die wahrscheinlich ein Interesse daran haben, weniger Steuern zu zahlen und lieber den Markt gestalten lassen als „sozialistische" Regierungen.

1.2 Management und Managementtheorie funktionieren nicht richtig

Das Gallup-Institut (2021) stellt seit Jahren in seinen Erhebungen fest, dass nur jeder sechste Mitarbeiter engagiert seine Arbeit verrichtet; zwei Drittel leisten Dienst nach Vorschrift, der Rest ist „actively disengaged". 70 % des Problems sei auf schlechte Führung zurückzuführen. Dieser Mangel an Einsatz soll Deutschland rund 100 Mrd. Euro jährlich kosten.

Umgekehrt sind nur 20 % aller Mitarbeiter mit ihrem Chef zufrieden. 56 % sind unzufrieden; 23 % geben ihren Chefs sogar die schlechteste mögliche Bewertung (Innovationsreport 2022).

Nach McKinsey-Erfahrungen kann man in Unternehmen ca. 40 % der beeinflussbaren Kosten senken, ohne die Leistung zu beeinträchtigen. Auf der Umsatzseite findet man ähnliche Ineffizienzen. Forscher in England sind überzeugt, einen ganzen Arbeitstag pro Woche ohne erkennbare Veränderung der Unternehmensleistung in Freizeit umwandeln zu können – und zwar ohne großen Aufwand, Investitionen o. Ä., nur durch (etwas) besseres Management (ORF 2022).

Das heißt: Unternehmen sind empirisch nachweisbar schlecht gemanagt. Diese Erkenntnis läuft der üblichen Darstellung entgegen, derzufolge Unternehmen sich in einem immerwährenden, strengen Wettbewerb befänden. Für einzelne Firmen stimmt das auch, aber sicher nicht für alle und wahrscheinlich (es gibt bislang keine Untersuchungen dazu) nicht einmal für die Mehrzahl: Wer z. B. ein Patent hat, ist vor Wettbewerb ebenso geschützt wie ein Unternehmen, das ein natürliches Monopol besetzt oder andere schwer einholbare Vorteile nutzt. Das ist, wie ich in den Folgekapiteln zeige, unter den wertvollsten Unternehmen die Regel (und nicht die Ausnahme). Tatsächlich ist Wirtschaft, so wie sie aktuell abläuft, eher eine zufällige Entwicklung wie in der Evolution: Eine Firma muss gar nicht „optimal" sein, es reicht völlig, wenn sie besser ist als andere. Unter den Blinden ist der fast Blinde ein König. Unternehmen sind keine technischen Artefakte, über die Ingenieure jahrelang nachgedacht hätten.

Nimmt man Desinteresse und andere Effekte (z. B. Fehlinvestitionen) hinzu, dann verliert unsere Volkswirtschaft einen wesentlichen Teil (geschätzte Größenordnung: mindestens ein Drittel) ihrer Leistung durch schlechtes Management. Das sind europaweit vier Billionen Euro pro Jahr (unter der Annahme, das andere Länder ähnlich schlecht gemanagt werden wie Deutschland).

Dieser Betrag reicht z. B. locker, um den Hunger in der Welt zu beenden, dem jährlich rund 10 Mio. Menschen zum Opfer fallen – genauso viel wie im Zweiten Weltkrieg. Besseres Management würde der Menschheit also richtig viel bringen – in diese Überlegung ist die verlorene Lebensqualität noch nicht eingerechnet, die auf miese Manager zurückgeht, ebenso wenig die von ihr verursachten psychischen und psychosomatischen Probleme (z. B. in Form arbeitsbezogener Depression, „Burnout").

Es gibt Hinweise, dass sich Personen mit narzisstischen Persönlichkeitsstörungen in Organisationen nach oben anreichern (dazu in den Folgekapiteln mehr). Beschleunigt Narzissmus also die Karriere – wählt eine Organisation zuverlässig die Falschen aus – oder machen Unternehmen krank? Beides verschwendet Glück und Ressourcen.

Leidtragende schlechter Manager sind häufig ihre Mitarbeiter. Wer z. B. im fortgeschrittenen Alter seinen Job verliert, weil die Manager in der Hierarchie über ihm gepfuscht haben, findet oft keine sinnvolle Arbeit mehr. Das heißt auch: Wir überlassen das Lebensschicksal aller Arbeitnehmer dem Zufall. Wer viele Jahre fleißig in der Reiseindustrie gearbeitet hat, dem helfen weder Intelligenz noch Einsatzbereitschaft noch Netzwerk, noch sonst etwas, sobald digitale Technologien die Branche disrumpieren.[1] Wer „raus" ist, bleibt draußen – da helfen auch Personalberater nicht, die angeblich kreative Lösungen suchen und finden, in Wahrheit aber typischerweise Aufträge der Form abarbeiten: „Such mir einen, der genau dasselbe in den letzten 20 Jahren gemacht hat, aber in einer größeren Firma." Das heißt nicht, dass man sich nicht verbessern könnte, aber der Spielraum des Einzelnen ist erschreckend ge-

---

[1] Das englische Wort „disruption" kommt vom lateinischen disrumpere: zerreißen, zerbrechen. Analog übrigens zur „corruption", deutsch: Korruption, deren Verb es noch rechtzeitig richtig als „korrumpieren" ins Deutsche geschafft hat. Seitdem immer weniger Menschen Latein lernen, setzt sich zunehmend das falsche „disruptieren" durch. (Antike Sprachen sind nicht wichtig, das mit ihrer Vermittlung einhergehende Bewusstsein von antiker Philosophie und historischer Entwicklung schon.)

ring. Die Bundeswehr ist dafür ein schönes Beispiel: Man kann, wenn man sich richtig anstrengt, vom Gefreiten bis zum Stabsgefreiten aufsteigen – aber man bleibt „weniger" als ein Unteroffizier. Der Unteroffizier wiederum wird niemals Offizier. Wichtiger als alle Mühe und Erfahrung ist, in welchen Karriereweg man einsteigt. Früher hing das an der Geburt: Adlige wurden Offiziere, alle anderen Fußvolk. Heute sieht man nicht mehr am Namen, wer wo hingehört, aber die Unterscheidung in oben und unten ist die Gleiche geblieben (Hartmann 2007).

Ein weiteres Symptom für schlechtes Management zeigt sich in der Unfähigkeit, Verbesserungen voranzutreiben. Wer jemals versucht hat, einen Verbesserungsvorschlag von außen, d. h., ohne disziplinarische Macht, an eine Organisation heranzutragen, weiß, wie aussichtslos das ist. Sehr häufig scheitert man an Mitarbeitern, die zwar den Sinn der Maßnahme erkennen, aber das Risiko, mehr arbeiten zu müssen, schlimmer finden. Oder niemand ist zuständig. Oder … Ich selbst habe längst aufgehört, meine Verbesserungsvorschläge zur Untersuchung von Gerechtigkeitsfragen, Qualität von Kliniken und Pflegeheimen, der Versorgungsplanung, der Finanzierung der sozialen Arbeit usw., die ins Leere liefen („Wir haben ihren Vorschlag an die zuständige Stelle weitergeleitet; vielen Dank fürs Mitdenken"), zu zählen. Vielleicht am meisten habe ich mich geärgert, als ich ein wirklich gutes Pflegeheim dabei unterstützte, an einem speziell dafür eingerichteten Wettbewerb teilzunehmen. Der Heimleiter „brannte" für seine Arbeit, und er hatte sich eine Reihe von Verbesserungen ausgedacht, die man leicht auf andere Heime übertragen konnte: Z. B. wurde bei jedem neu aufgenommenen Bewohner ein Brown-Bag-Test durchgeführt (ein Allgemeinmediziner, ein Neurologe, ein Apotheker und eine Pflegekraft begutachteten die mitgebrachten Medikamente auf Unverträglichkeiten), im Aufenthaltsraum sorgten Lichtpaneele für antidepressiv wirkendes Quasi-Sonnenlicht, durch regelmäßiges Training im Fitnessraum brauchte das Haus deutlich weniger Beruhigungsmittel als vergleichbare Einrichtungen, und mehrfach hatte er neue Bewohner so motiviert, dass sie nach einigen Monaten in ihre eigene Wohnung entlassen konnte, obwohl sie eigentlich zum Sterben gekommen waren. Der Heimleiter hatte gehofft, mit dem Wettbewerb seine (und weitere) Maßnahmen bekannter zu machen. Das scheiterte daran, dass der Sekretär der Ausschreibungsorganisation, selbst Krankenpfleger, das Konzept „rückwärtsgewandt" fand und dafür sorgte, dass es abgelehnt wurde. (Dieser Mann war entweder *sehr* dumm oder er hatte eine persönliche Abneigung gegen den Einreicher, oder er wollte einem anderen Vorhaben zum Sieg verhelfen.)

Jeder kennt solche Geschichten. Wenn Organisationen gut gemanagt wären, dürfte es sie gar nicht geben.

Liegt es in der Natur der Sache, dass Manager unfähig sind? Spielt es gar keine Rolle, ob die BWL funktioniert oder nicht? Erfüllt jeder Manager seinen Zweck auf genau die gleiche Weise, egal, ob er sich um seine Mitarbeiter und die Sache kümmert, oder einfach nichts tut, oder sie als Therapie für seine Persönlichkeitsstörung missbraucht? Natürlich nicht. Von einfachen, repetitiven Aufgaben („Fließband") abgesehen, können Mitarbeiter vom Fußballteam bis zur Marketingabteilung mehr oder weniger gut arbeiten.

Warum es schön wäre, eine Theorie zu haben, die etwas über die Realität aussagt
Stellen Sie sich vor, seit einigen Wochen sehen Sie sehen nicht mehr so gut. In der Mitte (beim Geradeausschauen) ist die Sehschärfe noch ok, aber einige äußere Teile Ihres Gesichtsfelds wirken merkwürdig dunkel. Wenn Sie auf einen flimmernden Bildschirm schauen, bemerken Sie bogenförmige „Löcher" ober- und unterhalb der Mitte. Sehr besorgt suchen Sie einen Arzt auf. Dieser lässt Sie in ein Uringlas pinkeln, schaut sich lange Ihren Urin an und erklärt Ihnen dann, dass Sie zu viel schwarze Galle haben; Ihr Körper sei feucht und heiß und daher müssten Sie eine Diät halten, die entgegengesetzt ist, also trocken und kalt – Sie sollten trockenes Brot und durchgebratenes Fleisch essen, aber Obst, Gemüse und Ähnliches meiden.

Empört suchen Sie den nächsten Arzt auf, der Ihren Puls fühlt und dann rät, Augenbäder aus Taubenblut zu nehmen und ansonsten Ihre Augen zu schonen, wenn Sie sie gerade nicht brauchen. Weder die eine noch die andere Empfehlung schlägt an; nach einigen Jahren sind Sie blind.

Auf einen modernen Leser wirkt diese Geschichte geradezu absurd. Aber mehr als 2000 Jahre lang hat die Medizin so funktioniert. Der erste der beiden oben beschriebenen Ärzte war in Humoralpathologie ausgebildet worden – also in der „Säftelehre", die die Medizin seit den Schriften des Hippokrates und seiner Schüler (ca. 5. Jahrhundert v. Chr.) beherrschte. Demnach bestimmen vier Säfte im Körper über Gesundheit und Krankheit, nämlich gelbe und schwarze Galle, Blut und Schleim. Wenn ihre Zusammensetzung gestört ist, muss man sie durch Diät wieder herstellen. (Die entsprechenden Säfte haben sich in den Worten Melancholie und Melancholiker, Choleriker, Phlegmatiker und Sanguiniker bis heute gehalten; auch der „Humor" kommt daher – die richtige Mischung der Säfte, also der humores, machte gesund, später im Sinne von humorvoll/lustig.)

In dieser Lehre stellte die Uroskopie, also Harnschau, ein wichtiges diagnostisches Mittel dar.[2]

Der zweite Arzt ist ein Empiriker: Seiner Meinung nach sind medizinische Theorien wertlos, und er stützt sich nur auf die Erfahrungen, die er und andere gemacht haben, gewissermaßen auf Fallstudien bzw. „Best Practice". Aus heutiger Sicht hatte er mit dieser Einschätzung bis etwa ins 18. Jahrhundert durchaus recht – die Säftelehre als Theorie und die von akademisch ausgebildeten Ärzten verwendeten Techniken (z. B. Aderlass) haben wahrscheinlich mehr Menschen umgebracht als gerettet. (In abstrusen paramedizinischen Büchern lebt sie trotzdem bis heute fort. Man sehe in Internet-Buchkatalogen und staune.)

Um das Krankheitsrätsel aufzulösen: Die oben beschriebenen Beschwerden wurden durch ein Glaukom verursacht. Seine Grundform entsteht durch erhöhten Augeninnendruck, der die Nervenzellen im Auge schädigt und dadurch das Gesichtsfeld bis zur Erblindung zerstört. Es lässt sich heute mittels der Augendruckmessung sehr gut diagnostizieren und durch Augentropfen, die den Druck senken, behandeln. Und nicht ohne Grund ist der antike „Galeniker" als jemand beschrieben, der eine umfangreiche Theorie hat (die Humoralpathologie), aber keine Em-

---

[2] So oder ähnlich steht es in jedem Lehrbuch der Medizingeschichte. Allerdings wurden die hippokratischen Schriften später von Galen, einem Arzt des zweiten Jahrhunderts nach Christus, wesentlich interpretiert, angereichert und an weitere Arztgenerationen vermittelt. Die letzte einigermaßen vollständige Galen-Ausgabe stammt von Karl Gottlob Kühn (1754–1840) und umfasst rund 20 Bände in altgriechischer Sprache, mit lateinischer Übersetzung. Ich vermute, dass niemand auf der Welt auch nur den größeren Teil davon gelesen hat; stattdessen schreiben die meisten Medizinhistoriker mehr oder weniger voneinander ab. Die Aussage über die Bedeutung der Uroskopie ist daher mit einer gewissen Vorsicht zu betrachten.

pirie – d. h., seine Theorie hat mit der Wirklichkeit nichts zu tun. Und umgekehrt hat der Empiriker nur Erfahrungswissen (also keine Theorie). Ersteres entspricht der neoklassischen Volkswirtschaftslehre, letzteres der Managementlehre.

Was ist eine „gute" Wissenschaft?
Eine „gute" Wissenschaft ist also in der Lage, Zustände der Lebenswelt zu erkennen und richtig zu beschreiben, und, idealerweise, zu verbessern. Obendrein sollte sie ethischen und qualitätsbezogenen Anforderungen genügen – dass eine Theorie die Universitäten beherrscht, muss nicht bedeuten, dass sie richtig ist: Die Säftelehre hat 2000 Jahre die medizinische Ausbildung dominiert, obwohl sie komplett falsch ist.

Um diese Aussagen zu präzisieren, müsste man eigentlich tief in die Wissenschaftstheorie einsteigen. „Wissenschaft" erweist sich dabei als ziemlich komplexer Begriff, den man aus verschiedenen Perspektiven betrachten kann: Ein Soziologe kann sich mit der „Rolle" des Wissenschaftlers befassen, ein Philosoph fragt sich vielleicht, wie man „wahre" Aussagen erkennt, ein Ökonom könnte die wirtschaftliche Seite der Wissenschaft untersuchen usw. Das führt aber hier viel zu weit,[3] stattdessen verwende ich schlicht den Unterschied zwischen der Medizin der Antike und der modernen Medizin, um „gute" bzw. „nicht so gute" Wissenschaft beispielhaft zu unterscheiden.

Erstens beschreibt eine „gute" Wissenschaft ihren Gegenstand genau. Zum Beispiel stimmt es einfach, was die moderne Medizin über die Anatomie (also *Struktur*) des Körpers sagt; zutreffend ist auch die Beschreibung der *Funktionsweise* der Organe und ihrer Zellen. Auf Grundlage dieser Beschreibung kann man Krankheiten erkennen und behandeln. Zweitens ist sie – als Theorie – ethisch korrekt, insofern sie auf die Besserung von Krankheit zielt, und zwar aus Sicht des je betroffenen Patienten. Das heißt nicht, dass Mediziner sich nicht falsch verhalten könnten. Es bedeutet wohl, dass man in medizinischen Lehrbüchern ganz überwiegend Aussagen findet, von denen die Autoren glauben, dass sie – von

---

[3] Sehr gut ist z. B. die Darstellung in: Poser, H.: Wissenschaftstheorie. Reclam, Stuttgart 2001.

der Sache her – richtig sind (und nicht z. B. bestimmten Interessen oder einer bestimmten Politik dienen).

Wäre es nicht schön, wenn Wirtschaftswissenschaften, insbesondere die BWL, genauso präzise die Wirtschaft darstellten? Oder vielleicht tun sie es ja schon, und das Übersehen der Finanzkrise war nur ein einzelner Irrtum?

Im Folgenden werde ich zeigen, wo die BWL und die Managementlehre falsch liegen. Um das sorgfältig tun zu können, muss zunächst kurz der Begriff des „Managements" geklärt werden. Wenn ich – etwas verallgemeinernd – von „der" BWL bzw. Managementlehre spreche, meine ich Bücher wie das Flaggschiff der Betriebswirtschaftslehre, den „Wöhe" (2023) und ähnliche. Natürlich gibt es neuere Entwicklungen, z. B. Behavioral Finance, aber sie spielen derzeit eine Nischenrolle und sind über erste Anfänge noch nicht hinausgekommen. Obendrein verstehen sie sich meist nicht als revolutionäre Ersetzung der herrschenden BWL, sondern als eine Ergänzung.

Der Begriff des Managements

Steinmann und Schreyögg (2002) stellen fest:

> „Wie bei allen jungen Disziplinen – und als eine solche ist die Managementlehre auch heute noch zu bezeichnen – streitet man darüber, ob es sich hier überhaupt um ein eigenständiges (akademisches) Lehrgebiet handeln kann, und wenn ja, welches denn wohl die zu einem solchen Lehrgebiet gehörenden ‚Teilgebiete' sein müssten. Und wie bei allen Handlungswissenschaften unterscheidet man verschiedene Schulen, deren Querbezüge nicht immer leicht zu durchdringen sind, sodass bis zum heutigen Tage – wenn man so will – die von Koontz geprägte Bezeichnung vom ‚Management-Theorien-Dschungel' auf die Disziplin angewendet werden kann."

Entsprechend unterschiedlich sind denn auch die „Managementbegriffe" in der Literatur. Macharzina (1999) nennt z. B. Folgende:

- „Management is the organ of society specifically charged with making resources productive by planning, motivating, and regulating the activities of persons towards the effective and economical accomplishment of a given task (Drucker).

- Management is the art of working through other people (Owen).
- Management ist eine komplexe Aufgabe: Es müssen Analysen durchgeführt, Entscheidungen getroffen, Bewertungen vorgenommen und Kontrollen ausgeübt werden (Ansoff).
- Management ist die schöpferischste aller Künste, denn sein Medium ist das menschliche Talent selbst (McNamara).
- Die Unternehmungspolitik umfasst ... jene Gesamtheit von Problemen (Aufgaben), die gelöst werden muss, wenn das Verhalten der Gesamtunternehmung bestimmt wird (Rühli).
- Management kann ... definiert werden als die Verarbeitung von Informationen und ihre Verwendung zur zielorientierten Steuerung von Menschen und Prozessen (Wild).
- Management is the process of planning, organizing, leading, and controlling the efforts of organizational members and the use of other organizational resources in Order to achieve stated organizational goals (Stoner).
- Unternehmensführung ist ... ein auch durch systembezogene Merkmale charakterisiertes Phänomen (Beyer).
- Management consists of two very basic functions: decision making and influence (Anthony).
- The essence of management is the creation, adaption, and coping with change (Leontiades).
- Management ist ein System von Steuerungsaufgaben, die bei der Leistungserstellung und -sicherung in arbeitsteiligen Systemen erbracht werden müssen (Steinmann/Schreyögg)."

Im Begriff des „Managements" mischen sich demnach vier Aspekte in unterschiedlicher Gewichtung:

- Personalführung
- Unternehmensführung
- Informationsfindung, -verarbeitung und -entscheidung
- Organisation

Diese Unschärfe überrascht nicht, wenn man bedenkt, dass „to manage" einfach „handhaben, tun, handeln" bedeutet. Insofern ist eine „Managementtheorie" eine allgemeine Handlungstheorie von allem.

Da nun eine weitergehende inhaltliche Definition des „Managements" nicht zu haben ist, behelfen sich Hochschulen und Lehrbücher, indem sie stattdessen einfach unterschiedliche Ansätze verschiedener Autoren referieren, „Modelle" des Managements entwerfen oder, aus systematischer Sicht noch schlimmer, statt einer Theorie „Case Studies" analysieren: Fallstudien sind zweifellos ein gutes Instrument, um Theorien zu veranschaulichen, aber sie sollten sie nicht ersetzen.

Weil der „Management"-Begriff unscharf und widersprüchlich definiert ist, kann man auch nicht genau sagen, was „Managementliteratur" ist (und was nicht). Im Grunde ist daher auch die Auswahl der Bücher, die in so betitelten Listen enthalten sind, beliebig; gemeinsam ist ihnen allenfalls, dass sie irgendwie mit „Unternehmen" und anderen Organisationen und mit „Erfolg" zu tun haben, aber nicht „Arbeitsrecht", „Arbeitsmedizin" oder andere spezifische Aspekte des Themas behandeln – und dass sie in einer Buchhandlung unter „Management", „BWL" o. Ä. einsortiert würden.

Der Mangel an Theorie

Das alles heißt *nicht*, dass „Management" als solches wirkungslos wäre, im Gegenteil. Aber die dafür eingesetzten Maßnahmen beruhen nicht auf einer guten Theorie, sondern auf Ad-hoc-Annahmen und -Eingriffen, die manchmal funktionieren, manchmal aber auch nicht.

Die entscheidende Frage ist daher: Wie kommen wir zu einer funktionierenden BWL, die wirksame Manager und damit funktionsfähige Organisationen und bessere Arbeit erzeugt, die Ressourcen schont und Lebensqualität vermehrt? Etwa so, wie auch die moderne Medizin (meistens) ordentliche Ärzte hervorbringt (jedenfalls sehr viel bessere als zu früheren Zeiten!)? Eine BWL, die nicht auf mehr oder weniger zufällige Maßnahmen setzt, sondern Management präzise inhaltlich erklären, kategorisieren und weiterentwickeln kann, und zwar auf Basis einer vernünftigen Theorie (nicht nur durch bloße Beobachtung). Es ist höchste Zeit, die Säftelehre-BWL aufzugeben und zu einer an den Erfolgen der modernen somatischen Medizin orientierten BWL zu kommen!

Um das Ergebnis vorwegzunehmen: Die Betriebswirtschaftslehre muss endlich aufhören, nur zu spekulieren, sondern sich mit der tatsächlichen Struktur und Funktionsweise ihres Gegenstandes (Menschen und Organisationen) beschäftigen. Als BWLer, aber auch als Arzt, sehe ich hier deutlich die Analogie zwischen der Medizin bis zum 17. Jahrhundert, die ebenfalls über Körper und Krankheiten spekulierte und damit zu (fast) keinen brauchbaren Resultaten kam, stattdessen mit Urinschau, Pulsdiagnostik, Aderlässen und anderen defekten Methoden mehr Schaden anrichtete als Nutzen stiftete. Genauso muss die BWL die Struktur und Funktionsweise ihres Gegenstandes durchdringen und ein klares Verständnis von „Unternehmen", „Arbeit", „Mitarbeitern" und ihrer Funktionsweise *in ihren jeweiligen Branchen* entwickeln.

Die heutige Managementlehre untersucht „das Management" – unabhängig davon, um welches Unternehmen, welche Branche und welchen Zeitpunkt es sich handelt; und ihre Modelle von handelnden Menschen sind absurd vereinfacht. Das ist so, als ob ein Mediziner „Krankheit an und für sich" untersucht. Dabei kommen ebenfalls nur sehr abstrakte Empfehlungen heraus („Fieber ist meistens nicht gesund"). Wäre die Medizin so, dann würden ihre Lehrbücher sehr begrenztes Wissen vermitteln, das manchmal zufällig trotzdem nützt („bei Fieber feuchtwarme Wadenwickel versuchen"), aber selten über gesunden Menschenverstand hinausweist. Nur eine umfassende und dabei *krankheitsspezifische* Theorie vermag die ungeheure Präzision der modernen Medizin zu erreichen (wie z. B. in Leitlinien).

Solange die Managementlehre nicht branchenspezifisch arbeitet und arbeitende Menschen nicht versteht, wird sie nur sehr oberflächliche Empfehlungen geben, und die so ausgebildeten Manager können wenig. Kein Wunder, dass die meisten Organisationen eher schlecht als recht arbeiten.

Warum hat die Managementlehre diese nahe liegende Lösung bisher verfehlt? Erstens wegen ihrer neoklassischen Grundierung. Neoklassiker weigern sich bis heute, konkrete Branchen zu untersuchen und sozialpsychologische Erkenntnisse anzuwenden, weil sie meinen, dann keine „Wirtschaftswissenschaft" mehr zu betreiben, sondern eben Sozialpsychologie (Erlei et al. 2007). Zweitens hat die Qualität von „Arbeit" (des Mitarbeiters) immer auch eine technische Komponente. Es gibt eben mehr oder weniger begabte, mehr oder weniger gut ausgebildete und erfahrene Klempner, Erzieherinnen und Juristen. Dieser Teil ihrer Qualität ist aber bisher kein Bestandteil der Managementlehre, sondern ihrer eigentlichen Berufsausbildung. (Allenfalls fragt ein Managementtheoretiker, ob ihre Ausbildung gut „gemanagt" wird.) Die Managementlehre versucht, berufsunspezifische Themen zusammenzufassen – und wird damit selbst unspezifisch.

Die Inhalte des Buches im Überblick
Im folgenden Hauptteil des Buches werde ich Managementtheorie und -praxis auf den Ebenen

- Individuum,
- Gruppe,
- Unternehmen und
- Gesellschaft untersuchen.

Jedem Kapitel stelle ich der Anschaulichkeit halber ein kleines Praxisbeispiel voran. Aus der Diskussion des Falles ergeben sich Folgerungen für die Unternehmensführung von selbst; ich fasse sie am Ende des Kapitels jeweils kurz zusammen.

Ziel des Busches ist, den aktuellen Stand von Theorie und Praxis zu erläutern, Defizite aufzuzeigen und Lösungswege vorzuschlagen.

In Teil V leite ich alle Lösungsvorschläge über in ein Gesamtkonzept. Selbstverständlich kann ich nicht 200 Jahre Forschung nachholen, aber es sollte schon deutlich werden, dass der von mir skizzierte Ansatz funktioniert, und wie man ihn weiterentwickeln müsste. *Sapere aude!*[4]

Literatur

Becker GS (1996) Familie, Gesellschaft und Politik. Mohr, Tübingen
Erlei M, Leschke M, Sauerland D (2007) Neue Institutionenökonomik. Schäffer-Poeschel, Stuttgart
FAZ (2024). https://www.faz.net/aktuell/karriere-hochschule/hoersaal/wo-dax-vorstaende-studiert-haben-19849811.html. Zugegriffen am 19.08.2024

---

[4] Horaz schrieb um 20 v. Chr. (Epist. I,2,40 f.): Dimidium facti, qui coepit, habet: sapere aude/incipe. Auf Deutsch: „Die Hälfte hat, wer beginnt: Klug zu sein wage! Fange nur an!" Sapere aude wurde seit Kant zum Wahlspruch der Aufklärung und damit der Moderne: Trau dich, selber nachzudenken – und du gewinnst Wissen, Fortschritt und Emanzipation.

Gallup (2021). https://www.gallup.com/workplace/339842/decades-low-engagement-germany-turn-around.aspx. Zugegriffen am 22.01.2022

Hartmann (2007). https://www.stern.de/wirtschaft/job/eliteforscher-hartmann%2D%2Dzum-manager-wird-man-geboren%2D%2D3217730.html. Zugegriffen am 12.12.2022

Innovationsreport (2022). https://www.innovations-report.de/fachgebiete/studien-analysen/unzufriedenheitsfaktor-nummer-1-chef-erste-137852/. Zugegriffen am 19.07.2022

Lyotard J-F (2019) Das postmoderne Wissen. Passagen, Wien

Macharzina K (1999) Unternehmensführung. Gabler, Wiesbaden, S 31

ORF (2022). https://orf.at/stories/3269896/. Zugegriffen am 19.07.2022

Piketty T (2014) Das Kapital im 21. Jahrhundert. Beck, München

Statistisches Bundesamt (2024). https://www-genesis.destatis.de/genesis/. Tabelle 21311-0003

Steinmann H, Schreyögg G (2002) Management. Gabler, Wiesbaden, S 34

Torrens (2024). https://www.torrens.edu.au/stories/blog/business/what-degrees-do-ceos-have. Zugegriffen am 19.08.2024

Wöhe G (2023) Einführung in die Allgemeine Betriebswirtschaftslehre. Vahlen, München

Teil I

Individuen

2

Heureka, der Sinn ist da! – oder: Was ist eigentlich „Arbeit"?

> **Fallstudie**
>
> Der Vorstandsvorsitzende eines erfolgreichen Logistikunternehmens (über 500.000 Mitarbeiter) berichtet, dass er einmal im Monat einen Tag lang Mitarbeiter aus den untersten Hierarchieebenen begleite. So sei er vor einem Monat mit einer Postzustellerin, Frau Ü., mitgefahren. Unterwegs habe er ihr erzählt, dass sein Sohn kürzlich erstmals einen richtigen Brief an den Großvater geschrieben und wie dieser sich darüber gefreut habe. Insofern sei sie nicht Zustellerin, sondern verbreite Glück.
> Einige Tage später habe ein Vorgesetzter dieser Mitarbeiterin ihn gefragt, was er denn mit *der* gemacht habe? Die sei seit seinem Besuch wie ausgewechselt – früher sei sie eher schwierig gewesen, jetzt sei sie eine der besten und fleißigsten Mitarbeiterinnen.

Geschichten wie diese füllen ganze Bibliotheken von Beraterliteratur. Typisch ist die Version der drei Bauarbeiter; befragt, was sie gerade tun, lauten die Antworten: „ich klopfe Steine zurecht", „ich bin der beste Steinmetz der Gegend" und „ich baue eine Kathedrale". Letzteres sei, so die Literatur, die richtige Einstellung zur Arbeit, und daher solle der gute Manager genau sie in seinen Mitarbeitern wecken, um sie zu „motivieren".

Schaut man aber genauer hin, dann ist es kein Zufall, dass es gerade um einen Dombau geht – mehr „Sinn" für Arbeit ist kaum denkbar! Gerade deswegen kann man diese Art von Geschichten nicht auf jede andere Arbeit übertragen: Was soll die Putzfrau einer heruntergekommenen Kneipe über ihren Job sagen? Dass sie „schönes Saufen" schenkt?

Nun ist ziemlich offensichtlich, dass Management primär der Steuerung von Arbeit dient (neben weiteren Zwecken, insbesondere Informationsverarbeitung und Entscheidungsfindung) und dass es für Manager sehr wichtig ist, wie ihre Mitarbeiter über ihre Arbeit denken.

Aber: Wenn das so wichtig ist, warum schweigen sich herkömmliche Managementbücher darüber aus, was „Arbeit" ist? Damit sind wir auch schon im Kern eines der aus meiner Sicht schwerwiegendsten Probleme der Betriebswirtschaftslehre bzw. der Managementtheorie: Sie haben *keine Ahnung* davon, womit sie sich überhaupt beschäftigen.

Denn Unternehmen bestehen nun einmal aus Mitarbeitern und Kapital (Geräten, Materialien, Infrastruktur usw.). Beides kann man „managen". Wenn man etwas „managt", sollte man verstehen, was das ist, hier also „Arbeit". Erschreckenderweise schweigen sich aber klassische BWL-Lehrbücher über den Begriff der „Arbeit" aus – er wird schlicht nicht reflektiert und taucht nicht einmal im Inhaltsverzeichnis auf. Das wäre angemessen, wenn „Arbeit" etwas ganz Selbstverständliches wäre, über das jeder immer hinreichend informiert ist. Das ist aber einfach nicht der Fall, wie schon einige sehr einfache Überlegungen zeigen: Offensichtlich unterscheidet sich die Arbeit einer Rechtsanwältin von der eines KFZ-Mechanikers oder der einer Prostituierten (und muss entsprechend anders „gemanagt" werden). Arbeit kann als Arbeitsleid erfahren, aber – wie bei Frau Ü., der Postzustellerin – auch als sinnstiftend erlebt werden; Menschen identifizieren sich häufig mit ihrer Arbeit, und sie ist ihnen (meist) wichtig: Begegnet man einem Bekannten, so ist die erste Frage: „Wie geht's?", die zweite: „Was machst du gerade?"

Dabei ist es nicht so, dass man überhaupt nichts über Arbeit wüsste. Insbesondere Philosophie und Soziologie stellen reichlich Material zur Verfügung, das allerdings von der herrschenden BWL ignoriert wird. Im Folgenden werde ich zunächst der Definition von „Arbeit" nachgehen und dann einige Aspekte von Arbeit (aus historischer, soziologischer etc. Sicht) besprechen und daraus die für dieses Buch wichtigsten Fragen ableiten.

Zum roten Faden der weiteren Darstellung: In diesem Kapitel geht es um Arbeit, und zwar aus Sicht des jeweils einzelnen Mitarbeiters. Auf den Begriff des „Managements" mehrerer oder vieler Mitarbeiter gehen andere Teile des Buches ausführlich ein, insbesondere auch auf den Begriff der „Führung".

2.1 Was ist „Arbeit"? Eine Definition

Die Frage, was „Arbeit" ist, „ist eine alte und ehrwürdige ..., die aber wie jede grundlegende Frage nicht einfach zu beantworten ist", schreibt G. Voß (2010), und führt weiter aus:

„Auffallend ist, dass fast alle Vorstellungen von Arbeit durch Ambivalenzen gekennzeichnet sind: Arbeit belastet das menschliche Leben und bereichert es zugleich, ja sie wird oft als Grundlage für eine erhoffte Befreiung aus Mühsal und Elend, wenn nicht gar als Feld der schöpferischen Selbstentfaltung des Menschen gesehen. Die meisten Definitionsversuche sind sich darin einig, dass es bei Arbeit um Aktivität geht (aber auch das sehen manche Autoren differenzierter).

Alle weiteren oft verwendeten Kriterien dagegen sind umstritten und werden heftig diskutiert:

- Spezifisch menschliche Eigenschaft oder Tätigkeit
- Bewusstheit, Zweckgerichtetheit, Planmäßigkeit
- Werkzeuggebrauch
- Kraftanwendung, Anstrengung, Mühe, Last, Elend
- Nützlichkeit/Gebrauchswertbildung, Produktivität, Werkhaftigkeit, Schöpfung, ökonomische Wertbildung
- Vom Prozess ablösbares überdauerndes Ergebnis, sozialer Austausch der Ergebnisse
- Kooperation, gesellschaftliche Einbindung und Anerkennung der Aktivität
- Gratifizierung, insbesondere Bezahlung."

Ist „Arbeit" nur „Arbeit", wenn sie bezahlt wird?

Der letzte Punkt der Liste ist ein gutes Beispiel für die Bandbreite des Arbeitsbegriffs: Ist z. B. die unbezahlte Arbeit einer Hausfrau Arbeit oder nicht – setzt also „Arbeit" zwingend eine irgendwie geartete finanzielle Vergütung voraus? Falls ja: Was ist mit ehrenamtlicher Arbeit (die ja dann keine „Arbeit" wäre)?

Warum sollte die Arbeit eines bezahlten Pfarrers, der als Notfallseelsorger tätig ist, „Arbeit" sein, aber dann nicht mehr, wenn er dieselben Aufgaben nach seiner Pensionierung unbezahlt übernimmt? Ganz analog: Warum leistet eine bezahlte Haushälterin „Arbeit", eine unbezahlte Hausfrau nicht?

Das alles würde dafür sprechen, den Begriff der „Arbeit" nicht an ihre Bezahlung zu koppeln.

Ein weiteres Argument ist historischer Natur. Jahrhundertelang wurde Arbeit nicht monetär entlohnt, sondern die in einem Familienbetrieb erwirtschafteten Güter wurden verteilt.

Andererseits: Wird dann jede Tätigkeit zur „Arbeit"? Verschwimmt die Grenze zwischen „Handeln" und „Arbeiten"?

Solche Fragen sind überformt durch die individuelle und gesellschaftliche Bewertung von Arbeit. Wenn (bezahlte) „Arbeit", wie in unserer Zeit, zentral für Sinnstiftung und gesellschaftliche Wertschätzung ist, dann wird die Frage wichtig – sonst ist sie bedeutungsarm.

Eine Arbeitsdefinition von „Arbeit"

Im Folgenden wird eine weite Definition verwendet: Arbeit ist jede zweckgerichtete, ernsthafte Tätigkeit (dazu gehört auch geistige Aktivität). „Ernsthaft" bezeichnet ihre Abgrenzung zum Spiel – auch das Spiel verfolgt einen Zweck, und zwar den des Spiels selbst. Arbeit hingegen zielt auf ein Ergebnis, das „hinter ihr" liegt.

Das Verhältnis von Sinnstiftung und Mühsal kann je nach Arbeit sehr unterschiedlich sein, dabei auch zugleich auftreten. Während ich dieses Buch schreibe, freue ich mich, zur Weiterentwicklung der Managementtheorie beitragen zu können, empfinde aber gleichzeitig das Erfassen des

2 Heureka, der Sinn ist da! – oder: Was ist eigentlich „Arbeit"?

Textes per Tastatur als unangenehm – insgesamt wird man annehmen können, dass Mitarbeiter häufig insofern intrinsisch zur Arbeit motiviert sind, als sie gerne „irgendetwas" arbeiten. Ohne diesen Wunsch, gute Arbeit zu machen und anderen zu helfen, wäre schwer zu verstehen, warum viele schlecht bezahlte Mitarbeiter (z. B. Altenpfleger) sich trotzdem so viel Mühe geben. Arbeit als Sinnstiftung erklärt z. B. auch den Umstand, dass man nicht gut vor Beendigung eines Arbeitsverhältnisses mitteilen kann, eine Stelle nicht nachbesetzen zu wollen, denn das bedeutet, dass der aktuelle Stelleninhaber keine Funktion (d. h., keinen „Sinn") hat.

Nur wegen des Sinns der Arbeit funktionieren Arbeitsverträge. Es wäre, selbst bei einfachen Arbeiten, aussichtslos, jede einzelne Handlung überwachen und steuern zu wollen. Darin findet das Prinzip des Taylorismus, Arbeiten in möglichst viele Einzelschritte zu zerlegen, bis jeder Arbeiter nur noch einzelne (Fließband-)Handgriffe ausführt, seine Grenze. Dieses „Transformationsproblem der Arbeit", das darauf beruht, dass die Arbeitsfähigkeit des Arbeiters in tatsächliche Produktion transformiert werden muss, erklärt einen Teil der Managementaufgaben und -probleme, nämlich dann, wenn der Arbeiter eine andere Arbeit erbringen möchte, als das Unternehmen fordert.

Ganz unterschiedliche Arten von Tätigkeiten können zur Arbeit werden: Lohn-, Emotions-, Trauer-, Trainings-, Gartenarbeit usw. Auch das hat natürlich Einfluss auf die optimale Durchführung bzw. das Management der Arbeit, ebenso wie die Branche, in der gearbeitet wird. Eine medizinische Fachangestellte (früher: Arzthelferin) wird sich selbst anders „managen" als ein Chemiker im mittleren Management eines Chemiekonzerns; die beiden verfolgen dabei auch unterschiedliche Zielvorstellungen (z. B. die Zufriedenheit der Patienten vs. die Effizienz der Produktion).

Arbeit wird sehr stark geprägt durch die rechtlichen, d. h. auch politischen Rahmenbedingungen. Den Beruf (und damit die Arbeit) des niedergelassenen Kinderarztes in eigener Praxis gäbe es nicht ohne die Rechtsform der „freien Berufe" (Kinderärzte wären sonst vielleicht Angestellte in Polikliniken). Ohne die strikte Durchsetzung der Schweigepflicht und anderer berufsständischer Sonderpflichten – die letztlich dazu führen sollen, dass der Arzt (ganz im Gegensatz zum „normalen" ökonomischen Verhalten) die Interessen des Patienten über seine eigenen stellt – genössen Ärzte erheblich weniger Vertrauen. Auch die Zulassungsverfahren zum Medizinstudium (insbesondere der sehr strenge Numerus Clausus) wirken ebenso wie Ärzteschwemme oder -knappheit auf die Auswahl an Ärzten und damit auf ihre Arbeit zurück. Und umgekehrt beeinflussen die Arbeitsverhältnisse die Gesellschaft (z. B. über die Be- oder Entfähigung der Arbeiter zur Mitwirkung an politischen Prozessen) – im Rahmen der Arbeitssoziologie[1] ist der Begriff der „Arbeit" einigermaßen präzise untersucht worden. Es ist schwer zu verstehen, warum die Managementtheorie davon so wenig übernommen hat (ob die Nähe der Arbeitssoziologie zu Karl Marx damit zu tun hat?) – aus Sicht eines Wissenschaftlers, der sich um Objektivität bemüht, ist schwer zu verstehen, warum jemand, der (auch) die Schriften Marx' verwendet, unmittelbar zum „Marxisten" wird – als ob diese Schriften mit einem Tabu belegt wären, sodass jeder, der sie anfasst, aus der bürgerlichen Forschungsgemeinschaft ausgestoßen wird. Dieses Vorgehen unterstellt zugleich, dass neben Marx' Theorie keine andere bestehen könnte, was ich persönlich für Unsinn halte. Als Musikliebhaber wird man nicht zum „Mozartisten" abgestempelt, der nichts anderes mehr anhören darf, wenn man – neben anderen – auch Mozart schätzt.

Arbeit ist ein wesentlicher Bestandteil des Lebens, schon an der reinen Zeit gemessen, die man damit verbringt; sie erzeugt „Sinn" – und soziale Beziehungen bis zur Stiftung von Ehen (angeblich lernen sich 15 % aller späteren Ehepartner bei der Arbeit kennen).

Ebenso wird auch der Begriff des (Mit-)Arbeiters in der Managementtheorie kaum präzise definiert. Allenfalls in Beiträgen, die der Arbeitspsychologie nahestehen, wird die Funktionsweise des Arbeiters ansatzweise untersucht. Häufig steht dabei die Frage der „Motivation" im Vordergrund, also Methoden, die zu einer besseren Verwertung der Arbeitskraft führen. In den letzten Jahren gab es dabei Modewellen, die sich abwechselten: von Controlling- über Shareholder-Value-, Matrixorganisations-, bis hin zu Human-, Total-Quality-Ansätzen usw. Dass arbeitspsychologische Methoden, wenn sie zur Anwendung kommen,

---

[1] Z. B. in Böhle, F. et al.: Handbuch Arbeitssoziologie. VS Verlag, Wiesbaden 2010.

ohne, dass die Mitarbeiter davon wissen, ein erhebliches Manipulationspotenzial haben, wird dabei häufig schlicht nicht thematisiert.

2.2 Aspekte der Arbeit

Um den Begriff der „Arbeit" besser zu verstehen, kann man ihn mit verschiedenen Methoden untersuchen, insbesondere:

- Historisch: Wie hat sich die Arbeit entwickelt? Zum Beispiel: Was unterscheidet die „Arbeit" eines Lehrers in der römischen Antike von der eines heutigen? Warum hat sich diese Arbeit verändert (welche technischen, gesellschaftlichen, religiösen … Faktoren spielen eine Rolle)? Wie sind Berufe entstanden und verschwunden?
- Philosophisch im Sinne einer Theorie bzw. Semantik der Arbeit: Was bedeutet das Wort „Arbeit"? Was ist ihr „Wesen"? Wie unterscheidet sich Arbeit von verwandten Phänomenen und wie funktioniert sie?
- Ethisch: Wie sollte Arbeit sein? Wie wird sie gerecht verteilt? Was ist ein „gutes" Arbeitsergebnis?
- Medizinisch/psychologisch: Welche Arbeit macht krank bzw. gesund? Wie beeinflusst das Verhalten der Arbeiter die Arbeit – und umgekehrt?
- Pragmatisch: Was tun Arbeiter in bestimmten Berufen?
- Soziologisch: Wie beeinflussen sich Gesellschaft und Arbeit?
- Ökonomisch: Welche Rolle spielen finanzielle Fragen der Arbeit? Zum Beispiel: Wie ist das Verhältnis von Kapital und Arbeit? Welche Arbeit wird wie vergütet – und warum? Wie wird Arbeit vermittelt – über Märkte oder öffentliche Einrichtungen? Wie „motiviert" man Mitarbeiter?
- Politisch/rechtlich: Wie wird Arbeit geregelt?

Auch kann man „Arbeit" kategorisieren, z. B. hinsichtlich der Art des ausgeübten Berufes oder des Zwecks der Arbeit.

Im Folgenden biete ich keine vollständige Theorie der Arbeit (die bisher schlicht nicht existiert), sondern skizziere einige grundsätzliche Themen, die für die weiteren Kapitel nützlich sein werden, nicht zuletzt deshalb, weil sie verdeutlichen, dass man den Begriff der Arbeit eben nicht voraussetzen kann (wie es die BWL normalerweise unterstellt), und dass man, wenn man Unternehmen verstehen möchte, gut daran tut, über „Arbeit" und verwandte Probleme (z. B. Kooperationsbereitschaft und Motivation) zumindest nachzudenken.

2.3 Zur historischen Veränderung von „Arbeit"

Haben sich Begriff und Deutung von „Arbeit" historisch gewandelt? Viele Autoren meinen, in der Antike sei der Arbeitsbegriff negativ besetzt gewesen, und erst das Christentum habe ihn aufgewertet; bei Luther und vollends in der Aufklärung sei die Arbeit etwas Positives geworden und heutzutage geradezu Kern des Lebenssinns. Wahrscheinlich ist die Sache aber etwas differenzierter zu sehen.

Zwar gibt es **antike** Autoren, die sich abfällig über Arbeit äußern, aber sie beziehen sich dabei meist auf einfache bzw. körperlich harte und/oder abhängige Arbeiten. Freilich mögen solche Arten von Arbeit damals häufiger gewesen sein als heute, sodass der Eindruck entsteht, Arbeit sei insgesamt negativer gesehen worden. Aber gleichzeitig loben andere Quellen ausdrücklich den Fleiß.

Diesen Widerspruch findet man schon im Alten Testament. In Genesis 3, 17–19 wird Arbeit eindeutig als Mühsal verstanden: „[17] Und zum Mann sprach er (Gott): Weil du gehorcht hast der Stimme deiner Frau und gegessen von dem Baum, von dem ich dir gebot und sprach: Du sollst nicht davon essen – verflucht sei der Acker um deinetwillen! Mit Mühsal sollst du dich von ihm nähren dein Leben lang. [18] Dornen und Disteln soll er dir tragen, und du sollst das Kraut auf dem Felde essen. [19] Im Schweiße deines Angesichts sollst du dein Brot essen, bis du wieder zu Erde wirst, davon du genommen bist."

Insbesondere in den Sprüchen wird Arbeit aber mehrfach gelobt:

„Lässige Hand macht arm; aber der Fleißigen Hand macht reich." (Spr 10,4)

„Wo man arbeitet, da ist Gewinn; wo man aber nur mit Worten umgeht, da ist Mangel." (Spr 14, 23)

"Geh hin zur Ameise, du Fauler, sieh ihre Wege an und werde weise! [7] Wenn sie auch keinen Fürsten noch Hauptmann noch Herrn hat, [8] so bereitet sie doch ihr Brot im Sommer und sammelt ihre Speise in der Ernte. [9] Wie lange liegst du, Fauler! Wann willst du aufstehen von deinem Schlaf? [10] Ja, schlafe noch ein wenig, schlummre ein wenig, schlage die Hände ineinander ein wenig, dass du schläfst, [11] so wird dich die Armut übereilen wie ein Räuber und der Mangel wie ein gewappneter Mann." (Spr 6, 6–11)

Letzteres erinnert stark an Äsops Fabel über die Ameise und die Zikade: Während die Ameise im Sommer fleißig arbeitet, vergnügt sich die Zikade und muss dafür im Winter Hunger leiden.

Aristoteles meint zwar in seiner „Rhetorik", dass Freie kein Handwerk betreiben sollen, aber nur deshalb, weil er mit dieser Tätigkeit die Abhängigkeit von anderen verbindet. Er hatte aber nichts gegen das tiefschürfende Gespräch unter Freunden, das wir heute mit „wissenschaftlicher Arbeit" verbinden. Ähnlich bewertet Cicero in „De officiis" 1, 150ff. verhasste Berufe (wie Zöllner und Geldverleiher), Leiharbeit und schmutzige Berufe sowie Kleinhandel und einfache Gewerbe als des Freien unwürdig; komplexe Berufe (z. B. Architekten, Ärzte), Großhandel und Landwirtschaft hingegen nicht. Politik und Kriegführung, wenn auch nicht an dieser Stelle erwähnt, sind ebenfalls für Freie geeignet.

Die Doppelnatur der Arbeit – einerseits Arbeitsleid, andererseits Lebenssinn zu erzeugen –, ist offenbar sehr alt (Aßländer und Wagner 2017). Vor- und Nachteile sind mit der Art der Arbeit verknüpft: Einfache, abhängige Arbeiten erzeugen eher Leid, hierarchisch gehobene und in der gesellschaftlichen Wahrnehmung hoch angesehene Tätigkeiten erzeugen eher „Sinn", insbesondere dann, wenn sie als intellektuell fordernd und sozial bzw. hilfreich für andere angesehen werden. (Es scheint eine Art historisch stabile Konstante in der inneren Bewertung von Arbeit zu geben.) Offenbar gibt es seelische Kräfte, die Menschen zur Arbeit treiben.

Spätestens mit der **Reformation** beginnt endgültig die Aufwertung der Arbeit: Man tut Gutes, indem man arbeitet. Arbeit bestimmt das Selbstbild wesentlich mit und dient der „Selbstverwirklichung", also – nach der Maslowschen Bedürfnispyramide – dem höchsten Ziel überhaupt.

Nur deshalb funktionieren Unternehmen! Denn die weitaus meisten Tätigkeiten lassen sich arbeitsvertraglich gar nicht so genau regeln, dass immer klar wäre, was der Mitarbeiter zu tun hat. Tatsächlich beschreiben Arbeitsverträge regelmäßig nur vage den Inhalt der jeweiligen Aufgaben. Das heißt, diese Verträge gehen zu Recht davon aus, dass der Mitarbeiter normalerweise bereit ist, die ihm zugedachten Arbeiten zur Zufriedenheit des Unternehmens und seiner Kunden auszuführen; schließlich hat er sich um den entsprechenden Job beworben. „Dienst nach Vorschrift" ist eben kein zufriedenstellender „Dienst", und „Bummelstreiks" finden selten statt. Dabei darf der Dienstherr sogar die Gesundheit der Mitarbeiter gefährden, wie jeder Soldat an den Blasen nach seinen ersten Märschen ebenso schmerzhaft spürt wie ein ständig sitzender Versicherungsmitarbeiter im Rücken.

Wenn man will, kann man auch so formulieren: Unternehmen sind als soziale Struktur so erfolgreich, weil sie es schaffen, die Arbeitsbereitschaft ihrer Mitarbeiter zu nutzen. Selbstverständlich kann diese Bereitschaft schwanken und damit der Unternehmenserfolg; will man letzteren verstehen, muss man sich auch mit Arbeit beschäftigen.

In **unserer Zeit** erzeugt das ökonomisch-technisch-sozialpsychologisch-juristische Umfeld, indem es auf die „Arbeit" einwirkt, eine im historischen Vergleich ziemlich komplexe Gemengelage.

1. Die zunehmende Komplexität, Steuerung und Volatilität der Arbeit

Seit der Aufklärung hat die Anzahl unterschiedlicher Berufe enorm zugenommen. Eine der Folgen ist, dass Berufsfelder nicht mehr durchgängig sind: Wer einmal einen Karrierepfad eingeschlagen hat, bleibt darin (häufig) gefangen. Ein Reisebüromitarbeiter, dessen Arbeit verschwindet, weil sein Unternehmen von Internetkonzernen verdrängt wird, hat schlechte berufliche Aussichten.

Gleichzeitig ändert sich die Tätigkeit auch innerhalb von Berufen: Die Arbeit in einer Fabrik hat heute mit der frühen Industrialisierung (zum Glück) nicht mehr viel zu tun.

2 Heureka, der Sinn ist da! – oder: Was ist eigentlich „Arbeit"?

Exkurs 1
Arbeit ist für Menschen enorm wichtig, nicht nur wegen ihrer Sinnstiftung, sondern auch gesundheitlich. Arbeitslosigkeit macht krank (Norström et al. 2014). Ist es wirklich angemessen, Zuschnitt und Inhalt der Arbeit dem historischen Zufall zu überlassen oder sollte man bewusst mit ihr umgehen?

Muss wirklich jeder, der das Pech hat, in einem wegrationalisierten Berufsfeld zu arbeiten, akzeptieren, plötzlich bedeutungs- und perspektivlos zu sein?

Wo ist die Grenze, ab der zu wenig oder die falsche Arbeit zur Verfügung steht? Immerhin kann man nachweisen, dass zu viel und zu wenig selbstständige Arbeit das Risiko von Angststörungen und Depressionen erhöht (Seidler et al. 2022). Wollen wir zulassen, dass z. B. Anforderungen an die Arbeitssicherheit abgeschafft werden, wenn das freie Spiel der Kräfte dazu führt?

Das Problem ist: Reale Märkte sind nicht von sich aus „gerecht" (Thielscher 2022). Sie sind auch nicht „ungerecht". Gerechtigkeit ist einfach kein Kriterium, das bei der Güterverteilung auf Märkten eine Rolle spielt. Man kann aber – z. B. durch Herstellen von Transparenz, durch die Unterstützung der schwächeren Vertragspartei u. Ä. – für mehr Gerechtigkeit sorgen, sowohl bei der Verteilung von Arbeit als auch bei ihrer Vergütung und ihrer Qualität.

Arbeit hat sich über die Zeit zum Glück verändert. Genauso, wie die Qualität von Brötchen kontrolliert wird (ohne, dass deswegen der Brotmarkt zusammenbricht), kann man auch die Qualität von Arbeit sichern und weiterentwickeln. Mehr noch: Wie schon in der Einleitung erwähnt, kann man in jedem Unternehmen nach McKinsey-Erfahrung 40 % der beeinflussbaren Kosten einsparen. Würde man Arbeit ordentlich gestalten und den Arbeitslohn anpassen, könnten wir alle unsere Arbeitszeit um 1–2 volle Tage pro Woche reduzieren, erheblich mehr Arbeitsfreude erleben und/oder sehr viel mehr produzieren (und damit z. B. den Hunger in der Welt abschaffen) – in Anbetracht der Bedeutung von Arbeit ist schwer zu verstehen, dass so wenig über sie nachgedacht, geforscht und debattiert wird.

Fremd- und Selbstbestimmung verändern sich je nach Tätigkeit unterschiedlich; durch neue Technologien oder gesellschaftliche Entwicklungen kann sie zu- oder abnehmen. (IT-Experten haben vorgeschlagen, dass Computerkameras die Müdigkeit der Mitarbeiter erfassen und ihnen dann automatisch mehr oder weniger schwere Arbeiten zuweisen. Andererseits entstehen durch IT selbstbestimmte Arbeitstätigkeiten.) Nach dem Zweiten Weltkrieg hat die Mitbestimmung der Mitarbeiter im Westen zunächst enorm zugenommen.

Insgesamt folgt aus diesen Überlegungen, dass „Arbeit" sehr vielgestaltig sein kann und sich über die Zeit verändert. Man kann daher auch nicht „Arbeit" managen, sondern nur eng umgrenzte Tätigkeitsfelder; etwa so, wie man auch nicht „Krankheit" behandelt, sondern je eine spezifische Krankheit („Colitis ulcerosa"). Das ist für die Managementlehre *sehr* wichtig, weil es bedeutet, dass allgemeine und zugleich bedeutsame Managementregeln selten sind: Die Arbeit von Kinderkrankenschwestern wird anders gesteuert als die von Außendienstmitarbeitern im Maschinenbau.

Eine funktionierende BWL müsste daher flächendeckend *spezifische* Arbeitszustände daraufhin untersuchen, wie sie zu managen sind. Das tut sie bisher allenfalls anekdotisch oder in einzelnen Spezialdisziplinen (z. B. Banken). Da sie kein solches Wissen zur Verfügung stellt, erfinden Manager das richtige Management immer wieder neu. Das Ergebnis ist allenfalls mittelmäßig, und die Manager fühlen sich unnötig unter Druck. (Dazu mehr im Kapitel über „Führungstheorien".)

Exkurs 2
Foucault hat darauf hingewiesen, dass jede Herrschaft ihre eigene Rechtfertigung schafft: Schon die ägyptischen Pharaonen wurden – angeblich – von den Göttern eingesetzt. Das gegenwärtige Herrschaftssystem der Marktwirtschaft wird in der Regel damit begründet, dass es sich dabei um die beste Art der Warenproduktion und -verteilung für alle handelt. Dass das nicht immer stimmt, belegen nicht nur die Beispiele in diesem Buch, sondern auch der insgesamt lausige Effizienzgrad der Produktion (> 30 % Verschwendung!).

Warum halten wir es für selbstverständlich, dass Arbeit (meist) fremdbestimmt ist? Darf man nicht zumindest darüber nachdenken, wie Arbeit organisiert sein müsste, damit Arbeiter mehr Einfluss auf ihre Arbeit haben?

2. Die Rationalisierung von Arbeit

Seit der Industrialisierung nimmt der Kapitalbestand zu, während die tägliche Arbeitszeit eher abnimmt. Tendenziell steigen die Kosten von Arbeit im Verhältnis zu den Kapitalkosten. Etwa seit dieser Zeit setzen verstärkte – und umstrittene – Versuche ein, die Arbeitskosten zu reduzieren, z. B. durch Rationalisierung oder Verlagerung von Tätigkeiten in Billiglohnländer. Dies ist eine wesentliche Aufgabe von „Management".

Dadurch sind Lebensläufe hochgradig unsicher geworden. Während es in der Nachkriegszeit normal erschien, von der Lehre bis zur Rente in derselben Funktion beim selben Unternehmen zu arbeiten – es gab sogar Belohnungen für lange Betriebszugehörigkeit – sind Karrierepläne heute sehr riskant. Arbeitnehmer sehen sich dem ständigen Risiko ausgesetzt, ihre Arbeit und damit ihren „Sinn" zu verlieren. Das dürfte sich sowohl auf die Betroffenen nachteilig auswirken (viele Ärzte sehen in dieser Unsicherheit einen Grund für die Zunahme psychischer Erkrankungen) als auch für die Gesellschaft, die ihre Mitglieder nicht mehr ausreichend zu schützen scheint.

Märkte können sich in hoch entwickelten Gesellschaften gegen ihre Teilnehmer wenden. In wettbewerbsstarken Branchen kann auch der Unternehmer seine Gewinne nicht genießen, sondern muss sie sofort wieder investieren, weil er sonst der Konkurrenz unterliegt. Diesen Effekt, dass kapitalistische Systeme das Leben ihrer Bewohner hinter deren Rücken gestalten, hat schon Karl Marx beschrieben – freilich gilt das auch für staatssozialistische (oder, wie andere Autoren sagen, staatskapitalistische) Wirtschaftssysteme. Simone Weil (2015, Original 1937) hat klug erkannt: „Verjagte man morgen die Unternehmer, vergesellschaftete man die Fabriken, so änderte sich nichts an diesem grundsätzlichen Problem: Die Notwendigkeit, eine maximale Anzahl von Produkten ‚auszustoßen', entspricht nicht den Lebensbedürfnissen der in der Fabrik arbeitenden Menschen." Auch in der DDR sollte nicht essen, wer nicht arbeitete.

3. Der Mangel an Arbeit

Wenn Arbeit Lebenssinn erzeugt, dann hat ihr Fehlen sehr nachteilige Konsequenzen für Arbeitslose. Entsprechend hoch ist der politische Druck, allen eine (idealerweise geeignete) Arbeit zur Verfügung zu stellen. Wenn aber, wie Piketty (2014) gezeigt hat, Kapital und Kapitalgewinne sich in den Händen weniger konzentrieren, fällt Nachfrage aus, was zum chronischen Arbeitsmangel führt. Die aktuelle Automatisierung gefährdet darüber hinaus – nach Schätzungen des Arbeitsministeriums – ca. 40 % aller Arbeitsplätze. Selbstfahrende Autos sind ein Gewinn für die Gesellschaft, aber Taxifahrer braucht dann niemand mehr.

Wenn Arbeit knapp ist, müssen diejenigen, die arbeiten dürfen, dafür dankbar sein. Der moderne Arbeitnehmer muss darüber hinaus selbst Unternehmer sein und sich als Person einer finanziellen Logik unterwerfen, wie es Bröckling (2000) scharfsinnig beobachtet hat:

> „Erfolg, Wohlstand, Zufriedenheit und was der Fluchtpunkte subjektiver Optimierungsanstrengungen mehr sind lassen sich nicht zuletzt deshalb nur relational bestimmen, weil die Individuen sich als Wettbewerber auf den sich ständig verändernden Arbeits- und Aufmerksamkeitsmärkten gegenüberstehen. Jeder Vergleich gerät so zum Ausscheidungskampf, der über Auf- oder Abstieg entscheidet. Um mithalten zu können, ist es nötig, seine Ressourcen zu erkennen, zu nutzen und auszubauen, sich strategische Ziele zu setzen, diese zu operationalisieren und das Erreichte zu überprüfen, initiativ zu werden, statt nur zu reagieren, sich überzeugend zu präsentieren, sich flexibel auf immer neue Anforderungen einzustellen und sich entsprechend zu qualifizieren – kurzum: seinen gesamten Lebenszusammenhang im Sinne betriebswirtschaftlicher Effizienz zu rationalisieren.
>
> Der ‚Betrieb', der auf diese Weise konkurrenzfähig gemacht oder erhalten werden soll, ist die Firma ‚Ich & Co'. Sich selbst zu managen, verlangt nicht nur die gleichen Tugenden wie die Führung eines Unternehmens, sondern besteht vor allem in der Fähigkeit, sich selbst als Unternehmen zu begreifen und entsprechend zu führen. Um der programmatischen Aufforderung eines populären Selbstmanagementratgebers ‚Werden Sie zum Unternehmer Ihres Lebens' nachzukommen, ist folglich das gleiche Vorgehen nötig wie bei jeder Existenzgründung: ‚Definieren Sie sich eindeutig als ein Produkt, und stellen Sie dann eine umfassende Marktforschung an. […] Dazu müssen Sie sich als wirtschaftlich unabhängige Einheit betrachten, nicht als Teilstück, das ein Ganzes sucht, um darin zu funktionieren. Deshalb ist es enorm wichtig, dass Sie sich von einem Markt umgeben sehen, selbst wenn Sie Angestellter eines Unternehmens sind.' […] In früheren Tagen hätte diese Idee des ‚seine eigene Unternehmung sein', obwohl man von jemandem Gehalt bezog, als Gipfel der Illoyalität gegolten. Heute ist diese Einstellung einem Unternehmen eher nützlich und bietet sogar hoch motivierte Unterstützung, die Unternehmen heute weit mehr brauchen als Loyalität im traditionellen Sinn, die in Wahrheit nur die Ab-

hängigkeit beschreibt, die aus der Unfähigkeit erwächst, selbständig zu sein und zu denken."

Unternehmer seiner selbst bleibt das Individuum auch, wenn es seine Anstellung verlieren sollte. Das Ich kann sich nicht entlassen; die Geschäftsführung des eigenen Lebens erlischt erst mit diesem selbst. Aus dem gleichen Grund greift die Selbstverwaltung des individuellen Humankapitals auch weit über das Berufsleben hinaus und kennt weder Feierabend noch Privatsphäre. Wie im Rahmen des TQM sämtliche Unternehmensaktivitäten (und nicht nur die Produktion) entsprechend den Kundenbedürfnissen optimiert werden sollen, so soll Selbstmanagement die Potenziale der ganzen Person (und nicht nur der Arbeitskraft) aktivieren. Unternehmer zu werden hängt nicht am Erwerbsstatus, sondern ist eine „Lebenseinstellung". Selbstmanagement-Ratgeber vermitteln daher nicht allein Techniken effizienter Zeitplanung, Arbeitsorganisation oder Stressbewältigung, als zeitgenössische Klugheitslehren und Manuale methodischer Lebensführung entwerfen sie vielmehr ein umfassendes Leitbild neoliberaler Subjektivität – eben das des Unternehmers seiner selbst – und liefern praktische Übungen, um sich selbst entsprechend zu modellieren. Am Anfang steht dabei die Aufstellung der Aktiva und Passiva:

„Stellen Sie sich vor, jeder Mensch besäße eine Art ‚inneres Konto' und auf diesem Konto stünden sich Stärken und Schwächen wie ‚Soll' und ‚Haben' in der Buchführung gegenüber. [...] Wer ‚Unternehmer' sein will (und damit zufriedener, erfolgreicher und gesünder leben will), der braucht – da werden Sie mir Recht geben – Stärken. Diese Stärken möchte ich als ‚psychische Grundlage des Unternehmers' bezeichnen. Aus ihnen zieht der ‚Unternehmer' seine Kraft zum Handeln. Nicht minder wichtig ist es jedoch, auch die eigenen Schwachpunkte und ihre Ursachen zu kennen – um sie überwinden und so den inneren Kontostand verbessern zu können. Das unterscheidet den ‚Unternehmer' vom ‚Blender', der Probleme zu überspielen versucht, wie vom ‚Opfer', das nur klagt, sich rechtfertigt oder anderen die Schuld zuschiebt.

Dem Appell, sein Leben in die eigene Hand zu nehmen, ist die Warnung beigemischt, man habe die Konsequenzen seines Tuns und Lassens ohnehin selbst zu tragen: So oder so – Sie werden für ihr Handeln, ob von Ihrem Unternehmen, Ihrem Partner oder von Ihrem Körper, zur Verantwortung gezogen – deshalb, auch wenn es schwerfällt: Tun Sie lieber das, was Sie für richtig halten. Gehen Sie Ihren Weg – nicht über ‚Leichen', aber mit der Gewissheit, sich damit Ihr Leben gemäß Ihren Vorstellungen zu gestalten."

Wer den Rat nicht befolgt, muss mit dem Schlimmsten rechnen: Blender- und Opfer-Typen ‚erleiden ihr Leben und werden frühzeitiger und wahrscheinlich elender sterben als diejenigen, die sich mit ihren Problemen und Schwierigkeiten auseinandersetzen'.

Die Anrufung der Selbstverantwortung ist ohne Victim Blaming nicht zu haben; die frohe Botschaft, jeder sei seines Glückes Schmied, bedeutet im Umkehrschluss: An seinem Unglück ist jeder selbst schuld. Wer Erfolg hat, beweist damit ‚mentale Fitness'; wer scheitert, muss sich das auch noch als persönliches Versagen anrechnen lassen."

Auf globaler Ebene wiegt das Problem des Arbeitsmangels noch ungleich schwerer: In manchen Regionen der Welt gibt es einfach keine „Arbeit", und man ist dort, wenn man das Pech hat, am falschen Ort oder in die falsche Familie geboren zu sein, nicht nur um seinen Lebenssinn betrogen, sondern tot.

4. Employability statt Persönlichkeitsbildung

In einem Arbeitsverständnis, das nur inhaltlich leere Produktivität kennt, ist für die Humboldt'sche Bildungsidee (v. Humboldt 2017; Original ca. 1793) kein Platz, die auf Autonomie durch Vernunftgebrauch und Welterkenntnis zielte, nämlich sich „so viel Welt, als möglich zu ergreifen, und so eng, als er nur kann, mit sich zu verbinden", was auch dazu führt, dass Menschen untereinander ihre jeweilige Moralität und Kultur respektieren.

Stattdessen geht es bei „Employability" um Arbeitsfähigkeit für fremde Zwecke; Bildung wird dadurch zur bloßen Ausbildung.

2.4 Folgerungen für das Verstehen und Leiten von Unternehmen

1. **„Arbeit" ist ein komplexes Thema**, das man verstehen muss, bevor man es „managt".

   Die BWL muss aufhören, nur Anekdoten („Fallstudien") oder Allgemeinplätze als Theorieersatz zu verkünden, und im Sinne einer breit angelegten Feldforschung untersuchen, wie „Arbeit" in der Realität in den verschiedenen Branchen funktioniert. Das ist selbstverständlich im Bereich des Möglichen: Warum sollte es nicht gelingen, die „Arbeitstätigkeiten" einer typischen Arztpraxis zu beschreiben, einer Bäckerei, eines Chemieunternehmens usw.? Schon aus Erkenntnisinteresse ist die BWL geradezu verpflichtet, sich damit zu beschäftigen.

2. **Arbeit stiftet (auch) Lebenssinn.** Dieser Teil der Arbeitsmotivation ist beinahe unzerstörbar. Mittelmäßige Manager richten deshalb meistens nur mäßigen Schaden an.

Zugleich können Manager aufatmen: Sie haben zwar – mangels entsprechender Vorbereitung durch ihr Studium – keine Ahnung, wie sie in der je spezifischen Situation „Arbeit" steuern sollten, und müssen sich auf ihren gesunden Menschenverstand verlassen. Aber sie brauchen sich darüber nicht allzu sehr zu grämen. Denn die Manager in anderen Firmen wissen es auch nicht besser, und daher hat keiner einen besonderen kompetitiven Vorteil – schade, dass ihnen das niemand ehrlich sagen wird, weil es demotivierend wirken könnte, wenn der Chef seinen Managern mitteilt: „Sie sind zwar alle unfähig, aber machen Sie sich nichts daraus, es ist im Wettbewerb egal, weil alle anderen auch nichts können!"

Das hat wiederum für die Theorie des Unternehmens enorme Konsequenzen, denn es bedeutet letztlich, dass der Zusammenhang zwischen Tun und Ergehen auch für Unternehmen sehr lose ist. Erstens können Unternehmen, die sich zufällig in einer profitablen Nische befinden oder Monopolmacht ausüben, auch bei lausigem Management erfolgreich sein. (Insbesondere im IT-Bereich fallen jedem Leser spontan Beispiele dafür ein.) Andere Unternehmen scheitern trotz hervorragender Mitarbeiter, weil sich der Markt zu ihren Ungunsten ändert; die Hersteller von Sofortbildkameras haben nichts falsch gemacht, aber nach der Einführung der Fotohandys brauchte sie fast niemand mehr.

Es ist so wie beim Skat: Man kann schon besser oder schlechter spielen, aber mit sehr schlechten Karten verliert man, und mit vier Bauern und Herzflöte gewinnt auch ein Idiot meistens seinen Grand.

(Genau das wird gerne falsch dargestellt, als sei Erfolg allein dem jeweiligen Firmenchef zuzuschreiben.)

Und natürlich kann man selbst einen Grand verderben, wenn man das Drücken vergisst, und so haben es einzelne Spitzenmanager geschafft, ganze Großunternehmen zu vernichten (dazu unten mehr).

Über lange Zeiträume und nach sehr vielen Skatspielen wird sich wahrscheinlich der bessere Spieler durchsetzen, und daher macht es Sinn, nach guten Managern zu suchen, Manager zu schulen, bei Konflikten zu moderieren usw., kurz: mit offenen Augen das Unternehmen zu steuern – aber all das ist Stochern im Nebel, solange die BWL keine vernünftige Theorie liefert. Es ist wie bei einem Arzt, der kein Medizinstudium hatte, aber durch Versuch und Irrtum langsam ein bisschen lernt.

3. **Um die Unternehmensergebnisse zu verbessern**, muss man die Gründe verstehen, die das Verhalten der Mitarbeiter steuern (insbesondere die „Motivation"). Darum geht es im nächsten Kapitel, zunächst bei Gesunden. Pathologien werden anschließend abgehandelt.

2.5 Das Ende der Geschichte

> **Fallstudie**
>
> Einige Zeit nach dem Besuch des Konzernchefs steigt bei dem eingangs beschriebenen Logistikunternehmen ein „aktivistischer Aktionär" mit seinem Hedgefonds ein. Er kauft knapp 7 % der Aktien und drängt den Vorstand zu einer aggressiven Steigerung der kurzfristigen Gewinnausschüttung. Unter anderem wird zur Kostensenkung „umstrukturiert": Ein Teil der Zusteller wird entlassen, ein anderer durch Scheinselbstständige ersetzt. Auch Frau Ü. ist betroffen. Dass sie bisher Glück verbreitete, hilft ihr nicht.
>
> „Managementmethoden" zur Hebung der Motivation nutzen sich schnell ab. Frau Ü. wird zukünftig mit Geschichten über den Bau von Kathedralen nicht mehr motivierbar sein. Das liegt, wie sich in späteren Kapiteln zeigen wird, in der Natur der Sache – denn die Mitarbeiter dienen letztlich Zielen anderer, die manchmal, aber nicht immer, mit ihren eigenen übereinstimmen. „Management" muss sie aber auch im Konfliktfall auf die Ziele der Eigentümer des Unternehmens einschwören.

2 Heureka, der Sinn ist da! – oder: Was ist eigentlich „Arbeit"?

Motivation durch Sinngebung ist eine beliebtes Managementtechnik. Sie kann – wie jede Technik – missbräuchlich verwendet werden: Erstens, indem sie als bloßes Mittel zur Motivierung verwendet wird wie in unserem Beispiel. Wäre der Vorstandsvorsitzende ehrlich gewesen, dann müsste es ja Konsequenzen haben, dass Mitarbeiter Glück verbreiten – man dürfte sie nicht einfach so rausschmeißen.

Ein anderes Problem ist, dass Motivation zum billigen Trost werden kann. In der folgenden Geschichte (Frankl 1994) wird einer Patientin tatsächlich geholfen, und das Zusprechen von „Sinn" erfolgt ihr zuliebe (und nicht wegen des Unternehmens, für das sie arbeitet), aber dennoch bleibt ein merkwürdiges Gefühl zurück: Ist der Trost echt oder wird die Patientin einer freundlichen Illusion ausgeliefert?

„Letzte Hilfe

Wenn ich im rechten, nämlich aufrechten Leiden noch eine letzte und doch die höchste Möglichkeit zur Sinnfindung sichtbar mache, dann leiste ich nicht erste, sondern letzte Hilfe. Ein Tonband, von dem ein Fragment wiedergegeben werden soll, hält ein Gespräch zwischen einer Patientin und mir fest – es wurde während einer meiner klinischen Vorlesungen aufgenommen. Ich sprach mit der Patientin vor meinen Hörern – Studenten der Medizin, Philosophie und Theologie.

Es versteht sich von selbst, daß dieses Gespräch von A bis Z improvisiert wurde. Die Patientin war 80 Jahre alt und litt an einem Krebs, der nicht mehr zu operieren war.

Frankl: „Nun, liebe Frau Kotek, was halten Sie von Ihrem langen Leben heute, wenn Sie darauf zurückblicken? War es ein schönes Leben?"

Patientin: „Ach, Herr Professor, ich muß wirklich sagen, es war ein gutes Leben. Das Leben war so schön. Und ich muß dem Herrgott danken für all das, was er mir geschenkt hat. Ich bin ins Theater gekommen. Ich habe Konzerte gehört. Wissen Sie, die Familie, in deren Haus ich in Prag gedient habe – so viel Jahrzehnte hindurch –, die hat mich manchmal mitgenommen in Konzerte. Und für all das Schöne muß ich nun meinem Herrgott danken."

Aber ich mußte ihre unbewusste, verdrängte Verzweiflung ins Bewußtsein heben. Sie sollte mit ihr ringen, wie Jakob mit dem Engel gerungen hatte, bis der Engel ihn segnete. Ich mußte sie so weit bringen, daß sie ihr Leben segnen konnte, daß sie „ja" sagen konnte zu ihrem Schicksal, das sich nicht ändern ließ. Ich mußte sie – das klingt paradox – also dazu bringen, dass sie am Sinn ihres Lebens zunächst einmal zweifelte, und zwar auf bewusster Ebene und nicht, wie sie es sichtlich getan hatte, ihre Zweifel verdrängend.

Frankl: „Sie sprechen von so schönen Erlebnissen, Frau Kotek. Aber das wird doch nun alles aufhören?"

Patientin (nachdenklich): „Ja, das wird nun alles aufhören."

Frankl: „Wie ist es nun, Frau Kotek, glauben Sie, daß damit all die schönen Dinge, die Sie erlebt haben, aus der Welt geschafft sind? Daß sie ungültig geworden – vernichtet sind?"

Patientin (noch immer nachdenklich): „Diese schönen Dinge, die ich erlebt habe …"

Frankl: „Sagen Sie mir, Frau Kotek, kann irgendjemand das Glück ungeschehen machen, das Sie erlebt haben? Kann jemand das auslöschen?"

Patientin: „Sie haben recht, Herr Professor, niemand kann das ungeschehen machen."

Frankl: „Kann jemand die Güte auslöschen, der Sie im Leben begegnet sind?"

Patientin: „Nein, auch das kann niemand."

Frankl: „Kann jemand auslöschen, was Sie erreicht und errungen haben?"

Patientin: „Sie haben recht, Herr Professor, das kann niemand aus der Welt schaffen."

Frankl: „Oder kann jemand aus der Welt schaffen, was Sie tapfer und mutig durchgestanden haben? Kann jemand all das aus der Vergangenheit herausschaffen? Aus der Vergangenheit, in die Sie das alles hineingerettet, hineingeerntet haben? In der Sie es aufgespart und aufgestapelt haben?"

Patientin (jetzt zu Tränen gerührt): „Niemand kann das. Niemand!" Nach einer Weile: „Sicher, ich habe viel zu leiden gehabt. Aber ich habe auch versucht, die Schläge einzustecken, die das Leben mir versetzt hat. Verstehen Sie, Herr Professor, ich glaube, daß das Leiden eine Strafe ist. Ich glaube nämlich an Gott."

Von mir aus hätte ich selbstredend niemals das Recht gehabt, die Sinndeutung in irgendeinem religiösen Sinne zu beleuchten und von der Kranken beurteilen zu lassen; sobald jedoch die positive religiöse Einstellung der Patientin zum Vorschein gekommen war, stand nichts mehr im Wege, sie als gegebenes Faktum auch in die Psychotherapie einzubauen.

Frankl: „Aber sagen Sie, Frau Kotek, kann das Leiden denn nicht auch eine Prüfung sein? Kann es denn nicht auch sein, daß Gott hat sehen wollen, wie die Frau Kotek das Leiden trägt? Und zum Schluß hat er vielleicht

zugeben müssen: jawohl, sie hat es tapfer getragen. Und jetzt sagen Sie mir, was meinen Sie jetzt, kann jemand solche Leistungen ungeschehen machen?"
Patientin: „Nein, das kann niemand."
Frankl: „Das bleibt doch, nicht wahr?"
Patientin: „Bestimmt: das bleibt!"
Frankl: „Wissen Sie, Frau Kotek, Sie haben nicht nur allerhand geleistet in Ihrem Leben, sondern auch aus Ihrem Leiden das Beste gemacht! Und Sie sind in dieser Hinsicht für unsere Patienten ein Vorbild. Ich gratuliere Ihren Mitpatienten, daß sie sich Sie zum Beispiel nehmen können!" In diesem Augenblick geschah etwas, das sich noch in keiner Vorlesung ereignet hatte: Die 150 Hörer brechen in einen spontanen Applaus aus! Ich aber wende mich wieder der alten Frau zu: „Sehen Sie, Frau Kotek, dieser Applaus gilt Ihnen. Er gilt Ihrem Leben, das eine einzige große Leistung war. Sie können stolz sein auf dieses Leben. Und wie wenig Menschen gibt es, die stolz sein können auf ihr Leben! Ich möchte sagen, Frau Kotek: Ihr Leben ist ein Denkmal. Ein Denkmal, das kein Mensch aus der Welt schaffen kann!"

Langsam ging die alte Frau aus dem Hörsaal. Eine Woche später starb sie. Sie starb wie Hiob: satt an Jahren. Während ihrer letzten Lebenswoche aber war sie nicht mehr deprimiert. Im Gegenteil, sie war stolz und gläubig. Anscheinend hatte ich ihr zu zeigen vermocht, daß auch ihr Leben sinnvoll war, ja daß noch ihr Leiden einen tieferen Sinn hatte. Vorher war die alte Frau, wie gesagt, bedrückt von der Sorge, daß sie nur ein nutzloses Leben geführt habe. Ihre letzten Worte aber, wie sie in der Krankengeschichte eingetragen stehen, waren die folgenden: „Mein Leben ist ein Denkmal, hat der Professor gesagt. Zu den Studenten im Hörsaal. Mein Leben war also nicht umsonst …'"

Literatur

Aßländer MS, Wagner B (Hrsg) (2017) Philosophie der Arbeit. Texte von der Antike bis zur Gegenwart. Suhrkamp, Berlin
Bröckling U (2000) Totale Mobilmachung. Menschenführung im Qualitäts- und Selbstmanagement. In: Bröckling U. Gouvernementalität der Gegenwart. Suhrkamp, Frankfurt, S 131ff (hier: 154–165)
Frankl V (1994) Der unbewußte Gott. Kösel, München
v. Humboldt W (2017) Schriften zur Bildung. Reclam, Stuttgart, S 6

Norström F, Virtanen P, Hammarström A, Gustafsson PE, Janlert U (2014) How does unemployment affect self-assessed health? A systematic review focusing on subgroup effects. BMC Public Health 14:1310

Piketty T (2014) Das Kapital im 21. Jahrhundert. Beck, München

Seidler A, Schubert M, Freiberg A, Drössler S, Hussenoeder FS, Conrad I, Riedel-Heller S, Romero SK (2022) Psychosoziale berufliche Belastungen und psychische Erkrankungen. Dtsch Arztebl Int 119:709–715

Thielscher C (2022) Wirtschaft und Gerechtigkeit. SpringerGabler, Wiesbaden

Voß GG (2010) Was ist Arbeit? Zum Problem eines allgemeinen Arbeitsbegriffs. In: Böhle F, Voß GG, Wachtler G (Hrsg) Handbuch der Arbeitssoziologie. Springer VS, Wiesbaden, S 23ff

Weil S (2015) Rationalisierung. In: Grimstein J, Skrandies T, Urban U (Hrsg) Texte zur Theorie der Arbeit. Reclam, Stuttgart, S 116ff

3

Der Glückspilz im Pech oder: Was macht einen Mitarbeiter zum guten Mitarbeiter?

> **Fallstudie**
>
> Tomas P. hatte das Glück, eine sehr erfolgreiche Frau – Ingrid – zu heiraten, genauer: die Tochter eines berühmten Wissenschaftlers. Da Ingrid keine besonders guten Schulnoten erreichte, absolvierte sie zunächst eine Lehre und ging dann mit einer Empfehlung des Vaters zum Studium in die USA. Dort schnappte sie einige Ideen auf, die sie unbedingt in Deutschland umsetzen wollte.
>
> Gemeinsam mit ihrem Mann gründete sie eine Firma. Tomas P. wurde der Geschäftsführer, Ingrid agierte eher aus dem Hintergrund.
>
> Anfangs lief die Firma gar nicht gut. Da überredete Ingrids Vater einen Geschäftspartner, der eine Menge Geld an ihm verdiente und auch weiter verdienen wollte, in die Firma seiner Tochter einzusteigen und seinen gesamten Außendienst auf die Kundensuche zu schicken. Aber auch danach waren Ingrids Konzepte, die eher zum US-amerikanischen als zum deutschen Sozialsystem passten, nur sehr schwer verkäuflich.
>
> Da geschah etwas Wunderbares: Der in diesem Bereich zuständige Minister hatte von Problemen gehört, die nichts mit Ingrids Ideen zu tun hatten, und brachte eine Gesetzesänderung auf den Weg. Plötzlich – als Nebeneffekt des neuen Gesetzes – mussten viele Organisationen so etwas Ähnliches wie Ingrids Produkt vorhalten. Das Geschäft schoss durch die Decke. Jahrelang erzielte die Firma Millionenumsätze und -gewinne (die Gewinnmarge lag deutlich über 50 %).

> Tomas P. verbachte nun viel Zeit damit, Managementbücher zu lesen. Die Mitarbeiter der zweiten Ebene forderte er auf, es ihm nachzutun und ihre jeweiligen Verantwortungsbereiche genauso schnell und investitionsfrei wachsen zu lassen, wie er es vorgemacht hatte. Das klappte allerdings nicht, u. a. deswegen, weil keine weiteren wundersamen Zufälle auftraten, und weil nicht so recht klar war, was Tomas P. überhaupt mit dem Unternehmen vorhatte – z. B., in welchen Geschäftsfeldern er wachsen wollte.
>
> Einige Jahre lief das Unternehmen sehr erfolgreich weiter. Dann merkten Kunden, wie wenig sie für das bekamen, was sie bezahlten, und begannen, das Kernprodukt der Firma selbst herzustellen; sie rutschte schnell in rote Zahlen. Thomas P. stemmte sich der Entwicklung entgegen, verbrauchte dabei allerdings sämtliche Rücklagen.
>
> Nach einigen Jahren ließ Ingrid sich scheiden und heiratete einen erfolgreichen Manager. Tomas P. arbeitete danach noch einige Zeit als Berater, bevor er in Frührente ging.

Hat Tomas P. etwas richtig gemacht, als er Erfolg hatte? Und liegt das in seiner Persönlichkeit begründet? Nein, er hat mehrfach Glück gehabt – genauer formuliert: richtig geheiratet und unerwartete Hilfe vom Minister erhalten.

Lag vielleicht sein späteres Scheitern in seiner Person begründet? Kaum – allenfalls hätte sich seine Frau vielleicht nicht scheiden lassen, wenn er wie Adonis aussähe. Zwar hätte er die Firma liquidieren sollen, als die Kunden sich abwandten. Aber das ist zugegebenermaßen schwer, wenn man Erfolg hat und glaubt, man selbst sei seines Glückes Schmied.

Was macht also einen Mitarbeiter bzw. einen Manager bei der „Arbeit" erfolgreich? Und wie fördert man Mitarbeiter? Was sagen die Wirtschaftswissenschaften dazu?

3.1 Homines oeconomici in vollkommenen Märkten

Die Betriebswirtschaftslehre ist eine relativ junge Wissenschaft. Der erste BWL-Lehrstuhl in Deutschland entstand erst 1898 an der Handelshochschule in Leipzig. Daher übernahm die BWL wichtige Inhalte von der älteren Volkswirtschaftslehre (die damals Nationalökonomie bzw. Politische Ökonomie hieß).

Die VWL wiederum ist bis heute von der neoklassischen Schule geprägt. In ihren Modellen agieren rational handelnde Homines oeconomici in vollkommenen Märkten – das heißt:

1. Konsumenten handeln „rational" in dem Sinne, dass sie (ausschließlich) die eingekauften Gütermengen maximieren und dabei weder altruistisch noch neidisch sind. Produzenten handeln analog beim Einkauf von Arbeit und Rohstoffen bzw. Verkauf ihrer Güter.
2. Märkte arbeiten extrem schnell und kostenlos, und es gibt weder Eintritts- noch Austrittsbarrieren; außerdem kennt jeder Marktteilnehmer alle heutigen und zukünftigen Preise, und alle Güter sind homogen und unendlich teilbar.

Dadurch bekommt jeder genau das, was ihm zusteht: Denn wer zu viel hat, wird sofort niederkonkurriert. In einem neoklassischen Markt kann ja jeder in jeden Markt eintreten – eine unterbezahlte Putzfrau könnte morgen als Mittelstürmerin beim FC Chelsea anfangen. Ich habe an anderer Stelle (Thielscher 2022) gezeigt, dass solche Märkte eine Reihe erwünschter Eigenschaften haben: Sie sind vollkommen „gerecht", denn jeder ist exakt so viel wert, wie er verdient (genau genommen kann gar keine Ungerechtigkeit auftreten, weil sich alles von selbst zurecht konkurriert; der Gerechtigkeitsbegriff ist in solchen Märkten inhaltsleer).

Leider existieren solche Märkte nicht in der Realität. Die BWL hat aber diese Annahmen von der VWL geerbt, und sie grundieren immer noch die Managementlehre. Beispielsweise hält die Managementliteratur hartnäckig daran fest, dass der Erfolg eines Unternehmens im Wesentlichen an der Persönlichkeit der Führungskraft hinge: dem „Visionary Leader", wie er häufig in Hollywoodfilmen auftaucht und dort tatsächlich im Alleingang die USA, die Erde oder gleich die Galaxie rettet. 40 % aller Studien zum Thema Unternehmenserfolg suchen die Gründe im Charakter der Führungskraft. (Ich werde das im Kapitel über Führungstheorien ausführlich behandeln.) An dieser Stelle reicht es, festzuhalten, dass der größte Teil wissenschaftlicher Arbeiten Unternehmen ungefähr so sieht wie in Abb. 3.1.

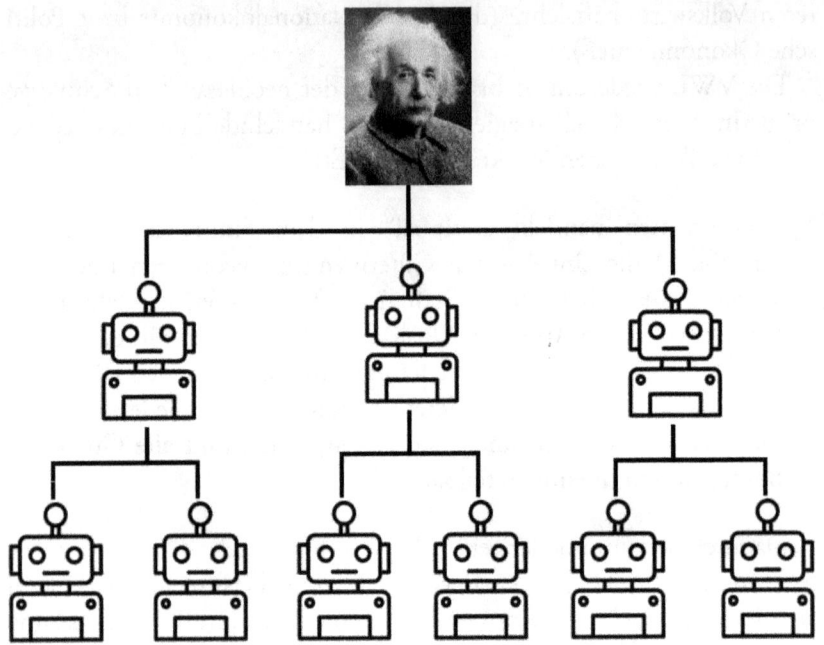

Abb. 3.1 Ein Einstein an der Spitze und darunter Linienmanager

Auch folgt aus dieser Theorie, dass Spitzenmanager, die Millionengehälter bekommen, ganz besondere Menschen sein müssen.

Dass das empirisch nicht immer stimmt, wurde vielfach nachgewiesen. Das Problem ist, dass man sich mit diesen neoklassischen Annahmen über Märkte den Blick auf die Realität, also die Rahmenbedingungen (Wettbewerber, Mitarbeiter, Kunden usw.) verstellt.

Aus gesellschaftlicher Sicht ist ein wesentlicher Effekt der Annahme „Gehalt = Leistung" die Abwertung des Politischen. Da Spitzenmanager leicht das Hundertfache eines Bundeskanzlers verdienen, müssen Politiker (in neoklassischer Sicht) allesamt *sehr* unfähig sein. Daraus folgt weiter, dass man besser Politik durch Märkte ersetzt; die neoklassische Weltsicht ist insofern in sich schlüssig. Nun mag es mehr oder weniger qualifizierte Politiker geben, aber dass wirklich jeder Manager „besser" ist, scheint sehr unwahrscheinlich (dazu mehr im Kapitel über Unternehmen).

Für unsere Überlegungen ist wichtig, dass erstens die BWL Menschen – soweit sie überhaupt darüber reflektiert – als rational Handelnde im obigen Sinne deutet (sie sind nicht neidisch, nicht rational, verfolgen keinen „Sinn" …) und zweitens Unternehmen als rationale Entscheidungsfindungs- und Entscheidungsumsetzungssysteme missversteht. Damit verfehlt sie die komplexe Wirklichkeit sozialpsychologischer Systeme, und zwar auf allen Ebenen: beim Individuum ebenso wie in Gruppen, dem Gesamtunternehmen und dem Zusammenspiel zwischen Unternehmen und Gesellschaft. Das Thema wird uns noch öfter begegnen.

Ein Beispiel von vielen: das Problem der Kommunikation

Ein typisches Symptom für die unvollständige Modellierung von Unternehmen und darin ablaufenden Prozessen ist, dass BWL-Bücher Kommunikation als Austausch von Daten verstehen und daher empfehlen, Informationen klar zu strukturieren und zu formulieren (so z. B. Adler 2011; Munter und Hamilton 2014). Bestenfalls wird (selten) auf Schulz von Thuns Vier-Quadranten-Modell verwiesen, das immerhin neben Sachinformation in der Kommunikation auch Selbstkundgebungen, Beziehungshinweise und Appelle erkennt.

Auf Inhalte der Kommunikation wird praktisch nie eingegangen – das muss jeder Manager für sich leisten. Das ist so, als ob man einem Arzt nur sagt, dass er „richtig" behandeln soll, aber nicht, was das medizinisch bedeutet. Diese Art von bloßer Prozessorientierung ist für die BWL leider typisch.

Reden ist nämlich nicht nur „Reden", sondern auch „Handeln": bei der Unternehmenskommunikation geht es nicht nur um „Informationen". Vielmehr zwingt sie die Menschen (oft) dazu, etwas zu tun und/oder beeinflusst direkt ihr Leben (z. B. ihr Einkommen, ihre Karriere usw.). Dies erklärt die hohe emotionale und körperliche Belastung, die z. B. Feedbackgespräche auslösen können, die noch dadurch verstärkt wird, dass die „Arbeit" einen großen Teil des „Sinns" des Lebens ausmacht. Viele Menschen definieren den Sinn ihres Daseins über das, was sie im Sinne der „Arbeit" „tun". Die Veränderung ihrer Arbeit zielt auf ihr eigenes Selbst.

Sprache ist mehrdeutig, ebenso wie die Wahrnehmung: Sprichwörter zeigen, dass es beim Sprechen nicht nur um den Austausch von Informationen geht. In Deutschland bedeutet zum Beispiel „Mein Nachbar ist ein Fuchs" in der Regel so viel wie: „Er ist ein sehr schlauer Mensch". „Da ist die Tür" wird in der Regel korrekt verstanden, nämlich nicht als Information über die geografische Lage einer Tür, sondern als Aufforderung zum Gehen.

Ein Sprichwort funktioniert aber nur, wenn der Gesprächspartner versteht, dass der Satz als Sprichwort verwendet wird. Wenn er es nicht weiß, scheitert Kommunikation. Dasselbe kann passieren, wenn die Situation mehrdeutig ist (z. B. wenn man mit einem Jäger spricht, der denkt, dass man in der Nähe eines Waldes wohnt) und wenn die Grundwahrnehmungen unterschiedlich sind (z. B. wenn der Chef denkt, dass er ein großartiger Manager ist, während seine Mitarbeiter ihn für unfähig halten; dieser Konflikt kann normalerweise überhaupt nicht thematisiert werden). Das heißt, zum „Verstehen" von Kommunikation gehören Hintergrundinformationen und Annahmen über die Situation, in der das Gespräch stattfindet, über die Ziele der Gesprächspartner und ihr persönliches Leben hinzu.

In der Unternehmenskommunikation geht es häufig um Beziehungen: Wer hört auf wen; wer hat über die Zukunft zu entscheiden; welche Informationen will X mit Y teilen; wer hat das Recht, zuerst zu sprechen; warum delegiert ein Chef Aufgaben, die er selbst viel besser und schneller erledigen könnte usw. Das meiste davon ist – aus Sicht der Unternehmen – völlig „irrational", aber nicht aus Sicht des einzelnen Mitarbeiters. Vielmehr steckt hinter jedem einzelnen Arbeitsvertrag eine Vielzahl von Konflikten, z. B. der Konflikt zwischen Kapital und Arbeit (2500 US-Dollar mehr Lohn sind 2500 US-Dollar weniger Gewinn).

In der Unternehmenskommunikation geht es darum, Ziele zu erreichen, also um (versteckte) Absichten und Informationen. Häufig wollen die Sprecher ihre Gesprächspartner beeinflussen. Daher neigen sie dazu, Informationen (vor allem über ihre wahren Absichten) nur dann weiterzugeben, wenn es notwendig bzw. zielführend ist. Das führt zu Spielchen: Was weiß er, was ich weiß?

Ähnlich bei Wahrheit und Höflichkeit: Angesichts der potenziellen persönlichen Bedeutung der Kommunikation von Führungskräften ist diese oft unehrlich, um den Empfänger zu schützen. Ein Chef würde zum Beispiel zu einem Bewerber selten sagen: „Sie sind durchgefallen, weil Sie doof sind", auch wenn er genau das denkt. Genauso wenig sagt man zu einem Rentner: „Wir schreiben nach Ihrer Verabschiedung den Job nicht neu aus, weil Ihre Arbeit sowieso nutzlos war." Und die Mitarbeiter sagen ihrem Chef nicht, dass er das eigentliche Problem ist.

Aufgrund der Bedeutung und des Risikos, Menschen zu verletzen, ist die Kommunikation von Führungskräften stark ritualisiert. Im Feedbackgespräch sagt der Vorgesetzte: „Deine Leistungen waren ganz ok." Und sowohl der Mitarbeiter als auch der Chef verstehen, dass gemeint ist: „Die Leistungen waren gar nicht ok." Niemand sagt: „Ich bin dein Chef und habe daher die Macht, dich zu zwingen, Dinge zu tun, die du nicht willst." Stattdessen werden ritualisierte Formulierungen verwendet, die für alle Beteiligten gesichtswahrend wirken („Die Arbeit muss leider gemacht werden"). Das bedeutet, dass ein Verständnis von Kommunikation solche Ritualisierungsbemühungen berücksichtigen muss.

Zwar setzt sich auch in der Managementlehre langsam die Erkenntnis durch, dass man mit Homo-oeconomicus-Modellen nicht weit kommt, aber die entsprechenden Neuentwicklungen (z. B. „Soft-Skills-Ansätze") sind regelmäßig nicht theoriebasiert, sondern beruhen auf beliebigen Ad-hoc-Annahmen. Bis heute werden jahrzehntealte Experimente z. B. von Milgram, Ash und Zimbardo, die die dunklen Seiten menschlicher Kooperation aufzeigen, eher überrascht zur Kenntnis genommen. (Eine doppelte Ironie liegt darin, dass die Ergebnisse von Zimbardo ebenso wie die Hawthorne-Experimente zur Mitarbeitermotivation, die wesentlich zum wissenschaftlichen Fortschritt beitrugen, wahrscheinlich in Teilen gefälscht waren.)

3.2 Einige Beispiele für „Managementtheorien"

Im Folgenden stelle ich einige weit verbreitete Managementtheorien aus verschiedenen Bereichen vor. Es handelt sich nur um einen kleinen Ausschnitt, aber es wird doch deutlich, wie solche Theorien funktionieren und welche Vor- und Nachteile sie haben.

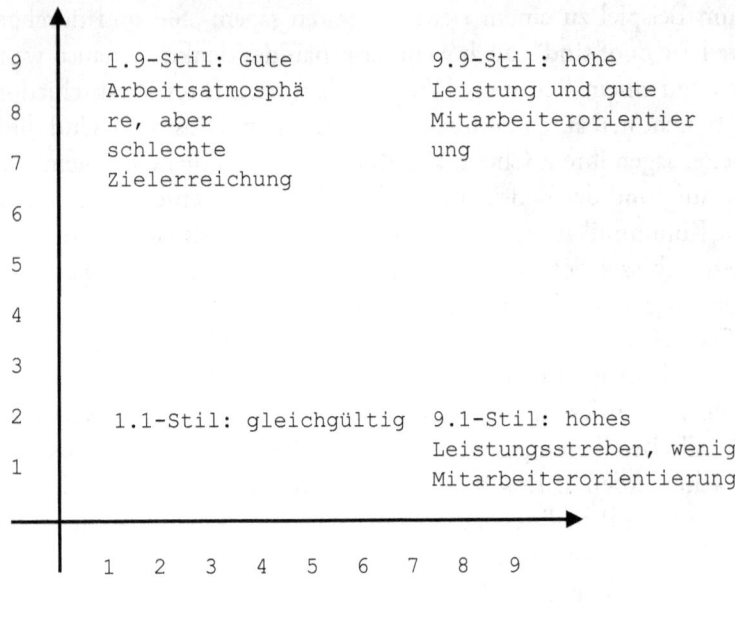

Abb. 3.2 Verhaltensgitter nach Blake und Mouton (1969/1985)

Ein sehr erfolgreiches Managementmodell ist das Verhaltensgitter nach Blake und Mouton (1969/1985, s. Abb. 3.2).

Demnach können Manager personal- und/oder sachorientiert sein. Man erhält damit eine Matrix, deren Achsen von den Autoren mit den Werten 1 bis 9 bezeichnet werden. Entsprechend argumentieren Blake und Mouton, dass Manager möglichst im 9.9-Stil führen sollten, d. h., sowohl sach- als auch mitarbeiterorientiert.

Eine Variante des Modells bieten Hersey und Blanchard (1985) unter dem Namen „situationale Führungstheorie" oder auch „Reifegradtheorie". Ihnen zufolge ist der 9.9-Stil nicht immer optimal. Stattdessen sollten Manager sich an der „Reife" ihrer Mitarbeiter orientieren. Bei sehr „reifen" Mitarbeitern, die wie von selbst ihre Aufgaben erledigen, soll der Manager viel delegieren (das hat eine gewisse Nähe zum 1.1-Stil). Bei unwilligen und unfähigen Mitarbeitern muss man hingegen genau defi-

3 Der Glückspilz im Pech oder: Was macht einen Mitarbeiter ...

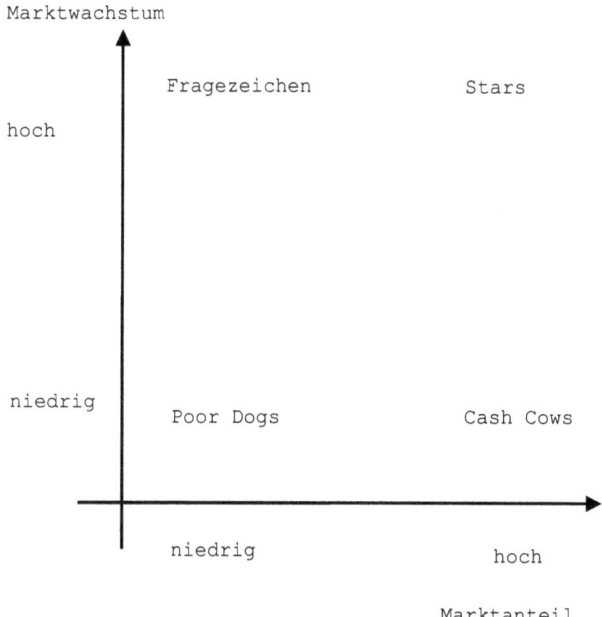

Abb. 3.3 BCG-Matrix (BCG 2022)

nierte Ziele vorgeben und überwachen; bei willigen, aber unfähigen Mitarbeitern muss man viel erklären, und bei fähigen, aber unwilligen überzeugen.

Ein ganz anders Managementmodell liefert die BCG-Matrix, die 1968 erstmals publiziert worden sein soll (BCG 2022). Sie unterscheidet Märkte nach ihrem Wachstum und dem Marktanteil des jeweiligen Unternehmens (vgl. Abb. 3.3).

„Stars" sind Produkte in schnell wachsenden Märkten, in denen das Unternehmen zugleich einen hohen Marktanteil hat. Es liegt nahe, in solche Produkte zu investieren. „Cash Cows" hingegen soll man melken: Der Markt wächst nicht mehr, aber aufgrund des hohen Marktanteils hat man (häufig) eine ordentliche Gewinnmarge. „Fragezeichen" und „Poor Dogs" verstehen sich analog.

Wieder ein anderes Modell liefert die aktuell sehr beliebte „Balanced Scorecard" (Kaplan und Norton 1996). Diesen Autoren zufolge soll ein

Tab. 3.1 Balanced Scorecard

	Ziel	Messgröße	Zielvorgabe	Maßnahmen
Finanzen				
Kunden				
Prozesse				
Mitarbeiter, Lernen und Entwicklung				

Manager die jeweiligen Anforderungen aus vier verschiedenen Perspektiven betrachten: finanzwirtschaftlich, aus Kundensicht, prozessorientiert und mitarbeiterorientiert (v. a. hinsichtlich Lernen und Entwicklung). Zu jeder Perspektive soll er dann Ziele formulieren, Messgrößen und konkrete Ziele vorgeben und Maßnahmen zur Zielerreichung definieren.

Für die Finanzwirtschaft könnte das so aussehen: Das Ziel ist der Unternehmensertrag, die Zielgröße die Umsatzrendite; sie soll mindestens 5 % erreichen, und dazu sollen nur noch erfolgreiche Produkte hergestellt werden. Wieder erhält man eine Matrix – siehe Tab. 3.1.

Diese Matrix ist nicht ohne Grund leer. Es gibt kein Verfahren, das sie füllen könnte – das kann nur der jeweilige Manager selbst.

Während diese Modelle auf Annahmen beruhen, hat Jim Collins versucht, Eigenschaften erfolgreicher Manager empirisch zu ermitteln. Er wurde damit zu einem der meistgelesenen Autoren, die die Eigenschaften idealer Manager beschreiben. Auch ich bekam vor Jahren von meinem damaligen Chef eines seiner Bücher geschenkt („Der Weg zu den Besten"), und zwar mit der Bemerkung, ich solle gefälligst umgehend zum Level-5-Manager werden.

Collins (2005) analysierte, welche Firmen in den letzten Jahren besonders erfolgreich waren, und sprach mit deren Spitzenmanagern. Im Ergebnis fand er heraus, dass es fünf Kompetenzebenen gebe:

- Level-1-Manager erbringen produktive Beiträge durch Talent, Wissen, Fertigkeiten und gute Arbeitsgewohnheiten.
- Level-2-Manager tragen mit individuellen Fähigkeiten zum Erfolg der Gruppenziele bei.

- Level-3-Manager organisieren Menschen und Ressourcen für eine effektive und effiziente Zielumsetzung.
- Level-4-Manager sorgen für Engagement und konsequente Umsetzung der Unternehmensvision sowie höhere Leistungsstandards.
- Die besten, nämlich Level-5-Manager, sorgen (sic) durch eine paradoxe Mischung aus persönlicher Bescheidenheit und professioneller Durchsetzungskraft für nachhaltige Spitzenleistung.

Nun leuchtet unmittelbar ein, dass ein „Manager" „managen" muss, und dass dies typischerweise mit Mitarbeitern zu tun hat. Ein eigenbrötlerischer Level-1-Manager, der nur alleine arbeiten kann, wird daher kaum besondere Führungsqualitäten entwickeln. Warum gerade die Kombination aus persönlicher Bescheidenheit und professioneller Durchsetzungskraft für Spitzenleistungen „sorgen" soll, bleibt allerdings unklar. Andere Autoren schreiben Spitzenleistungen eher einem (mindestens) gesunden Selbstvertrauen, „Soft Skills" oder anderen Fähigkeiten zu.

Tatsächlich wurde später gezeigt, dass Collins einem Denkfehler aufsitzt (Tomorrowtodyglobal 2022). Um erfolgreiche Unternehmen zu identifizieren, hat er Firmen ausgewählt, die in den Jahren *vor* der Untersuchung einen überdurchschnittlichen Aktienkurs aufwiesen. In den Jahren danach haben dieselben Unternehmen aber schlechtere Ergebnisse erwirtschaftet; einige gingen sogar bankrott. Collins unterstellt einfach, dass Firmen, deren Aktienkurs einige Zeit überproportional ist, auch „besser" sein müssen (obwohl es sich auch um Zufallsschwankungen handeln kann), und, dass dieses „Bessersein" genau auf die jeweiligen Spitzenmanager zurückzuführen ist (und nicht z. B. auf die Märkte, in denen sich die Firmen bewegen, Erfindungen …). Ganz so einfach ist es also offenbar nicht.

Diese Beispiele sind zwar willkürlich ausgewählt, aber nicht untypisch. Wer sich ein genaues Bild machen will, kann sich Dutzende weitere Modelle anschauen (z. B. in Macharzina und Wolf 2018).

Er wird immer wieder das Folgende finden:

1. **Managementmodelle beschreiben typischerweise einen winzigen Ausschnitt aus der Unternehmensrealität.** Ob es um Führungsverhalten, Produkte oder Unternehmensstrategien geht: Die Modelle

beschreiben immer nur einen ganz kleinen Ausschnitt aus dem Gesamtsystem. Das wäre nicht schlimm, wenn sie in eine umfassende Theorie eingebettet wären – sind sie aber nicht. Die o. g. Führungsstile z. B. kommen nicht etwa aus einer Beschreibung eines gesamten Unternehmens, sondern beruhen auf Annahmen (!) der Autoren über richtige Führung. Obendrein bilden sie offensichtlich die sozialpsychologische Komplexität menschlicher Interaktion nicht ab. Niemand ist ernsthaft der Ansicht, dass man Faktoren wie Intelligenz, Empathie, Erfahrung u. v. a. verlustfrei auf eine Variable „Mitarbeiterorientierung" zurückführen kann, deren Messung (falls sie überhaupt messbar ist) völlig unklar bleibt – ganz abgesehen davon, dass die jeweils konkrete Situation nicht berücksichtigt wird. Dabei dürfte Menschenführung im Priesterseminar anders sein als bei aggressiv geführten US-amerikanischen Kaffeeanbietern. Diese „Theorien" sind, kurz gesagt, viel zu grob, um wirkliche Unternehmen zu beschreiben.

2. **Die Modelle passen nicht zusammen; sie widersprechen sich sogar.**
Vor dem Hintergrund des Mangels an geeigneter theoretischer Grundlegung wird auch klar, warum sich Untersuchungen über die Eigenschaften erfolgreicher Manager regelmäßig widersprechen. Wenn auch oft angenommen wird, solche Führer seien „unternehmerisch", „innovativ" oder „charismatisch", oder sie seien besonders gut darin, ihre Mitarbeiter zu „motivieren", so finden andere Autoren, dass solche Manager einfach sparsam oder vorsichtig seien oder gar Gesetze umgingen.

So zeigen Villette und Villermot (2009), dass die in der populären Vorstellung, in Wirtschaftsmedien und Wirtschafts- und Managementschulen verbreitete Meinung, das Erzielen außergewöhnlicher geschäftlicher Erfolge hinge an weitsichtigen Personen im Management, die mutig Risiken eingegangen sind, innovative Führung geleistet und Neues eingeführt haben, empirisch nicht (immer) stimmt. In ihrer Analyse von 32 der reichsten globalen Führungskräfte von heute – darunter Warren Buffett, Ingvar Kamprad, Bernard Arnault, Jim Clark und Richard Branson – finden sie, dass diejenigen, die im Geschäft am erfolgreichsten sind, keine Risikoträger, sondern Risikominimierer sind. Sie zeigen, dass die notwendigen Kapitalressourcen meist aus dem abgeleitet werden, was sie provozierend als

„Prädation" bezeichnen: das rücksichtslose Ausnutzen von Unvollkommenheiten, Schwächen und Verwundbarkeiten innerhalb des Marktes oder bei Wettbewerbern. Nebenbei zeigen sie, dass diese Art schneller Kapitalakkumulation unerwünschte soziale Folgen haben kann.

3. **Viele gängige Modelle sind alt, aber immer noch fester Bestandteil der Managementlehre.** Viele Modelle, die in der Managementlehre Verwendung finden, haben sich seit den 60er-Jahren des letzten Jahrhunderts nicht weiterentwickelt. Die Modelle von Blake und Mouton bzw. Hersey und Blanchard findet man heute noch in (fast) jedem Managementbuch.

4. **Keines dieser Modelle wurde je erfolgreich empirisch getestet.** Modelle wie die BCG-Matrix entziehen sich prinzipiell jeder empirischen Untersuchung: Wie sollte man experimentell testen, ob es „funktioniert"? Indem man hundert Unternehmen nimmt, von denen man der Hälfte vorschreibt, ihre Produktlinien nach der BCG-Matrix zu steuern, und der anderen Hälfte, das nicht zu tun? – Es gibt in der BWL eine interessante Diskussion über sogenanntes „Evidence-based Management" (EbMg). Dabei handelt es sich um den Versuch, ähnlich wie in der Medizin (dort heißt der Ansatz „Evidence-based Medicine") nur Methoden und Instrumente einzusetzen, deren Wirksamkeit nachgewiesen wurde – und zwar möglichst die jeweils besten. Es gibt gute Gründe zur Annahme, dass EbMg nicht möglich ist, weil man mit Unternehmen keine klinischen Studien durchführen kann. In der Medizin ist die randomisierte kontrollierte Doppelblindstudie der Goldstandard: Die Patienten werden zufällig in zwei Gruppen eingeteilt, nämlich die Experimentalgruppe, bei der die Intervention durchgeführt wird; die Mitglieder der Kontrollgruppe erhalten dagegen z. B. eine Scheinintervention (Placebo) oder eine aktuelle Standardtherapie. Weder die Patienten noch die behandelnden Ärzte wissen, welcher Patient zu welcher Gruppe gehört (selbstverständlich verfügt der Versuchsleiter bei der Auswertung über diese Information). Im Vergleich zur Scheintherapie lassen sich Unterschiede der beiden Gruppen hinsichtlich des eintretenden Effekts auf die getestete Intervention zurückführen. Eine sehr gute Diskussion zum EbMg findet sich in Heft 3/2013 der Zeitschrift „Die Betriebswirtschaft".

Auch für die übrigen Modelle steht der Beweis ihrer Richtigkeit aus (Macharzina und Wolf 2018). Das bedeutet im Klartext: Die Managementlehre beruht heute auf Theorien, von denen niemand weiß, ob sie „funktionieren".

5. **Diese Modelle erfreuen sich in der Praxis großer Beliebtheit.** Obwohl diese Modelle alles andere als „qualitätsgesichert" sind, werden sie in der Unternehmenspraxis breit eingesetzt. Beispielsweise hat Jack Welsh das Unternehmen General Electric nach dem Prinzip gesteuert, dass alle Teilbereiche Nummer 1 oder Nummer 2 im jeweiligen Markt seien – oder desinvestiert werden. (Das ist nicht immer leicht zu definieren. Bei einem Beratungsprojekt, das ebenfalls Unternehmensbereiche nach ihrem Marktanteil bewertete, behauptete ein Manager, mit seinen Produkten – Steckdosenleisten – sei er Marktführer. Nachdem der Berater den Gesamtmarkt mit seinen Umsätzen verglichen hatte und ihn damit konfrontierte, dass das nicht stimmen könnte, sagte der Manager: „Doch, bei braunen Steckdosen!")

3.3 Managementratgeber

Neben der „wissenschaftlichen" Managementlehre gibt es einen breiten Bücher- und Zeitschriftenstrom mit praktischen Tipps, deren Inhalte nach meinem Kenntnisstand noch nie mit wissenschaftlichen Methoden aufbereitet worden sind.

Hier ein Beispiel: Vor kurzem schickte mir ein Wirtschaftsverlag freundlicherweise ein Bücherpaket mit 15 neu erschienenen Ratgebern zur Unternehmensführung. Nach dem Durchblättern stellte ich verblüfft fest, dass ausnahmslos alle Ratgeber genau nach einem Schema argumentieren:

1. In der jüngsten Zeit sind Unternehmen und ihre Umwelt so komplex geworden, dass herkömmliche Führungskonzepte nicht mehr funktionieren.

2. Führung muss zuallererst bei der inneren Haltung der Mitarbeiter ansetzen. (Manchmal wird diese „Haltung" mit anderen Begriffen umschrieben, z. B. „Motivation".)
3. Das einzige Instrument, das dies leisten kann – aber auch mit 100 %iger Sicherheit leistet –, ist X – wobei „X", das im jeweiligen Buch angepriesene Tool, alles Mögliche sein kann: von Motivationstechniken über Selbstorganisation („Soziokratie" – die Vorstellung, dass Mitarbeiter sich selbst führen – freilich bei von außen vorgegebenen Zielen) bis hin zur Arbeitszeitgestaltung.

Man muss es wohl in dieser Schärfe sagen: Manche Managementbücher sind voll von unsinnigen und empirisch kaum belegten Behauptungen der Art: „Disziplin ist der Schlüssel zum Erfolg" oder auch, ins Persönliche gewendet: „Bill Gates wurde erfolgreich, weil er zuverlässig ist."

Hier noch ein paar illustrierende Beispiele (ich verzichte darauf, die Belegstellen zu nennen, weil ich nicht auf einzelne Autoren zeigen, sondern die Struktur des Unsinns aufzeigen will). In einem Buch, das den Ursachen für Unternehmenserfolg nachspürt, heißt es:

> „… wer den Sinn und mithin die Werte [gemeint sind: Lebenssinn und ethische Werte] in solch eine No-go-Ecke [für die erfolgreiche Steuerung von Unternehmen] stellt, hat Wichtiges verkannt: Denn wer arbeitet im Unternehmen und bringt solchermaßen Innovationen und Leistung und wer ist Kunde des Unternehmens? Es sind Menschen, Menschen mit ihren Interessen und ihren Bedürfnissen, Menschen, die einen Sinn in ihrem Tun und ihrem Arbeiten sehen und erfahren wollen, Menschen, die einen sinnstiftenden Grund sehen wollen, Innovation und Leistung erbringen zu können.
> Nur wenn Menschen im Unternehmen und die Menschen als Kunden und als gesellschaftliche Akteure nachvollziehbar erfahren können, dass die Frage nach dem „Reason Why" des unternehmerischen Tuns und der Arbeit im Unternehmen von einem Wertespirit getragen ist, der eine Sinnstiftung ermöglicht und den Menschen nicht zu einem Ding oder zu einer Zahl verkommen lässt, erst dann ist der Mensch bereit, sich so zu öffnen, dass von ihm Leistung und Kreativität zu erwarten sind. Erst wenn der Mensch fühlen und konkret erfahren darf, dass er das Maß aller wirtschaft-

lichen Dinge ist, er das unternehmerische Wirtschaften von einer Menschendienlichkeit geprägt sieht, erst dann ist die Voraussetzung geschaffen, nämlich dass der Mensch bereit ist, Leistung erbringen zu wollen.

Also: Nur wenn Werte im Unternehmen sichtbar und verlässlich gelebt werden, Werte, die sich an der Menschendienlichkeit orientieren, erst dann ist ein Unternehmen zukunftsfähig und langfristig auf Erfolg gepolt."

Nun ist es gut und ehrenwert, darauf hinzuweisen, dass Menschen einen Sinn in ihrem Tun sehen möchten. Ohne den Text in eine „No-go-Ecke" stellen zu wollen, muss doch nach seinem „Reason Why" gefragt werden. Zweifellos ist es eine schöne Vorstellung, dass Menschendienlichkeit und Erfolg so eng aneinandergekoppelt sind. Leider folgt aber aus einem Sollen nicht unbedingt ein Sein. Unternehmen, die ihre Arbeiter unter unmenschlichen Bedingungen arbeiten lassen – sie gar einsperren, sodass sie bei einem Brand in der Firma ums Leben kommen –, sind in der Vergangenheit durchaus wirtschaftlich erfolgreich gewesen. Unternehmen, die das Glück haben, eine Nische zu besetzen, können auch bei schlechter Menschenführung überdurchschnittliche Profite abwerfen. Unternehmen, deren Geschichte sich wie eine einzige Auflistung von Verstößen gegen bestehendes Datenschutzrecht lesen, sind, wenn es sich um ein natürliches Monopol[1] handelt, kaum zu stoppen. Das heißt nicht, dass Unternehmen nicht auch mit Sinn und Werten erfolgreich sein können, aber Sinn und Werte sind eben nicht direkt mit Erfolg gekoppelt, wie der oben zitierte Autor in seinem „Wertespirit" so gerne beweisen würde.

Schwer erträglich sind die Massen an Managementbüchern, die nachträglich erklären, warum ein bestimmter Manager so erfolgreich war. Dass dabei Zufälle, Glück, äußere Umstände eine erhebliche Rolle gespielt haben könnten, wird gerne übersehen. Im Gegenteil wird der Einfluss der Manager regelmäßig überschätzt – jedenfalls, solange erwünschte Ergebnisse eintreten. Gerät das Unternehmen in die Krise, werden die Manager mit teuren Abfindungen, aber leise entsorgt. Einem Vorstandsvorsitzenden eines DAX-Unternehmens, den ich selbst über Monate begleiten konnte, und der wahrscheinlich weder zum Aufstieg noch zum

---

[1] Ein natürliches Monopol entsteht, wenn positive Skalenerträge vorliegen, d. h., die Durchschnittskosten bei steigender Ausbringungsmenge sinken. Einfacher gesagt: wenn ein größeres Unternehmen bessere und/oder billigere Produkte anbieten kann. Der Größere wird dann immer größer werden und dabei die kleineren Wettbewerber vom Markt verdrängen.

späteren Fall des Unternehmens Wesentliches beigetragen hat (es ging einfach der Verbrauch des entsprechenden Produktes über Jahre zurück, was in der Branche zum Preisverfall führte), werden Sprüche zugeschrieben wie die folgenden:

„Der Widerspruch zwischen dem, was gesagt wird, und dem, was gemeint ist, ist sehr groß. Man muss ihn herausfinden." Oder: „Sie müssen eine Vision haben und sie durchsetzen – mit Motivation und Überredungskunst."

Beides ist nicht falsch, aber es wurde fälschlich als *Ursache* für den (bis dahin anhaltenden) Unternehmenserfolg betrachtet.

Dass über Managergehälter in Millionenhöhe gestritten wird, wenn schon unklar ist, was ein „Manager" tut – und da auch die „Manager", die von anderen „Managern" als besonders „managementstark" ausgezeichnet werden, mitunter vollkommen versagen – liegt nahe, verkennt aber, dass aus Sicht des Kapitalgebers ein erheblicher Wert daraus resultiert, wenn jemand bereit und in der Lage ist, die Interessen des Besitzers gegenüber den übrigen Mitarbeitern durchzusetzen.

Ganz unerträglich ist, wenn in *Lehrbüchern* der Betriebswirtschaftslehre völliger Unsinn geschrieben wird, wie in dem folgenden, leider nicht untypischen Zitat:

„4.3 Marketinggruppen

Die Marketinggruppe ist im Marketingbereich tätig und wird von einem Gruppenleiter geführt. Hier arbeiten Verkäufer, Marketingexperten und Werbefachleute, die jeweils von einem Gruppenleiter geführt werden. Marketinggruppen können folgende Aufgaben verrichten:

- Kundenaufträge bearbeiten
- Angebote erstellen
- Werbung betreiben
- Aufträge ausführen
- Waren verkaufen
- Rechnungen schreiben
- Reklamationen bearbeiten
- Fertigprodukte verpacken
- Verkaufsprodukte versenden
- Versandpapiere ausstellen."

Man wundert sich bereits, wieso die Marketinggruppe von einem Gruppenleiter geführt wird, wenn doch auch ihre Subgruppen (Verkäufer, Marketingexperten und Werbefachleute) jeweils einem Gruppenleiter unterstehen. (Vielleicht handelt es sich um Gruppenleiter und Obergruppenleiter.) Vor allem aber staunt man darüber, dass Marketinggruppen zwar Fertigprodukte verpacken, aber z. B. mit der Marktforschung und/oder Preisgestaltung nichts zu tun haben. In der Medizin würden Bücher, deren Therapieempfehlung ganz falsch ist, sofort vom Markt genommen. In der BWL scheinen falsche Empfehlungen zumindest nicht sehr zu stören; sie scheint Fehler eher zu tolerieren – vielleicht deswegen, weil sie als solche schwerer erkennbar sind.

3.4 Schlechte Theorie, starke Ergebnisse – und umgekehrt

Aus dem Gesagten folgt *nicht*, dass simple Managementmodelle, Konzepte und Instrumente in der Praxis nicht wirksam sein könnten. Das Gegenteil ist der Fall.

Manche Manager verändern tatsächlich ihr Verhalten, wenn man ihnen sagt: „Du solltest mehr auf deine Mitarbeiter eingehen." Andere arbeiten besser und schneller, wenn man sie dazu auffordert. Und es ist ja nicht sachlich falsch (nur nicht zu Ende gedacht), dass ein Manager sich um sach- und/oder um mitarbeiterbezogene Themen kümmern kann, und zwar mit unterschiedlicher Intensität und Qualität. Auch die Balanced Scorecard ist nicht falsch – nur leer. Jeder Manager fängt von vorne an, wenn er sie ausfüllt. Diese Übung (das Ausfüllen) ist sicher gut und nützlich – aber von einer „Theorie" würde man erwarten, dass sie mehr liefert als eine leere Tabelle. Es ist so wie in dem Spruch: wir wollen zum Mond – und mit der Managementtheorie kommen wir schon mal auf den Baum.

Im Grunde zeigt das, *wie* schlecht die Managementtheorie ist. Denn ein studierter (!) Manager sollte so grundlegende Dinge *wissen*, weil sie selbstverständlich in ein funktionierendes Gesamtkonzept eingebettet sind. Es ist so ähnlich, als ob das Medizinstudium den Ärzten ausschließlich Weisheiten der Art vermittelte: „Es ist oft eine gute Idee, den Patienten zu fragen, was ihm wehtut."

(Freilich sind gerade Ärzte ein gutes Beispiel für die Nützlichkeit von Managementmodellen: Denn im „Management" ihrer Stationen sind sie oft nicht besonders geschickt, z. B. im Umgang mit Krankenschwestern. Das heißt: Die Medizin als Theorie funktioniert sehr gut – auf Krankheiten bezogen; aber nicht (immer) hinsichtlich des „Managements" der Zusammenarbeit mit anderen.)

Sehr beeindruckt hat mich ein Student, der beim Theorie-Praxis-Transferbericht am Ende seines Studiums schrieb: Der beste Kurs sei der in Unternehmensführung gewesen, weil der ihm sehr geholfen habe – es falle ihm seitdem viel leichter, seine Mitarbeiter zu manipulieren. Ich werde in späteren Kapiteln noch darauf eingehen, dass Maßnahmen zur Profitsteigerung für die betroffenen Mitarbeiter hilfreich sein können, aber nicht müssen.

Umgekehrt gilt auch: Die herrschende Managementlehre hat nicht die Spur eines Verfahrens, um die Qualität von Managern angemessen zu beurteilen. Ein schlagendes Beispiel ist die Vernichtung des Hoechst-Konzerns. In den späten 70er- und frühen 80er-Jahren war Hoechst weltweit das größte Pharmaunternehmen (Rigoni et al. 1986), gefolgt von Bayer, Ciba Geigy, Merck und Roche. Mit einer Ausnahme sind alle genannten Firmen heute noch erfolgreich (Ciba wurde inzwischen zur Novartis fusioniert). Hoechst hingegen wurde zwischen 1994 und 1999 vom damaligen Vorstandsvorsitzenden Jürgen Dormann vernichtet – beim Versuch, den Chemie- und Pharmariesen in einen Life-Science-Konzern umzubauen. Unter seiner Leitung verschlechterten sich nicht nur bis 1998 die Konzerngewinne stetig, auch scheiterte die Pharmavision, die ehemaligen chemischen Bereiche wurden weit unter Wert verkauft, und die ehemaligen Mitarbeiter stehen sich sehr viel schlechter als vorher (Seifert 2018) – dazu mehr im Kapitel über Hoechst. Zum Vergleich: Roche und Novartis sind nach wie vor unter den größten Pharmaherstellern weltweit, und auch Bayer hält zumindest eine Position nahe oder innerhalb der Top 10 (hat sich zuletzt allerdings mit der Monsanto-Übernahme schwer belastet).

Nun passieren auch Managern Fehler, und wer verantwortlich für einen Konzern ist, kann eben auch eine ganze Firma zerstören. Aber Dormann wurde für die Hoechst-Abwicklung auch noch als „Manager des Jahres" ausgezeichnet, und zwar als erster Manager des Jahres überhaupt!

Die Jury urteilte 1995: „Unbändiger Veränderungswille, eine klare, ebenso entschlossen wie erfolgreich umgesetzte Strategie" – wie kaum ein deutscher Vorstandsvorsitzender vor ihm habe Dormann sein Unternehmen „durchgeschüttelt" und die Vision vom Weltkonzern Schritt für Schritt verwirklicht. Es ist schwer zu sehen, wie ein Bewertungsverfahren falscher liegen kann. Andersherum gesagt: Der Titel „Manager des Jahres" besagt – nichts über den Geehrten, aber viel über die verbreitete Unfähigkeit, gute Manager zu erkennen.

3.5 Arbeitspsychologie

Deutlich weiter als die Managementtheorie reicht die Arbeitspsychologie, die – wegen ihrer Nähe zur Psychologie – daran gewöhnt ist, komplexere Verhaltensmuster zu untersuchen. Im Folgenden werden einige wichtige Themen kurz umrissen (weiterführende Informationen bieten z. B. Nerdinger et al. 2014):

- Immerhin wird erkannt, dass „Arbeit" ein inhaltlich reichhaltiges und interessantes Thema ist, dessen Definition nicht einfach vorausgesetzt werden kann. Leider sind die aktuell verfügbaren arbeitspsychologischen Theorien nur bedingt geeignet, Licht ins Dunkel zu bringen: Behavioristische Ansätze, die alles Handeln auf simple Reiz-Reaktions-Ketten zurückführen wollen – das gelingt noch halbwegs bei einem Neugeborenen, das den Kopf dreht, wenn man es an der Wange berührt, aber nicht bei Erwachsenen –, sind offensichtlich viel zu grob und daher zu Recht aufgegeben worden. Aber auch neuere Ansätze wie das Informationsverarbeitungsmodell von Rasmussen oder handlungstheoretische Ansätze sind zu schematisch und zu wenig inhaltlich gefüllt. Ein Beispiel für letztere ist das TOTE-Modell (test – operate – test – exit, Miller et al. 1960): Zunächst erfolgt demnach ein Abgleich zwischen Ist- und Soll-Situation; dann wird eine Handlung durchgeführt (operate) und überprüft, ob das gewünschte Resultat erzielt wurde. Das ist zweifellos richtig, aber eben rein schematisch und nicht sehr weit von PDCA-Zyklen (plan – do – check – act) entfernt, wie sie massenhaft in der BWL vorkommen.

- Arbeitsmotivation bzw. -zufriedenheit wird in der Arbeitspsychologie zumindest thematisiert. Mehrere theoretischen Ansätze versuchen, das Konzept der „Arbeitszufriedenheit" zu operationalisieren. Immer noch zu den verbreitetsten Grundüberlegungen gehört das Zwei-Faktoren-Modell von Herzberg et al. (1959), demzufolge es einerseits externe Kontext- oder Hygienefaktoren gibt (Gehalt, Status, Unternehmenspolitik), und intrinsische Kontentfaktoren (Leistungserlebnisse, Anerkennung u. a.). Nur die intrinsischen Faktoren sind in der Lage, Zufriedenheit zu erzeugen; die externen hingegen vermeiden Unzufriedenheit. Neueren Untersuchungen zufolge liegt wahrscheinlich ein Messartefakt vor: Befragt man Mitarbeiter danach, was sie zufrieden macht, nennen sie eher Faktoren, die mit ihrer eigenen Tätigkeit zu tun haben, als solche, die von außen kommen.

Sehr bekannt – und ebenfalls häufig in der Managementlehre anzutreffen – ist die Maslow-Pyramide (Abb. 3.4).
Maslow (1954) geht davon aus, dass diese Bedürfnisse von unten nach oben befriedigt werden; außerdem sind die unteren vier Mangelmotive,

Abb. 3.4 Maslow-Pyramide (Maslow 1954)

deren Befriedigung zur Zufriedenheit, aber nicht zur psychischen Gesundheit führt. Letztere schafft erst die Selbstverwirklichung als Wachstumsmotiv. Nun ist es richtig, dass Menschen verschiedene Bedürfnisse haben, und dass sie einen „Sinn" suchen (hier als Wachstumsmotiv bezeichnet). Aber auch dieses Modell kommt nicht über ein bloßes Schema hinaus, das sich einer empirischen Überprüfung hartnäckig verweigert; auch sind wichtige Motivatoren im Modell allenfalls undeutlich erkennbar, z. B. das Streben nach Gerechtigkeit.

Eine moderne Variante der Maslow-Pyramide ist das Motivationsmodell von Ryan und Deci (2000, 2017). Den beiden Autoren war aufgefallen, dass intrinsische Motivation durch zusätzliche extrinsische Belohnungen mitunter nicht gesteigert, sondern gesenkt wird. (Eine klassische Untersuchung fand bei Jugendlichen, die für einen guten Zweck Geld sammelten, dass die unbelohnte Gruppe am besten abschnitt, danach diejenige, die zusätzlich eine hohe Prämie bekam, und am schlechtesten die mit einer niedrigen Vergütung.) Ryan und Deci gehen von drei universellen psychologischen Grundbedürfnissen aus, nämlich dem Streben nach Kompetenz, nach sozialer Eingebundenheit und nach Autonomie.

Es gibt noch weitere Motivationstheorien, darunter auch solche, die sich eher mit Prozessfragen beschäftigen oder das Handeln als Zielerreichungsfunktion beschreiben: Der Mitarbeiter kalkuliert demnach für jede Handlungsalternative die Wahrscheinlichkeit möglicher Handlungsfolgen, Aufwand und Ertrag.

Die Arbeitspsychologie beschäftigt sich darüber hinaus mit weiteren Themen, z. B. der Persönlichkeitsbeurteilung, Personalauswahl und -entwicklung, Leistungsbeurteilung, pro- und kontraproduktivem Verhalten, Arbeitssicherheit und Fernarbeit. So nützlich diese Ansätze sind, so kommen sie leider nicht über schematische Konzepte hinaus; sie bieten ein sinnvolles gedankliches Konstrukt, aber keine Inhalte der Form: „Mitarbeiter in der Branche X weisen folgende Eigenschaften auf und werden daher am besten wie folgt geführt: …"

Sehr instruktiv ist eine Untersuchung, in der Maccoby versuchte, die Eigenschaften erfolgreicher Manager zu erheben. Das Besondere an seiner Untersuchung ist der Detailgrad seiner Fragen, d. h., die schiere Menge an Eigenschaften und Zielen, die zum Erfolg beitragen können.

Zu intellektuellen Fähigkeiten erhob Maccoby (1977) z. B.:

3 Der Glückspilz im Pech oder: Was macht einen Mitarbeiter ...

Kreuzen Sie an, in welchem Ausmaß die folgenden Arten intellektueller Fähigkeiten für Ihre Arbeit wichtig sind:

	Sehr wichtig	Wichtig	Unwichtig
1. Bemühen um praktische Einzelheiten			
2. Integration und Zusammenfügung von Ideen zu einem Gesamtplan			
3. Erfinden neuer Ideen			
4. Kenntnis über die Gefühle anderer			
5. Beachtung kleiner Details			
6. Einarbeitung von Tatsachen in eine logische Ordnung			
7. Gutes Tatsachengedächtnis			
8. Schnelligkeit			
9. Fähigkeit, eigene Ideen zu dramatisieren (und zu verkaufen)			
10. Fähigkeit, eine Umgebung zu schaffen, in der andere besser arbeiten			
11. Fähigkeit, anderen genau zuzuhören			
12. Mathematische Fähigkeiten			
13. Fähigkeit, andere zu stimulieren oder zu aktivieren			
14. Fähigkeit, sich zu verkaufen			
15. Großer Wortschatz			
16. Großer technischer Wortschatz			
17. Fähigkeit, sich mündlich mitzuteilen			
18. Fähigkeit, sich schriftlich mitzuteilen			
19. Fähigkeit, bei einem Minimum an Informationen Schlüsse zu ziehen			
20. Kritisches Denken, Anzweifeln von Methoden und Techniken, die andere als gegeben hinnehmen			
21. Fähigkeit, den Charakter anderer einzuschätzen			
22. Fähigkeit, sich zu konzentrieren			
23. Systematisches Denken			
24. Fähigkeit zum Erkennen guter Ideen			
25. Fähigkeit zur Kritik an schlechten Ideen			
26. Vorstellungskraft			
27. Fähigkeit, das Ganze und nicht nur Teile zu erkennen			
28. Weitsicht oder Visionskraft			

Weiter fragte Maccoby auch nach Charakterzügen.

Kreuzen Sie an, in welchem Ausmaß die folgenden Charakterzüge für Ihre Arbeit wichtig sind:

	Sehr wichtig	Wichtig	Unwichtig
1. Kooperationsbereitschaft			
2. Ordentlichkeit			
3. Offenheit, Spontaneität			
4. Unabhängigkeit (im Gegensatz zu Abhängigkeit)			
5. Loyalität gegenüber dem Unternehmen			
6. Loyalität gegenüber Untergebenen			
7. Loyalität gegenüber Mitarbeitern			
8. Loyalität gegenüber Vorgesetzten			
9. Antrieb, der Beste zu sein			
10. Antrieb zur Macht über andere			
11. Befriedigung, etwas Neues zu schaffen			
12. Freude daran, etwas Neues zu lernen			
13: Kritische und in Frage stellende Haltung gegenüber der Autorität			
14. Sinn für Humor			
15. Rauheit, Unsentimentalität			
16. Bescheidenheit			
17. Persönlicher Charme			
18. Idealismus			
19. Fähigkeit zur Entgegennahme von Weisungen			
20. Rücksichtnahme auf Untergebene			
21. Fähigkeit zum Ergreifen der Initiative			
22. Selbstvertrauen			
23. Geduld			
24. Zähigkeit			
25. Gelassenheit bei Stress			
26. Halsstarrigkeit			
27. Fairness			
28. Großzügigkeit			
29. Anpassungsfähigkeit			
30. Aufgeschlossenheit			
31. Mitgefühl			
32. Bedürfnis nach Vollendung			
33. Bedürfnis zu siegen			

(Fortsetzung)

	Sehr wichtig	Wichtig	Unwichtig
34. Losgelöstheit			
35. Aggressivität			
36. Stolz auf Leistung			
37. Drang zur Selbstverwirklichung			
38. Leistungsfähigkeit			
39. Ehrlichkeit			
40. Selbstbeherrschung			
41. Entschlossenheit			
42. Freundlichkeit			
43. Energie			

Maccobys Liste zeigt anschaulich, wie gefährlich es ist, einfach irgendein Persönlichkeitsmodell mit wenigen Elementen zu verwenden (er rügt z. B. den unkritischen Umgang mit Maslows Bedürfnispyramide) und anzunehmen, man könne sämtliche Eigenschaften von Managern damit abbilden.

Leider sind Maccobys Listen ungenügend strukturiert – faktisch handelt es sich ja um strukturlose, flache Listen – und manche Begriffe sind ziemlich unklar. (Was ist „Energie" als Charakterzug eines Managers?)

So verdienstvoll es ist, dass Maccoby auf die Vielfalt möglicher Fähigkeiten und Charakterzüge eingeht, so wird aus seiner eigenen Untersuchung nicht klar, was erfolgreiche Manager auszeichnet. Das Hauptproblem besteht darin, dass er die Branche, die er untersucht, nicht ausreichend durchleuchtet (dazu unten mehr).

Schon der gesunde Menschenverstand durchschaut, warum das auch so sein muss: Es gibt Branchen, die relativ stabil sind und wenig Veränderung vertragen, und andere, die sich stürmisch entwickeln. Manche Branchen erzeugen natürliche Monopole, andere sind heiß umkämpft. Und so weiter. Entsprechend unterschiedlich sind die Anforderungen an die jeweiligen Manager.

Deshalb scheitern auch regelmäßig Untersuchungen, die versuchen, bestimmte einzelne Eigenschaften mit Erfolg oder Misserfolg von Unternehmen zu korrelieren, z. B. Teamfähigkeit, Fleiß, Einsatzbereitschaft usw. Selbstverständlich ist Fleiß eine hilfreiche Eigenschaft, aber im Grundrauschen der vielen anderen Einflussfaktoren geht er weitgehend unter. Solche Analysen „zeigen" dann, dass es eine geringe, aber signifikante positive Korrelation zwischen der jeweiligen Eigenschaft und dem Unternehmenserfolg gibt. Das wusste man vorher schon; und auch, dass Menschen bessere Ergebnisse erzielen, wenn sie miteinander, als wenn sie gegeneinander arbeiten.

Maccoby hat lange mit Erich Fromm zusammengearbeitet. Unter anderem haben die beiden Forscher über Jahre ein mexikanisches Dorf beobachtet und versucht, die psychoanalytische Theorie auf die Untersuchung von gesellschaftlichen Gruppen anzuwenden, ohne dabei die einzelnen Glieder der Gruppe einer Psychoanalyse zu unterziehen.

3.6 Gut und Böse: Bad Leadership und schlechte Strukturen

In der Welt, wie BWL-Bücher sie sehen, ist gutes Management immer zugleich gut für das Unternehmen, die Kunden, die Mitarbeiter und nicht zuletzt für den Manager selbst; und der Wettbewerb sorgt dafür, dass schlechtes Management – wenn es denn trotz Managementausbildung vorkommen sollte – rasch ausgesondert wird (McCabe 2014). Die Mehrzahl der Bücher (Managementlehren und -ratgeber) glaubt nach wie vor daran. Einige wenige Autoren, die ihren Gegenstand empirisch untersuchten, stellten verblüfft fest, dass die Wahrheit deutlich komplizierter ist.

Dabei wäre zuallererst zu klären, was „schlechtes" Management überhaupt *ist*: Erkennt man es an falschen Methoden (z. B. unehrlichem Verhalten) oder Ergebnissen? Wem gegenüber ist das Management schlecht: den Mitarbeitern, den Shareholdern, der Umwelt …?

Noch schwerer wiegt, dass der Zusammenhang zwischen schlechtem Management und dem „Erfolg" komplett offen ist. So können z. B. schwer gestörte Manager u. U. sowohl mit ihren Mitarbeitern klarkommen, als auch die Profite steigern (dazu mehr im nächsten Kapitel). Bösartige Manager können ihre Mitarbeiter zerstören, dabei aber „erfolgreich" im Sinne der Unternehmenswertsteigerung sein. Umgekehrt kann ein im

Umgang mit seinen Mitarbeitern freundlicher Manager Wert vernichten. *Diese Zusammenhänge sind komplett unverstanden.*

Ein in solchen Fällen beliebter Denkfehler besteht darin, aus dem Erfolg eines Managers darauf zu schließen, dass er „besser" sein müsse. Es wird dann *nachträglich* dem erfolgreichen „Leader" zugeschrieben, dass er „besser" sei. Wenn man obendrein glaubt, dass der Markt dafür sorgt, dass nur die besten Produkte (und Menschen) sich durchsetzen, kommt man obendrein zum Ergebnis, dass erfolgreiche Manager zugleich das „Gute" verfolgen (denn, so die Argumentation: da im Markt der Bessere gewinnt, hätte er sich ja sonst nicht durchgesetzt).

Kurzer Exkurs zur Unternehmensethik
Ethik ist ein wichtiges Thema auch in Unternehmen (und kommt daher im vorliegenden Buch vielfach vor). In den letzten Jahren tauchen solche Frage öfter unter Bezeichnungen wie „Unternehmensethik", „Business Ethics", „Corporate Social Responsibility" o. Ä. auf. Häufig geht damit die Zielsetzung einher, durch ethische Unternehmensführung zugleich bessere finanzielle Ergebnisse zu erreichen (in diesem Fall ist Unternehmensethik nur eine von vielen Methoden, die Mitarbeiter zu steuern). Eine zugleich allgemeine und präzise Unternehmensethik sieht sich derzeit zwei Herausforderungen gegenüber:

- Es gibt nicht eine breit akzeptierte Ethik, sondern mehrere Ethiken, die sich in ihren Empfehlungen manchmal (nicht immer) widersprechen. Die wirkmächtigsten sind derzeit utilitaristische und deontologische Ansätze. Ihr komplexes Verhältnis kann hier nicht aufgedröselt werden, aber der Punkt ist, dass eine utilitaristische Unternehmensethik je nach Situation andere Maßnahmen fordern kann als eine deontologische. Bis zur Klärung des Verhältnisses der jeweiligen Ethiken kann deshalb die Unternehmensethik nicht eindeutig sein.
- Ethiken sind häufig relational, d. h., sie beschreiben das richtige Verhalten eines Menschen in Bezug auf einen oder mehrere andere Menschen. So kann sich eine Unternehmensethik beziehen auf das Verhalten der Mitarbeiter dem Unternehmen gegenüber, aber auch die Rolle des Vorstandes gegenüber der Gesellschaft usw. Während es naheliegend ist, dass eine Verpflichtung der Mitarbeiter gegenüber ihrem Unternehmen (etwa: sich angemessen zu engagieren, keine Firmengeheimnisse zu stehlen usw.) dem Unternehmen nützt – und in diese Richtung zielen typischerweise Projekte, die von Unternehmen

durchgeführt werden –, ist das bei Verpflichtungen des Vorstandes Dritten gegenüber nicht immer so: Das Ausnutzen von monopolistischer Marktmacht z. B. dient regelmäßig der Profitabilität und schadet Dritten.

3.7 Produktivität und Sterblichkeit

Fromm (2021, Original 1947, S. 55ff.) sieht Produktivität geradezu als Inhalt des gelingenden menschlichen Lebens, insbesondere im Blick auf den Tod. Er schreibt:

> „Das Aufkommen der Vernunftbegabung hat eine Dichotomie im Menschen geschaffen, die ihn zwingt, unablässig nach neuen Lösungen zu suchen. Die Dynamik seiner Geschichte ist mit der Existenz der Vernunft unlösbar verknüpft. Sie veranlasst ihn, sich zu entwickeln und dadurch die ihm eigene Welt zu schaffen, in der er sich mit sich selbst und seinen Mitmenschen zu Hause fühlen kann. Jede Stufe, die er erreicht, lässt ihn unbefriedigt und verwirrt ihn. Und diese Verwirrung zwingt ihn, neue Lösungen anzustreben. … Der grundlegende existenzielle Widerspruch ist der von Leben und Tod. … Der Mensch ist allein und zugleich steht er in Beziehung. … Sein Glück hängt von der Solidarität ab, die er mit seinen Mitmenschen, mit vergangenen und zukünftigen Generationen empfindet. …
> Es gibt nur eine Lösung: der Wahrheit ins Auge zu sehen … Sieht er der Wahrheit ins Auge, dann erfasst er, dass *sein Leben nur den Sinn hat, den er selbst ihm gibt, indem er seine Kräfte entfaltet: indem er produktiv lebt.*" (Hervorhebung im Original)

Die Art, wie man seine produktiven Kräfte entfaltet, hängt nach Fromm vom Charakter ab. Er unterscheidet vier Typen: die empfangende, nehmende, aufbewahrende und tauschende Orientierung; jeder dieser Typen hat eine produktive und eine unproduktive Seite. Sehr anschaulich beschreibt er den unproduktiven tauschenden Charakter, den er „Marketing-Charakter" nennt:

> „Die Marketing-Orientierung entwickelt sich erst in der Gegenwart zu einer dominanten Orientierung. Um ihre Eigenart zu verstehen, muss man die ökonomische Funktion sehen, die der Markt für die moderne Gesell-

schaft hat. Sie ist nicht nur dieser Charakterorientierung analog, sondern die Basis und die entscheidende Voraussetzung für deren jetzige Entwicklung. Der Tausch ist einer der ältesten Mechanismen der Wirtschaft. Der herkömmlich an einen bestimmten Ort gebundene Markt unterscheidet sich wesentlich vom Markt, wie er sich im modernen Kapitalismus herausgebildet hat. Der an einen bestimmten Ort gebundene Tauschhandel bot die Möglichkeit, sich zum Zwecke des Warenaustausches zu treffen. Produzenten und Verbraucher lernten sich dabei kennen. Beides waren verhältnismäßig kleine Gruppen. Der Bedarf war mehr oder weniger bekannt, sodass der Produzent entsprechend dem gegebenen Markt produzieren konnte.

Der moderne Markt stellt keinen Treffpunkt mehr dar, sondern ist ein Mechanismus, bei dem die Frage des Bedarfs unabhängig vom Menschen gelöst wird … Man produziert für diesen Markt, nicht aber für einen bekannten Kreis von Verbrauchern. Die Entscheidung hängt von Angebot und Nachfrage ab. Danach richtet es sich, ob und zu welchem Preis eine Ware verkauft werden kann. Es ist belanglos, welchen Gebrauchswert beispielsweise ein Paar Schuhe hat; wenn das Angebot größer ist als die Nachfrage, wird ein Teil der Schuhe wirtschaftlich gesehen wertlos. Sie hätten genauso gut auch nicht produziert werden können. … Der Leser mag einwenden, dass eine solche Beschreibung des Marktes die Dinge allzu sehr vereinfacht. Der Produzent versuche ja, den Bedarf im Voraus richtig zu schätzen, wozu ihm unter den Bedingungen des Monopols sogar gewisse Kontrollmöglichkeiten gegeben sind. Dennoch war und ist noch immer die regulative Funktion des Marktes dominant genug, um einen tiefen Einfluss auf die Charakterbildung des städtischen Bürgertums und – durch den gesellschaftlichen und kulturellen Einfluss – der gesamten Bevölkerung auszuüben.

Der Begriff des Marktwertes, bei dem der Tauschwert einer Ware wichtiger ist als ihr Gebrauchswert, führte zu einer ähnlichen Wertauffassung bezüglich des Menschen und besonders der eigenen Person. Die Charakterorientierung, die in der Erfahrung wurzelt, dass man selbst eine Ware ist und einen Tauschwert hat, nenne ich Marketing-Orientierung.

In unserer Zeit wuchs die Marketing-Orientierung rapide an, und zwar zusammen mit der Entwicklung eines neuen Marktes, der sich in den letzten Jahrzehnten herausgebildet hat: des Personalmarktes. Angestellte und Vertreter, Geschäftsführer und Ärzte, Anwalte und Künstler, alle treten auf diesem Markt in Erscheinung. Ihr legaler Status und ihre wirtschaftliche

Position sind zwar verschieden: Die einen sind Freischaffende, die sich ihre Dienstleistung bezahlen lassen, die anderen sind Arbeitnehmer und als solche Lohn- und Gehaltsempfänger. Aber für alle ist der materielle Erfolg davon abhängig, ob sie persönlich von denen anerkannt werden, die ihre Dienste in Anspruch nehmen oder sie beschäftigen.

Das Prinzip für die Bewertung ist auf beiden Märkten, dem Personal- und den Warenmarkt, dasselbe. Dort wird die Person angeboten, hier die Ware. Der Wert entspricht beide Male dem Tauschwert, für dessen Festsetzung der Gebrauchswert eine zwar notwendige, doch keineswegs hinreichende Bedingung ist. Tatsächlich könnte unser Wirtschaftssystem nicht funktionieren, wenn die Menschen, statt Fachkenntnisse zu besitzen, nur liebenswürdig wären. ... Erfolg hängt weitgehend davon ab, wie gut sich jemand auf dem Markt verkauft, wie gut er seine Persönlichkeit einbringt, sich in netter ‚Aufmachung' präsentiert ...

Die Tatsache, dass die Fähigkeiten für eine bestimmte Aufgabe noch nicht als Erfolgsaussicht genügen, sondern dass man auch imstande sein muss, seine Persönlichkeit im Konkurrenzkampf gegen viele andere ‚durchzusetzen', diese Tatsache wirkt auf die Haltung ein, die man sich selbst gegenüber einnimmt. Dürfte man sich nur auf das verlassen, was man weiß und kann, so stünde die eigene Bewertung im proportionalen Verhältnis zu den eigenen Fähigkeiten, das heißt zum eigenen Gebrauchswert. Da Erfolg aber weitgehend davon abhängt, wie man die eigene Persönlichkeit verkauft, erlebt man sich selbst als Ware. Oder genauer gesagt, zugleich als Verkäufer *und* als Ware. Der Mensch ist mehr an seiner Verkäuflichkeit als an seinem Leben oder seinem Glück interessiert. ...

Auch auf dem ‚Personal-Markt' muss man in Mode sein, und um in Mode zu sein, muss man wissen, nach welcher Art Persönlichkeit die größte Nachfrage besteht. Diese Kenntnis wird den Menschen in allgemeinen Zügen schon während des gesamten Erziehungsprozesses beigebracht, beginnend im Kindergarten und endend auf der Universität. Die Familie vervollständigt sie. Das im Jugendalter erworbene Wissen ist noch unzureichend, denn es weist lediglich auf einige allgemeine Qualitäten hin, zum Beispiel auf Anpassungsvermögen, Ehrgeiz, Fingerspitzengefühl, die den wechselnden Erwartungen anderer Menschen entsprechen sollen. Ein detailliertes Bild des Erfolgsmenschen wird anderenorts vermittelt. Magazine, Zeitungen und Wochenschauen bringen in mannigfachen Variationen Bilder und Lebensgeschichten der Erfolgreichen. Bildinserate haben die gleiche Wirkung. Der erfolgreiche Geschäftsmann, der im Inserat eines

Konfektionshauses abgebildet ist, demonstriert, wie man sich geben und wie man aussehen muss, um auf dem derzeitigen Personalmarkt *Big Money* zu machen.

Das wichtigste Medium, das dem Durchschnittsmenschen einen Begriff gibt, wie die erfolgreiche Persönlichkeit auszusehen hat, ist der Film. Das junge Mädchen sucht Gesichtsausdruck, Frisur und Gesten des hoch bezahlten Stars zu imitieren, weil das anscheinend den größten Erfolg verspricht. Der junge Mann will so aussehen und sich so aufführen wie das Modell auf der Leinwand. Der Durchschnittsmensch hat nur selten Kontakt mit den Erfolgreichsten. Anders dagegen sein Verhältnis zum Filmstar. Zwar hat er auch mit ihm keinen Kontakt, aber er kann ihn, sooft er will, auf der Leinwand sehen, kann ihm schreiben und Photographien mit Autogramm von ihm erhalten. Früher wurde der Schauspieler gesellschaftlich nicht anerkannt, aber er war der Vermittler aller großen dramatischen Werke. Die heutigen Filmstars vermitteln keine großen Werke und keine großen Ideen, aber dafür sind sie das Bindeglied zwischen dem Durchschnittsmenschen und der Welt ‚der Großen'. Das ist ihre eigentliche Funktion. Auch wenn der Durchschnittsmensch nicht damit rechnen kann, den gleichen Erfolg zu erreichen wie diese ‚Großen', so kann er wenigstens versuchen, sie nachzuahmen. Für ihn sind sie Heilige, und da sie Erfolg haben, verkörpern sie die Lebensnormen.

Da der moderne Mensch sich gleichzeitig als Ware auf einem Markt und als Verkäufer dieser Ware empfindet, ist seine Selbstachtung von Voraussetzungen abhängig, die sich seiner Kontrolle entziehen. Hat er Erfolg, dann ist er wertvoll, wenn nicht, ist er wertlos. Das hieraus entstehende Gefühl der Unsicherheit kann kaum überschätzt werden. Wenn man glaubt, der eigene Wert sei nicht von eigenen menschlichen Qualitäten abhängig, sondern von dem Erfolg bei ständig wechselnden Marktbedingungen, dann muss die Selbstachtung unsicher werden und sich ein ständiges Bedürfnis nach Bestätigung durch andere entwickeln. Man jagt unablässig dem Erfolg nach, weil jedes Zurückgesetztwerden eine schwere Belastung für die Selbstachtung ist. Hilflosigkeit, Unsicherheit und Minderwertigkeitsgefühle sind das Ergebnis. Misst man den eigenen Wert an den Wechselfällen des Marktes, so geht jegliches Empfinden für Würde und Stolz verloren.

Das alles ist jedoch nicht nur ein Problem der Selbstbeurteilung und der Selbstachtung, sondern es handelt sich darum, ob man sich als unabhängiges Wesen erlebt – ob man mit sich selbst identisch ist. Wie wir noch sehen werden, leitet der reife und produktive Mensch das Gefühl seiner Identität davon her, dass er sich als ein Handelnder erlebt, der im Tun mit seinen Kräften eins ist. ‚Ich bin, was ich tue', das ist, kurz gesagt, der Inhalt dieses Selbstgefühls. Bei der Marketing-Orientierung aber steht der Mensch seinen eigenen Kräften als einer ihm fremden Ware gegenüber. Er ist nicht mit ihnen eins, vielmehr treten sie ihm gegenüber in einer Rolle auf; denn es kommt nicht mehr auf seine Selbstverwirklichung durch ihren Gebrauch an, sondern auf seinen Erfolg bei ihrem Verkauf. Beides, die Kräfte und das, was sie hervorbringen, sind nichts eigenes mehr, sondern etwas, das andere beurteilen und gebrauchen können. Daher wird das Identitätsgefühl ebenso schwankend wie die Selbstachtung; es wird durch die Summe der Rollen bestimmt, die ein Mensch spielen kann: ‚Ich bin so, wie ihr mich wünscht.' …

Das Erlebnis anderer und die Art, wie man sie einschätzt und wertet, unterscheiden sich in nichts von dem, wie man sich selbst erlebt und einschätzt. So, wie man sich selbst als Ware sieht, so sieht man auch die anderen als Ware. Auch sie stellen *nicht sich selbst* dar, sondern nur den Teil, den sie verkaufen. Die Menschen unterscheiden sich nur noch quantitativ voneinander, also darin, ob sie *mehr oder weniger* Erfolg haben und attraktiv sind und dementsprechend mehr oder weniger wertvoll sind. Diese Bewertung ist dieselbe, die für Waren auf dem Markt gilt. Sowohl ein Gemälde wie ein Paar Schuhe können nach ihrem Tauschwert beurteilt werden; das ist der Preis, auf den ihr Wert reduziert wird. Soundso viele Paar Schuhe „entsprechen" dem Wert eines Gemäldes. In gleicher Weise werden Menschen gewertet: Ihr Wert wird auf den Nenner reduziert, der für jeden gilt, auf seinen Markt-Wert. Die Individualität, das Besondere und Einmalige, ist wertlos, ein unnötiger Ballast. …

Dieser Umstand wirkt sich zwangsläufig auf alle menschlichen Beziehungen aus. Wird das Selbst des Einzelnen missachtet, dann müssen auch die Beziehungen der Menschen untereinander oberflächlich werden. Sie stehen nicht mehr als Einzelpersönlichkeit, sondern als austauschbare Ware miteinander in Beziehung und sind weder gewillt noch imstande, das Einmalige und Besondere des anderen zu erfassen."

Jemand, der sich auf die von Fromm beschriebene Weise selbst entwertet, trifft zugleich auch andere. Es ist immer wieder erschütternd zu beobachten, wie Menschen, die sich im Alltag vernünftig und sachorientiert verhalten, im Arbeitskontext zu empathielosen Opportunisten absinken, ihrem Chef nach dem Munde reden und ihre Mitarbeiter in möglichst schlechtes Licht tauchen – soweit es die „Spielregeln" eben noch zulassen, oft getarnt durch eine ganz widerwärtige Heuchelei.

Zielen die Angriffe nur noch auf den Mitarbeiter, ohne (ggf. zum Schein) Unternehmenszielen zu diesen, dann ist die Grenze zum Mobbing überschritten. Ich komme darauf im Kapitel über Hierarchien zurück.

3.8 Weitere Elemente einer Theorie der Arbeit

Sehr interessant sind die Ergebnisse der neueren Kooperationsforschung. Demzufolge zeichnen sich Menschen durch höhere Bereitschaft zur Kooperation aus als andere Säugetiere (Tomasello 2010).

Freilich ist diese Kooperationsbereitschaft je nach Person und Situation unterschiedlich. Obendrein gibt es Persönlichkeitsstörungen, die sie gänzlich verhindern oder sogar in ihr Gegenteil verändern können (wenn jemand Freude daran empfindet, anderen zu schaden).

Menschen können aber nicht nur kooperieren, sondern auch betrügen, anderen schaden und (auch auf Kosten Dritter) faulenzen. Dieses „Betrügen" kann in sehr unterschiedlicher Gestalt auftreten: als platte Täuschung, aber auch als Appell an die falschen Wünsche. Nicht alles, was man will, ist auch zuträglich. Fast Food z. B. schmeckt Kindern gut, schadet ihnen aber (und verursacht z. B. Diabetes). Die Herstellerfirmen wissen das ganz genau, verkaufen aber ihre Produkte dennoch weiter – zu salzig, zu fettig, zu süß, zu wenig Ballaststoffe –, weil sie damit viel Geld verdienen. Ganz ähnlich schadet es Gesellschaften, wenn flaches Amüsement das politische Engagement der Bürger ersetzt (Postman 1988).

Daraus ergibt sich das wichtige (und in der Managementlehre gerne übersehene) Spezialthema der Gerechtigkeit (Thielscher 2022): „Managen" kann auch dazu dienen, Kooperation der Mitarbeiter zu fördern und unsoziales Verhalten zu bestrafen. Hierarchien sind nämlich (auch) ein Instrument, um unerwünschtes Verhalten zu vermeiden – der Chef sorgt dafür, dass alle gleich viel arbeiten –, und erwünschtes Verhalten zu belohnen.

Der Umgang mit Informationsasymmetrien spielt ebenfalls eine wichtige Rolle im Managementalltag. Häufig weiß ein Vorgesetzter weniger als sein Mitarbeiter – und umgekehrt. Dann setzen Verhandlungen ein der Form: „Er weiß, wo Geld versteckt ist, aber er sagt es nicht" bzw. „Wie viel muss ich zugeben – wie viel weiß der über meine Abteilung?"

Menschen können koalieren und klüngeln. Jede Organisation hat nicht nur formale Arbeitsgruppen, sondern auch informelle Cliquen – vom regelmäßigen Kaffeeplausch bis hin zu Karriereseilschaften. Solche „Mannschaften" können, müssen aber nicht dem Unternehmenszweck dienen.

Last, but not least sind Managementebenen (auch) Statuserzeugungsmaschinen. Erich Fromm hat gezeigt, dass viele Menschen ihr Selbstwertgefühl aus ihrem Verkaufswert beziehen, den sie an ihrer Position messen. Daher kommt die enorme Empfindlichkeit, die (Nicht-)Beförderungen auslösen, insbesondere im direkten Vergleich mit anderen Mitarbeitern. Zugleich ist dies der Grund für die Bedeutung von „Sprachspielen" – z. B., dass man in E-Mails den richtigen Ton trifft. Einer der Abteilungsleiter am Deutschen Krebsforschungszentrum verbrachte rund ein Drittel seiner Zeit mit der Frage, wie er seinen Chef bei Laune hielt – wie oft er ihn zum Abendessen einlud, wen er dabei als Gast mitbrachte usw. Weitere 50 % seiner Zeit setzte er dafür ein, mit der Zentrale über Mobiliar, Bürogrößen und Dienstfahrzeuge zu verhandeln und die entsprechenden Statussymbole mit denen anderer Abteilungsleiter zu vergleichen.

Das heißt: Eine belastbare Verhaltenstheorie als Grundlage für Managementzwecke müsste über die historisch gewachsene Situation im jeweiligen Unternehmen, über Charaktereigenschaften und Fähigkeiten (Intelligenz …) und Kooperationsbereitschaft (oder den Mangel davon) aussagefähig sein.

3.9 Der Mangel an belastbaren Verhaltenstheorien

Warum funktionieren BWL-Theorien zum (Arbeits-)Verhalten nicht – und warum lösen auch arbeitspsychologische Ansätze das Problem nicht? Die „Managementlehre" setzt nicht auf einem belastbaren Konzept menschlichen Verhaltens auf, sondern schleppt, wie gesehen, immer noch das Erbe der Neoklassik mit sich.

Aber selbst, wenn sie der Realität näherkommen wollte, würde sie von der Sozialpsychologie im Stich gelassen. Während die menschliche Anatomie weitgehend geklärt ist, gehört Verhalten zu den Dingen, die sich einem wirklichen Verstehen hartnäckig entziehen. Zwar hat man inzwischen für eine Reihe von Verhaltensweisen anatomische Substrate gefunden, also diejenigen Hirngebiete, die beim jeweils untersuchten Verhalten aktiviert werden (z. B. für Kooperation: Abe et al. 2019); aber die Auflösung bildgebender Verfahren ist noch viel zu gering, um daraus auf konkretes Handeln zu schließen.

Dabei fehlt es der Psychologie nicht an Persönlichkeits- und Verhaltenstheorien. Im Gegenteil gibt es eine Vielzahl solcher Theorien, die mehr oder weniger unverbunden nebeneinanderstehen und obendrein widersprüchlich sind. Es gibt auch keine allgemein anerkannte Zusammenfassung und Kategorisierung dieser Theorien. Ein gängiges Lehrbuch der Psychologie (Myers 2014) listet z. B. fünf verschiedene Kategorien von Persönlichkeitstheorien auf, die jeweils unterschiedliche Elemente enthalten:

- Psychodynamische Theorien (z. B. Freud)
- Humanistische Theorien (z. B. Maslow, Rogers)
- Trait-Theorien (z. B. das Fünf-Faktoren-Modell)
- Sozial-kognitive Theorien
- Das Selbst

Diese Liste ist nicht vollständig; z. B. fehlt die im deutschen Sprachraum verbreitete Persönlichkeitstypologie nach F. Riemann.

Neben Persönlichkeitstheorien gibt es eine Vielzahl weiterer Theorien zu allen möglichen Aspekten des Verhaltens, z. B. über Emotionen, Volition (Motivation) und Kognition (Lernen, Gedächtnis, Intelligenz …). Insofern ist es praktisch beliebig, auf welcher Theorie die Managementlehre aufsetzt. Das gilt, wie das nächste Kapitel zeigt, sogar selbst für recht genau umgrenzte Fragen, z. B. die narzisstische Persönlichkeitsstörung.

Ich werde trotzdem im Folgenden versuchen, einen Lösungsweg zu skizzieren.

3.10 Wie eine funktionierende Theorie der Arbeitsqualität aussehen könnte: eine Lösungsskizze

Der Erfolg eines Unternehmens beruht auf einer bunten Mischung aus Zufällen, historischer Entwicklung, Brancheneigenschaften und Verhalten der Mitarbeiter. Verhaltensweisen, die in jeder Situation Erfolg garantieren, gibt es daher nicht. Versucht man dennoch, für alle möglichen Branchen und Situationen Erfolgsfaktoren zu ermitteln, wird das Niveau viel zu abstrakt, nach dem Motto „Intelligenz ist gut". Das ist, als ob man über „Krankheit an und für sich" forscht – es kommt wenig dabei heraus.

Obendrein ist es außerordentlich schwer, die Qualität von Managern höherer Ebenen zu messen. Während man relativ genau sagen kann, was ein „guter" Technischer Zeichner, Krankenpfleger oder Kraftfahrer kann und tut, weiß bei Geschäftsführern faktisch niemand mehr, was eine gute Leistung ist (Umsatz und Gewinn kann man messen, aber nicht, was der Geschäftsführer dazu beigetragen hat). Stattdessen werden wenig aussagekräftige Surrogatindikatoren verwendet, z. B. die Anzahl der Mitarbeiter, die der Manager „führt" (als ob es einen Unterschied machte – Manager jeder Hierarchieebene haben faktisch nur mit ihren direkten Untergebenen regelmäßig Kontakt, also etwa 3–10 Menschen) oder das letzte Gehalt.

Bei der Beurteilung der *Management*qualität von Spitzenmanagern gibt es einfach regelmäßig zu viele Einflussfaktoren, die nicht verstanden sind, während man „gute Krankenpflege", „gutes Kraftfahren" usw. inhaltlich bestimmen kann. Es dürfte dies einer der Gründe dafür sein, dass solche Manager eher nach indirekten Kriterien beurteilt werden, z. B. nach ihrem Erscheinungsbild, Auftreten usw. So kann es passieren, dass narzisstisch Gestörte schneller Karriere machen; das ist Thema des nächsten Kapitels.

Wollte man das ändern, dann wäre die Analyse relativ kleiner, homogener Branchen aussichtsreich – genauso, wie man nicht „Krankheit an sich" untersuchen sollte, sondern „Diabetes mellitus Typ 2", „Tuberkulose" usw.

Beispielsweise dürfte es gelingen, die Qualität von „Erdkundelehrern an Gymnasien" oder „orthopädischen Oberärzten" ebenso wie die Faktoren, die sie bei der Arbeit unterstützen (inkl. ihr „Management" der Schüler, der Mitarbeiter usw.), zu messen. Dann fügen sich die Puzzlesteine plötzlich sinnvoll zusammen:

- Man kann den Zweck von Schulen und orthopädischen Abteilungen (auch in ihrer historischen Entwicklung) nachvollziehen und daher ziemlich genau angeben, welches Ziel ein guter Lehrer bzw. Orthopäde anstrebt.
- Die persönlichen Eigenschaften (Wissen, Persönlichkeit, Motivation, Empathie …) von Erdkundelehrern (und Orthopäden …) lassen sich mit geeigneten Fragebögen ziemlich präzise erheben; dadurch und mit teilnehmender Beobachtung kann man Eigenschaften mit Ergebnissen korrelieren (z. B. mit dem Lernerfolg der Schüler, den Operationsergebnissen …).
- Spezifische Herausforderungen und Rahmenbedingungen werden der Untersuchung zugänglich – von nörgelnden Helikoptereltern bis zu Spannungen zwischen Pflegern und Ärzten.
- Weiters ließe sich untersuchen, welche Führungsinstrumente in solchen relativ spezifischen Umwelten erfolgreich sind.
- Auch für andere Branchen könnte man mit Hilfe einer Mischung aus sozialpsychologischen Verfahren, Interviews und Bilanzanalysen mit überschaubarem Aufwand herausfinden, wovon z. B. der Erfolg des jeweiligen Unternehmens abhängt (oder der von Basischemikalienherstellern, Modelagenturen …).

Die Granularität der Analyse wäre noch zu bestimmen (vielleicht kann man z. B. mehrere Lehrergruppen zusammenfassen).

Solche Untersuchungen sind allerdings sowohl im wissenschaftlichen Umfeld als auch in der Beraterliteratur außerordentlich selten, wahrscheinlich, weil sie fakultätsübergreifende Zusammenarbeit (mindestens zwischen BWL und Psychologie) und viel Einsatz erfordern – jedenfalls mehr Einsatz als bloße Spekulation über „9×9-Matrizen".

Das Problem, dass BWL und Managementlehre ihren Gegenstand nicht spezifisch genug untersuchen, spielt nicht nur bei der Qualitäts-

und Leistungsmessung eine zentrale Rolle, sondern auch bei anderen Fragestellungen. Ich werde im Teil V des Buches, in dem ich Lösungen aufzeige, darauf zurückkommen.

3.11 Folgerungen für das Verstehen und Leiten von Unternehmen

Da es bisher keine belastbaren und präzisen Messverfahren für Managementqualität gibt, müssen sich Unternehmen mit gesundem Menschenverstand, der Nutzung unvollständiger Theorien und selbst gebastelten Instrumenten behelfen. Entsprechend sind Aussagen über die Qualität von Managern fehleranfällig. Vielleicht hilft es schon einmal, sich einzugestehen, dass dem so ist; zumindest ist das besser, als defekte Messverfahren einzusetzen und zu behaupten, sie seien perfekt.

> **Fallstudie**
>
> PS.: Tomas P. und seiner Frau Ingrid hätte es gelingen können, ihr Unternehmen zu stabilisieren. Ihr Denkfehler bestand ja nur darin, dass sie ihren Erfolg, der im Wesentlichen auf einer zufälligen Gesetzesänderung beruhte, missverstanden als von ihnen „hergestellt", und deshalb glaubten sie, mit ähnlichen „Managementmaßnahmen" neue Geschäftsfelder genauso leicht entwickeln zu können, was kläglich scheiterte. Stattdessen hätten sie ihre enormen Gewinne besser eingesetzt, um stabile und wenig volatile Kleinfirmen zuzukaufen. Mit etwas Glück hätte dieses Konstrukt rasch wachsen können (seit etwa den 2000er-Jahren kann man, wenn man einmal eine laufende Firma hat, kaum anders als prosperieren („die erste Million ist mit Abstand die schwerste")). Mit Sicherheit hätten die Leser dann schon von Ingrid P. gehört, allerdings in folgender Fassung:
>
> „Ingrid P. hatte eine Vision: Durch Anwendung moderner Managementmethoden wollte sie das Leben von Millionen Menschen in deutschen Sozialsystemen verbessern. In Deutschland fand sie zunächst kein Gehör, wohl aber in den USA – dort konnte sie ihr Konzept verfeinern. Trotzdem war es auch danach schwer für sie. Aber heute lacht keiner mehr über sie: Die Selfmade-Frau hat es geschafft. Ein Porträt von Rainer Allesschreib."

Literatur

Abe MO, Koike T, Okazaki S, Sugawara SK, Takahashi K, Watanabe K, Sadato N (2019) Neural correlates of online cooperation during joint force production. Neuroimage 191:150–161

Adler G (2011) Financial times briefings on management communication. Pearson, Harlow

BCG (2022). https://managementconsulted.com/boston-consulting-group/. Zugegriffen am 11.07.2022

Blake RR, Mouton JS (1969) Building a dynamic organization through grid organizational development. Addison-Wesley, Reading

Blake RR, Mouton JS (1985) The managerial grid III. Gulf, Houston/TX

Collins J (2005) Der Weg zu den besten. Dtv, München

Deci E, Ryan R (2000) The „what" and „why" of goal pursuits: human needs and the self-determination of behavior. Psychol Inq 11(4):227–268

Fromm E (2021) Den Menschen verstehen. Dtv, München. (Original 1947)

Hersay P, Blanchard KH (1985) Management and organizational behavior. Englewood Cliffs, New York

Herzberg F, Mausner B, Snyderman BB (1959) The Motivation to Work, 2. Aufl. Wiley, New York

Kaplan RS, Norton DP (1996) The balanced scorecard. Harvard Business Schoool Press, Boston

Maccoby M (1977) Gewinner um jeden Preis. Rowohlt, Reinbek bei Hamburg

Macharzina K, Wolf J (2018) Unternehmensführung. SpringerGabler, Wiesbaden

Maslow AH (1954) Motivation and personality. Harper & Brothers, New York

McCabe D (2014) Light in the darkness? Managers in the back office of a Kafkaesque bank. Organ Stud 35(2):255–278

Miller GA, Galanter E, Pribram KA (1960) Plans and the structure of behavior. Holt, Rhinehart, & Winston, New York

Munter M, Hamilton L (2014) Guide to managerial communication. Pearson

Myers DG (2014) Psychologie. Springer, Berlin

Nerdinger FW et al (2014) Arbeits- und Organisationspsychologie. Springer, Berlin

Postman N (1988) Wir amüsieren uns zu Tode. Fischer, Berlin

Rigoni R, Griffiths A, Laing W (1986) Die Multinationalen Unternehmen der Pharmaindustrie. Campus, Frankfurt

Ryan R, Deci E (2017) Self-determination theory: basic psychological needs in motivation, development, and wellness. Guilford Publications, New York
Seifert K-G (2018) Goodbye Hoechst. Societäts-Verlag, Frankfurt
Thielscher C (2022) Wirtschaft und Gerechtigkeit. SpringerGabler, Wiesbaden
Tomasello M (2010) Warum wir kooperieren. Suhrkamp, Berlin
Tomorrowtodyglobal (2022). https://tomorrowtodayglobal.com/2011/12/09/good-to-great-to-gone-2/. Zugegriffen am 11.07.2022
Villette M, Villermot C (2009) From predators to icons. Cornell University Press, Ithaca/New York

4

Der großartige Vorstandsvorsitzende: narzisstische Persönlichkeitsstörungen

Arne Hofmann

> **Fallstudie**
>
> Vor einigen Jahren fand in der Nähe von Köln eine Schulung für Aufsichtsräte statt. Die eigentliche Zielgruppe waren junge Superreiche, d. h., der Nachwuchs der Oetkers, Henkels und anderer Familien. Die Teilnehmer hatten gerade ihr Studium beendet und wurden nun zunächst in die Aufsichtsräte der Unternehmen eingeführt, wo das Fehlerrisiko nicht sehr hoch ist: In Deutschland macht der Vorstand die eigentliche, tägliche Steuerungsarbeit für das Unternehmen und wird seinerseits vom Aufsichtsrat ca. einmal im Quartal zu Kontrollgesprächen eingeladen. Bei Bewährung würden die Nachwuchsaufsichtsräte dann später selbst Vorstandsaufgaben übernehmen.
>
> Die Veranstaltung fand in einem wunderschönen Wasserschlösschen statt, das eigentlich für Publikumsverkehr geschlossen war. Die ohne eigene Nachfahren verstorbene gräfliche Stifterin hatte es um 1900 mit dem Zweck hinterlassen, verarmten adligen Frauen einen angemessenen Lebensunterhalt zu ermöglichen. Finanziert wurde der Betrieb aus den Ländereien, die das Schloss umgaben. Tatsächlich gab es aber gar nicht mehr genügend verarmte Adlige, sodass das Schloss inzwischen auch für andere Zwecke genutzt wurde, z. B. eben für sehr teure Aufsichtsratsschulungen.
>
> Auch für das gute Gewissen der Schulungsteilnehmer wurde gesorgt. Zum Abendessen gab es Rehrücken aus den eigenen Ländereien, dazu Weine und Zigarren. Da aber nur wenige der meist jungen Teilnehmerinnen und Teilnehmer rauchten und auch nicht sehr viel Alkohol getrunken

wurde, blieb vom Wein- und Zigarrenbudget etwas übrig. Man kam – unter großem Applaus – überein, den derart eingesparten Betrag dem nächstgelegenen Flüchtlingsheim zu spenden.

Einer der Vorträge, gehalten vom erfahrenen Vorstandsvorsitzenden eines größeren Familienunternehmens (das „Familienunternehmen" beschäftigte über 20.000 Mitarbeiter), lautete wie folgt:

„Meine sehr geehrten Damen und Herren,
  wenn ein Stabsoffizier einen Frontoffizier ruft, dann kommt er angerannt. Und deshalb, als Herr Professor X. mich zu dieser Veranstaltung bat, habe ich sofort tabula rasa gemacht und zugesagt. Mein Auftrag lautet: Ihnen etwas über die Ursachen für Erfolg in Familienunternehmen zu sagen.

Da dachte ich mir: Es ist für Sie bestimmt interessant zu hören, wie unser Unternehmen so erfolgreich wurde. Und da hat mein Urgroßvater etwas sehr Wichtiges getan: Er hat bestimmt, dass jedes Familienmitglied, das in den Vorstand möchte, zwei Bedingungen erfüllen muss. Es muss einen A-Abschluss in einem einschlägigen Fach an einer A-Universität nachweisen – also nicht in Sozialwissenschaften an der Fachhochschule Posemuckel –, sondern einen A-Abschluss an einer A-Universität. Und die zweite Conditio sine qua non ist: Er muss Führungserfahrung in einem anderen Unternehmen gesammelt haben. Und, meine Damen und Herren, es war (betont) der stolzeste Tag meines Lebens, als ich meinem Vater die Urkunde über meine Beförderung zum jüngsten Abteilungsleiter aller Zeiten von XY (Automobilkonzern) zufaxte!

Denn das ist die zweite Bedingung für Erfolg: die Mitarbeiter. Denn wir wissen alle: Ohne unsere Mitarbeiter wäre unser Unternehmen nichts. Die Mitarbeiter stehen ganz im Fokus unserer Aufmerksamkeit! Und deshalb tun wir viel für unsere Mitarbeiter.

Jeder einzelne, vom Geschäftsführer bis zur Putzfrau, hat Anspruch auf 4 volle Tage Fortbildung im Jahr. Hier soll nicht homo homini lupus sein! Und wir feiern auch die Jubiläen. Jeder Mitarbeiter ab einer bestimmten Ebene bekommt zur Entlassung ein Essen und einen schönen silbernen Schlüsselanhänger geschenkt.

Das bringt mich auch zum Tertium. Das Allerwichtigste ist, dass die Vorstände zusammenhalten. Ich hatte vor zwei Wochen ein Problem. Da wollte einer weiterarbeiten, obwohl er pensioniert werden sollte; der hat tatsächlich gegen uns geklagt. Und da hat mein Mit-Vorstand gesagt: Wir machen trotzdem das Abschlussessen. Und ich habe gesagt: Nein, der kriegt überhaupt nichts! Und am nächsten Tag hat mein Kollege gesagt: Ich habe drüber nachgedacht, und du hast recht: Den müssen wir fertigmachen. Und der ist dann auch mit Pauken und Trompeten vor Gericht durchgefallen.

So viel fürs Erste. Wenn noch Fragen sind, stehe ich ganz zu Ihrer Verfügung."

Jeder, der lange genug in Unternehmen gearbeitet hat, kennt solche Leute: Sie halten sich für besser und wichtiger als andere und wollen daher mehr von allem. Jeder weiß auch, welche Qual es ist, mit ihnen zusammenarbeiten zu müssen.

Es gibt Hinweise, dass sich Menschen mit solchen (narzisstischen) und gelegentlich psychopathischen Persönlichkeitsstörungen in Unternehmen nach oben anreichern (Eimer 2014). Wenn das stimmt, bestünde dringender Forschungsbedarf: Machen Unternehmen ihre Mitarbeiter verrückt oder befördern sie gezielt die Falschen?

Leider sind wir weit von einer Lösung des Problems entfernt – und zwar nicht zuletzt deswegen, weil die Psychotherapie sich erst langsam auf ein belastbares Narzissmuskonzept verständigen konnte. Damit fehlte der Managementlehre bisher der sichere Grund.

4.1 Narzissmus: Konzepte und Definitionen

Die Unsicherheit beginnt schon bei der Frage, was Narzissmus überhaupt ist.

Während die narzisstische Persönlichkeitsstörung im Klassifikationssystem der Weltgesundheitsorganisation (der ICD-10) nur in einer Restkategorie (F60.8: „Sonstige spezifische Persönlichkeitsstörungen") aufgeführt wird, beschreibt das DSM (Diagnostic and Statistical Manual of Mental Disorders) der American Psychiatric Association seit der DSM III von 1980 wie auch die DSM-5 sie als selbstständiges Störungsbild. Dass sie in der ICD-11 nicht eigenständig vorkommt, hängt damit zusammen, dass man sich hier entschieden hat, die verschiedenen, zum Teil schwer unterscheidbaren Persönlichkeitsstörungen unter das gemeinsame Dach der „Persönlichkeitsstörungen" mit verschiedenen Schwerpunkten zu bringen.

Im DSM-5 hingegen ist die narzisstische Persönlichkeitsstörung als solche erfasst. Sie ist charakterisiert durch eine unrealistisch überhöhte Selbsteinschätzung (Grandiosität), Aufmerksamkeitssucht und ausgeprägte interpersonelle Schwierigkeiten, die sich aus fehlender Empathie, mangelnder Rücksichtnahme andererseits, aber auch sozialem Unbehagen, Angst vor Kritik und Schüchternheit ergeben. Das öffentlich präsentierte überhöhte Selbstkonzept wird (aus Sicht des Narzissten) durch Interaktionspartner beständig infrage gestellt, was als bedrohlich erlebt wird, Rechtfertigungszwang auslöst und die überwertigen kognitiven Konstruktionen aufrechterhält. In der Folge kommt es zu eskalierenden Beziehungsstörungen (Berger 2018).

Auf der anderen Seite gibt es auch Menschen mit einem berechtigten, ausgeprägten Selbstwertgefühl, das mit erhöhter Risikotoleranz, emotionaler Stabilität und Offenheit verbunden ist und bei manchen erfolgreichen Pionierunternehmern beobachtet werden kann. Das Problem dabei ist, dass Übergänge in der Praxis häufig fließend sind und viele der Betroffenen sich auch bei zunehmender Pathologie nicht als gestört erleben.

Am besten ist es von daher, mit der gesichert pathologischen Seite zu beginnen, nämlich der in der DSM 5 definierten narzisstischen Persönlichkeitsstörung, derzufolge mindestens 5 von 9 der folgenden Kriterien erfüllt sein müssen:

Der Patient

- hat ein grandioses Gefühl der eigenen Wichtigkeit (z. B. übertreibt er die eigenen Leistungen und Talente; erwartet, ohne entsprechende Leistungen als überlegen anerkannt zu werden),
- ist stark eingenommen von Fantasien grenzenlosen Erfolgs, Macht, Glanz, Schönheit oder idealer Liebe,
- glaubt von sich, „besonders" und einzigartig zu sein und nur von anderen besonderen oder angesehenen Personen (oder Institutionen) verstanden zu werden oder nur mit diesen verkehren zu können,
- verlangt nach übermäßiger Bewunderung,
- zeigt Anspruchsdenken (d. h. übertriebene Erwartungen an eine besonders bevorzugte Behandlung oder automatisches Eingehen auf die eigenen Erwartungen),
- ist in zwischenmenschlichen Beziehungen ausbeuterisch (d. h. zieht Nutzen aus anderen, um die eigenen Ziele zu erreichen),
- zeigt einen Mangel an Empathie: ist nicht willens, die Gefühle und Bedürfnisse anderer zu erkennen oder sich mit ihnen zu identifizieren,
- ist häufig neidisch auf andere oder glaubt, andere seien neidisch auf ihn/sie,
- zeigt arrogante, überhebliche Verhaltensweisen oder Haltungen.

Eine Ursache für narzisstische Störungen kann man derzeit noch nicht sicher nachweisen; eine Mischung aus einer mäßigen genetischen Komponente (wie bei vielen psychischen Erkrankungen) sowie einer deutlich stärkeren psychosozialen Komponente ist naheliegend.

In der Wissenschaft gibt es eine Diskussion über eine mögliche Unterscheidung zwischen einem grandiosen Narzissmus und einem schwer erfassbaren, vulnerablen Narzissmus. Umfassende, methodisch Studien zu den Ursachen dazu stehen noch aus. Erste Daten weisen allerdings darauf hin, dass bei beiden Narzissmusformen eine frühe Bindungstraumatisierung mit verursachend ist, dass aber **grandioser** Narzissmus häufig mit elterlicher Verwöhnung, und **verletzlicher** Narzissmus mit emotional kontrollierenden oder manipulierenden Eltern zusammenzufallen scheint (Horton 2011).

Interessant ist in diesem Zusammenhang eine bildgebende Untersuchung des Gehirns von 21 Personen, die aus einer Gruppe von 600 Personen der Normalbevölkerung wegen der stärksten Merkmale für grandiosen Narzissmus in einem Fragebogen ausgewählt wurden. Diese Gruppe wurde verglichen mit der Gruppe, die den Testwerten der Normalbevölkerung entsprach. Die Testpersonen wurden dabei angehalten, sich während einer funktionellen Kernspinuntersuchung auf ein standardisiert aufgenommenes Foto ihres eigenen Gesichts bzw. das Gesicht eines Freundes oder Fremden zu konzentrieren. Das Betrachten des eigenen Gesichts (im Vergleich zu Gesichtern von Freunden und Fremden bzw. der Vergleichsgruppe) ging bei stark narzisstischen Männern mit einer stärkeren Aktivierung der Hirnregionen einher, die mit einem negativen Affekt oder emotionalen Konflikten während der selbstrelevanten Verarbeitung verbunden sind.

Diese Ergebnisse weisen auf einen möglichen Zusammenhang zwischen der vulnerablen Seite des Narzissmus und der grandiosen Seite des Narzissmus hin, die in der meist üblichen Selbstberichtsforschung nicht ausreichend erfassbar ist (Jauk et al. 2017).

Die komplizierte Geschichte des Narzissmusbegriffs in der Psychoanalyse kann hier nicht wiedergegeben werden (eine gute erste Übersicht bieten Wikipedia 2024 oder Yakeley 2018).

Insgesamt bleiben hier noch viele Fragen offen, unter anderem, wie sich zum Beispiel der grandiose Narzissmustyp genau vom vulnerablen

Narzissmus unterscheidet, ob es Übergänge zwischen beiden Formen gibt und wie sich (gesundes) Selbstvertrauen und grandioser Narzissmus zueinander verhalten.

Im Folgenden werden – dem üblichen medizinischen Schema folgend – die Ursache und Definition, Epidemiologie, Diagnostik, Therapie und Prognose des Narzissmus beschrieben. Anschließend wird diskutiert, welche Rolle Narzissmus in und für Unternehmen spielt.

Leider ist die **Ursache** narzisstischer Störungen letztlich noch unbekannt. Diskutiert werden u. a. ein Übermaß an Selbstwertgefühl, aber auch ein Mangel, der den Narzissten zwingt, ein übermäßiges Selbst zu fantasieren; andere Autoren nehmen an, dass sich Narzissten vor Kränkungen schützen: Der Narzisst muss sein unterentwickeltes Selbstwertgefühl dadurch aufwerten, dass er seine Mitmenschen abwertet. Kompliziert wird das Ganze dadurch, dass viele Narzissten auch einen Mangel an Einfühlungsvermögen haben, der aber zu der nicht selten gleichzeitig auftretenden antisozialen Persönlichkeitsstörung passt.

Natürlich ist Narzissmus nur *ein* Aspekt der Persönlichkeit. Narzissten können ganz unterschiedliche Fähigkeiten (Intelligenz, Kompetenz …) und sonstige Persönlichkeitstypen (Perfektionist, Hysteriker, Sadist …) aufweisen. Entsprechend gibt es ganz unterschiedliche Narzissten, was – angesichts der Offenheit der Diagnose „Narzissmus" – auch dazu führt, dass sich in der Literatur unterschiedliche Subtypen finden.

Narzisstische und andere Persönlichkeitsstörungen kommen häufig kombiniert vor. Außerdem können Narzissten weitere Krankheiten entwickeln, z. B., wenn der Zusammenstoß mit der Realität zu groß ist: Je nach Ausprägung der narzisstischen Störung kann es z. B. zur sekundären Depression mit Suizidalität kommen, besonders bei älteren Männern, sowie zur Suchtgefährdung (in Europa speziell Alkohol), die dann zu eigenen Problemen führen. Insofern verwundert es nicht, dass depressive Störungen die häufigste Komorbidität narzisstischer Störungen darstellen.

Die häufigste komorbide Persönlichkeitsstörung der narzisstischen *Persönlichkeits*störung ist die antisoziale Persönlichkeitsstörung, die gleichzeitig in dieser Kombination auch die volkswirtschaftlich teuerste Störung ist (Yakeley 2018).

Die **Epidemiologie** der narzisstischen Störung ist nicht genau bekannt; da man sie nur über ihre Symptome greifen kann, weichen Definitionen voneinander ab (sie verwenden unterschiedliche Symptome) und entsprechend auch Häufigkeiten. Insgesamt sind Persönlichkeitsstörungen aber nicht selten; in repräsentativen Untersuchungen sind ca. 10 % der Bevölkerung betroffen. Angaben zum Narzissmus (als eine von mehreren Formen der Persönlichkeitsstörung) liegen in der Größenordnung von 1 % (Punktprävalenz, d. h, wie viele Menschen sind aktuell narzisstisch erkrankt) und über 6 % (Lebenszeitprävalenz, d. h., wie viel Prozent der Bevölkerung erkranken mindestens einmal an Narzissmus). Diese Zahlen passen nicht gut zusammen, denn eine Persönlichkeitsstörung sollte über die Zeit relativ stabil sein. Vielleicht liegt die Wahrheit irgendwo zwischen 1 und 6 %.

Die meisten dieser Menschen befinden sich nicht in einer Behandlung, sondern sind im Beruf bzw. im Wirtschaftsleben aktiv und können lediglich z. B. über wiederholt auftretende Beziehungsprobleme bemerkt werden.

Auch existieren Hinweise, dass unsere Gesellschaft in den letzten Jahren insgesamt an Empathie verloren hat und, passend dazu, der Narzissmus durchschnittlich zunimmt. Warum das so ist, weiß momentan niemand genau; vermutet werden u. a. neue („soziale") Medien, der Rückgang von Orientierung durch Familie und Religion u. v. a. Ursachen.

Für die **Diagnostik** stehen verschiedene Testverfahren, d. h., Fragebögen, zur Verfügung (die in die Hände erfahrener Psychiater oder Psychotherapeuten gehören). Diese Fragebögen weisen, wie oben berichtet, einige Probleme auf:

- Erstens führen verschiedene Narzissmuskonzepte auch zu unterschiedlichen Fragebögen. Diese wiederum „finden" dann verschiedene Bevölkerungsgruppen. Zum Beispiel wird ein Forscher, der nur den grandiosen Typ als narzisstisch betrachtet, andere Menschen mit seinem Fragebogen als narzisstisch diagnostizieren als jemand, der primär reaktiven (vulnerablen) Narzissmus untersucht. So entstehen unterschiedliche Gruppen von Narzissten, deren weitere Diagnostik unterschiedliche Eigenschaften erbringt.
- Zweitens erkennen Narzissten, welche Antworten in diagnostischen Fragebögen sozial erwünscht sind, und antworten möglicherweise nicht ehrlich. Allerdings ist umstritten, welches Ausmaß dieser Fehler

hat, weil es ja für einen ausgeprägten Narzissten „unter seiner Würde" ist, erwünscht zu antworten. Tatsächlich bejahen Narzissten normalerweise die Frage: „Sind Sie ein Narzisst?" (Konrath et al. 2014) Man kann diese Frage also geradezu als „Testinstrument" auf Narzissmus verwenden. Eines unserer Forschungsprojekte zielt darauf, in immersiven Spielwelten, in denen es schwer ist, bewusst zu „lügen", Narzissmus zu diagnostizieren.

Das dritte Problem ist, dass manche Menschen ja wirklich anderen überlegen sind: Sollte ein hochbegabter Mathematiker schon deswegen Narzisst sein, weil er im Fragebogen richtigerweise ankreuzt, dass er sich seiner Umwelt beruflich überlegen fühlt?

Eigentlich müssten Fragebögen also nicht messen, ob jemand ein starkes Selbstwertgefühl hat, sondern, ob das wahrgenommene Selbstbild von den tatsächlichen Fähigkeiten abweicht, der Betroffene sich also überschätzt – und das können Testfragebögen allein kaum leisten. Auch von daher ist es nicht verwunderlich, dass eine unbekannte Zahl (wahrscheinlich die Mehrzahl) an Narzissten nicht erkannt wird; sie selbst begeben sich erst dann in Behandlung, wenn sie an der Realität scheitern und z. B. depressiv werden. Denn der (grandiose) Narzisst erlebt ja an sich selbst keine „Störung"; im Gegenteil, er selbst hält sich für großartig – die anderen sind das Problem, weil sie unfähig sind, die Überlegenheit des Narzissten zu erkennen und zu akzeptieren. Daher entsteht Leidensdruck erst, wenn die Umwelt Schwierigkeiten bereitet.

- Auch dieser Effekt kann dazu führen, dass Führungskräfte häufiger narzisstisch sind als andere: Da sie ihre Umwelt steuern können, erleben sie weniger Frustration von dort; ein in der Hierarchie weit untenstehender Narzisst wird schneller „anstoßen" und dadurch auffällig. Ohnehin werden Narzissten von Chefpositionen angezogen, in denen sie sich als grandios erleben können.

Die Stellung von Diagnosen, insbesondere solche von Persönlichkeitsstörungen, ist häufig keine reine Ja-/Nein-Entscheidung, sondern in einem Spektrum zu verorten, das vom Normalbereich über eine langsam zunehmende Symptomatik bis zu einer klinischen Behandlungswürdigkeit reicht.

Auf der anderen Seite kann der psychotherapeutische Zugang das Verständnis für die Problematik, die bei dem Vortragenden und wahrscheinlich auch in dem Unternehmen zu beobachten ist, hilfreich sein. Ist ein Psychotherapeut nicht in seiner Rolle als eine Diagnose feststellender Kliniker, sondern als Berater im Unternehmenskontext gefragt, ist es wichtig, auf das Spektrum von möglichen (kritischen) Reaktionen auf seine Rückmeldungen vorbereitet zu sein.

Die **Therapie** narzisstischer Persönlichkeitsstörungen ist schwierig, aber in vielen Fällen möglich.

Es gibt keine standardisierte pharmakologische oder psychologische Behandlung für Personen mit einer narzisstischen Persönlichkeitsstörung, aber erfolgreiche, wenn auch teilweise schwierige, Behandlungen mit Therapieinterventionen, wie sie auch bei anderen Persönlichkeitsstörungen erfolgreich sind. So gibt es zwar keine standardisierten Kontrolluntersuchungen großer Patientengruppen, aber eine Reihe von Fallserien von erfolgreichen Behandlungen narzisstischer Persönlichkeitsstörungen. Erwähnt werden sollen hier speziell erfolgreiche Behandlungen mit übertragungsfokussierter Psychotherapie (TFT), EMDR-Therapie, sowie schemafokussierter Psychotherapie (Levy et al. 2006; Mosquera und Knipe 2015; Giesen-Bloo et al. 2006).

Ein Hauptproblem der Behandlung ist, dass ein Narzisst sich meist selbst als „gesund" erlebt und sich erst dann in eine Therapie begibt, wenn er ernsthafte Probleme mit der Umwelt hat: Das Problem sind ja – seiner Meinung nach – die anderen. In der klinischen Praxis trifft man daher mitunter Narzissten an, die ihre Lebenspartner vorstellen mit der Aufforderung an den Therapeuten, die „Macken" des Partners abzustellen.

Bei sehr intelligenten bzw. reflektierten Narzissten gelingt es manchmal, Empathie durch kognitive Aufmerksamkeit zu ersetzen. Ein Patient berichtete seinem Therapeuten, dass seine Mutter ihn merkwürdig behandelt habe. Sie habe eine Apfelsine geschält und, als sie bemerkte, dass der Patient die Apfelsine anstarrte, ihn gefragt, ob er etwas davon möchte. Als er dies bejahte, habe sie ihm ein Stück gegeben, worauf der Patient aggressiv reagiert habe, weil sein Stück Apfelsine kleiner gewesen sei als ihres; die Mutter habe daraufhin die Augen verdreht, was der Patient merkwürdig und unangemessen fand. Der Therapeut fragte ihn, wie er an der Stelle der Mutter reagiert hätte, und das konnte er sich tatsächlich vorstellen. Der Patient kann sich also weiterhin nicht in andere einfühlen, aber auf dem Umweg über sich selbst das Verhalten der anderen vorhersagen.

Bei erfolgreichen Psychotherapien gelingt es zum Teil mit Patienten, mithilfe des Stresses, den andere ihnen verursachen, über eine Bearbeitung dieser „Belastung" auch an Erinnerungen zu kommen, die die Störung ausgelöst bzw. verschlechtert haben, sie zu bearbeiten und so auch z. B. die Empathie zu stärken (z. B. durch EMDR).

Die **Prognose** der narzisstischen Persönlichkeitsstörung hängt vom Vorhandensein komorbider Störungen, dem Funktionsniveau und ganz zentral von der Behandlungsmotivation des Patienten ab. Eine wichtige klinische Beobachtung ist dabei, dass die Schwere der Persönlichkeitsstörung sich in der Stärke aggressiven Verhaltens zeigt, was natürlich auch die Behandlung erschwert (Mitra und Fluyau 2023).

4.2 Narzissten im Unternehmen

Mit 1–6 % der Bevölkerung ist die narzisstische Persönlichkeitsstörung in der Gesellschaft häufig (in der Größenordnung der Häufigkeit von Diabetes). In Unternehmen scheinen sich Narzissten nach oben anzureichern, d. h., ihre Häufigkeit in Vorstandsetagen dürfte deutlich über dem Bevölkerungsdurchschnitt liegen (Kuhn und Weibler 2020). Das ist aus mehreren Gründen plausibel: Erstens ziehen Chefetagen Narzissten an, weil sie dort ihre Größenfantasien ausleben können. Zweitens kann ab einer bestimmten Ebene die Qualität von Managern nicht mehr gemessen werden, denn ihr Erfolg hängt von zu vielen nicht beobachtbaren Faktoren ab (zufällige Marktschwankungen, Qualität der jeweiligen Mitarbeiter …). Die Vorgesetzten entscheiden dann über Beförderungen nicht aufgrund der tatsächlichen Qualität der Manager, sondern nach ihrem Auftreten. Narzissten mit ihrem übersteigerten Selbstwertgefühl und (scheinbar) sicherem Auftreten sind im Vorteil.

Einige Studien zeigen, dass Narzissmus (gegen die Fehleinschätzung durch Vorgesetzte aufgrund des narzisstisch-selbstbewussten Auftretens) zu schlechten Leistungen führen kann. Dafür spricht, dass Narzissten sich und die Umwelt falsch einschätzen und nur ihre eigenen Ziele verfolgen (die allerdings zufällig mit denen des Unternehmens übereinstimmen können). Bei Misserfolg werden sie leicht aggressiv. Auch sind sie nur sehr eingeschränkt teamfähig. Andere Studien zeigen, dass, vor allem wenn es um Innovation und Wachstum geht, Narzissen erfolgreicher sein können. Diese Erfolge oder Misserfolge sind jedoch auch von vielen anderen Faktoren des Unternehmens abhängig (Cragun et al. 2020).

Manche Autoren finden, dass Narzissten mehr Kreativität und Selbstbewusstsein, aber weniger Angst und Depressionen aufweisen (Konrath et al. 2014). Andere Autoren sind der Meinung, dass ein gewisses Maß an Narzissmus förderlich sein kann, weil es die Durchsetzungsfähigkeit erhöht; sie glauben, dass bekannte Führer (wie Gandhi) *aufgrund* ihrer (angeblichen, d. h., nicht weiter nachgewiesenen) narzisstischen Störung Außergewöhnliches geleistet haben (Maccoby 2004; Dammann 2007; Dammann et al. 2012). Die Frage dahinter ist, ob Narzissmus

- eine Steigerung des „gesunden Selbstvertrauens" ist (also mehr von etwas Gutem besser ist) und dadurch zu „visionary leadership" befähigt, oder
- ob zu viel Selbstvertrauen zu einer Störung der Realitätswahrnehmung führt (also zu viel des an sich Guten schadet), oder
- ob es sich um eine primäre Störung der (Selbst-)Wahrnehmung handelt, die erfolgreiches Führen behindert (dass also etwas Gutes fehlt), oder
- ob ein Mangel an Selbstbewusstsein überschießende Kompensationsmechanismen aktiviert (dass also ebenfalls etwas Gutes fehlt).

Vielleicht liegen auch Messfehler vor: Ein Mensch, der tatsächlich kreativer ist als andere und das auch selbst richtig erkennt, wird möglicherweise im Fragebogen fälschlich als „Narzisst" verkannt – wenn er z. B. eine Frage der Form: „Ich halte mich für kreativer als andere" zutreffend bejaht.

Solche Fragen werden wahrscheinlich erst mit der zunehmend intensiveren Forschung in diesem Bereich geklärt werden können.

Da einige prominente Narzissmusforscher zugleich als Unternehmensberater arbeiten, erzielen sie mit narzisstisch Gestörten wahrscheinlich bessere Umsätze, wenn sie ihre Auftraggeber in ihren Größenfantasien bestärken, z. B. durch den Vergleich mit Gandhi.

Weiters kann man argumentieren, dass ein Narzisst, der ständig Bestätigung braucht, deswegen fleißiger arbeitet als andere; ob das aber die Nachteile seines Empathiemangels überkompensiert, wäre erst noch zu untersuchen.

Auch wenn Narzissten mitunter gut „funktionieren", weil sie faktisch ihre Mitarbeiter als Therapie benutzen, manche Vorgesetzte und Kollegen ihr Verhalten tolerieren oder abfangen, mitunter sogar selbst erkrankte Mitarbeiter ihre narzisstischen Größenfantasien auf den Narzissten projizieren – wodurch sie im Team eine Weile gut harmonieren können –, besteht dennoch ein erhebliches Schadenspotenzial; denn Narzissten in Führungspositionen beeinflussen mit ihrem Mangel an Empathie das Schicksal von Millionen Mitarbeitern (die sie manchmal, wie im Fallbeispiel, „fertigmachen"). Unberechenbarkeit und Instabilität, Fehleinschätzung von Realitäten, Probleme bei der Personalführung können Unternehmen in die Krise führen (Externbrink und Keil 2018).

Das Problem des Narzissmus aus betrieblicher Sicht

Es ist schon sehr merkwürdig, dass im Vergleich zu anderen Themen spät, nämlich erst in letzter Zeit, zunehmend über Narzissmus geforscht wird – v. a., wenn es stimmt, dass Narzissten in Unternehmen häufig sind und dass sie sich nach oben anreichern. Insbesondere muss besser untersucht werden, welche *Mechanismen* dazu führen, dass Narzissten sich in der Gesellschaft und im Unternehmen nach oben anreichern.

Freilich ist es für die BWL sehr hinderlich, dass psychologische Konzepte des Narzissmus sich noch teilweise widersprechen. Bis zur Klärung müssen sich Unternehmen behelfen, indem sie z. B. einen bekannten Narzissmustest einsetzen – im Bewusstsein, damit eines von vielen möglichen Instrumenten zu verwenden, dessen Ergebnisse von anderen abweichen. Wahrscheinlich ist es eine gute Idee, im Zweifel (psychiatrische) Experten hinzuzuziehen.

Aus den bisherigen Ausführungen dieses Kapitels wird deutlich, dass auch psychische Faktoren bzw. bestimmte psychische Störungen einen ganz erheblichen Einfluss auf den Erfolg von Unternehmen haben. Die Beispiele reichen hier vom erfolgreichen, zumindest teilweise teamfähigen unternehmerischen Visionär bis zu den antisozialen Narzissten, die Mitarbeiter und Kapital ohne Rücksicht für kurzfristige Quartalserfolge opfern und die langfristige Perspektive des Unternehmens zerstören können. In jedem Fall wird sichtbar, dass die psychische Gesundheit eine wichtige Perspektive in der Personalgewinnung und -entwicklung spielen sollte, um einerseits Schaden vom Unternehmen abzuwenden und Burnout, stille Kündigungen und den Weggang kompetenter Fachkräfte zu verringern; andererseits auch, um dem Unternehmen und seinen Mitarbeitern und Teams wirtschaftlich nachhaltigen Erfolg und eine hohe Anziehungskraft für kompetente Fachkräfte zu ermöglichen. Einige praktische Ansätze hierzu wären:

- Frauen scheinen etwas resistenter gegenüber narzisstischen Störungen und Psychopathie zu sein (das heißt aber nicht, dass es keine narzisstischen oder psychopathischen Frauen gibt). Der Trend, mehr Frauen in Führungspositionen zu bringen, scheint daher auch aus unternehmerischer Perspektive hilfreich.
- Personalauswahl und Personalführung in Unternehmen sollten, sofern sie dies nicht schon tun, Führungskandidaten und Mitarbeiter mit sicheren narzisstischen Problemen früh erkennen, eine Dauerstellung verhindern und, wenn sie schon angestellt sind, von Führungspositionen ausschließen. (Dies ist bei Weitem nicht so einfach, wie es klingt, da Menschen mit schweren narzisstischen Störungen extrem charmant und überzeugend sein können.)

In manchen Unternehmen wird zum Beispiel in persönlichen Auswahlgesprächen für mögliche Führungspositionen das Service- und Garderobenpersonal gezielt befragt, wie es von den Kandidaten behandelt wurde, wenn keiner der offiziellen „Interviewer" anwesend war. Diese Art von Prüfung ist insofern geschickt, als damit gut die Verachtung und Entwertung von Mitarbeitern in niederen Rangpositionen erfasst werden kann, wenn die Kandidaten mit narzisstischen Zügen sich ausschließlich darauf konzentrieren, die Interviewer zu beeindrucken. Allerdings dürfte diese Form von Tests mittlerweile unter Kandidaten für Führungspositionen bekannt sein.

Auswahluntersuchungen dieser Art sind insofern sehr wichtig, als die Mitarbeiter ansonsten narzisstischer Gängelung faktisch ungeschützt ausgeliefert sind. (Sie können lediglich kündigen.) Burnouts und stille Kündigungen sind daher eine nicht seltene Folge nach der Einstellung narzisstischer Führungskräfte. Geeignete Schutzmechanismen sollten in Betrieben ebenso selbstverständlich sein wie bei körperlich gefährlichen Arbeitsplätzen.

- Innerhalb von Unternehmen ist es sinnvoll, eine geschützte Struktur zu schaffen, die eine Rückmeldung von Mitarbeitern, z. B. aus der mittleren Managementebene, an eine höhere Führungsstruktur ermöglicht, um Probleme früh erkennen zu können.
- In jedem Fall sollte der Zugang zu geeigneten Therapieverfahren für narzisstische Patienten und ihre mitleidenden Angehörigen verbessert werden.
- Weiterhin ist es wichtig, dass in diesem Bereich mehr systematische Forschung durchgeführt, unterstützt und gefördert wird.
- Falls Mitarbeiter den Eindruck haben, dass sie bzw. ein befreundeter Bekannter in einem Unternehmen arbeiten bzw. leiden, das unter einer narzisstischen Führungsstruktur leidet, die keine Veränderung zulässt, müssen sie prüfen, wie viel Energie und Lebenszeit sie dort noch investieren wollen. Das setzt allerdings voraus, dass sie über Alternativen verfügen.
- Mir persönlich scheint an dieser Stelle die Haltung der jüngeren Generation von einer gesunden Work-Life Balance besser zu sein, als dies in der klassischen Arbeitsethik mit relativ ungetrübtem Vertrauen in Autoritäten war. Vielleicht hilft der in letzter Zeit zunehmende Fachkräftemangel auch an dieser Stelle, Unternehmen mit problematischen Arbeits- und Führungsstrukturen mehr unter einen konstruktiven Veränderungsdruck zu bringen.
- Das Problem des Narzissmus macht noch einmal sehr deutlich, dass die BWL in die Irre geht, wenn sie Abläufe in Unternehmen typischerweise als rationale Entscheidungsprozesse versteht – also z. B. Narzissmus überhaupt nicht sehen kann.

Schließlich wirft der Beispielfall auch ein bezeichnendes Licht auf volkswirtschaftliche Lehren, die davon ausgehen, dass die Konkurrenz

Unternehmen (von selbst) zur Effizienz zwingt. Gilt das auch in diesem Fall eines narzisstischen Chefs? Ist also seine narzisstische Störung effizient? Oder wird sie von anderen Unternehmensteilen abgefangen, z. B. der Personalabteilung, die den Mitarbeitern ein Gefühl der Wertschätzung vermittelt, obwohl der Chef sie geringschätzt?

Wann schadet ein gestörter oder unfähiger Chef dem Unternehmen, wann nicht?

Oder stimmt es gar nicht, dass der Wettbewerb Unternehmen immer zur Effizienz zwingt (z. B., wenn sie das Glück haben, auf unbefriedigte Nachfrage zu treffen)?

4.3 Eine mögliche Deutung der Rede des Vorstandsvorsitzenden

Zum Schluss soll das Fallbeispiel vom Kapitelbeginn noch aus der Sicht des DSM-5 gedeutet werden. Vieles spricht für eine narzisstische Störung des Sprechers; aber eine derartige Diagnose kann nicht nach einer einzelnen Rede gestellt werden. Dazu wären mehr Beobachtungen und ein diagnostisches Gespräch notwendig.

Erstens fällt eine gewisse Selbstgefälligkeit des Redners auf. Denn es ging hier um eine Schulung für junge Aufsichtsräte, bei der die Ursachen für den Erfolg in Familienunternehmen angesprochen werden sollen. Im Verlauf der Rede berichtet der Redner aber fast nur über sich selbst. Die jungen Leute und das Publikum spricht er bis auf den Einleitungssatz kaum an.

Dabei hebt er seinen A-Abschluss an einer A-Universität heraus und die Führungserfahrung in einem fremden Unternehmen und obendrein, dass er dort jüngster Abteilungsleiter aller Zeiten geworden ist.

Auch die häufige Verwendung lateinischer Ausdrücke, die keine Fachausdrücke sind und daher vom Zweck der Rede her eigentlich nicht notwendig wären, passt nicht richtig. Es wirkt, als ob sie dazu dienen sollen, seine Bildung und damit seinen sozialen Status darzustellen.

Aus der Rede gewinnt man den Eindruck, als würde er seine eigene Qualifikation für die wichtigste Ursache des Unternehmenserfolgs halten. Zumindest erwähnt er sie zuerst.

Da der Zweck der Rede darin besteht, Unerfahrenen Hinweise zu geben, hätte man eine stärker inhaltlich ausgerichtete Darstellung gewünscht: Welche Maßnahmen (nicht: Eigenschaften) des Vorstandsvorsitzenden führen zum Erfolg?

Ein zweiter Punkt, der auffällt, ist die Abwertung anderer. Zum Beispiel klingt der „Abschluss in Sozialwissenschaften an der Fachhochschule Posemuckel" geringschätzig, erst recht im Gegensatz zu seinem eigenen A-Abschluss an der A-Universität. Er unterscheidet damit zwischen einer herausgehobenen, leistungsstarken Elite und den davon abfallenden „anderen".

Diese schwer verstehbare Abwertung anderer findet sich besonders auffallend (und völlig überzogen) in der Art, wie er über einen Mitarbeiter spricht, der lediglich weiter für seine Firma arbeiten möchte: Der Mitarbeiter soll nicht nur überhaupt nichts kriegen, sondern „fertiggemacht" werden.

Die immer wieder vorgezeigte, angebliche Mitarbeiterfreundlichkeit wirkt fassadenhaft und wenig glaubwürdig. Geradezu ungewollt komisch ist, wenn der Anspruch auf ein Abschlussessen bei Entlassung aus dem Unternehmen, ebenso wie ein Schlüsselanhänger und der (ohnehin gesetzlich gesicherte) Bildungsurlaub als besondere Leistungen des Unternehmens dargestellt werden.

Schon geringe Kritik verursacht heftige Reaktionen beim Redner; die Auseinandersetzung mit dem Mitarbeiter scheint ihn zu beschäftigen, ebenso der Ärger, der bei ihm damit verbunden ist.

Man fragt sich, warum der Vorstandsvorsitzende eines großen Unternehmens es nötig hat, seine persönliche Qualität, sein Selbstverständnis als Elite und die stark davon abfallende Welt der anderen so sehr hervorzuheben.

Ein dritter auffälliger Punkt ist seine autoritäre Haltung, die er durch den militärischen Beginn seiner Rede ausdrückt, in dem zwei „Offiziere" durch Befehl und Gehorsam verbunden sind. Dabei ist er selbst der „Frontoffizier", also derjenige, der im „wirklichen Kampf" steht, während der andere nur plant. Auch scheint er, wenn es um die Durchsetzung von Interessen gegenüber Mitarbeitern geht, autoritär zu sein und wenig Skrupel zu zeigen.

4.4 Exkurs: Psychopathie und die dunkle Seite des Narzissmus

Die dunkle Seite des Narzissmus beinhaltet vor allem eine in einer Reihe von Studien belegte Neigung zu unethischen Verhalten wie Betrug und Lügen (Poless et al. 2018). Wenn man einige der neueren großen Wirtschaftsskandale anschaut, so sind der Fall des Unternehmens Enron 2001 sowie der Massenbetrug von Madoff 2008 ein Beleg dafür, dass Narzissten wirtschaftliche Milliardenschäden verursachen können.

Dies liegt unter anderem daran, dass die antisoziale Persönlichkeitsstörung und ihre Extremform, die Psychopathie, die häufigste gleichzeitig bestehende Persönlichkeitsstörung bei Narzissten sind.

Die Definition der Psychopathie umfasst dabei spezifische Persönlichkeitszüge und antisoziale Verhaltensweisen, wohingegen die der antisozialen Persönlichkeitsstörung nur letztere beinhaltet (Hare und Neumann 2008).

Ein Anteil von 50 bis 80 % unter Häftlingen weist eine antisoziale Persönlichkeitsstörung auf, wohingegen weniger als 15 % als psychopathisch klassifiziert werden. In der Allgemeinbevölkerung haben etwa 4 % eine antisozialen Persönlichkeitsstörung und ca. ein Prozent eine Psychopathie (De Brito et al. 2021).

Blair (2005) versteht die Diagnose Psychopathie als besondere, auf eine emotionale Behinderung zurückgehende Form der Verhaltensstörung (Conduct Disorder) bzw. der antisozialen Persönlichkeitsstörung (Antisocial Personality Disorder), wie sie im DSM-IV und ICD-10 aufgeführt werden. Das wichtigste Unterscheidungsmerkmal der Psychopathie ist nach Blair der betont instrumentelle, zweck- und zielorientierte Charakter der zu beobachtenden Aggressivität. Demgegenüber steht in der Mehrzahl der Fälle antisozialen Verhaltens eine überwiegend reaktive Aggressivität (Dolan und Völlm 2009; Glenn und Raine 2009).

Für die Psychopathie konnte nachgewiesen werden, dass verschiedene Hirnregionen ein Struktur- oder Funktionsdefizit aufweisen (Glenn und Raine 2008). Die Gehirnmasse in der präfrontalen und orbitofrontalen Großhirnrinde ist reduziert. Dies ist u. a. assoziiert mit mangelhaftem sozialem Normverständnis und dem Fehlen von Schuldbewusstsein. Des

Weiteren wurde eine Dysregulation der Amygdalafunktion beschrieben. Man vermutet, dass dadurch wichtige soziale Lernfunktionen beeinträchtigt sind. Außerdem konnte auch eine Hippocampusdysfunktion belegt werden. Diese wird in Verbindung mit mangelhafter Angst-Konditionierung und Affektregulierung gebracht. Weitere Hirnregionen sind – vermutlich als Folge der beschriebenen Defekte – ebenfalls betroffen. Über Fehlregulationen der Verbindungsstrukturen der betroffenen Regionen wird spekuliert.

In vielen Studien werden Gefängnisinsassen mithilfe der Hare-Prüfliste, dem verbreitetsten Messinstrument für Psychopathie, getestet. Dabei erzielten männliche Gefangene in der Regel deutlich höhere Werte als inhaftierte Frauen.

Diese Skala ist insofern wichtig, als die 15–20 % der (US-amerikanischen) Gefängnisinsassen mit hohen PLC-Messwerten für 50 % aller schweren Delikte verantwortlich sind (Müller 2012).

Der PCL-R-Wert findet auch in forensisch-psychiatrischen Gutachten Verwendung und hat hohe Prognosekraft hinsichtlich der Rückfallwahrscheinlichkeit bei Gewaltdelikten (Müller 2012).

Diese liegt bei Psychopathen (PCL-R-Wert ≥ 30) bei 80 %, bei moderater Psychopathie bei 62 % und bei Nicht-Psychopathen (PCL-R-Wert < 20) bei 31 %. (Eidt 2007).

Psychopathie in Wirtschaft und Unternehmen

Das Pendant zu kriminellen Psychopathen bildet die Gruppe der hoch funktionalen „erfolgreichen Psychopathen" (Defiebre und Köhler 2012). Obwohl Psychopathie nur eine geringe Verbreitung in der allgemeinen Bevölkerung hat, sind Menschen mit dieser Persönlichkeitsstörung nicht nur in Gefängnissen, sondern auch in höheren Hierarchiestufen überrepräsentiert, etwa sechsfach in Führungspositionen (Thorborg 2015).

Nach Reinhard Mohn, dem Unternehmer und Gründer der Bertelsmann-Stiftung, gehen viele Probleme in der Wirtschaft auf Menschen mit psychischen Problemen zurück, insbesondere auf Narzissten und Psychopathen. Sehr interessant sind auch die Kommentare von Robert D. Hare, dem Begründer der Psychopathieforschung: „[Sie] rauben keine

Bank aus, sie werden Bankenvorstand", dem Neurobiologen Niels Birnbaumer: „Sie sind nicht gewalttätig … Der Schaden, den sie aber in unserer Gesellschaft anrichten, ist immens", und dem Psychotherapieforscher Kevin Dutton: „Ein normaler Mensch würde … kotzen, wenn er gerade eine Milliarde versemmelt hätte. Der Psychopath geht unverdrossen nach Hause und denkt nicht mehr daran."

Die Berufsfelder mit den höchsten Anteilen an Psychopathen sind nach Dutton: Geschäftsleitung, Rechtspflege (Richter, Rechtspfleger), Medien (Fernsehen/Radio), Vertrieb, Chirurgie. Die wenigsten Psychopathen finden sich dagegen in Sozial- und Pflegeberufen, da diese mit wenig Macht verbunden sind und einen adäquaten Umgang mit Gefühlen erfordern (Dutton 2013).

Psychopathen haben eine Neigung zu Hochrisikoberufen und bevorzugen große Organisationen und klare Hierarchien. Nach Hare werden von Personalverantwortlichen psychopathische Verhaltensweisen wie Dominanz und Manipulation als Führungsqualitäten missgedeutet (Babiak und Hare 2007). Aufgrund ihrer pathologisch fehlenden Einsichtsfähigkeit könne man ihrer nur Herr werden, indem man sie aus der Organisationsstruktur eliminiere (Thorborg 2015).

Eine grundsätzliche Prophylaxe bestünde darin, „psychopathenfeste Anreizsysteme" zu schaffen (Kühn 2012; Babiak et al. 2010).

Es zeigt sich zudem ein Geschlechtereffekt: In einer Metaanalyse mit 92 Studien waren höhere Psychopathiewerte bei Männern positiv mit Führungserfolg korreliert, bei Frauen negativ. Die Autoren vermuten, dass Durchsetzungsfähigkeit, Dominanz oder rücksichtsloses Verhalten bei Männern als erstrebenswerte Führungsqualitäten wahrgenommen werden, bei Frauen hingegen weniger.

Höhere Psychopathiewerte erhöhten bei Männern zudem die Wahrscheinlichkeit, eine Führungsposition zu übernehmen, bei Frauen fand sich dieser Zusammenhang nicht (Landay et al. 2019)

Literatur

Babiak P, Hare RD (2007) Menschenschinder oder Manager – Psychopathen bei der Arbeit. Hanser, München.

Babiak P, Neumann CS, Hare RD (2010) Corporate psychopathy: talking the walk. Behav Sci Law 28:174–193. https://doi.org/10.1002/bsl.925

Berger M (2018) Psychische Erkrankungen: Klinik und Therapie, 6. Aufl. Elsevier, Amsterdam. ISBN:978-3-437-22485-0

Blair J et al (2005) The psychopath – emotion and the brain. Blackwell Publishing, Malden. ISBN 0-631-23335-0

Cragun OR, Olsen KJ, Wright PM (2020) Making CEO narcissism research great: a review and meta-analysis of CEO narcissism. J Manag 46(6):908–936

Dammann G (2007) Narzissten, Egomanen und Psychopathen in der Führungsetage. Haupt, Bern

Dammann G, Sammet I, Grimmer B (Hrsg) (2012) Narzissmus. Kohlhammer, Stuttgart

De Brito SA, Forth AE, Baskin-Sommers AR, Brazil IA, Kimonis ER, Pardini D et al (2021) Psychopathy. Nat Rev Dis Primers 7(1):49

Defiebre N, Köhler D (2012) Erfolgreiche Psychopathen? Zum Zusammenhang von Psychopathie und beruflicher Integrität. Verlag für Polizeiwissenschaft Prof. Dr. Clemens Lorei, Frankfurt.

Dolan M, Völlm B (2009) Antisocial personality disorder and psychopathy in women: a literature review on the reliability and validity of assessment instruments. Int J Law Psychiatry 32. https://doi.org/10.1016/j.ijlp.2008.11.002

Dutton K (2013) Psychopathen – Was man von Heiligen, Anwälten und Serienmördern lernen kann. Dtv, München.

Eidt S (2007) Vergleich des 2- und 3-Faktoren-Modells der Psychopathy Checklist-Revised (PCL-R) bei der Rückfallprognose von Straftätern. Dissertation, https://edoc.ub.uni-muenchen.de/22891/1/Eidt_Matthias.pdf. Zugegriffen am 26.03.2024

Eimer, A Chef-Studie Darf's noch ein bisschen mehr Ego sein? Der Spiegel, 24.01.2014. Online: https://www.spiegel.de/karriere/narzissten-machen-schneller-karriere-a-945254.html. Zugegriffen am 25.07.2022

Externbrink K, Keil M (2018) Narzissmus, Machiavellismus und Psychopathie in Organisationen. Springer, Wiesbaden

Giesen-Bloo J, Van Dyck R, Spinhoven P, Van Tilburg W, Dirksen C, Van Asselt T et al (2006) Outpatient psychotherapy for borderline personality disorder: randomized trial of schema-focused therapy vs transference-focused psychotherapy. Arch Gen Psychiatry 63(6):649–658

Glenn AL, Raine A (2008) The neurobiology of psychopathy. Psychiatr Clin North Am 31(3):463–475

Glenn AL, Raine A (2009) Psychopathy and instrumental aggression: evolutionary, neurobiological, and legal perspectives. Int J Law Psychiatry 32:253–258

Hare und Neumann (2008) Psychopathy as a clinical and empirical construct. Annu Rev Clin Psychol 4:217–246

Horton RS (2011) Parenting as a cause of narcissism. Empirical support for psychodynamic and social learning theories. In: Keith Campbell W, Miller JD (Hrsg) The handbook of narcissism and narcissistic personality disorder. Theoretical approaches, empirical findings, and treatments. Wiley, Hoboken, S 187ff.

Jauk E, Benedek M, Koschutnig K, Kedia G, Neubauer AC (2017) Self-viewing is associated with negative affect rather than reward in highly narcissistic men: an fMRI study. Sci Rep 7(1):5804

Konrath S, Meier BP, Bushman BJ (2014) Development and validation of the Single Item Narcissism Scale (SINS). PLoS One 9(8):e103469

Kühn K (2012) Psychopathen in Nadelstreifen. Eul-Verlag, Lohmar–Köln

Kuhn T, Weibler J (2020) Bad leadership. Vahlen, München

Landay K, Harms PD, Credé M (2019) Shall we serve the dark lords? A meta-analytic review of psychopathy and leadership. J Appl Psychol 104(1):183–196. https://doi.org/10.1037/apl0000357

Levy KN, Meehan KB, Kelly KM, Reynoso JS, Weber M, Clarkin JF, Kernberg OF (2006) Change in attachment patterns and reflective function in a randomized control trial of transference-focused psychotherapy for borderline personality disorder. J Consult Clin Psychol 74(6):1027

Maccoby M (2004) Narcissistic leaders: the incredible pros, the inevitable cons. HBR

Mitra P, Fluyau D (2023) Narcissistic personality disorder. In: StatPearls [Internet]. StatPearls Publishing, Treasure Island

Mosquera D, Knipe J (2015) Understanding and treating narcissism with EMDR therapy. J EMDR Pract Res 9(1):46–63

Müller HE. Die PCL-R von Hare aus kriminologischer und strafprozessrechtlicher Sicht. Berufsverband Deutscher Psychologinnen und Psychologen (BDP) e.V. – Sektion Rechtspsychologie, Vortrag zum 3. Tag der Rechtspsychologie. 17. November 2012. https://www.rechtspsychologie-bdp.de/wp-content/uploads/vortraege3tag/Mueller.pdf. Zugegriffen am 26.03.2024

Poless PG, Torstveit L, Lugo RG, Andreassen M, Sütterlin S (2018) Guilt and proneness to shame: unethical behaviour in vulnerable and grandiose narcissism. Eur J Psychol 14(1):28

Thorborg H (2015) Psychopathen in der Chefetage – Zeitbomben mit Schlips. Der Spiegel, 09.04.2015

Wikipedia (2024). https://de.wikipedia.org/wiki/Narzissmus. Zugegriffen am 26.03.2024

Yakeley J (2018) Current understanding of narcissism and narcissistic personality disorder. BJPsych Adv 24(5):305–315

Teil II

Gruppen

5

Cost Cutting: ein Verhältnis gegenseitiger Verachtung

> **Fallstudie**
>
> Der Saal war riesig, aber trotzdem bis auf den letzten Platz gefüllt. Ungefähr 500 Mitarbeiter des Chemiewerkes, die gerade keinen Schichtdienst hatten, warteten gespannt auf die Rede des Betriebsratsvorsitzenden.
> „Guten Morgen, liebe Kolleginnen und Kollegen", sagte er. „Ich begrüße Euch zur Diskussion des OPUS-Projektes. Ich darf Euch die Teilnehmer auf dem Podium vorstellen: Herr K., unser Werksleiter."
> Freundlicher Beifall.
> „Herr L. und Dr. M., die Business Unit-Leiter."
> Verhaltener Beifall.
> Früher war der Werksleiter die wichtigste Person im Werk gewesen, aber nach diversen Reorganisationen war er weitgehend entmachtet worden, und die Verantwortung für die Profite war auf die Leiter der Business Units übergegangen. Sie waren nun die Entscheider, aber hatten dafür auch den Ärger mit den Mitarbeitern, wenn länger, schneller oder härter gearbeitet werden sollte. Der Werksleiter beschäftigte sich seitdem mit Fragen der Art, welche Farben die Kacheln in den Waschkauen haben sollten. Seine Stelle würde nach seiner baldigen Pensionierung nicht nachbesetzt werden.
> „Dirk, mein Kollege und Stellvertreter."
> Starker Beifall.
> „Und hier vorne, nicht auf dem Podium, die Herren Unternehmensberater."

> Lautes, langes und zorniges „Buuuh!" von 500 Leuten.
> Das fängt ja gut an, dachte ich, mit der Unterstützung der Mitarbeiter. Es war eine meiner ersten Studien als Unternehmensberater, und es ging um „Cost Cutting" bei einem Chemieunternehmen, das Basischemikalien produzierte, z. B. Aldehyde, Olefine u. Ä. In meinem Medizinstudium hatte ich mich ein Semester lang neben anderen Fächern auch mit Chemie beschäftigt; die anderen drei Teammitglieder hatten ebenfalls keine Ahnung von Chemieanlagen. Trotzdem gelang es uns in nur 6 Monaten, den Wert des Unternehmens um 250 Mio. Euro zu steigern. Wie ist das möglich? Und was lernt man daraus über Management und Betriebswirtschaftslehre?

5.1 Wie Cost Cutting funktioniert.

Tatsächlich ist Cost Cutting sehr wirksam und zugleich einfach, wenn man weiß, wie es geht – und sich z. B. an die folgende Liste hält.

Schritt 1: Alternativlosigkeit herstellen

Chemieunternehmen wie die Beispielfirma haben typischerweise relativ stabile, aber niedrige Umsatzrenditen. Im hier vorgestellten Standort betrug der Umsatz ca. 500 Mio. Euro, der Gewinn 10 Mio. Euro (die Zahlen sind echt, nur leicht gerundet).

Zuerst wurde den Mitarbeitern vorgerechnet, dass das Werk dringend eine Steigerung der Profite benötigte, weil es sonst geschlossen werden müsste. Angeblich erwartete der „Markt" eine höhere Umsatz- und vor allem Kapitalrendite. Wie man das ausrechnet, ist im Grunde egal, die Mitarbeiter können die Berechnung von z. B. „Weighted Average Costs of Capital" oder die Preis-Kosten-Scheren ohnehin nicht wirklich nachvollziehen und widersprechen auch nicht.

Im Kern ist damit das Projekt als Vorhaben positioniert, das Werk vor der Schließung zu retten. Ob die dahinterliegenden Annahmen überhaupt zutreffen, kann ich bis heute nicht sagen; wie sich die Kosten und Preise (für die Preis-Kosten-Schere) wirklich entwickeln werden, weiß ja niemand; und ob ein Sparer, der sein Geld bei der Sparkasse anlegt, wirklich auf einer Mindestverzinsung besteht oder ob die Sparkasse das für ihn tut und ob „die Kapitalmärkte" (wer bzw. was immer damit bezeichnet wird) wirklich so funktionieren, wie manche behaupten, weiß ich ebenfalls nicht (damals habe ich es geglaubt). Aber man brauchte die Zahlen ja auch nur, um die Mitarbeiter glauben zu machen, dass es keinen Ausweg gibt.

Übrigens liegt eine bittere Ironie darin, dass durch Globalisierung, Kapitalkonzentration und andere Effekte die Gewerkschaften heute so schwach geworden sind, dass man für Cost Cutting keine teuren Berater mehr braucht. Der Glaube der Beraterzunft an den Shareholder Value richtet sich gegen sie selbst.

Schritt 2: die Piloteinheit über die Hürde heben

Das Unternehmen wurde dann gedanklich in eine „Piloteinheit" und zwei „Hauptphasen" eingeteilt. Die wurden nacheinander abgearbeitet: zuerst die Piloteinheit, dann die beiden Hauptphasen.

Vordergründig diente das dazu, das Unternehmen an die Methodik des Projektes zu gewöhnen. In Wahrheit ist der Hauptzweck die Umkehr der Beweislast: Vorher muss der Berater nachweisen, dass die Einsparziele erreichbar sind. Nachdem aber die Piloteinheit ihr Ziel erreicht hat, besteht die Vermutung, dass die anderen Einheiten das auch können.

Die Piloteinheit wird daher so gewählt, dass Einsparmöglichkeiten wahrscheinlich sind. Das Beratungsunternehmen konzentriert seine gesamte Beratertruppe darauf, denn mit ihr steht und fällt das gesamte Projekt.

Schritt 2a: Zielvorgabe ausrechnen

Es wird dann ausgerechnet, welches Einsparziel die jeweilige Einheit zu erreichen hat. Bestimmte Dinge kann man nicht ändern, z. B. physikalische Gesetze: Aus 1 l Rohöl kann man nicht 2 l Diesel machen. Ähnlich kann man auch nicht rechtliche Vorschriften brechen: Wenn eine bestimmte Anzahl Mitarbeiter in der Werksfeuerwehr vorgeschrieben ist, kann man sie nicht abbauen (aber z. B. als Pförtner einsetzen). Hingegen kann man die Zahl an Verwaltungsmitarbeitern zumindest theoretisch reduzieren.

Wenn ein Beratungsunternehmen einige Hunderte solcher Projekte durchgeführt hat, dann entwickelt es Anhaltswerte dafür, wie viel man in den jeweiligen Bereichen der Kostenstruktur einsparen kann.

Man nimmt also die Kostenrechnung des Unternehmens und multipliziert jede einzelne Position mit Erfahrungswerten für die maximal mögliche Kostensenkung, etwa so:

	Aktuelle Kosten (Mio. Euro)	Davon einzusparen	Einsparziel (Mio. Euro)
Personal	10	40 %	4
Rohstoffe	40	2 %	0,8
Andere Kosten	10	10 %	1
Summe			5,8

Damit erhält man eine Zahl, z. B. 5,8 Mio. Euro. Diese Zahl wird dann als quasi-naturwissenschaftlich hingestellt und steht nicht zur Verhandlung (sonst käme man in endlose Diskussionen, ob man 5,8 oder 4,6 Mio. Euro oder was auch immer einspart).

Tatsächlich wird dem Leiter der Einheit – demjenigen Manager, der die (Pilot-)Einheit auch im normalen Leben leitet – mitgeteilt, dass er in genau sechs Wochen von heute, also am 5. Juni um 12:00 Uhr, Maßnahmen abzuliefern hat, mit denen die Kosten um 5,8 Mio. Euro sinken. Er versteht auch, dass seine Karriere empfindlich leidet, wenn er das nicht schafft, weil die Berater seinem Chef sagen werden, was sie von seinen Bemühungen halten. (Das wird nicht so formuliert, aber er versteht, was gemeint ist.)

Als Erstes beschwert sich der Leiter der Untersuchungseinheit (LUE) bei seinen direkt unterstellten Managern darüber, dass die Kerle (er sagt es weniger freundlich) von der Beratung ihn zwingen, Verbesserungsmaßnahmen für 5,8 Mio. Euro zu finden, und zwar innerhalb von sechs Wochen. Die Manager schwärmen aus und bringen so die gesamte Mitarbeiterschaft dazu, nach Verbesserungen zu suchen.

Schritt 2b: Verbesserungsmaßnahmen sammeln

Die „Methode" des Beraters beschränkt sich in dieser Phase im Wesentlichen darauf, die Verbesserungsmaßnahmen zu sichten, zu sortieren und zu bewerten, für alles eine Serie von Formblättern zur Verfügung zu stellen, und darauf zu achten, dass der Prozess nicht stockt. Bei der täglichen Zusammenarbeit setzen Gewöhnungsprozesse ein, und am Ende gehen alle beinahe freundschaftlich miteinander um („Jeder tut ja nur seine Pflicht").

Eine Formalie, aber von großer Bedeutung ist der Umstand, dass jede einzelne Maßnahme nicht nur sehr ausführlich auf einem entsprechenden Formular dokumentiert, sondern auch von dem Leiter der Einheit und einem anderen Manager persönlich unterschrieben und mit einem Datum versehen wird, an dem sie erledigt sein soll. Das hat eine enorme Umsetzungstreue zur Folge, weil diese Datenblätter von einem Controller verwaltet werden, der einfach am Zieldatum den Manager anruft und fragt, was aus der Maßnahme geworden ist. Wenn sich dabei zeigt, dass mehr als eine Handvoll nicht umgesetzt wurde, hat der Manager ein Problem („Warum haben Sie dann unterschrieben?").

Im konkreten Fall hatten die anderen Manager dem Leiter der Untersuchungseinheit nahe gelegt, das Gesamtprojekt scheitern zu lassen, indem er seine Ziele nicht erreicht. In einer Nachtsitzung am Ende der Untersuchungszeit hat der Projektleiter des Beratungsunternehmens ihn überzeugt, dass es für ihn besser ist, wenn er seine Ziele erreicht. Daraufhin hat er Einsparideen für mehrere Millionen Euro herausgerückt (ausreichend für seine Ideenhürde), die er bis dahin in der Hinterhand gehalten hatte.

Schritt 3: die anderen Untersuchungseinheiten; Konsolidierung

Wenn die Piloteinheit erfolgreich „durch" ist, laufen die anderen Einheiten mit relativ geringem Aufwand glatt auf ihr Ziel zu. Der Berater sammelt die Ideen ein, stellt sie dem Kernteam und dem Lenkungskreis vor und übergibt sie dem Controlling. Damit ist seine Arbeit abgeschlossen.

Inhaltlich betreffen die Verbesserungsmaßnahmen alle möglichen Bereiche des Unternehmens. Man kann nicht vorhersagen, was man finden wird, wohl aber, dass es auf jeden Fall genug Verbesserungsideen gibt.

In unserem Fall war die größte Maßnahme folgende: Das Unternehmen hatte eine Pipeline zum Hafen. Sie wurde einmal im Jahr genutzt, um den Notfallvorrat an Benzin aufzufüllen. Dieser Vorrat wiederum diente damals dazu, im Falle eines Kriegsausbruchs die deutschen Hubschrauber, Panzer etc. eine gewisse Zeit mit Treibstoffen versorgen zu können. Die Treibstoffe wurden in Lagern von Chemieunternehmen aufbewahrt, und einmal im Jahr schaute ein Mitarbeiter nach, ob das Kerosin, Benzin usw. noch da war, und wenn nicht – weil etwas verdampft war o. Ä. – wurde per Pipeline nachgefüllt. Alle anderen Stoffe, die das Unternehmen brauchte, wurden per LKW und Bahn angeliefert.

Daher lag der Gedanke eigentlich nahe, die Pipeline zum Hafen für den täglichen Verbrauch zu nutzen und den Notfallbestand einmal im Jahr per LKW aufzufüllen. Der Haken an der Sache war, dass man dazu die Pipeline ertüchtigen musste, was einige Millionen Euro kostete (aber innerhalb von 18 Monaten wieder eingespielt war). Warum ist niemand im Unternehmen vor dem Cost-Cutting-Projekt auf diese Idee gekommen?

Weil niemand ein Interesse hatte, sie zu verfolgen: Millionen Euro für eine Investition locker zu machen, ist in Unternehmen dieser Art außerordentlich schwierig. Das ganze Management, das Rechnungswesen und andere Kontrollmechanismen dienen ja dazu, unnötige Ausgaben zu vermeiden. Solche Anträge sind mühsam zu stellen und zu verfolgen – man muss die Zustimmung von vielen Leuten einholen.

Gerade erfolgreiche Manager haften quasi-persönlich (nicht mit ihrem privaten Geld, aber mit ihrer Karriere) außerordentlich ungern für solche Investitionen. Wenn die Ausgabe sich nach einigen Monaten rentiert, sind sie längst auf einer anderen Position, und jemand anders erntet die Früchte ihrer Anstrengung. Der Cheflogistiker, der noch als Erster dafür in Frage käme, hat selbst überhaupt kein Interesse daran: Er würde nur seine Mitarbeiter, nämlich Disponenten – die aktuell die LKWs ordern –, überflüssig machen, seine dankbaren Kunden verlieren und seine Abteilung verkleinern.

Und Risiken gibt es immer: Vielleicht entstehen unerkannte Probleme bei der Pipeline-Ertüchtigung, vielleicht schadet sie der Umwelt oder gefährdet bei Fremdnutzung die Verteidigungsfähigkeit Deutschlands im Kriegsfall?

Ein solches Projekt zwingt nicht nur dazu, Verbesserungsideen „herauszurücken". Es verschafft zusätzlich den Managern einen Blitzableiter. Niemand feuert gerne seine eigenen Mitarbeiter. Aber im Projekt kann man sich herausreden: „Ich würde das niemals machen, aber die Kerle von der Beratung haben mich dazu gezwungen."

Von den Ideen, die das Cost Cutting schließlich erfolgreich machen, ist erfahrungsgemäß etwa ein Drittel bereits vorhanden, aber sie waren

5 Cost Cutting: ein Verhältnis gegenseitiger Verachtung

vorher blockiert. Ein weiteres Drittel wäre auch ohne das Projekt umgesetzt worden, allerdings langsamer, und das letzte Drittel ist wirklich neu.

Insgesamt haben wir im Laufe des Projekts hunderte von Maßnahmen eingesammelt, die ganz unterschiedliche Dinge betrafen – von Pipelines über Büromaterial bis zu PC-Arbeitsplätzen, und alle Einheiten haben ihre Hürde übersprungen.

Eine Besonderheit war, dass im Rahmen des Projektes zwar 200 Mitarbeiter entlassen wurden, aber nur virtuell. Das war die Glanzleistung unseres brillanten (wenn auch nicht besonders fleißigen) Projektleiters, der dem Chef des Betriebsrates folgende Geschichte erzählte:

„Das Unternehmen hat weltweit 30 Standorte und einen Jahresetat für Investitionen von 2 Milliarden Euro. Natürlich, Sie können das Projekt scheitern lassen. Dann denkt jeder, das hier ist ein ganz schlechter Standort, die schaffen nicht mal mit Beraterunterstützung eine Kostensenkung. Oder Sie helfen uns, dass wir das Ziel erreichen; dann erzähle ich jedem im Vorstand, wie sich alle hier ins Zeug legen und was für eine Superfabrik wir hier haben. Und jetzt überlegen Sie mal: mit welcher der zwei Varianten kriegen Sie mehr Investitionen?"

Tatsächlich war der Betriebsrat – gegen alle sonstige Praxis – der wichtigste Unterstützer des Vorhabens, und es kam auch so, wie geplant: Nach dem Cost Cutting wurde eine neue Essigsäureanlage aufgebaut; die 200 Mitarbeiter, die aus anderen Bereichen freigesetzt wurden, arbeiteten an der neuen Anlage weiter – bis auf ein paar alte Rechnungen, die gleich noch mit beglichen wurden, z. B. wurde ein fauler Hausmeister tatsächlich entlassen.

Die Kosten sanken um 40 Mio. Euro pro Jahr, der Gewinn stieg auf 50 Mio. Euro. Wenn man annimmt, dass der Wert eines solchen Unternehmens ungefähr das Sechsfache des Gewinns beträgt, dann haben wir diesen Wert von 60 auf 300 Mio. Euro erhöht – in sechs Monaten mit vier Leuten, die allesamt keinen Plan hatten, was sie überhaupt tun.

Eine Wertsteigerung um 250 Mio. Euro ist „viel". Natürlich kann man sich darüber streiten, ob dieser „Wert" echt ist, denn es handelt sich ja hier nur um einen theoretischen Verkaufspreis. Aus gesellschaftlicher Sicht ist aber zumindest die erreichte Produktivitätssteigerung erwünscht.

5.2 Warum ist es so einfach, Unternehmen zu optimieren?

Warum war es so einfach, die Kosten des Unternehmens um 40 Mio. Euro zu senken; eigentlich hätte doch der Wettbewerb von selbst für „Schlankheit" sorgen müssen? Offenbar funktioniert die Konkurrenz in der Branche dieses Unternehmens doch nicht so hart. Das kann auch kaum anders sein: Erstens ist es ziemlich teuer, ein Chemieunternehmen zu gründen, und daher gibt es nur eine Handvoll davon, die sich – z. B. durch Marktstudien oder auch den Wechsel von Mitarbeitern – ganz gut kennen. Zweitens konkurrieren eben nicht ausschließlich Topunternehmen miteinander – es ist eher so, dass es überall Schlendrian gibt. Ich hatte eingangs eine Studie zitiert, derzufolge nur 16 % aller Mitarbeiter mit Eifer bei der Sache sind.

Warum kommt das Unternehmen nicht von selbst auf die Maßnahmen, die im Rahmen der Studie identifiziert wurden? Genau gefragt: Welche Strukturen im Unternehmen sorgen dafür, dass man jemanden von außen braucht?

Offensichtlich tun die Manager nicht immer das, was für das Unternehmen am besten ist, und das manchmal aus nachvollziehbaren Gründen:

- Wenn es riskant ist, sich für Investitionen stark zu machen, dann tut es auch niemand.
- Manchmal gibt es Zielkonflikte zwischen dem, was dem Unternehmen nützt, und den Zielen der Mitarbeiter (hier: dem Cheflogistiker, der kein Personal abbauen möchte).
- Wenn Manager häufig ihre Positionen wechseln, fließen Informationen schneller, aber andererseits scheuen sie Entscheidungen, die kurzfristig nachteilig, aber langfristig sehr gut sind.
- Nicht zuletzt sind manche Mitarbeiter schlicht nicht am Unternehmenserfolg interessiert.

5 Cost Cutting: ein Verhältnis gegenseitiger Verachtung

Letztlich hängt das mit der Natur der „Arbeit" zusammen. Arbeitsverträge können den Inhalt der Arbeit nur sehr ungenau definieren. Nur deshalb braucht man überhaupt „Manager": Ihre Aufgabe ist es, dafür zu sorgen, dass die Mitarbeiter (und andere Manager) das tun, was der Eigentümer möchte. Letztlich entsteht so ein Verhältnis gegenseitiger Missachtung oder sogar Verachtung: Die Mitarbeiter sind austauschbar, und das Management versucht, möglichst viel aus ihnen herauszuholen. Umgekehrt ist den Mitarbeitern das Unternehmen (meist) egal.

Im Grunde lebte das gesamte Cost-Cutting-Projekt von einigen simplen psychologischen Tricks: nämlich Mitarbeitern mit der Schließung des Werkes zu drohen, die Beweislast umzukehren, Manager per Unterschrift haftbar für die Umsetzung zu machen, und allen Beteiligten einen Sündenbock (das Beraterteam) anzubieten, dem man die Schuld geben konnte. Eine Theorie braucht man dafür nicht.

Zumindest habe ich aus dem Projekt gelernt, welche Rolle alle möglichen verdeckten und offenen Konflikte, *Hidden Agendas*, Machtkämpfe und Persönlichkeitsstörungen im Unternehmensalltag spielen. Im BWL-Studium hatte ich darüber nichts (wirklich: nichts) gehört.

Und umgekehrt: vom Rechnungswesen abgesehen, konnte ich keine einzige Information aus meinem BWL-Studium in der Praxis anwenden. (Das war in der Medizin anders: Da war das, was ich gelernt hatte, für die Behandlung der Patienten sehr wichtig.)

Was bedeutet das für die Managementlehre? In den folgenden Kapiteln werde ich mich damit am Beispiel der Führungstheorien beschäftigen.

Schließlich: war das, was ich getan hatte, „gut"? Für die Kapitalgeber war es nützlich, denn ihre Rendite stieg. Für das Bruttosozialprodukt auch, weil dieselben Produkte mit weniger Mitteleinsatz erzeugt wurden und dadurch Ressourcen für anderes frei wurden. Aber wem kam dieser Überschuss zugute? Allen? Oder nur einer kleinen Gruppe Superreicher, die dadurch noch reicher und mächtiger wurden? Mussten die Mitarbeiter jetzt schneller arbeiten? Und was ist mit anderen Projekten, die wirklich Mitarbeiter entlassen? Das wird Gegenstand der späteren Kapitel sein.

5.3 Folgerungen für das Verstehen und Leiten von Unternehmen

Cost Cutting und verwandte Kostensenkungsprogramme sind ein einfaches und zuverlässiges Instrument, um die Gewinne eines Unternehmens zu steigern. Allerdings hat es die Nebenwirkung, den Mitarbeitern sehr deutlich zu machen, worum es den Eigentümern geht: den Shareholder Value zu maximieren – und nur darum. Die sonst mit viel Aufwand gepflegte Illusion, dass Mitarbeiter als solche etwas bedeuten, wird zerstört. Eigentümer und Spitzenmanager müssen sich überlegen, welcher dieser Effekte schwerer wiegt; das hängt natürlich von den Umständen ab. Zum Beispiel fällt die Entscheidung eher *für* Cost Cutting, wenn das Unternehmen sowieso in Kürze verkauft wird, denn dann trägt der Käufer die Folgeschäden, z. B. in Form verminderter Mitarbeitermotivation.

Der nachteilige Effekt lässt sich abmildern, wenn man – wie im Fallbeispiel – Cost Cutting und Umsatzsteigerung kombiniert und zeitlich aufeinander abstimmt, sodass Mitarbeiter umgewidmet, aber nicht entlassen werden. Es ist merkwürdig, dass das noch nicht der weltweite Standard ist. Vielleicht ist das damit verbundene Prozessmanagement für gewöhnliche Berater noch zu schwierig.

6

Der glücklose Verkäufer: das Elend der Führungstheorie

Fallstudie

Peter B. ist US-amerikanischer Director of Sales für ein europäisches Unternehmen, das hochwertige Plastikfolien für Industriekunden herstellt, z. B. für die Verpackung von Zigarettenschachteln oder für Flaschenetiketten. Ursprünglich startete die Firma mit Werken in Deutschland, Frankreich und Großbritannien; später expandierte sie nach Mexiko und Südafrika. Auch der chinesische Markt soll demnächst erschlossen werden. Dabei stützt sie sich vor allem auf die hohe Produktionsleistung ihrer Maschinen, die wiederum von ihren Ingenieuren kontinuierlich „getunt" werden, und auf die hervorragende Qualität der Folien.

Die Umsätze in den USA sind nahe null, während das Geschäft in Mexiko (gemessen an der Größe des dortigen Marktes) gut läuft. Peter B. fürchtet um seinen Job. Ein Berater wird beauftragt, den US-Markt zu bearbeiten.

Gleich im ersten Gespräch mit Peter B. in Pennsylvania werden die zwei Hauptgründe für seinen Misserfolg klar:

- In den USA wird die Dicke der Folien in Inch gemessen, in Europa und Mexiko in Zentimetern. Dadurch ergeben sich geringfügige, aber technisch bedeutsame Abweichungen in der Dicke der Folien.

> - Peter B hat schon mehrfach den Forschungsleiter in Deutschland gebeten, Folien mit einer geeigneten Dicke zu entwickeln (was technisch auch kein großes Problem wäre). Aber da die deutschen Produktions-, Forschungs- und Verkaufsleiter regelmäßig in der Kantine beim Mittagessen europäische Probleme besprechen, gehen die dortigen Herstellungsprobleme immer vor.
> - Die potenziellen Kunden sind selbst große Unternehmen der Nahrungsmittelbranche; deren Chefeinkäufer sprechen nicht gerne mit einem einzelnen, in der Hierarchie weit untenstehenden Verkäufer.
>
> Auf der nächsten Vorstandssitzung wird beschlossen: 1. Der Forschungsleiter bekommt den Auftrag, sofort geeignete Folien für den US-Markt zu entwickeln (was wenige Wochen dauert). 2. Der Vorstandsvorsitzende fliegt für Verkaufsgespräche in die USA.
> Daraufhin schnellt der US-Umsatz in die Höhe.

Beim Lesen dieser Geschichte fühlt man sich geradezu von Fragen bedrängt: Wie kann es so einfach sein, in einem international agierenden Konzern die Umsätze zu steigern? Warum bekommen hoch bezahlte Manager es nicht hin, sehr einfache Probleme zu lösen? Was sagt das über Mitarbeiter- und Unternehmensführung?

Auf jeden Fall ist „Führung" eines der zentralsten Themen der Managementlehre überhaupt – schließlich können Organisationen nur durch ihre Mitarbeiter handeln. Was sie tun (oder lassen), entscheidet daher über den Unternehmenserfolg.

6.1 Führen in einer neoklassischen Welt

In einer neoklassischen Welt (dem Standardmodell der Volkswirtschaftslehre) ist Führen ziemlich einfach: Erstens hat man es nur mit rational handelnden Individuen zu tun, wobei „rational" in einem sehr engen Sinne verstanden wird, nämlich als optimale Balance zwischen Freizeit, Arbeitseinkommen und Güterkonsum. Zweitens gibt es weder Eintritts- noch Austrittsbarrieren noch (relevante) verdeckte Informationen.

In einer solchen Organisation werden Geklüngel, Machtmissbrauch, politische Spielchen und ähnliche Ineffizienzen augenblicklich niederkonkurriert. Würde z. B. jemand schlecht führen, dann würde er sofort durch einen anderen Manager ersetzt.

In einer neoklassischen Welt ist Führung daher immer auch ethisch gut: nämlich zugleich im Interesse des Mitarbeiters und des Unternehmens. Mehr noch: Jeder erhält (als Gehalt) genau das, was er verdient. Hätte er nämlich zu viel, würde er sofort zurecht konkurriert. In einer neoklassischen Welt kann theoretisch jede Putzfrau als Mittelstürmerin beim FC Barcelona antreten (es gibt keine Eintrittsbarrieren). Der Chef einer weltweit führenden Personalberatung riet einmal angehenden Topmanagern, ihre Talente zunächst bei gemeinnützigen Organisationen zu üben und dann in profitorientierte Unternehmen zu wechseln. Es war ihm ganz selbstverständlich, dass die höher bezahlten Unternehmensmanager auch besser sein müssen als ihre Kollegen aus Non-for-Profit-Organisationen.

6.2 Das Erbe der Neoklassik in der Managementtheorie

Tatsächlich modelliert die herrschende Managementlehre Unternehmen als quasi-rationale Systeme, die den Zweck haben, Ziele zu finden und zu erreichen. Sehr typisch ist die Darstellung im auflagenstärksten deutschen Lehrbuch für Betriebswirtschaftslehre, wie sie Abb. 6.1 zeigt.

Nach dieser Auffassung besteht Unternehmensführung aus Zielbildung, Planung, Entscheidung, Ausführung und Kontrolle, umrahmt von Information und Koordination. Die einzelnen Bestandteile sind dabei ganz im gewöhnlichen Sprachgebrauch gemeint; „Zielbildung" ist beispielsweise einfach die Definition eines (irgendwie gearteten) Zieles.

Diese Darstellung ist offensichtlich nahe am sogenannten „Deming-Kreis": Plan – Do – Check – Act, also: Mach einen Plan, führe ihn aus, prüfe, ob er funktioniert hat, passe ihn ggf. an, und gehe wieder zu „Plan".

Nun ist nichts falsch daran, einen Plan zu haben und zu verfolgen. Aber das ist eine so einfache und überall gültige Aussage, dass sie schwerlich bei der *realen* Unternehmenssteuerung hilft. In unserer Geschichte *gab* es einen Plan, nämlich Folien in den USA zu verkaufen, und es gab auch den glücklosen Verkäufer, der sich darum kümmern sollte. Dass irgendetwas nicht funktionierte, war allen Beteiligten klar. Aber das Problem wurde nicht *inhaltlich* erkannt. Der PDCA-Zyklus als rein ablauforientiertes (also nicht mit Inhalten gefülltes) Verfahren hilft in solchen Fällen nicht.

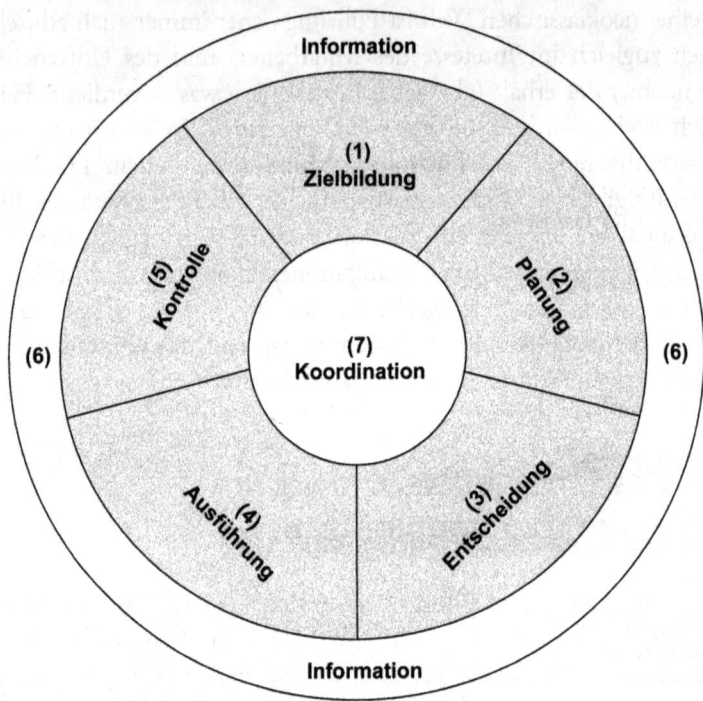

Abb. 6.1 Unternehmensführung als Kreislauf. (Wöhe 2023)

Dementsprechend ist „Führung" auch kein Thema, das im Standardlehrbuch (Wöhe 2023) behandelt würde – mit der Ausnahme von sechs „Führungsstilen" (autoritär, patriarchalisch, beratend, konsultativ, partizipativ, demokratisch), die auf genau zwei halben Buchseiten behandelt werden (Wöhe 2023). „Arbeit" kommt ebenso wenig vor wie „Gewerkschaft" oder gar mögliche Konflikte zwischen den Interessen der Eigentümer und den Mitarbeitern des Unternehmens. Es scheint, als ob diese Begriffe und ihre Inhalte ganz bedeutungslos und/oder selbstverständlich wären.

Einige Ad-hoc-Theorien (z. B. das „Managerial Grid" von Blake und Mouton) wurden bereits besprochen, und es wurde gezeigt, dass solche Ansätze, von denen es viele gibt, nicht in eine zusammenhängende Theorie eingebaut sind, sondern in der Luft hängen.

Bis heute gehen Managementtheoretiker davon aus, dass Gehälter die Leistung von Mitarbeitern korrekt abbilden (und dass es keine Verzerrungen gibt, z. B. durch Geklüngel, Persönlichkeitsstörungen, Glück usw.). In dieser Logik ist folgerichtig, dass hoch bezahlte Manager der Grund für Unternehmenserfolg sein müssen (sonst würden sie ja nicht so viel verdienen). Die Mehrzahl der Managementforscher versucht daher immer noch, „irgendetwas" (Charisma, Führungsstärke, geniale Visionen) im Verhalten des Vorstandsvorsitzenden zu finden, das „erklärt", warum Organisationen erfolgreich sind (Dinh et al. 2014).

Das ist inhaltlich ganz falsch – jedenfalls, wenn man sich reale Organisationen ansieht. Leider gibt es nur ganz wenige, sorgfältige Untersuchungen über einzelne Unternehmen, aber sie sprechen eine ganz eindeutige Sprache. Ich komme in den Kapiteln über Unternehmen darauf zurück (ab Kap. 8).

D. Tourish (2019) hat gezeigt, dass die Managementlehre aus diesem falschen Forschungsansatz auch nicht so schnell herauskommen wird: Denn um als Wissenschaftler zu reüssieren, muss man in den führenden Journals publizieren – und die sind auf einen bestimmten Forschungsansatz eingeschworen. Dazu muss man wissen, dass eine wissenschaftliche Karriere nicht etwa auf genialen Erkenntnissen beruht, sondern auf der Anzahl von „Papern", die man in „führenden" Zeitschriften unterbringt (deren Erfolg wird nicht etwa inhaltlich bestimmt, sondern einfach daran gemessen, wie oft sie von anderen Zeitschriften zitiert werden). Das heißt: Wenn einmal ein Journal als „führend" etabliert ist, versuchen alle, dort ihre Forschung unterzubringen – und passen sich dem „Stil des Hauses" an (und versuchen, Kontakt zu den „Editors" zu erhalten). Würde jemand ernsthaft falsche Managementlehren attackieren, dann käme er gar nicht erst in die erfolgversprechenden Zeitschriften.

Medizinische Forschung ist auch nicht „fair" – wer als Chefarzt eine große Klinik leitet (am besten in den USA), kann selbstverständlich leicht Patienten rekrutieren und die Mitarbeiter für sich arbeiten lassen; er hat es also viel leichter, in hochwertigen Journals zu publizieren als sein (vielleicht viel klügerer) Assistenzarzt. Aber im Unterschied zur Managementlehre stimmt wenigstens der Inhalt der Paper, weil der Patient ja sofort merkt, ob ihm etwas hilft oder nicht. Auch kann man Studien randomisieren, d. h., zufällig ausgewählte Teilnehmer erhalten das neue Präparat, und andere die bisherige Therapie. Hingegen ist es sehr viel schwerer festzustellen, ob Managementempfehlungen wirken: Wer kann schon Hunderte Unternehmen zufällig so oder so führen lassen?

6.3 Möglichkeiten und Grenzen der Führungstheorie

Im Folgenden versuche ich, Möglichkeiten und Grenzen der Führungstheorie an einem Beispiel zu veranschaulichen – nämlich an dem sehr erfolgreichen Buch „Führen Leisten Leben – Wirksames Management für eine neue Zeit" von F. Malik (2004).

Es geht Malik darum, das Management (mit Fokus auf Führung) als solches zu erfassen und zu verbessern (Hervorhebungen im Original):

„Dieses Buch gibt Antwort darauf, was Menschen wissen und können müssen, wenn sie *wirksam* und *erfolgreich* sein wollen – in erster Linie in ihrem *Beruf*, aber auch in ihrem *Leben*, als *Führungskräfte* ebenso wie als *Fachspezialisten*. Es enthält das Rüstzeug, das *jede* Person in einer Organisation benötigt, und zwar *immer* und *überall*. Es ist ein Buch über die *Effektivität von Menschen in den Organisationen der Zukunft*.

‚Führen Leisten Leben' beinhaltet diejenigen Kenntnisse und Instrumente, die man in *allen* Organisationen ständig verfügbar und einsatzbereit haben muss – in den Unternehmen der Wirtschaft genauso wie in den zahlreichen und vielgestaltigen anderen Institutionen und Organisationen der Gesellschaft. Das Buch zeigt, was man in *jeder* Position braucht, wenn man *führen* und *leisten* muss und auch Mensch sein – *leben* – will.

‚Führen Leisten Leben' ist ein Buch über *richtiges* und *gutes* Management. Ob sich jemand selbst als Manager versteht und so bezeichnen will, ist sekundär; wichtig ist, was Beruf, Tätigkeit, Funktion und Stellung innerhalb einer Organisation verlangen. Ich wende mich zwar auch an die Führungskräfte der Wirtschaft, aber keineswegs nur an diese. Management reicht weit über die Wirtschaft hinaus in alle Bereiche der Gesellschaft.

Auch Chefärzte, Institutsvorstände, Intendanten, Chefbeamte, Rektoren und Dekane, Direktoren und Studienräte, Programmleiter in der Wissenschaft und Leiter von Museen sind mit Managementaufgaben konfrontiert. In der modernen Gesellschaft verbringen fast alle Menschen ihr Berufsleben innerhalb von Organisationen. Nie zuvor in der Geschichte haben in absoluten wie in relativen Zahlen so viele Menschen de facto Führungsaufgaben zu erfüllen gehabt. …

Management ist die wichtigste Funktion der Gesellschaft. …

6 Der glücklose Verkäufer: das Elend der Führungstheorie

Dies allein schon macht die Frage nach gutem und richtigem Management wichtig; denn Management ist das gestaltende und bewegende Organ einer Gesellschaft und ihrer Institutionen. Ob man darin etwas Positives und Wünschenswertes, gar einen Fortschritt feststellen mag, muss jeder für sich entscheiden. Unbestreitbar ist Management eine *Realität*, die nicht mehr zu beseitigen ist, mit der man sich abfinden muss.

Nicht abfinden muss man sich aber mit der Art und Weise, *wie* die gesellschaftlichen Organisationen gemanagt werden, mit der vorhandenen Qualität von Management, mit seiner Effektivität und Effizienz. Diese können verbessert werden – und ich meine, dass sie verbessert werden müssen – in manchen Fällen radikal. …"

Was macht nun einen wirksamen Manager aus? Malik schreibt weiter:

„Wirksame Menschen haben *keine* Gemeinsamkeiten – außer der, dass sie *wirksam* sind. Und das ‚Geheimnis' ihrer Wirksamkeit liegt nicht in der Antwort auf die Frage: *Wie sollen Menschen sein, um für eine Führungsposition in Frage zu kommen?* Es liegt weder an ihrer Persönlichkeit noch an ihrem Charakter, weder an ihrer Bildung noch an ihrer sozialen Herkunft. Der Schlüssel zu ihrer Effektivität liegt auch nicht, wie so oft vermutet wird, in ihren Tugenden. So wünschenswert diese sind, und so wenig ich davon abraten möchte, tugendhaft zu sein, so wenig werde ich mich in Zusammenhang mit Managementqualitäten auf Tugenden stützen. Selbstverständlich gibt es unter wirksamen Menschen auch solche mit ausgeprägten Tugenden. Das mag ihnen manches erleichtern. Aber entscheidend ist es nicht.

Der Schlüssel zu den Leistungen wirksamer Menschen – der Performer – liegt in der *Art ihres Handelns*. Nicht, wer diese Leute waren, war entscheidend, sondern *wie* sie handelten. Als Menschen, als Typen, als Persönlichkeiten sind sie so verschieden, wie Menschen nur sein können. Sie entsprechen keinen Anforderungsprofilen und schon gar nicht dem akademischen Idealtypus. Durch ihr Handeln allerdings zieht sich ein roter Faden, ein Muster. …

Die einzige Gemeinsamkeit, die man bei wirksamen Menschen finden kann, sind einige charakteristische Elemente in ihrer Arbeitsweise: Als Erstes sind es gewisse Regeln, von denen sie sich – was immer sie tun und wo immer sie es tun – bewusst oder unbewusst leiten lassen, durch die sie ihr Verhalten disziplinieren. Ich werde sie in diesem Buch in Form von Grundsätzen darlegen. Zum Zweiten kann man beobachten, dass wirksame Menschen bestimmte Aufgaben mit besonderer Sorgfalt und Gründlichkeit erfüllen und drittens schließlich entdeckt man in ihrer Arbeitsweise beinahe durchgängig ein ausgeprägt methodisch-systematisches Element: das Element handwerklicher Professionalität und damit verbunden bestimmte Werkzeuge, die sie kompetent, manchmal virtuos, einzusetzen verstehen. Im Grunde sind es dieselben Elemente, wie sie bei jedem anderen Beruf zu erkennen sind."

Auf die Aussage, dass diese Gemeinsamkeiten wirksamer Menschen bei jedem beliebigen Beruf gelten, wird später zurückzukommen sein.

Malik unterscheidet zwischen Grundsätzen, Aufgaben und Instrumenten wirksamer Führung, und zwar:

I. Grundsätze wirksamer Führung

1. Resultatorientierung
2. Beitrag zum Ganzen
3. Konzentration auf Weniges
4. Stärken nutzen
5. Vertrauen
6. Positiv denken

II. Aufgaben wirksamer Führung

1. Für Ziele sorgen
2. Organisieren
3. Entscheiden
4. Kontrollieren
5. Menschen entwickeln und fördern

III. Werkzeuge wirksamer Führung

1. Die Sitzung
2. Der Bericht
3. Jobdesign und Assignment Control
4. Persönliche Arbeitsmethodik
5. Budget und Budgetierung
6. Leistungsbeurteilung
7. Systematische Müllabfuhr

Die von Malik gegebenen Empfehlungen sind dabei durchweg sinnvoll und nachvollziehbar, z. B.: Manager sollen erkennen, was ihr Beitrag zum Ganzen ist; sie sollen sich auf die wichtigen Themen fokussieren, statt sich in Details zu verlieren; sie sollen Sitzungen ordentlich vorbereiten und nicht zu viele davon einberufen; und so fort.

Bevor im Folgenden die Darstellung Maliks kritisch diskutiert wird, sollen noch zwei Grundsätze ausführlich dargestellt werden. Zur „Resultatorientierung" schreibt Malik:

„Ein durchgängiges Muster im Denken und Handeln kompetenter Manager ist ihre Ausrichtung auf *Ergebnisse*. Sie sind vorwiegend – gelegentlich ausschließlich – an Resultaten interessiert. Alles andere ist für sie zweitrangig oder interessiert sie überhaupt nicht. Es soll nicht verschwiegen werden, dass ihre Ergebnisorientierung gelegentlich auch pathologische Züge annehmen kann – was ich weder für gut ansehe noch empfehle, denn es ist zum Teil schwer zu ertragen. Dennoch – es sind die Resultate, die für sie zählen. Eine Grundaussage dieses Buches ist, dass Management ein Beruf ist. In Zusammenhang mit diesem ersten Grundsatz könnte man sagen: *Management ist der Beruf des Resultate-Erzielens oder Resultate-Erwirkens.* Der Prüfstein ist das Erreichen von Zielen und die Erfüllung von Aufgaben.

…

Zwangsläufig taucht die Frage auf, *welche* Resultate denn gemeint seien, wenn es um Resultatorientierung geht? Diese Frage, so wichtig sie ist, ist vom Grundsatz selbst ebenfalls unabhängig. Was ich aus offenkundigen Gründen ausschließe, ist die gelegentlich vorgebrachte – sophistische – Meinung, dass auch die Verfehlung eines Zieles ein Resultat sei. Rein formalistisch mag das zutreffen; es ist aber nicht das, was hier gemeint ist. Eine brauchbare positive Antwort kann allerdings jeweils *nur* dann gegeben werden, wenn man über eine spezielle, konkrete Organisation spricht. Es liegt auf der Hand, dass es in Wirtschaftsunternehmen auf andere Ergebnisse ankommt als bei Verwaltungsbehörden oder den Organisationen des Kultur- und Kunstbereiches.

Zwei Kategorien von Resultaten findet man allerdings immer und bei jeder Organisation: *erstens* Ergebnisse, die mit *Menschen* zusammenhängen, mit ihrer Auswahl, Förderung, Entwicklung und ihrem Einsatz; und *zweitens* Ergebnisse, die sich auf *Geld* beziehen, auf die Beschaffung und Verwendung finanzieller Mittel. Anders formuliert, jede Organisation braucht Geld und sie braucht Menschen. Darüber hinaus lassen sich schwerlich Verallgemeinerungen anstellen."

In Maliks Annahme, dass jeder wirksam arbeitende Mensch, der Führungsaufgaben hat, ein Manager ist, also jeder Studienrat, Chefarzt usw., liegt ein Problem: Es ist damit nämlich nicht möglich, zu beschreiben, was einen Manager *inhaltlich* erfolgreich macht. Man kann nur sagen, dass er „wirksam" sein soll, aber in welcher Hinsicht? Was ist ein „wirksamer" Chefarzt? Jemand, der besonders viele Operationen pro Tag schafft? Der besonders gute Überlebensraten erreicht? Bei seinen eigenen Operationen oder denen seiner Mitarbeiter? Der besonders kostengünstig operiert? Alles davon, und zwar jeweils ein bisschen?

Daher ist es auch nicht möglich, zu sagen, welche Resultate das so gemanagte Unternehmen erreichen soll.

Das alles bedeutet nicht, dass Malik nicht recht hätte, wenn er fordert, dass z. B. Sitzungen ordentlich vor- und nachbereitet werden sollen. Es bedeutet aber, dass seine Managementlehre nur über „allgemeine" Managementprinzipien spricht; es müsste eine „spezielle" Managementlehre hinzukommen, die dann ergänzt, was inhaltlich gemeint ist: Was ist von einem guten Chefarzt zu erwarten? Was von einem guten Erdkundelehrer? Usw. Natürlich würde diese spezielle Managementlehre einen erheblich größeren Umfang einnehmen, weil sie branchenspezifisch arbeiten müsste – es gäbe eine spezielle Managementlehre für Banken, für Schulen, für Handelsunternehmen … usw. In späteren Kapiteln des Buches werde ich diesen Gedanken wieder aufnehmen und in eine Skizze einer funktionierenden Wirtschaftswissenschaft einfügen.

Zu den wirksamen Managern ergänzt Malik:

„Es stellt sich eine wichtige Frage: *Was tut man mit Menschen, die trotz aller Ergänzungen, Erläuterungen und Differenzierungen mit diesem Prinzip doch nicht leben können?* Es gibt ja Menschen – und möglicherweise machen sie die Mehrheit aus – die sinngemäß etwa sagen: ‚Ich sehe schon, was Sie meinen, aber das ist nicht meine Welt; das kann (oder will) ich nicht akzeptieren.' Sind das unfähige Menschen? Sind es schlechte Mitarbeiter? Sind sie unbrauchbar? Das kann zwar nicht immer ausgeschlossen werden, ist aber

6 Der glücklose Verkäufer: das Elend der Führungstheorie

eher selten der Fall. Viele von ihnen sind feinfühlige, kultivierte Menschen, die aber ein bisschen ‚neben den Realitäten von Management stehen'.

Die Konsequenz allerdings ist, dass man solchen Menschen *erstens* nicht die Verantwortung für andere Menschen und *zweitens* auch nicht für eine Organisation und ihre Bereiche übertragen sollte. Sinngemäß muss die Haltung etwa wie folgt sein: *‚Sie sagen, dass Sie dieses Prinzip nicht akzeptieren können. Gut, dass Sie mich informieren. Es gehört viel Mut dazu, in unserer heutigen Gesellschaft so etwas zuzugeben. Aber jetzt, wo ich es weiß, ist es meine Aufgabe, als Ihr Chef dafür zu sorgen, dass Sie in dieser Organisation nie eine leitende Position bekommen werden …'*

Die Folge ist keineswegs – das ist besonders zu betonen –, dass diese Person gehen muss. Vielleicht ist sie ein hochkarätiger Spezialist, dessen Expertise und Sachverstand die Organisation dringend braucht. Aber man muss Personen dieser Art von *Management*-positionen fernhalten – im Interesse der Organisation, im Interesse der Menschen, die unter ihrer inkompetenten Führung zu leiden hätten, vor allem aber in ihrem eigenen Interesse; denn am meisten leiden sie selbst unter den Zwängen einer Managementaufgabe."

Zum zweiten Grundsatz – Beitrag zum Ganzen – schreibt Malik:

„Es kommt darauf an, einen Beitrag zum Ganzen zu leisten.

Den zweiten Grundsatz empfinde ich in Vorträgen und Seminaren immer als denjenigen, der am schwierigsten verständlich zu machen ist. Er ist von allen Grundsätzen der abstrakteste, aber er ist wichtig.

Die Anwendung dieses Grundsatzes bewirkt eine radikale Änderung in der Einstellung von Führungskräften. Er ist einer der Schlüssel dafür, die größten Leistungsbehinderungen von Organisationen wenigstens erträglich zu machen, und er ist die Grundlage für die Lösung einer ganzen Reihe notorisch hartnäckiger Probleme im Management:

- Er ist der Kern dessen, was man ganzheitliches Denken zu nennen pflegt.
- Er ist eine der Voraussetzungen für unternehmerisches Handeln.
- Er eröffnet die einzige Möglichkeit, aus Spezialisten die richtige Art von Generalisten zu machen.
- Er ist einer der wenigen Wege zu flachen, hierarchiearmen Organisationen oder jedenfalls dazu, dass vorhandene Hierarchien sich nicht störend auswirken.
- Er ist einer der Schlüssel zu jener Art von Motivation, die dauerhaft ist.

Stoff genug, um diesen Grundsatz ernst zu nehmen und sich mit ihm zu befassen.

Die Grundidee des zweiten Prinzips kommt am besten in der ‚Geschichte von den drei Maurern' zum Ausdruck. Auf manche Leute wirkt sie zwar ein wenig pathetisch, aber sie ist anschaulich:

Ein Mann kommt an eine Baustelle, auf der drei Maurer sehr fleißig arbeiten. Äußerlich ist zwischen ihnen kein Unterschied zu erkennen. Er geht zum ersten und fragt: ‚Was tun Sie da?' Dieser schaut ihn verdutzt an und sagt: ‚Ich verdiene mir hier meinen Lebensunterhalt.' Er geht zum zweiten, fragt ihn dasselbe. Dieser schaut ihn mit glänzenden Augen sichtbar stolz an und sagt: ‚Ich bin der beste Maurer im ganzen Land.' Dann geht er zum dritten und stellt ihm dieselbe Frage. Dieser denkt einen kurzen Moment nach und sagt dann: ‚Ich helfe hier mit, eine Kathedrale zu bauen …' Wer von den dreien ist eine Führungskraft – im besten Sinne des Wortes? Diese rhetorische Frage bedarf kaum einer expliziten Antwort; sie liegt für jeden auf der Hand, der die Funktionsweise von Organisationen aus eigener Anschauung kennt.

Manager ist jemand nicht, weil er Rang und Status hat, Einkommen und Privilegien, Befugnisse und Vollmachten. Manager ist jemand, der das Ganze sieht, sich jedenfalls bemüht, es zu sehen, und der seine Aufgabe dann – gleichgültig, von welcher Stelle und welcher Spezialisierung aus – darin sieht, einen Beitrag an eben dieses Ganze zu leisten – die entstehende ‚Kathedrale' zu sehen und mitzuhelfen, sie zu bauen."

Auch Malik verwendet also das bekannte Beispiel der Bauarbeiter. Es ist kein Zufall, dass der Manager und die übrigen Arbeiter an einer Kathedrale bauen. Stünden sie in einer Fließfertigungsanlage, die zweitklassiges Bier abfüllt, oder in einer ausbeuterischen Textilfabrik in Südostasien, würde die Geschichte nicht funktionieren. Nur bei einer Kathedrale kommt man überhaupt auf die Idee, es sei natürlich, dass persönlicher Sinn und Sinn der Arbeit zusammenfallen. Die Kathedrale ist außerdem ein typisches öffentliches Gut – sie gehört der Kirche, und die ist für alle da: Wahrscheinlich, ohne es zu wollen, beschreibt der Autor ein geradezu marxistisches Ideal von Arbeit.

6 Der glücklose Verkäufer: das Elend der Führungstheorie 129

Das führt zum zweiten und wichtigeren Problem der Darstellung von Malik (und mit ihm der gesamten Managementliteratur, die von „rationaler" Zielerreichung ausgeht):

Malik unterstellt einfach, dass Organisationen ein Ziel haben, dass alle Mitarbeiter ebenfalls dieses Ziel verfolgen wollen und sollen, und dass sie sich dabei obendrein „rational" verhalten im Sinne der Zielerreichung. In dieser Malikschen Welt sind seine Hinweise nicht nur gut und richtig, sondern sie beschreiben auch richtig die Umwelt des Managers. In anderen Situationen allerdings trifft dies nicht mehr zu. Ein Unternehmen, in dem die Mitarbeiter eigene Ziele haben, politische Spiele spielen, die Interessen von Besitzern des Unternehmens und Mitarbeitern voneinander abweichen, wird von Maliks Theorie nicht korrekt erfasst. Seine Anweisungen z. B. zum richtigen Umgang mit „Wirksamkeit" wären darin vielleicht immer noch wünschenswert, aber Mitarbeiter verfolgen möglicherweise „wirksam" ganz andere Ziele, als die Unternehmensleitung vorgegeben hat. Solche „Politics" werden von Malik nicht analysiert – seine Theorie (und überhaupt die Theorien aller Autoren, die „rationales" Verhalten unterstellen) ist insofern unvollständig, weil sie diese Situationen nicht abbildet.

Um es an einem Beispiel zu zeigen: Malik verlangt richtig, dass der Sitzungsleiter nach jedem Tagesordnungspunkt Klarheit über die erforderlichen Maßnahmen herstellt und für Durchsetzung und Vollzug sorgt. Er fragt aber nicht, warum das in der Realität oft nicht passiert. Zum Beispiel mag es sein, dass Mitarbeiter sich nicht trauen, zuzugeben, dass sie Vereinbartes nicht verstanden haben. Oder sie sind einfach unwillig und täuschen den Sitzungsleiter. Oder der Manager wechselt, und der Nachfolger weiß nicht genau, was beschlossen wurde.

Malik fragt auch nicht: Was sind die Ursachen solcher Störungen, und wie kann man sie vermeiden?

Die Theorie ist daher insofern vorkritisch, als sie die Ursachen dieser Störungen nicht reflektiert: *Warum* kommt es zu Abweichungen zwischen den Unternehmenszielen und den Interessen der Mitarbeiter? Was steuert das Verhalten der Beteiligten (über ihr „rationales" Handeln hinaus)?

Budgetierung, Mythen und die „wirkliche" Welt

Die Budgetierung ist zweifellos ein Kernbeispiel für rationale Unternehmensführung: Es fügt die wichtigsten Ressourcen und Ergebnisse zusammen und baut eine stabile und kontrollierbare Planung auf, die insbesondere auch quantifiziert ist. Nicht umsonst feiert Malik sie geradezu:

„Das Budget und der Budgetierungsprozess dürfen *nicht* ausschließlich als Instrument der *Finanzleute* und *Controller* betrachtet werden, sondern sie sind als eines der wichtigsten *Tools* für den Manager, das heißt *für jede* Führungskraft zu verstehen.

Das Budget muss insbesondere als *Werkzeug* jener Führungskräfte etabliert und eingesetzt werden, die *ergebnisverantwortliche Einheiten* zu führen haben, wie auch immer deren Bezeichnung lauten mag: Profit Centers, Cost Centers, Market Centers, Divisionen, Geschäftsbereiche, Tochtergesellschaften usw.

Dafür gibt es eine Reihe von Gründen:

(a) Das Budget ist das beste Werkzeug für den *erfahrenen* Manager; denn ‚darum herum' kann er seine gesamte Planung und Arbeit organisieren. Es ist das beste Werkzeug für den *unerfahrenen* Manager oder denjenigen, der in eine *neue Position* gekommen ist, um die Firma und seinen Verantwortungsbereich *überhaupt* kennenzulernen. Es gibt kein besseres Mittel, sich in die Natur des Geschäfts, in seine Zusammenhänge und ‚Gesetzmäßigkeiten' einzuarbeiten und sie wirklich profund kennenzulernen, als das betreffende Geschäft *von Grund auf zu budgetieren.* Leider wird diese Methode bei der Einführung und Einarbeitung neuer Mitarbeiter in den meisten Firmen völlig vernachlässigt. Die Gründe dafür sind mir unerklärlich. So wichtig all die anderen Dinge auch sein mögen, die dem Nachwuchs in seiner Einarbeitungszeit und in Trainee-Kursen vermittelt werden, erst wenn einer einen Bereich durchbudgetiert hat und er seinen Budgetvorschlag – weil er gewöhnlich am Anfang nicht stimmt – ein- oder zweimal zur Überarbeitung zurückbekommen hat, kann man sich darauf verlassen, dass er das betreffende Geschäft einigermaßen begriffen hat.

(b) Es ist das beste Instrument für den *produktiven Einsatz* der *Schlüsselressourcen,* insbesondere der *Menschen;* das Budget ist im Grunde das einzige Werkzeug, um Ressourcen *überhaupt* produktiv zu machen.

(c) Es ist das beste Werkzeug für *vorauslaufende Koordination* aller Tätigkeiten eines Bereichs und der Firma als ganzer. Wenn das Zusammenspiel der Teile zu einem größeren Ganzen nicht funktioniert, interpretiert man das oft als *Organisationsproblem* und beginnt demzufolge zu reorganisieren. Nur selten liegt aber *wirklich* ein Organisationsproblem vor. Es ist besser und einfacher, das Budget als Koordinationsmittel einzusetzen als eine Organisation zu verändern.

(d) Das Budget ist das beste Instrument für die *Integration des Personals* eines Bereiches samt seinem Leiter in die Gesamtorganisation. Generell wird viel über Integration geredet, die man als Problem der Unternehmenskultur versteht: Die Mitarbeiter sollen sich mit der Firma identifizieren, man soll eine ‚große Familie' sein usw.; aber nur wenige Unternehmen sind bisher auf die Idee gekommen, Budget und Budgetierung als Integrationsmittel einzusetzen.

(e) Das Budget ist das einzige und gleichzeitig beste Werkzeug, um zu wissen, wie und wann man seine Pläne *revidieren* muss, wo bloße korrigierbare Abweichungen vorliegen und (viel wichtiger) in welcher Weise sich die *Umstände* und *Annahmen* geändert haben, auf denen das Budget aufgebaut wurde.

(f) Und schließlich ist das Budget – und das wird von den Psychologen nur selten verstanden – eine der wichtigsten Grundlagen für *wirksame* und *gute Kommunikation*. Es hat wenig Sinn, Kurse über Kommunikation abzuhalten, wenn nicht klar ist, *worüber* eigentlich kommuniziert werden soll. Das Budget jedoch und alle damit verbundenen Auswirkungen und Folgen sind wohl wichtig genug, um es zu einem Gegenstand der Kommunikation zu machen. *Das* ist es, worüber die Mitarbeiter Bescheid wissen sollen, worüber sie reden sollen und was im Zentrum ihrer Arbeit stehen soll."

In der Tat ist ein Budget faktisch eine Ressourcenplanung und damit ein hervorragendes Steuerungsinstrument. Allerdings gilt das nicht für jede beliebige Situation:

- Erstens gibt es verschiedene Formen von Unsicherheit. Wenn man die zukünftige Entwicklung relativ gut einschätzen kann (z. B., wenn ein Autokonzern die neue Version eines bekannten Modells einführt und die Absatzzahlen des nächsten Jahres prognostiziert), funktioniert die Budgetierung gut. Wenn die Zukunft sehr unsicher ist (z. B., wenn neue Internettechnologien entstehen, von denen niemand weiß, was sie für den Markt bedeuten), dann muss man versuchen, so viel Flexibilität wie möglich zu erhalten, was mit dem eher starren Budgetierungsverfahren nicht gut gelingt.

- Zweitens wird auch die Budgetierung von Irrationalitäten, Interessenkonflikten usw. überlagert. Jeder, der schon einmal an einer Budgetierungsrunde teilgenommen hat, hat auch Situationen wie die Folgende erlebt. In einem seiner Cartoons (Adams o. J.) beauftragt der Vorgesetzte einen seiner jüngeren Mitarbeiter namens Asok, das Geschäftsplanprozedere zu managen. Auf die Frage, wie das geht, antwortet der Vorgesetzte:

„Als Erstes fragen Sie Ihre Kollegen nach ihren Etat-Wünschen. Die Hälfte wird Ihnen Lügen auftischen. Die andere Hälfte wird Sie ignorieren, um so Ihre Bedeutungslosigkeit zu unterstreichen, Asok. Dann werden Sie Lügen und Schätzungen zu einem nutzlosen Datenknäuel für die Firmenleitung kombinieren. Dann wird unser Vorstandsvorsitzender seine Etat-Entscheidungen aufgrund von Presseartikeln treffen."

Wissenschaftlicher formuliert einer der wenigen Autoren, die Unternehmensprozesse empirisch untersucht habe, Schreyögg (1984, S. 208), das Problem so:

„Der strategische Unternehmensplan wird ferner [in empirischen Studien] als ein Mittel interpretiert, die Realitätssicht der Unternehmung zu spezifizieren und hierzu eine *gemeinsame Sprache* zu schaffen. Die periodische Wiederkehr der Planerstellung/-revision wird als ‚*Ritual*' gedeutet, mit der Funktion, bestimmte Sichtweisen einzuschleifen, Verhaltenserwartungen in Erinnerung zu rufen und ein Zusammengehörigkeitsgefühl zu wecken.

Cohen und March kommen in ihrer Studie der *Langfristplanung* in 42 amerikanischen Universitäten zu der Feststellung, daß dort, wo solche Pläne existieren, sie fast nie implementiert wurden, obwohl die Beteiligten von der Bedeutung einer solchen Planung in der Regel überzeugt waren; letzteres galt auch für diejenigen, die noch gar kein Planungssystem eingerichtet hatten.

Die Langfristpläne waren für die Ausrichtung der Verwaltungsentscheidungen faktisch völlig bedeutungslos. Bedeutung erlangten sie jedoch als

- *Symbole:* Durch Ankündigung zukünftiger Aktivitäten in Form konkreter Pläne konnte über den derzeitigen Mißerfolg hinweggetäuscht oder das Prestige erhöht werden.
- *Aushängeschild:* Pläne dienten als Instrument zur Anlockung von Investoren.
- *Spiele:* Die Bereitwilligkeit, Pläne zu erstellen, diente Präsidenten als Test, wie ernsthaft ein vorgetragenes Begehren war.
- *Anlässe für Interaktion:* Die Planerstellung diente als willkommener Anlaß, über dieses und jenes sich auszutauschen und verschüttete Kontakte wieder zu beleben."

In empirischen Untersuchungen (weitere Beispiele bei Schreyögg 1984) konnte immer wieder beobachtet werden, dass das Rationalmodell die Wirklichkeit grob unvollständig abbildet. Auch jeder Manager erlebt das täglich in seiner Umwelt.

So wird Rationalität häufig erst nachträglich konstruiert. Dies dient dazu, Entscheidungen abzusichern: Selbst, wenn sie sich später als falsch erweisen sollten, kann man nachweisen, in der Entscheidungssituation richtig, nämlich rational, gehandelt zu haben.

Manche Tätigkeiten der Organisation dienen keinen rationalen Zwecken, sondern der Aufrechterhaltung des Anscheins von Rationalität. So muss eine Marketingkampagne nicht auf dem Bedarf des Unternehmens beruhen, sondern kann dem Umstand geschuldet sein, dass es eine Marketingabteilung gibt, die schließlich etwas zu tun haben muss.

Auch kann der Mythos von Rationalität dazu dienen, unbefriedigende Tätigkeiten erträglicher zu machen, weil sie „halt gemacht werden müssen", oder „Sinn" zu stiften wie bei dem eingangs betrachteten Fall der Postzustellerin.

Scott Adams' Bücher sind eine Fundgrube, wenn man die Brüche zwischen Theorie und Praxis des Managements studieren möchte. Hier einige Beispiele:

- In einem Callcenter wird die Produktivität der Mitarbeiter an der Dauer ihrer Gespräche gemessen. So erklärt die Managerin einem Mitarbeiter: „Carl, reduzieren Sie Ihre durchschnittliche Gesprächsdauer oder Sie sind gefeuert." Daraufhin würgt Carl anrufende Kunden ab („Ich habe eine Frage zu Ihrem Produkt." „Schneller!" „Es geht um Ihre Schnittstelle." „Ja, danke." (aufgelegt)) und erhält einen Bonus, weil die Gesprächsdauer gesunken ist.
- Einige Mitarbeiter gehen zu einer Abstumpfung in Zelle 15950 im Großraumbüro. Asok fragt, was eine Abstumpfung ist, und erhält als Antwort: „Es ist der Moment, in dem das Gehirn eines Mitarbeiters gefühllos gegenüber den Schmerzen wird, die das Arbeiten hier verursacht. Es ist übrigens durchaus schön. Und keine ist wie die andere."

  Im nächsten Bild sieht man den gerade abstumpfenden Mitarbeiter vor seinem Computer, wie er schreit: „Ich halte das nicht mehr aus! Argh!! Argh!! Uuh. Was zum …?" Danach wird sein Blick starr, und Dilbert erklärt dem entsetzten Asok: „Alles okay. Er ist jetzt an einem besseren Ort."
- Adams (2016) macht weitere Probleme der herkömmlichen Managementtheorie sichtbar. In einem Cartoon erklärt der Software-Ingenieur Dilbert seinen Vorgesetzten bei einer Präsentation: „I didn't have any accurate numbers so I just made up this one." Das Schaubild zeigt „$ 4,629,873". Dilbert ergänzt: „Studies have shown that accurate numbers aren't any more useful than the ones you make up."

Auf die Frage: „How many studies showed that?" antwortet er: „Eightyseven."

Ohne den Witz überinterpretieren zu wollen, so scheint er doch auf das Fehlen eines evidenzbasierten Managements zu verweisen: Weil die Managementlehre keine naturwissenschaftliche Präzision erreicht, sie aber dennoch für sich beansprucht; sodass auf die ebenfalls nicht nachprüfbare Angabe „Eightyseven" keine weiteren Nachfragen folgen – es lohnt sich nicht und würde Dilbert und die Zuhörer allenfalls in eine unangenehme Situation bringen.

So scharf Adams den Alltag in Unternehmen betrachtet, und so richtig es ist, wenn ihm immer wieder Arbeitnehmer schreiben, sie hätten sich in seinen Geschichten wieder entdeckt, so scheint mir doch seine Erklärung der Probleme nicht vollständig zu sein (Adams 2000, S. 7 ff.):

„It's useless to expect rational behavior from the people you work with, or anybody else for that matter. If you can come to peace with the fact that you're surrounded by idiots, you'll realize that resistance is futile, your tension will dissipate, and you can sit back and have a good laugh at the expense of others. This can be a very healthy book. ... The rest of this book builds on my theory that we're all idiots. I'm sure there are other plausible explanations for why business seems so absurd but I can't think of any. If I do, I'll write another book for you. I promise I won't stop searching for an answer until you run out of money."

Natürlich verhalten sich Menschen – und damit auch Manager – manchmal wie Idioten. Managementprobleme können aber durchaus rationale Gründe haben. So kann es sein, dass ein Mitarbeiter ein anderes Ziel hat als die Unternehmung und sich daher scheinbar irrational verhält. „Politics" können scheinbar irrationales Verhalten geradezu verlangen – wenn etwa ein Manager das Projekt eines anderen torpediert, weil beide um eine Beförderung konkurrieren. Eine vollständige Theorie müsste auch solche Konfliktfälle erklären können. Sie müsste, und das ist der entscheidende Punkt, die „Managementtheorie" überschreiten und Erkenntnisse der Soziologie und Medizin (Arbeitsmedizin und Psychiatrie – und der Psychologie) mit einbauen. Das soll im nächsten Kapitel geschehen.

6.4 Ein Lösungsansatz: Elemente einer brauchbaren Führungstheorie

Eine vollständige Managementtheorie muss in der Lage sein, einerseits rationales Management (wie bei Malik), zugleich aber auch „Dilbertartige" Situationen erklären zu können. Sie muss dabei über bloße „Adhoc-Tipps und Tricks" hinausgehen (auch wenn diese in Einzelfällen sehr nützlich sein können). Sie muss daher das Verhalten von Menschen und

Betrieben erklären können und – idealerweise – darauf aufbauend Therapien entwickeln können. Denn es reicht nicht, verschimmelte Spinnweben auf offene Wunden zu legen; eine gute Theorie erkennt den Zusammenhang zwischen Pilzen, Bakterien und Antibiotika.

Was fehlt der bisherigen (rationalen) Managementtheorie und was muss man ändern?

1. Die Theorie ist *vorkritisch*, insofern sie weder den Begriff der „Arbeit" noch den des „Mitarbeiters" genauer untersucht. Genau genommen geht sie implizit von einer speziellen Art „rationaler" Lohnarbeit aus – diese Unsitte teilt sie mit neoklassischen Modellen, in denen Arbeit nur als Variable auftaucht: $Q = f(A, K)$, wobei „A" für Arbeit und „K" für Kapital steht. Dadurch vergibt sich die Theorie aber die Möglichkeit, zu verstehen, warum bestimmte Interventionen in manchen Situationen wirksam sind, wie sich Menschen in Arbeitssituationen verhalten, warum sie das tun und wie sie dabei von der Umwelt beeinflusst werden. Zunächst wäre dazu also zu klären, was mit den Begriffen „Arbeit" bzw. „Mitarbeiter" gemeint ist und wie sie funktionieren.
2. Sie ist *nicht empirisch* genug. Die Managementtheorie beruht in weiten Bereichen auf Ad-hoc-Annahmen, einfachen Behauptungen, Plausibilitätsüberlegungen usw., aber nur in Ausnahmefällen auf empirischen Untersuchungen, insbesondere Studien (wie sie Goldstandard in der Medizin sind).
3. Sie ist *unpräzise*, weil sie nicht (oder nur ausnahmsweise, z. B. im Fall der Bankbetriebswirtschaftslehre) branchenspezifisch ist. Das „Management" einer Pommes-frittes-Bude wird sich von dem eines Automobilverbandes (wahrscheinlich) unterscheiden. Die Theorie muss empirisch und spezifisch arbeiten, d. h., sie muss inhaltlich und konkret erklären, was ein guter Chefarzt, Museumsdirektor, ... zu tun hat.
4. Schließlich muss sie in der Lage sein, ihre eigenen Erkenntnisse kritisch zu reflektieren, insbesondere auch, um ideologische und andere Einflussnahmen von außen aufzudecken. Dass man in manchen Managementbüchern blanken Unsinn findet, wurde schon ausgeführt.

Führung – unter Berücksichtigung des „Mitarbeiters", der „Organisation" und der „Arbeit"

Ohne Verständnis des „Mitarbeiters" (wie in Kap. 5 erläutert) und seiner psychologischen „Funktionsweise" gibt es keine brauchbare Motivations- und Führungstheorie. Insbesondere neigt die Managementtheorie dazu, den Interessengegensatz zwischen Kapitalgebern und Mitarbeitern zu übersehen. (Manche Autoren meinen, dass Begriffe wie „Sozialpartnerschaft" dazu dienten, den Gegensatz weiter zu verschleiern.) Ebenso wird auch der Begriff des (Mit-)Arbeiters in der Managementtheorie kaum präzise analysiert. Allenfalls in Beiträgen, die der Arbeitspsychologie nahestehen, wird die Funktionsweise des Arbeiters ansatzweise untersucht. Häufig steht dabei die Frage der „Motivation" im Vordergrund, also von Methoden, die zu einer besseren Verwertung der Arbeitskraft führen.

Es würde helfen, Unternehmen (auch) als Organisationen zu verstehen, die diesen Gegensatz zwischen Kapital und Arbeit „wegarbeiten". Ich selbst hatte vor meiner Zeit als Unternehmensberater geglaubt, dass Mitarbeiter von der freien Wirtschaft besser behandelt würden, weil Firmen aus Konkurrenzgründen dazu gezwungen seien; heute weiß ich, dass es differenzierter ist: Die (vermeintlich) erfolgskritischen Mitarbeiter werden in der Tat gepflegt, wenn sie knapp sind, andere meistens nicht (das hängt vom Eigentümer, dem Wettbewerb und anderen Faktoren ab).

Man kann Unternehmen nicht nur als Ansammlung von Menschen verstehen, die ein gemeinsames Ziel verfolgen, sondern auch als Kapitalbestand, der mit zugekauften Mitarbeitern vermehrt wird. Die Kapitalgeber haben dabei häufig das primäre Interesse, möglichst viel aus den Mitarbeitern herauszuholen, und setzen dafür mehr oder weniger geeignete Methoden ein, während letztere durch ein relativ komplexes Geflecht aus Wünschen und Notwendigkeit gesteuert werden (etwa: dem Zwang, Geld zu verdienen, dem Wunsch, sich selbst zu verwirklichen, Karriere zu machen usw.). Immer dann, wenn die Motivationsmethoden der Situation nicht angemessen sind, entstehen Dilbert-Situationen (etwa, wenn die Geschäftsführung behauptet, die Mitarbeiter seien das Wichtigste im

Unternehmen, dabei aber durchschaubar bloß eine gute Stimmung herbeilügen möchte).

Selbstverständlich treten Interessenkonflikte auch in Non-Profit-Organisationen auf; inwieweit ein Unternehmen Mitarbeiter „ausbeutet", hängt nicht nur an seiner Kapitalausstattung. Solange Unternehmen überwiegend im Eigentum weniger reicher Kapitalgeber sind, ist aber der Arbeit-Kapital-Gegensatz besonders häufig.

Arbeit ist dabei nicht nur mühsam, sondern bisweilen auch gefährlich; der Dienstherr kann durchaus die Gesundheit seiner Mitarbeiter gefährden (sie haben sich ja freiwillig auf den Vertrag eingelassen) und muss das geradezu manchmal tun: Man denke z. B. an den leider im Straßenverkehr verstorbenen Pizza-Auslieferer.

Dieses Interessen- und Machtverhältnis steuert nicht zuletzt die „Kommunikation" zwischen Arbeitern und Kapital. Es geht dabei um weit mehr als bloße Information, sondern um das Aushandeln von „Arbeit" – immer vor dem Hintergrund, dass Menschen häufig das tun, was man ihnen sagt.

Hierarchien finden hier ihren Platz und Zweck: als Instrument zur Steuerung der Arbeit (weil der ranghöhere Mitarbeiter besser Bescheid weiß) und der Arbeiter (in diesem Fall als Kontrollinstrument) und als Abstimmungs- bzw. Schiedsrichtermechanismus.

All dies ist branchen- bzw. berufsspezifisch und verändert sich über die Zeit, etwa durch technische Entwicklungen. In einer Arztpraxis ist der Arzt zugleich Kapitalgeber und Mitarbeiter, die Fachangestellte Mitarbeiterin mit großer Nähe zum „Chef". Das ist im Chemiewerk ganz anders.

Eine funktionierende Führungstheorie muss schließlich so reflektiert sein, dass sie erkennt, wessen Interessen sie dient und warum und woher sie ihre Begrifflichkeit bezieht („Unternehmertum").

Es reicht auch nicht, der Führungstheorie ein bisschen Statistik, psychologische Tricks und glatt gebürstete Soziologie hinzuzufügen. Die Theorie muss hinabsteigen in einzelne Branchen und dort die Struktur und Funktionsweise spezifisch beschreiben. Sie darf nicht auf dem Niveau allgemeiner Überlegungen z. B. zur Motivation verharren, genauso wenig, wie die Medizin sich mit der „Krankheit an und für sich" beschäftigt. Sie muss in die Augenarztpraxis, das Chemieunternehmen, den Kindergarten usw. und deren Anatomie und Physiologie studieren. Ich habe das an anderer Stelle beispielhaft vorexerziert (Thielscher 2022, S. 162ff.). *Innerhalb* einer solchen Analyse finden dann auch Empfehlungen wie die von Malik ihren Platz. Das Verblüffende daran ist, dass dies zugleich die Probleme der Volkswirtschaftslehre löst, die aus den neoklassischen Annahmen entstehen.

Es kann in diesem Buch keine vollständige Managementtheorie aller Branchen erfolgen. Eine solche würde etwa dem Inhalt eines Medizinstudiums entsprechen und ist von einem einzelnen Lehrstuhl bzw. Autor nicht leistbar.

Ohne eine solche Theorie bleibt es bei Modewellen, die sich abwechseln, von Controlling- über Shareholder-Value-, Matrixorganisations-, Human-Relations-, Total-Quality-Ansätzen usw., die immer von Neuem mit immer wieder anderen Methoden gegen einen Konflikt anrennen („Wie bringe ich die Mitarbeiter dazu, noch schneller und besser fremden Interessen zu dienen?"), den sie selbst nicht thematisieren. Eine solche „Lösung" kann man mit gutem Grund neurotisch nennen.

6.5 Folgerungen für das Verstehen und Leiten von Unternehmen

Solche „War Stories" wie zu Beginn dieses Kapitels tragen Berater gerne vor sich her, um ihre – vermeintliche – Großartigkeit zu demonstrieren (oder ihren „Impact", je nach Beraterschule). Aber der erzielte Erfolg beruht ja auf einem einzigen Gespräch; und bloßes Zuhören reicht, damit die Problemlösung offensichtlich wird. Auch jeder ganz durchschnittliche Mensch hätte erfolgreich beraten können.

Der Schlüssel zur Frage, was hinter dem Unglück des Sales Directors steckt, muss daher mit den Strukturen zu tun haben, in denen das Unternehmen agiert. Gehen wir der Reihe nach einige durch.

1. **Unternehmen sind NICHT nur quasi-rationale Zielerreichungssysteme.** Tatsächlich muss man die Psychologie der Beteiligten betrachten, genau genommen in ihrem jeweiligen sozialen Umfeld. Der Verkäufer scheiterte erstens daran, dass die von ihm vertretenen Folien für den US-Markt ungeeignet waren; und das wiederum beruhte auf

den Kantinengesprächen des Forschungsleiters, der mit dem deutschen Produktions- und Verkaufsleiter befreundet war.

Falsch (und geradezu fahrlässig) ist es demnach, Unternehmen ohne psychosoziale Fundierung zu beschreiben, als ob alles, was in Firmen passiert, rational auf einen einzelnen Zweck hin ausgerichtet wäre. An anderer Stelle wird der Frage nachgegangen, warum die Managementlehre sich hartnäckig weigert, die Augen zu öffnen.

2. **Vermeintlich irrationales Handeln kann auf konfligierenden Rationalitäten beruhen.** Im obigen Beispiel ist das Verhalten der Mitarbeiter zwar aus Unternehmenssicht suboptimal, aber nicht irrational. Im Gegenteil, alle Beteiligten handeln durchaus rational (im weiteren Sinne): Der Verkäufer hat mehrfach darum gebeten, geeignete Folien zu entwickeln. Der Forschungsleiter hilft seinen (deutschen) Freunden; dass die Entwicklung für den US-Markt wichtiger wäre, weil der damit verbundene Umsatz größer ist, kann er selbst kaum einschätzen. Der Vorstandsvorsitzende kann schlecht von sich aus in die USA fliegen, um an seinem Verkäufer vorbei Gespräche mit potenziellen Kunden zu führen. Der Punkt ist, dass jeder Mensch gleichzeitig in mehreren Rollen agiert, und dass diese Rollen häufig konfligierende Anforderungen erzeugen.

3. **Hierarchien erfüllen wichtige Zwecke, aber sie können auch schädlich sein.** Da Menschen nur eine begrenzte Anzahl an Informationen aufnehmen und verarbeiten können, haben sie entsprechende Hilfsmechanismen entwickelt. Einer davon ist die Hierarchie (die neben der Informationsverarbeitung weitere Zwecke hat, die an dieser Stelle nicht interessieren).

Je höher jemand in der Hierarchie steht, umso schwerer wiegen seine Aussagen. Ein Chefarzt ist z. B. in der ärztlichen Hierarchie eines Krankenhauses derjenige, der die letzte Entscheidung trifft, und in der Regel auch derjenige, der über die meiste Erfahrung verfügt.

Allerdings können Hierarchien auch kontraproduktiv sein wie im Fallbeispiel: Hier hatten die Chefeinkäufer potenzieller Kunden einfach kein Vergnügen daran, mit einem einfachen Verkäufer zu sprechen. (Man kann es auch positiver formulieren: Um ihre Position zu schützen, mussten sie dem Gespräch ausweichen.) Ich komme im nächsten Kapitel auf Hierarchien zurück.

6 Der glücklose Verkäufer: das Elend der Führungstheorie

4. **Warum ist die Lösung so simpel?** Insgesamt kommt man sich als Leser vor, als hätte man die Auflösung eines Zaubertricks erlebt und ist enttäuscht, dass es so einfach ist. Auch hier besteht eine merkwürdige Spannung zwischen der finanziellen Bedeutung des Problems und dem Effekt seiner Lösung einerseits und der Simplizität der Klärung andererseits.

Müsste man nicht erwarten, dass die Manager des Unternehmens solch läppische Herausforderungen selbst überwinden? Offenbar ist es die Rolle des Beraters, die ihm ermöglicht, etwas zu tun, was die anderen nicht können, und nicht seine besondere persönliche Befähigung. Denn der US-Verkäufer muss sich an die Spielregeln des Betriebes halten: Er kann z. B. den Fertigungsleiter weder überstimmen noch einen Konflikt mit ihm riskieren. Vom Berater in seiner Funktion als externer „Schiedsrichter" wird geradezu erwartet, dass er strittige Fragen im obersten Entscheidungsgremium der Firma zur Diskussion vorlegt. Auch verfügt er über die Freiheit, dem Vorstandsvorsitzenden zur Reise in die USA zu raten.

Modelliert man Unternehmen als rationale Zielfindungs- und Zielerreichungssysteme, wird man auch solch einfache Zusammenhänge nie durchschauen. Daher ist die herkömmliche Managementlehre für den Standardfall ungeeignet. (Wer hätte nicht mehrere Rollen, die konfligieren können?)

Eine funktionierende BWL muss also sozialpsychologisch aufgeklärt agieren. Darüber hinaus ist es eine wichtige Frage, warum im Normalfall Unternehmen trotz solcher Friktionen, wie sie in diesem Fall vorkommen, erfolgreich sind. Würde der Wettbewerb funktionieren, könnte sich eine Firma ja gar nicht leisten, aus Gründen persönlicher Befindlichkeit auf den wichtigen US-Markt zu verzichten.

Wie kann es sein, dass Unternehmen überleben, obwohl sie schlecht geführt werden? Und warum konnten sich (Groß-)Unternehmen als wirtschaftliches Standardmodell durchsetzen, obwohl Ineffizienzen der beschriebenen Art so häufig sind? Müssten nicht kleinere, wendigere Unternehmen sie im Wettbewerb verdrängen? Welche anderen Vorteile haben Großunternehmen? Warum gab es in den 60er-Jahren riesige Mischkonzerne? Die BWL muss die Anatomie ihres Gegenstandes klären, um solche Fragen beantworten zu können.

Schließlich zeigt das Beispiel, warum Berater so hohe Prämien fordern können. Der Wert der Erschließung des US-Marktes steht in keinem Verhältnis zum Zeiteinsatz, also dem Aufwand des Beraters.

Literatur

Adams (2016). http://dilbert.com/strip/2008-05-08. Zugegriffen am 29.01.2016

Adams S (2000) The Dilbert Principle. Boxtree, London, S 7ff

Adams S (o.J.) Dilbert. Klassiker der Comic-Literatur Band 17. Frankfurter Allgemeine Zeitung, Frankfurt

Dinh JE, Lord RG, Gardner WL et al (2014) Leadership theory and research in the new millennium: current theoretical trends and changing perspectives. Leadersh Q 25:36–62

Malik F (2004) Führen Leisten Leben – Wirksames Management für eine neue Zeit. Deutsche Verlags-Anstalt, Stuttgart

Schreyögg G (1984) Unternehmensstrategie. De Gruyter, Berlin, S 208

Thielscher C (2022) Wirtschaftswissenschaften verstehen. SpringerGabler, Wiesbaden

Tourish D (2019) Management studies in crisis. Cambridge University Press, Cambridge

Wöhe G (2023) Einführung in die Allgemeine Betriebswirtschaftslehre. Vahlen, München

7

Oben und unten: Streit, Mobbing, Hierarchien

Fallstudie

Ignaz v. M. betreibt das 300 ha große, nach seiner Familie benannte Rittergut aktuell in sechster Generation. Mit seinen Giebeln, Türmen und der großen Eingangstreppe gleicht das Haupthaus einem kleinen Schloss. Auf der rechten Seite des Hauses, etwa 2 Meter über dem Erdboden, befindet sich eine große Veranda mit schönen alten Stühlen. Der Boden unter der Veranda ist zugleich die Decke über dem Zugang (man kann dort gerade noch aufrecht stehen) zu den Souterrainwohnungen. Dort belegen jeweils sechs osteuropäische Erntearbeiterinnen ein Zimmer. Sie kommen meist ab April und bleiben bis August, arbeiten also 5 Monate durch, häufig ab Sonnenaufgang, auch sonntags – wie die Arbeit anfällt.

Ignaz v. M. gilt als beliebter Arbeitgeber, denn er zahlt den gesetzlichen Mindestlohn; nach Abzug der Miete und der Kosten für An- und Abreise bleiben den Arbeiterinnen davon rund 8,20 Euro pro Stunde. Da an manchen Tagen nur wenig Arbeit anfällt, kommen sie so auf ca. 1500 Euro pro Monat oder 7000–8000 Euro pro Halbjahr, die sie in bar mit nach Hause nehmen.

In ihrer südosteuropäischen Heimat gibt es keine Arbeit für die Frauen. Daher kann Ignaz v. M. auswählen, und nur die Besten bekommen ein Angebot; denn die Anforderungen sind hoch – nicht nur an die körperliche Belastbarkeit (je nach Wetter arbeiten die Frauen auch ganztags im Regen auf den nassen Feldern, und etwa ab dem fünfzigsten Lebensjahr klagen viele von ihnen über Gelenkprobleme und andere Verschleißerscheinungen), sondern vor allem an ihre Ehrlichkeit. An manchem Verkaufsstand (z. B. bei „Erdbeeren zum Selberpflücken") nehmen sie einige Hundert bis einige Tausend Euro pro Tag ein, und es wäre ein Leichtes für sie, einen Teil davon abzuzweigen. Ignaz v. M. nimmt daher gerne sehr fromme katholische oder orthodoxe Frauen, die niemals auf den Gedanken kämen, zu stehlen.

Obwohl die Frauen häufig aus demselben Dorf kommen, geraten sie manchmal, wenn sie monatelang auf engstem Raum zusammengelebt haben, in einen Lagerkoller, streiten sich über Nichtigkeiten oder greifen sich sogar gegenseitig an. In Einzelfällen muss der Vorarbeiter (immer ein Deutscher) dazwischengehen; notfalls werden einzelne Frauen vorzeitig nach Hause geschickt.

Die sozialen Beziehungen im Betrieb sind sehr einfach: ganz unten die Erntearbeiterinnen, darüber deutsche Gesellen (die z. B. auch Traktoren fahren können) und ganz oben die adlige Familie; Ignaz v. M. ist stolz darauf, dass er den Frauen Arbeit und Brot bietet, die sonst gar nichts tun könnten.

7.1 Die Entstehung von Hierarchien aus der Größe von Unternehmen

„Die beste Instruktion ist die mündliche, die der allezeit und überall gegenwärtige, alles durchschauende Unternehmer selbst gibt." So heißt es noch 1868 in der „Allgemeinen Gewerkelehre" von Emminghaus (1868). Man denkt spontan an Adolph Menzels Bild „Das Eisenwalzwerk" von 1875, bei dem ebenfalls ein einzelner Fabrikbesitzer alles überwacht. Auch heute gibt es noch Unternehmen, in denen der Unternehmer alles weiß und alles regelt – so wie Ignaz v. M. Sind die Gesellen auf dem Hof „Manager", weil sie die Arbeit der Erntearbeiterinnen überwachen? Zumindest fehlt es ihnen an Freiraum bei der Arbeit, die man typischerweise mit dem Begriff verbindet.

Steinmann und Schreyögg (2002, S. 29ff.) führen den Begriff „Management" darauf zurück, dass um 1900 Unternehmen so groß wurden, dass niemand mehr alle Abläufe überwachen und koordinieren konnte. Daher teilte man die Koordinationsaufgabe auf mehrere Personen auf, die jeweils einen Teilbereich des Unternehmens verantworteten. Dadurch gingen z. B. bei Eisenbahngesellschaften Unfälle zurück, die vorher von überforderten Einzelpersonen verursacht worden waren. Erkauft wurde dies allerdings dadurch, dass nun niemand mehr über alles Bescheid wusste: Das Wissen war auf mehrere Personen aufgeteilt. Daher konnte auch der Eigentümer nicht mehr alles kontrollieren, sondern musste sich auf seinen Manager verlassen. Hierarchien dienen entsprechend (auch) dazu, Informationen zu selektieren und zu verarbeiten: Nur das, was wichtig ist, wird nach oben durchgeleitet.

Eine zweite Funktion von Hierarchien besteht darin, für Gerechtigkeit unter den Untergebenen zu sorgen, z. B. bei der Zumessung der Löhne, aber auch bei Streit. Schon der ägyptische Pharao begründete seine Herrschaft damit, dass er den Armen Recht schafft. Das Wort selbst bezog sich ursprünglich auf religiöse Organisationen (aus altgriechisch „hieros", heilig, und „archä", Herrschaft, entstand – bis heute so genannt – die „heilige Herrschaft").

Wikipedia (2022)[1] definiert:

„Hierarchie ist eine stufenmäßig auf Überordnung und Unterordnung beruhende Ordnung, die auf Herrschaft und Unterwerfung aufbaut. Die Elemente dieser Ordnung sind in vertikaler Reihung nach Bedeutung für die Entscheidungsmacht, Kompetenzen und Rang positioniert … Die Einteilung (Klassifizierung) oder Einordnung (Klassierung) von Objekten in eine Hierarchie impliziert häufig eine Wertigkeit, die bereits in der Rangordnung, nach der die Objekte geordnet werden, enthalten ist …

Formale Kommunikation findet in sozialen Systemen mit Linienorganisation (etwa bei Behörden oder Unternehmen) auf dem Dienstweg, dem organisatorisch dafür vorgesehenen Linienweg, statt. Informationen oder Nachrichten werden auf dem Linienweg von oben nach unten (Top-down) oder umgekehrt (Bottom-up) durch Kommunikationsmittel ausgetauscht. Hierüber gibt ein Organigramm Auskunft. Die Querinformation ist in diesem Sinne eine informelle Kommunikation …

---

[1] Wikipedia ist als Quelle für wissenschaftliche Zwecke nur bedingt geeignet, v. a. deswegen, weil die Autoren häufig nicht mit Klarnamen bekannt und weil Internetquellen generell flüchtig sind. Andererseits sind viele Wikipedia-Artikel inhaltlich in Ordnung und sorgfältig mit Belegstellen versehen. Daher erlaube ich mir in meinem Buch, Wikipedia zu zitieren, wenn andere Quellenangaben inhaltlich schlechter passen.

Das Idealbild einer hierarchischen Struktur geht davon aus, dass mit der Struktur eine Methodik für Menschenführung und Kooperation definiert ist, die eine bestimmte Strategie der bidirektionalen Kommunikation nutzt. Damit verbunden sind Filterkonzepte, die ein Überborden der Information von unten nach oben (Bottom-up) verhindern. Damit wird die Fiktion behindert, die oberen Hierarchien wüssten um Details. Hingegen muss ein Konzept der Eskalation für Konflikte definiert sein, das Informationen von unten nach oben befördert oder den Zugriff auf Information von oben nach unten erlaubt…

Urform ist die Hierarchie in der Familie, deren soziale Beziehung sich bereits in der Antike als Patriarchat oder Matriarchat zeigte. Erstere ist durch die Herrschaft der Väter und Männer (lateinisch: pater familias) geprägt. Ulpian bezeichnete im römischen Recht als Familie ‚mehrere Personen, welche der Natur nach oder rechtlich der Gewalt eines Einzelnen unterworfen sind, wie zum Beispiel dem Hausvater (lateinisch pater familias), der Mutter (lateinisch mater familias), dem Haussohn (lateinisch filius familias), der Haustochter (lateinisch filia familias) und wer auch immer diesen auf gleiche Weise folgt'. Diese trafen entsprechend ihrem Status in vertikaler Arbeitsteilung alle wichtigen Entscheidungen, der Rest der Familie musste sich fügen und danach handeln. Die Familie kennzeichnete einerseits Autorität (lateinisch auctoritas) und Gehorsam (lateinisch obsequium), andererseits ist aber auch die Zuverlässigkeit und Fürsorgepflicht ein wichtiger Bestandteil. Während der Sklaverei waren Sklaven bzw. im Feudalismus Leibeigene ihrem Besitzer unterworfen. Wichtige Autoritäten waren zudem der Dorfälteste, Häuptling, Pfarrer und später die Lehrer. Das sich aus Familien zusammensetzende Volk wiederum war der Untertan der Adligen (Könige, Kaiser, Herzöge, Fürsten). Wer sich als Untertan nicht an die Erlaubnisse, Gebote oder Verbote Höhergestellter hielt, musste mit Sanktionen rechnen (Insubordination).

Das religiös begründete Kastensystem (portugiesisch casta, ‚Rasse') des indischen Subkontinents ist streng hierarchisch gegliedert und hat in Indien bis heute kulturelle und soziale Auswirkungen auf viele Lebensbereiche. Die Kaste bestimmt den gesellschaftlichen Status eines Menschen und auch seine eigene Wahrnehmung und Erwartungen vom Leben. Die Kaste (Hindi jati) ist eine soziale Gruppe, die miteinander speist, endogam heiratet und einer gleichen Berufstätigkeit nachgeht. Eine gängige Einteilung gibt es in Priester/Staatsbeamte/Richter/Ärzte (Hindi brahmanen), Schreiber (Hindi karanen), Kriegsadel (Hindi paika), Händler und Angestellte (Hindi bhandari, banianen), Handwerker/Dienstpersonal (Hindi sudras), Kuhhirten und Bauern (Hindi gouda, chasa)."

7 Oben und unten: Streit, Mobbing, Hierarchien

Nun ist die Übertragung von Regeln, die in Familien oder kleinen Gruppen von Menschen mehr oder weniger spontan entstehen – d. h., sich aus der „Natur" und der darauf basierenden Sozialpsychologie, ergeben – auf Riesenkonzerne oder Armeen mit mehreren hunderttausend Beteiligten alles andere als selbstverständlich. Im Kap. 8 über die Firma Hoechst wird deutlich, dass zwar von Untergebenen wie in einer Familie erwartet wird, sich zu fügen und ihnen übertragene Aufgaben zu erledigen, der Vorstand sich aber keineswegs wie ein sorgsamer Familienvater um sie kümmert. Nach meinem Kenntnisstand wurde das komplexe Zusammenspiel von (teilweise biologisch bedingter) Sozialpsychologie, unhinterfragten Annahmen über das „richtige" Verhalten (in der Familie, im Betrieb usw.) und rechtlichen bzw. finanziellen Rahmenbedingungen, das letztlich das vermeintlich „richtige" oder gar „natürliche" Verhalten in Unternehmen bestimmt, in der Managementtheorie noch nie ausführlich untersucht. In der herkömmlichen BWL-Theorie taucht nicht einmal die Frage auf.

Noch komplizierter wird es, wenn man bedenkt, dass Geburtsadel, Eigentum und Hierarchie miteinander verwoben sind. Es ist noch nicht so lange her, dass Adlige es für selbstverständlich hielten, „ihre" Untergebenen in Kriege zu schicken, um für das Land der Fürsten zu sterben. Heute ist die Spitze der Hierarchie eher mit Geldadel verbunden. Dabei ist Eigentum, wie ich an anderer Stelle (Thielscher 2022) gezeigt habe, keine physikalische Eigenschaft von Dingen, sondern ein sozialpsychologisches Instrument zur Regelung von Verfügungsrechten. (Falls Leser die juristische Deutung vermissen: Auch Gesetze und ihre Anwendung sind selbst Instrumente zur Regelung des Zusammenlebens.)

Grundsätzlich wären auch andere Regeln denkbar, z. B. Verfahren, bei denen eine gegenseitige Kontrolle herrscht – wie im Fußballverein, in dem die Vereinsvorsitzenden gewählt werden. Das beliebte Argument, ohne (einseitige) Hierarchie brächen Systeme zusammen, weil es zur Herrschaft der Unterschicht käme, stimmt also nicht. Jedenfalls ist mir kein am Mangel einer Eigentumshierarchie zusammengebrochener Sportverein bekannt.

Firmen sind also hierarchisch gebaut, d. h., wie ein Dreieck, das sich nach oben verjüngt. Dadurch muss sich jeder immer gegen die anderen auf derselben Stufe durchsetzen, wenn er nach oben will (härter und länger arbeiten, dem Chef besser gefallen …). Die Gehälter an der Spitze dienen als Karotte, der Druck auf dem Gesamtsystem als Peitsche. Es dürfte sich um ein sehr wirksames Instrument handeln, um Mitarbeiter dazu zu zwingen, mehr zu tun, als der Arbeitgeber mit dem Arbeitsvertrag durchsetzen könnte; jedenfalls sind Firmen als Instrument der Steuerung sozialer Vorgänge insofern historisch sehr erfolgreich, als sie weite Bereiche unseres Lebens lenken. Auch das wird in der Managementliteratur kaum jemals reflektiert – erst recht nicht die Frage, wer diesen Druck braucht und ob es Alternativen gibt: Sollte es nicht im Prinzip möglich sein, Menschen für sinnvolle Arbeit positiv zu motivieren? Das würde allerdings die Aufgabe der Eliten anstrengender machen: Denn sie müssten ein Umfeld schaffen, in dem „ihre" Mitarbeiter freiwillig mitwirken.

Hierarchisch organisierte Systeme neigen dazu, Macht immer stärker zu konzentrieren. Das ist offensichtlich für die Konzentration von Kapital (große Kapitalbestände wachsen empirisch schneller als kleine, d. h., Kapital konzentriert sich von selbst). Die katholische Kirche ist ebenfalls ein gutes Beispiel: Der Bischof von Rom war nicht von Anfang an der „Papst". Ein anderes Beispiel sind Hierarchisierungsprozesse in der Wissenschaft („Ivy League", „Elite-Unis", siehe im Kap. 15 über Wissenschaft) oder die historische Zentralisierung politischer Macht.

Last, but not least erzeugen Hierarchien die Möglichkeit immer größeren Machtmissbrauchs und der Unehrlichkeit (große „Führer" haben ihre Geschichtsschreiber, die sie „groß" machen – unabhängig von ihrer wirklichen Leistung). Ich komme darauf im Teil III zurück. An dieser Stelle haben Anarchisten einen wichtigen Punkt: Die schlimmsten Verbrechen der Menschheit wurden allesamt von Staaten oder anderen Machtkonzentrationen verursacht. Weniger ist manchmal mehr (d. h., die Verlagerung von Macht von der Staats-, Konzern-, Kirchen- usw. Spitze auf die Basis würde zumindest die schlimmsten Gräueltaten verhindern).

Dass Machthaber Hierarchien missbrauchen, ist immer schon bekannt. Das Alte Testament z. B. berichtet, dass Samuel die Israeliten warnte, als sie einen König forderten (1. Samuel 8, 11–20, Gute Nachricht Bibel):

> „11 Ihr müsst euch im Klaren darüber sein, welche Rechte ein König für sich in Anspruch nehmen wird. Er wird eure Söhne in seinen Dienst holen, damit sie für seine Pferde und Wagen sorgen und vor ihm herlaufen, wenn er aus-

fährt. 12 Einen Teil wird er zu Hauptleuten und Obersten machen, andere müssen seine Felder bestellen und abernten, wieder andere Waffen und Streitwagen herstellen. 13 Auch eure Töchter wird er an seinen Hof holen, damit sie für ihn kochen und backen und ihm Salben bereiten. 14 Die besten Felder, Weinberge und Ölbaumpflanzungen wird er euch wegnehmen und seinen Beamten geben. 15 Von dem Ertrag eurer Felder und Weinberge wird er den zehnten Teil eintreiben und damit seine Hofleute und Diener bezahlen. 16–17 Auch von euren Schafen und Ziegen wird er den zehnten Teil für sich nehmen. Eure Knechte und Mägde, eure besten jungen Leute und auch eure Esel wird er für sich arbeiten lassen. Ihr alle werdet seine Sklaven sein! 18 Wenn es so weit ist, würdet ihr den König, den ihr jetzt verlangt, gerne wieder loswerden. Dann werdet ihr zum Herrn schreien, aber er wird euch nicht helfen. 19 Doch das Volk wollte nicht auf Samuel hören. Alle riefen: ‚Nein, wir wollen einen König! 20 Es soll bei uns genauso sein wie bei den anderen Völkern! Ein König soll uns Recht sprechen und uns im Krieg anführen!'"

Offenbar gibt es ein tief verwurzeltes Bedürfnis im Menschen, dass es einen Schiedsrichter geben möge – selbst auf die Gefahr hin, dass er sein Richteramt missbraucht. Das tun Herrscher reichlich und regelmäßig sowohl in kapitalistischen Monopolunternehmen als auch in stalinistischen Bürokratien. (Für die BWL ist diese Nennung in einem Atemzug schon deswegen ungewöhnlich, weil Mitarbeiter ja möglichst lange glauben sollen, ein Unternehmen sei auf gegenseitiger Verpflichtung aufgebaut. Im Übrigen haben die Stalinisten Menschen umgebracht, während Mitarbeiter von aktivistischen Aktionären nur entlassen werden.)

Im Neuen Testament (Markus 10, 42ff.) mahnt Jesus seine Jünger (und eröffnet zugleich eine vollkommen andere Art, über Organisationen nachzudenken):

„42 Ihr wisst: Die Herrscher der Völker, ihre Großen, unterdrücken ihre Leute und lassen sie ihre Macht spüren. 43 Bei euch muss es anders sein! Wer von euch groß sein will, soll euer Diener sein, 44 und wer der Erste sein will, soll allen anderen Sklavendienste leisten."

Offensichtlich wird im christlichen Westen regelmäßig und andauernd gegen dieses Gebot verstoßen, z. B. in fast jeder Organisation.

7.2 Mobbing und andere kontraproduktive Verhaltensweisen

Mobbing kommt in herkömmlichen BWL-Büchern nicht vor, nicht einmal in solchen über „Bad Leadership" (Kuhn und Weibler 2020). Liegt es vielleicht daran, dass Mobbing im Unternehmen selten ist oder dass „Leader" nicht daran beteiligt sind? Wie sich gleich zeigt, ist Mobbing leider häufig, und in der Mehrzahl der Fälle sind Vorgesetzte beteiligt. Es ist damit ein weiteres typisches Beispiel für die Unvollständigkeit der gewöhnlichen BWL.

Der Begriff des „Mobbings" ist relativ neu; Heinz Leymann verwendete ihn in den 1980er-Jahren, zunächst in Schweden. Ab 1993 begann mit seiner Veröffentlichung „Mobbing: Psychoterror am Arbeitsplatz und wie man sich dagegen wehren kann" die Mobbingforschung in Deutschland. Im englischen Sprachraum wird das Phänomen statt mit „mobbing" eher mit „bullying" bezeichnet.

Mobbing ist in der Literatur nicht ganz einheitlich definiert. Leymann nannte genau 45 Handlungen, die mit „Mobbing" zu tun haben, z. B.: der Vorgesetzte schränkt die Möglichkeiten ein, sich zu äußern; man wird ständig unterbrochen usw.

Das Landesarbeitsgericht Thüringen definiert Mobbing im arbeitsrechtlichen Verständnis als „fortgesetzte, aufeinander aufbauende oder ineinander übergreifende, der Anfeindung, Schikane oder Diskriminierung dienende Verhaltensweisen, die nach Art und Ablauf der im Regelfall einer übergeordneten, von der Rechtsprechung nicht gedeckten Zielsetzung förderlich sind und jedenfalls in ihrer Gesamtheit das allgemeine Persönlichkeitsrecht oder andere, ebenso geschützte Rechte wie die Ehre oder die Gesundheit des Betroffenen verletzen". (Thüringer LAG v. 10. 4. 2001, Az.: 5 Sa 403/00).

Die einzige neuere, umfangreiche Untersuchung zum Mobbing (Meschkutat et al. 2002) fasst den Begriff so: „Unter Mobbing ist zu verstehen, dass jemand am Arbeitsplatz häufig über einen längeren Zeitraum schikaniert, drangsaliert oder benachteiligt und ausgegrenzt wird."

Die Abgrenzung zu „normaler" Kritik ist nicht immer leicht. Der Hauptunterschied besteht darin, dass Mobbing nicht den Zielen der Eigentümer dient.

Jedenfalls ist Mobbing nicht selten: Rund 3 % aller Erwerbstätigen, in Deutschland also ca. eine Million Menschen, werden aktuell gemobbt.

Im gesamten Arbeitsleben erleiden sogar 11 % der Erwerbstätigen Mobbing (Meschkutat et al. 2002). Die Folgen sind häufig schwerwiegend: 44 % der Betroffenen werden krank, 31 % wechseln den Arbeitsplatz innerhalb des Betriebes, weitere 20 % kündigen.

Meist mobben Kollegen (44 %) und Vorgesetzte (37 %) ihre Opfer, seltener Kollegen und Vorgesetzte gemeinsam (10 %) oder Untergebene (9 %). Zu möglichen Ursachen zählt die Literatur schlechte Arbeitsorganisation, „Stress", großen Druck, Konkurrenz um Arbeitsplätze u. v. m. Auch die Persönlichkeiten der Mobber bzw. Gemobbten spielt eine Rolle. Interessanterweise scheinen Mobber im späteren Leben seltener an Entzündungen zu leiden (Copeland et al. 2014). Mobben ist also „gesund" – was zweifellos sehr ungerecht ist.

Insgesamt ist Mobbing, obwohl es häufig vorkommt, bisher zu wenig untersucht und vor allem nicht wirklich verstanden. Wahrscheinlich müsste man, um dem Problem auf die Spur zu kommen, mindestens branchenspezifisch (besser: firmenspezifisch) forschen und zusätzlich die psychischen Strukturen von Mobbern und ihren Opfern untersuchen.

Auf Korruption und andere kontraproduktive Verhaltensweisen geht das nächste Kapitel (Kap. 8) ein.

7.3 Folgerungen für das Verstehen und Leiten von Unternehmen

Eigentlich dürfte es Mobbing in Wettbewerbsmärkten gar nicht geben, weil es nicht den Unternehmenszielen dient, sondern – im Gegenteil – Wert vernichtet. Dass es trotzdem weit verbreitet ist, zeigt vor allem, dass der real existierende Wettbewerb nicht alle Probleme löst.

Häufig wird in der Managementliteratur vorgeschlagen, hierarchiearme oder -freie Organisationsformen zu testen mit dem Ziel, die Mitarbeitermotivation zu verbessern. Das könnte sich indirekt günstig auf Mobbing auswirken; empirische Belege dafür fehlen bisher. Ähnliches gilt für Modelle wie die „Soziokratie" (bei der Mitarbeiter sich selbst verwalten, freilich unter Vorgabe von Umsatz- und Renditezielen): Ob die Mitarbeiter von Dritten dazu angehalten werden, fremden Zielen zu dienen, oder ob sie das „freiwillig" tun, muss nicht unbedingt einen Unterschied machen.

Das Kernproblem ist, dass komplexe, (meist) im Verborgenen ablaufende sozialpsychologische Probleme (wie Mobbing, Machtmissbrauch, Persönlichkeitsstörungen u. v. a.) in herkömmlichen betrieblichen Rechnungssystemen nicht erfasst und daher auch nicht behandelt werden. Obendrein sind Manager aufgrund ihrer schlechten Ausbildung damit inhaltlich überfordert. Organisationen sind also vollkommen blind und hilflos. Es hilft auch nicht, in der Personalabteilung einen einzelnen Psychologen einzustellen.

Tatsächlich wird man unter den gegebenen Bedingungen nur projektartig mit solchen Problemen umgehen können. Eine Möglichkeit besteht z. B. darin, im Rahmen des betrieblichen Gesundheitsmanagements sehr niederschwellige Befragungen durchzuführen (am besten begleitet durch Inaugenscheinnahme vor Ort und Interviews) und dann, je nach Ergebnis, kompetente externe Hilfe in Anspruch zu nehmen, z. B. durch sozialpsychologisch aufgeklärte Unternehmensberater.

Literatur

Copeland WE, Wolke D, Lereya ST, Shanahan L, Worthman C, Costello EJ (2014) Childhood bullying involvement predicts low-grade systemic inflammation into adulthood. Proc Natl Acad Sci U S A 111(21):7570–7575. https://doi.org/10.1073/pnas.1323641111. Epub 2014 May 12. PMID: 24821813; PMCID: PMC4040559

Emminghaus A (1868) Allgemeine Gewerkelehre. Herbig, Berlin. Online: https://archive.org/details/allgemeinegewer00emmigoog/page/n192/mode/2up. Zugegriffen am 09.08.2022

Kuhn T, Weibler J (2020) Bad leadership. Vahlen, München

Leymann H (1993) Mobbing: Psychoterror am Arbeitsplatz und wie man sich dagegen wehren kann. Rowohlt, Reinbek

Meschkutat S, Stackelbeck M, Langenhoff G (2002) Der Mobbing-Report. Bundesanstalt für Arbeitsschutz und Arbeitsmedizin, Dortmund/Berlin

Steimann H, Schreyögg G (2002) Management. Gabler, Wiesbaden

Thielscher C (2022) Wirtschaft und Gerechtigkeit. SpringerGabler, Wiesbaden

Wikipedia (2022). https://de.wikipedia.org/wiki/Hierarchie. Zugegriffen am 06.03.2024

Teil III

Unternehmen

8

Hoechst befremdlich: wie Großunternehmen funktionieren

Fallstudie

„1993 wurde Rhône-Poulenc entstaatlicht, woraufhin das Management von Rhône-Poulenc und Hoechst sich besser verstand, als dies in der Vergangenheit der Fall gewesen war. Dazu muss man wissen, dass früher unter der Leitung von Loik Le Floch mehrmals von Rhône-Poulenc versucht wurde, den Hoechst-Anteil an Roussel Uclaf zu übernehmen (Hoechst und Rhône-Poulenc waren damals zwei unabhängige Firmen, die eine gemeinsame Tochter hatten: Roussel Uclaf). Loik Le Floch wurde später zu mehreren Jahren Gefängnis verurteilt, weil er als Präsident von Elf Aquitaine Unsummen an Geldern veruntreut haben soll. Bei Rhône-Poulenc war inzwischen Igor Landau Chef der Pharmasparte geworden, mit dem mich ein fast freundschaftliches Verständnis verband.

Seit 1993 war Rhône-Poulenc bereit gewesen, seinen Anteil an Roussel Uclaf zu verkaufen. In mehreren Gesprächen mit Igor Landau diskutierten wir dieses Vorhaben, und Igor Landau nannte immer die Zahl von 1,5 Mrd. DM, für die Rhône-Poulenc bereit wäre, den 43 %igen Anteil an Hoechst zu verkaufen. Ich brachte diesen Vorschlag mehrmals in den Hoechst-Vorstand ein, aber Dormann und Frühauf waren immer gegen einen Erwerb dieses Anteils.

Als Dormann einmal auf einer Pharmaveranstaltung gefragt wurde, weshalb Hoechst nicht bereit wäre, den Rhône-Poulenc-Anteil an Roussel Uclaf zu übernehmen, antwortete er: ‚Warum soll ich 1,5 Mrd. DM bezahlen, wenn ich sowieso die Mehrheit habe und das Geschäft steuern kann?'

Der tiefere Grund für die Ablehnung des Vorschlags von Rhône-Poulenc waren folgende Gesichtspunkte: Martin Frühauf hätte dann nicht mehr die Rolle spielen können, die er seit Jahren sehr erfolgreich ausfüllte. Er war ständig der Vermittler zwischen Hoechst, Rhône-Poulenc und der französischen Regierung in Frankreich, und diese Aufgabe wäre mit einem Schlag hinfällig geworden.

Weder Dormann noch Frühauf wollten, dass ich Roussel Uclaf und Hoechst zu einer Gesellschaft fusioniere, da man fürchtete, ich würde die besondere Kultur von Roussel Uclaf zerstören.

Ab Ende 1994 versuchten Jean-Pierre Godard und ich, eine Hoechst-Roussel-Pharmagruppe zu installieren. Wir veranstalteten in allen Regionen gemeinsame Treffen und versuchten, die Mitarbeiter und die Organisationen zusammenzubringen. Dies ist uns auch ansatzweise gelungen.

Im Februar 1995 erwarben wir Marion Merrell Dow, und es war klar, dass wir letztlich eine Hoechst-Marion-Roussel-Pharmagruppe bilden müssten. Schon damals hatten wir die Überlegung, das Hoechst-Marion-Roussel-Pharmageschäft an die Börse zu bringen. Eine notwendige Voraussetzung dafür war jedoch der Besitz des 100%igen Anteils an Roussel Uclaf.

Da Hoechst das Angebot von Rhône-Poulenc zum Erwerb des 43%igen Anteils an Roussel Uclaf abgelehnt hatte, verkaufte Rhône-Poulenc diesen über die Börse.

Am 28. Oktober 1996 schlugen Daniel Camus und Larry Rosen in einer Vorstandsvorlage vor, die ausstehenden Roussel-Uclaf-Aktien an der Börse zurückzukaufen. Anfang 1996 hat die Société Francaise Hoechst ein Angebot an die freien Aktionäre von Roussel Uclaf gemacht, ihre Anteile zu übernehmen. Die Frist für das öffentliche Einziehungsangebot war am 10. März 1997 abgelaufen, und Hoechst hatte insgesamt für den ausstehenden Kapitalanteil an Roussel Uclaf in Höhe von 43 % 5,4 Mrd. DM bezahlt. In einer Presseerklärung vom 11. März 1997 wurde stolz mitgeteilt, dass damit nun ein weiterer Schritt zur Integration von Roussel Uclaf getan worden sei.

Am 12. Dezember 1996 hat die Börsenzeitung den Erwerb der restlichen Anteile von Roussel folgendermaßen kommentiert:

‚Vor drei Jahren erheblich billiger: … Aus heutiger Sicht hat damals Hoechst die Chance verpasst, das Aktienpaket von 35 % für nur 1,5 Mrd. DM einkaufen zu können. Jetzt müssen die Aktien zu einem Mehrfachen des damaligen Preises über die Börse zurückerworben werden.'

Dies ist wieder ein Beispiel für die maßlose Verschwendung von Kapital, um nicht zu sagen: Veruntreuung von Aktionärsvermögen." (Seifert 2018, S. 263f)

8 Hoechst befremdlich: wie Großunternehmen funktionieren

Dem Leser stockt der Atem: Mehr als 3 Mrd. DM werden vernichtet aus Rücksicht auf die – aus Firmensicht – völlig unbedeutende Befindlichkeit eines einzelnen Topmanagers, der um seine persönliche Funktion als deutsch-französischer Vermittler bangt.

Leider gibt es sehr wenige brauchbare Bücher über die Geschichte von Unternehmen.[1] Hin und wieder wird eine bezahlte Jubelbroschüre zu einem Firmengeburtstag veröffentlicht. Kaum jemals macht sich ein ernst zu nehmender Historiker die Mühe, die Entwicklung von Firmen nachzuzeichnen. Das ist umso schmerzlicher, als Unternehmen eine erhebliche Rolle für das Leben vieler Menschen spielen; die Zerschlagung des Hoechst-Konzerns ist dafür selbst ein anschauliches Beispiel. Außerdem bleiben durch den Mangel an Literatur typische Abläufe im Dunkeln, über die zu sprechen sich lohnt.

Hoechst ist insofern eine Ausnahme, als zumindest über die Endphase des Unternehmens gleich drei Monografien (Seifert 2018; Wehnelt 2009; Menz et al. 1999) und einige Artikel berichten. Sie sind eine Fundgrube, wenn es darum geht, reale Unternehmen zu untersuchen. Besonders das Buch von Seifert (2018) ist sehr nützlich, und zwar aus drei Gründen: Erstens war Seifert jahrelang Mitglied des Vorstandes, hat also dessen Verhalten aus der Nähe beobachtet; zweitens schildert er das Erlebte sehr detailliert und durchgängig mit Klarnamen; und drittens hat er sich über die beschriebenen Vorgänge persönlich geärgert und daher eine nachvollziehbare Motivation.

Freilich lassen sich durch den Vergleich der Bücher Aussagen nur in ihren großen Linien plausibilisieren, aber nicht jedes Detail überprüfen. Dafür benötigte es die Arbeit von professionellen Historikern. Für unseren Zweck reichen die genannten Bücher aber, weil es hier ja nicht primär um die Geschichte von Hoechst geht, sondern darum, einen Blick hinter die Kulisse der vermeintlich rationalen Unternehmensführung zu werfen.

---

[1] Neben der folgenden Darstellung über Hoechst ist eine weitere löbliche Ausnahme z. B. das Buch „Weltmacht ITT" von A. Sampson (Rowohlt, Reinbek bei Hamburg, 1975).

8.1 Unternehmertum, Korruption und Barbesuche

Einen breiten Raum in der Endphase der Hoechst AG nehmen Planungsfehler ein. Hier sind für Leser, die keine Kenntnisse über die Chemiebranche haben, einige Hintergrundinformationen notwendig. Bei der chemischen Produktion werden selten alle Ausgangsstoffe zu 100 % umgesetzt. Meist verbleibt ein Rest oder es entstehen weitere Moleküle. Diese Moleküle werden dann weiterverarbeitet, wobei wiederum etwas „übrigbleibt" – und so weiter. Daher bilden Chemiestandorte regelmäßig riesige Verbünde aus, in denen die Stoffe durchgereicht werden.

Die chemische Produktion ist kompliziert, dafür das Marketing einfach: Wer kauft schon kilotonnenweise Butadien? Chemieunternehmen haben daher nur wenige Kunden, und der Markt ist sehr transparent: Man weiß, wer was mit welcher Technik produziert und wo er investiert.

Bei einer stetig wachsenden Nachfrage wie in der Nachkriegszeit wächst die Chemieindustrie einfach mit.

Die Pharmaproduktion war ursprünglich chemisch getrieben. Daher entstanden die ersten großen Pharmafirmen innerhalb von Chemiefirmen. Anfang der 80er-Jahre war Hoechst neben seinen Chemie-Bereichen zugleich auch das größte Pharmaunternehmen weltweit, gefolgt von Bayer auf Platz 2 (Rigoni et al. 1986).

Exkurs
Es ist gar nicht so einfach, solche Zahlen aus der Vergangenheit zu bekommen – wenn man nicht gerade das Glück hat, eine passende Publikation von damals zu finden. Das ist ein Beispiel für die seltsame Kurzatmigkeit der ökonomischen Berichterstattung: Es zählt nur, was aktuell Geld wert ist – Geschichte ist ebenso egal wie das, was man gestern versprochen hat.

Durch eine Reihe von Fusionen vor allem angelsächsischer Unternehmen fielen Bayer und Hoechst im Wettbewerb zurück. Dieses Spiel war allerdings nicht ganz fair: Die Börsenkapitalisierung der USA betrug zum Zeitpunkt des Roussel Uclaf-Kaufs 122 % des Bruttoinlandsproduktes, in Deutschland 27 % (CEIC 2022). Auch auf vergleichbare Unternehmen bezogen war die Marktkapitalisierung in den USA deutlich höher

8 Hoechst befremdlich: wie Großunternehmen funktionieren

(Bayer soll zeitweilig unter Buchwert kapitalisiert worden sein). Den US-Unternehmen stand also sehr viel mehr Geld für Übernahmen zur Verfügung.

Die Bewertung von Aktien ist weniger „rational", als es auf den ersten Blick erscheint. Schon J. M. Keynes soll gesagt haben: „Das Geheimnis des erfolgreichen Börsenhandels liegt darin, zu erkennen, was der Durchschnittsbürger glaubt, dass der Durchschnittsbürger tut." Das heißt: Aktien werden nicht nur nach den tatsächlichen Daten des Unternehmens bewertet, sondern auch nach „Fantasie". Es bildet sich dann eine Art Mischung aus rationalen (im engeren, finanziellen Sinne) und psychologischen Entscheidungsgründen. Eine Rolle spielt dabei auch die persönliche Nähe. US-Anleger investieren im Zweifel lieber in US-Unternehmen (oder dürfen, je nach Regeln des jeweiligen Fonds, sogar nur dort investieren). Über Deutschland hieß es z. B. lange, die Mitbestimmung schade dem Unternehmertum. (Wenn man die Hoechst-Geschichte studiert, scheint es gerade andersherum zu sein.) Andererseits stieg der Börsenkurs deutscher Firmen deutlich an, als sie begannen, ihre Unternehmen in den USA vorzustellen. Ein Pharmamanager spottete in den 1980er-Jahren: Du machst eine Roadshow (stellst die Firma amerikanischen Investoren vor) und auf einmal ist die Firma 50 % mehr wert. Auf solche Klüngeleffekte komme ich noch zurück.

Im Gegensatz zu Chemieunternehmen haben forschende Pharmaunternehmen einen großen Vorteil: Sie verfügen über patentgeschützte Produkte, d. h., über (zeitlich begrenzte) Monopole. Daher müssen sie bei der Preissetzung nicht auf direkte Konkurrenz Rücksicht nehmen. Einzelne Präparate erzielen inzwischen mehrere Millionen Euro pro Behandlung (SRF 2022). Das wiederum führte dazu, dass der Wert von Pharmafirmen deutlich über dem gleich großer Chemiefirmen lag.

Seit 1994 war Jürgen Dormann Vorsitzender des Hoechst-Vorstands. Er hatte richtig erkannt, dass der Börsenwert durch eine Fokussierung auf das Pharmageschäft steigen konnte. Daher beschloss er, zur Mehrung des „Shareholder Values", also des Aktienwertes der Aktionäre, Hoechst umzubauen. Anfangs wurden seine Ankündigungen von der Börse gut aufgenommen: Der Aktienkurs der Hoechst-Aktie stieg gegenüber dem der sonst sehr ähnlichen Firmen bzw. BASF deutlich an (Menz et al. 1999, S. 44).

Das Problem der Dormannschen Strategie bestand allerdings darin, dass – eben wegen der Bevorzugung von Pharmaunternehmen an der Börse – gute Firmen längst viel zu teuer zum Kauf standen, und dass er gleichzeitig seine Chemiesparte nur vergleichsweise billig abgeben konnte. Das führte u. a. dazu, dass Dormann einen Generikahersteller kaufte, also ein Unternehmen, das selbst keine neuen Präparate entwickelt, sondern nur Medikamente verkauft, deren Patentschutz abgelaufen ist. Das half zwar nicht bei der Forschung, sollte aber den Verkauf der Hoechst-Präparate in den USA unterstützen.

In dieser Zeit wurde viel „echtes" Kapital vernichtet, z. B. durch den Kauf von Copley. Seifert (2018) berichtet:

„Bei der Hoechst Celanese [der bereits früher von Hoechst gekauften amerikanischen Chemiefirma, d. V.] war inzwischen Joe Patterson für das Life-Science-Geschäft, d. h. für Pharma und Landwirtschaft, zuständig geworden. Als ehemaliger Fasermanager glaubte er, dass die Celanese eine besondere Erfahrung im Managen von sogenannten ‚Commodities' wie Kunststoffen, Fasern und Chemikalien habe. Er war überzeugt, die gleichen Mechanismen für den Vertrieb von Generika anwenden zu können. Dormann bat die Hoechst Celanese, Ausschau nach einem Generikahersteller zu halten, der parallel zu dem Hoechster Pharmageschäft, das in der HRPI zusammengefasst war, ein Generikageschäft in den USA entwickeln sollte. Umfangreiche Studien führten schließlich dazu, dass man sich für den Erwerb von Copley entschied. Projektleiter war Bruce Bennet, der vom Pharmageschäft nun überhaupt nichts verstand.

Copley Pharmaceuticals wurde Anfang der 80er-Jahre von Jane Hirsh und ihrem Mann Mark in Providence/Rhode Island gegründet. 1992 hatte man es auf einen Umsatz von ca. 50 Mio. US-Dollar gebracht. Die Produktion befand sich in einem alten Gebäude, und es sollte gerade der Umzug in einen Neubau erfolgen. Copley war an der Börse notiert, und als die Verhandlungen über einen Erwerb begannen, stieg der Kurs unaufhörlich.

Im Hoechster Vorstand gab es viele Widerstände gegen den Erwerb von Copley, denn inzwischen war der Kaufpreis für eine 55%ige Beteiligung an Copley bei einem Aktienkurs von 55 US-Dollar auf 546 Mio. US-Dollar angestiegen.

Die dringendsten Fragen hatten wir bezüglich des Zustands der technischen Anlagen. Einige Jahre zuvor hatten die amerikanischen Generika-

8 Hoechst befremdlich: wie Großunternehmen funktionieren

hersteller große Probleme, da einige von ihnen in sogenannte ‚Generics Scandals' verwickelt gewesen sind. Die Herstellung von Generika hatte nicht den GMP (Good Manufacturing Practice, d. V.)-Bedingungen entsprochen, weshalb Verunreinigungen von Arzneimitteln entstanden waren und deswegen manche Anlagen auch geschlossen werden mussten.

Der Erwerb von Copley war ein Nordamerikaprojekt und wurde von Dormann und Drew betrieben. Ich unterstützte das Projekt nur insoweit, als es eine alternative Strategie für das Pharmageschäft in den USA bedeutete, machte aber immer deutlich, dass es nicht Teil des Pharmageschäfts der Hoechst-Roussel-Gruppe sei. Der Pharmabereich in Hoechst wurde in die Verhandlungen und die Due Diligence nicht eingeschaltet, sondern sogar bewusst ferngehalten.

Das Management des Geschäftsbereichs Pharma war zunächst gegen das Projekt. Im Oktober 1993 stimmte letztendlich der Pharmabereich diesem doch unter der Bedingung zu, dass der technische Zustand der Anlagen in Ordnung sein müsste und keine späteren Probleme daraus resultieren dürften! Die Entscheidung fiel an einem Donnerstag, während ich mich mit Volker Keidel auf einer Dienstreise in China aufhielt. An diesem Donnerstagabend telefonierte ich noch mit Hans-Georg Janson, der mich in der Vorstandssitzung vertrat, und teilte ihm mit, dass ich dem Projekt unter der Voraussetzung zustimmen würde, dass die technische Due Diligence einen einwandfreien Zustand der Anlagen und der Technik ergeben hätte. Das wurde von Dormann in der Vorstandssitzung bestätigt und auch festgehalten. Jürgen Dormann soll auf dieser Vorstandssitzung gesagt haben, dass er die volle Verantwortung übernehmen würde, wenn das Projekt in die Hose ginge. Diesen Ausspruch hat Gott sei Dank ein Vorstandskollege in seiner Zitatensammlung festgehalten.

Am Freitag bat mich Dormann, meine Reise vorzeitig abzubrechen, um am darauffolgenden Montagmorgen mit ihm gemeinsam einen Vortrag zu halten und auf dieser Grundlage den Pharmabereich und das Pharmamanagement zu überzeugen, dass der Erwerb von Copley der richtige Schritt sei, um den amerikanischen Markt in Zukunft besser bearbeiten zu können.

Hier die Presseerklärung von Ernie Drew, wovon er später nichts mehr wissen wollte:

‚Ernest Drew, president and chief executive of Hoechst Celanese, said: ‚The acquisition positions Hoechst Celanese to become a significant factor in the growing generic drug market and changing health care marketplace. Copley, with its generic product portfolio, complements our established, patented prescription pharmaceutical business by positioning us as a preferred supplier of cost-effective, multi-source, and innovative medicines. As a result of this agreement, Hoechst Celanese and Copley are positioned as leaders in a marketplace that is seeking to contain health care costs."

Das Unglück nahm dann seinen Lauf.

Vier Wochen später flog ich nach Providence und besuchte Copley. Man war gerade dabei, von der alten in die neue Produktionsstätte umzuziehen. Und ich musste erkennen, dass niemand Jane Hirsh entsprechend informiert hatte, wer sie denn da besucht. Meine verletzte Eitelkeit habe ich hinuntergeschluckt. Joe Patterson und ich wurden zu einem kurzen Besuch in ihr Büro vorgelassen, und ich bot ihr alle Hilfe des Pharmabereichs von Hoechst-Roussel an, um Copley in der Zukunft entsprechend zu unterstützen und weiterzuentwickeln. Das nahm sie zwar zur Kenntnis, schien aber nicht sonderlich daran interessiert zu sein. Sie schickte uns dann mit ihrem Mann Mark auf eine Besichtigungstour der neuen Anlagen. ‚Mark, there is someone from Hoechst, show him around.' Danach flogen Joe Patterson und ich nach New Jersey zurück. Fazit war, dass die arrogante und nun schwerreiche Dame von mir oder Hoechst nichts wissen wollte.

Einige Wochen später erschütterte der sogenannte ‚Albuterol-Skandal' Copley. Es stellte sich heraus, dass in einem Arzneimittelspray Verunreinigungen waren, die vor allem bei Kindern in den USA zu tödlichen Nebenwirkungen geführt haben.

Es war das eingetreten, was wir alle befürchtet hatten, nämlich dass aufgrund der schlechten technischen Gegebenheiten ‚Cross Contaminations' entstanden waren. Der Kurs der Copley-Aktie brach ein, und die ganze Firma war damit beschäftigt, den entstandenen Schaden zu bewältigen, und sich kaum um neue Zulassungen kümmern konnte.

Im Mai 1997 wurde Copley schuldig gesprochen, Produktionsdaten gefälscht und diese der FDA (and Drug Administration, die Lebensmittelüberwachungs- und Arzneimittelbehörde der USA – d. V) übermittelt zu haben. Mit über 10 Mio. US-Dollar Strafe war es der höchste Betrag, den bis dahin ein Generikahersteller in den USA aufwenden musste. Darüber hinaus hatten Patienten ‚Civil Class Action Suits' eingereicht, und Copley musste nochmals 150 Mio. US-Dollar bezahlen. Der Aktienkurs von Copley betrug Ende Mai 1997 nur noch 6,20 US-Dollar.

Zwei Jahre später, als Karl Engels CEO der Hoechst Celanese wurde und Ernie Drew im Vorstand der Hoechst AG war, stellte mir ein ehemaliger Mitarbeiter der HRPI die Frage, warum man trotz derartiger Due-

8 Hoechst befremdlich: wie Großunternehmen funktionieren

Diligence-Berichte Copley überhaupt erworben habe. Irgendwelche Due-Diligence-Berichte lagen uns in Hoechst nie vor. Es wurde von Dormann immer wieder beteuert, dass die Due Diligence in Ordnung gewesen sei. Ich habe daraufhin Karl Engels telefonisch um die Übersendung der entsprechenden Berichte gebeten. Engels lehnte das mit der Begründung ab, dass der Postweg zu unsicher und zu gefährlich sei und er lieber bei seinem nächsten Deutschlandbesuch mit mir darüber sprechen würde. Bei diesem Besuch wollte er mir die Due Diligence erläutern; aber ich bedeutete ihm, dass ich auf der Einsicht in die Originalunterlagen bestehe. Nach weiteren Aufforderungen überließ er mir schließlich die Due-Diligence-Berichte, die er bei seinem Besuch mit sich führte. In dem Hauptbericht, der am 14. September 1993 von W. Hoffmann an Bruce Bennett geschickt wurde, befindet sich ziemlich am Anfang der Satz: ‚I witnessed several areas within the production operation that would not meet the standards of safety currently used by Hoechst …'

Den zweiten deutlich negativeren Bericht schickte Pawlow am 5. Oktober 1993 an die Rechtsabteilung zu Karin Weiner. Er enthält Sätze wie: ‚… and I frankly do not understand how FDA has allowed this operation to continue unchallenged …' oder ‚… the second facility is the poorest I have seen …' oder ‚… this facility is clearly a liability …'

Ich ließ Kopien dieser Berichte anfertigen und verteilte sie an Jürgen Dormann und den übrigen Vorstand. Keiner der Kollegen hat darauf reagiert!

Es stellte sich heraus, dass die Due-Diligence-Berichte in der Rechtsabteilung der Hoechst Celanese streng vertraulich verwahrt worden waren. Die Leiterin dieser Abteilung war Karen Weiner. Sie berichtete an Joe Patterson, der im Vorstand der Hoechst Celanese Corporation für das Pharmageschäft verantwortlich war. Chairman der Hoechst Celanese Corporation war Jürgen Dormann. Ich habe später gelegentlich angedeutet, dass ich diese Berichte in einem Tresor in Zürich aufbewahren würde, was allerdings nicht stimmte.

Das ganze Abenteuer Copley dürfte die Hoechst AG mindestens 1 Mrd. US-Dollar gekostet haben. Die Sache war im Wesentlichen von zwei Leuten betrieben worden: Ernie Drew und Jürgen Dormann, die beide Amateure im Pharmageschäft waren. Der eine wollte zeigen, dass man auch in den USA ein gutes Generikageschäft entwickeln kann, wenn man es betreibt wie ein Commodity-Geschäft für Chemikalien, und der andere, wie man das Image des Konzerns verbessern könnte, indem man preiswerte Medikamente anbietet."

Sehr interessant ist auch, wie mit dem Schaden bilanztechnisch umgegangen wurde, um den Anschein zu wahren, dass es mit dem Pharmageschäft vorwärts gehe:

„Auf der Vorstandssitzung am 27. Februar 1997 wurde der Jahresabschluss 1996 diskutiert. Ich habe für mich eine kurze Notiz folgenden Inhalts angefertigt:
‚Es wurde der Jahresabschluss 1996 diskutiert. U.-H. Felcht wies darauf hin, dass ihm aufgefallen sei, dass der Rechnungsprüfer für die Hoechst AG nicht den ‚uneingeschränkten' Bestätigungsvermerk erteilt hätte. Dies war keinem aufgefallen oder sollte bewusst verschwiegen werden. Es war wie immer kein Thema.
Dormann erklärte, dass das Generikageschäft sich jetzt in einem anderen Segment befindet und mit Pharma nichts zu tun hat. Die Generikaverluste befinden sich jetzt außerhalb des Pharmageschäfts. Unter vier Augen sagte Felcht später zu mir, dass Dormann ja gesagt habe, wenn Copley ein Flop wird, trete er zurück.
Falls Copley jetzt verkauft wird, müssten Verluste von 800 Mio. DM aufgedeckt werden. Man erwartet Probleme, wenn wir an die Börse in New York gehen. HMR soll nicht Eigentümer von Copley, Cox und Opos werden.'
Als ich in der Vorstandssitzung die zarte Andeutung machte, man könnte das auch eine Bilanzfälschung nennen, fertigten mich Dormann und Schmieder mit den Worten ab, das sei Financial Engineering."

Im Klartext: Folgt man der Darstellung Seiferts, dann haben die Copley-Gründer nicht nur mehrere Hoechst-Vorstände hereingelegt. Vor allem haben sie aus Geldgier wissentlich Schrottprodukte hergestellt, an denen mehrere Kinder gestorben sind. Dass sie für diese Taten – die sich in ihrer moralischen Bewertung von einem gewöhnlichen Serienmord kaum unterscheiden – nicht nur nicht bestraft wurden, sondern auch noch steinreich gemacht wurden, ist empörend und schwer zu ertragen. Ich komme darauf im letzten Kapitel zurück.

Für Hoechst folgten ähnliche Flops – auch Marion Merrel Dow wurde zu teuer gekauft, dafür wurden andere Unternehmensanteile zu billig verkauft. Insbesondere gelang es nie, die „Pipeline" zu füllen, d. h., genügend neue Medikamente zu erforschen. Zur Verbesserung der

Profitabilität wurden dann Stellen der Pharmaforschung gestrichen, was natürlich der eigentlichen Innovationsstrategie völlig zuwiderlief.

Letztlich blieb nur die Flucht nach vorne: Das gesamte Chemiegeschäft wurde abgestoßen, der Rest von Hoechst mit der ebenfalls nicht besonders forschungsstarken Firma Rhône-Poulenc 1999 zu Aventis fusioniert, die nach nur 5 Jahren von Sanofi-Synthelabo feindlich übernommen wurde („Two Turkeys don't make an Eagle"). Damit war der ehemalige Weltmarktführer Hoechst Geschichte. Was zigtausende Mitarbeiter über Generationen aufgebaut hatten, wurde in wenigen Jahren von unfähigen Managern zerstört – die dabei auch noch reich und geehrt wurden.

Was ist der „Wert" eines Unternehmens?

War der Untergang von Hoechst ein Verlust oder Gewinn – und wenn ja, für wen?

Aus Sicht der Eigentümer muss man differenzieren:

- Zwar hat die Kapitalvernichtung durch die Überzahlung für die Roussel-Uclaf-Aktien, das Desaster bei Copley u. a. der Substanz des Unternehmens und damit seinen langfristigen Erfolgsaussichten geschadet.
- Andererseits ist der Aktienkurs zunächst angestiegen. Wer kurz nach der Ankündigung, dass Hoechst zu einem Life-Science-Unternehmen umgebaut wird, seine Aktien verkaufte, erzielte damit kurzfristig eine bessere Rendite als z. B. ein Bayer-Aktionär. Ob dies auch über die Aventis-Verschmelzung hinaus galt (wie sich also der Preis der Aventis- bzw. Sanofi-Aktien, die man im Tausch erhielt, entwickelte und welchen Wert die unterjährigen Ausschüttungen hatten), ist nach meinem Kenntnisstand nie berechnet worden.

Aus Sicht des Shareholder Values kann also die Vernichtung eines Unternehmens dann erfolgreich sein, wenn der Gewinn, den man dabei macht, höher ist als bei einer anderen Geldanlage. Anders formuliert: Das Unternehmen an sich ist vollkommen gleichgültig – es zählt lediglich, wie viel Geld man dafür bekommt, in welcher Form immer (Dividenden, Verkauf der (getauschten) Aktien usw.).

Auch die Marke, die bei vielen Unternehmen einen Großteil des Börsenwertes ausmacht (z. B. Adidas, Mercedes usw.), hat nur insofern Bedeutung, als sie Geldeinkünfte erhöht. Sie ist – wie das Unternehmen selbst – bloß ein Vehikel zur Vermehrung des Vermögens der Eigentümer.

Diese Sicht auf Unternehmen, der auch Jürgen Dormann folgte und die sich aktuell durchgesetzt hat, galt nicht immer. Typisch für die Nachkriegszeit war eher eine Haltung, wie sie u. a. von Frank Abrams, Chairman von Standard Oil New Jersey (heute ExxonMobil), 1951 formuliert wurde: „Die Aufgabe des Managements besteht darin, einen fairen und funktionierenden Ausgleich zwischen den Ansprüchen verschiedener, direkt betroffener Interessengruppen wie Aktionären, Beschäftigten, Kunden und der gesamten Öffentlichkeit herzustellen" (zit. nach Reich 2008, S. 66).

Wie kam es in den 1980er-Jahren zu dieser völlig veränderten Einschätzung? Während in der unmittelbaren Nachkriegszeit die Vermögen relativ gleichmäßig verteilt waren, was zu einer breiten Mittelschicht als Trägerin einer aktiven Demokratie, relativ starken Gewerkschaften und zur „Sozialpartnerschaft" führte, d. h., zu einer (relativ) gleichmäßigen Beteiligung aller am Produktivitätsfortschritt, hatte sich um 1980 bereits so viel Kapital – und damit Macht – akkumuliert und konzentriert, dass die neoliberale Wende einsetzte. Eigentümer großer Unternehmen, erst recht solcher, die keine oder wenig Konkurrenz hatten, mussten auf die Interessen anderer Stakeholder immer weniger Rücksicht nehmen.

Wissenschaftlich wurde dies flankiert von neoklassischen Ökonomen, allen voran Nobelpreisträger Milton Friedman, der 1970 schrieb, die einzige (!) soziale Verpflichtung von Unternehmen bestehe darin, Gewinne zu machen (und nicht zumindest auch darin, angemessene Löhne zu zahlen, die Umwelt zu schonen usw.). In der ökonomischen Modellwelt Friedmans, der Neoklassik, stimmt das sogar, weil sich dort alles von selbst zurecht konkurriert. Die Logik hinter dieser Aussage funktioniert ungefähr so: Damit eine Firma Gewinne macht, muss sie im Wettbewerb bestehen, also Produkte herstellen, die besser sind als andere, denn dafür kann sie höhere Preise fordern. Und das ist schließlich das, was die Bevölkerung will: bessere Produkte. Dem nahe liegenden Einwand, dass das

Unternehmen vielleicht nur deshalb Gewinne macht, weil es einen Standortvorteil hat, Mitarbeiter ausbeutet oder Preisintransparenz erzeugt und dadurch zu hohe Preise verlangt, Wettbewerber unfair behandelt, die Umwelt verschmutzt usw. würde Friedman mit dem Argument begegnen, dass der Markt all das von selbst regelt. Ausgebeutete Mitarbeiter würden z. B. die Firma verlassen, wodurch ihre Mitarbeiter knapp würden, und dann würde deren Preis steigen. Im vollkommenen Markt, in dem nur Menschen agieren, die weder Neid noch Altruismus kennen, und in dem es weder Markteintritts- noch Marktaustrittsbarrieren gibt, hat er recht. In realen Märkten gilt Friedmans Argument meist nicht, wie ich an anderer Stelle ausgeführt habe (Thielscher 2022).

Was *ist* ein Unternehmen?

Der „Wert" eines Unternehmens kann daher ganz unterschiedlich bestimmt werden: aus Sicht der Eigentümer, der Mitarbeiter, der Kunden und Lieferanten, der Gesellschaft usw. Aber auch, was ein Unternehmen ist, erscheint dann ganz unterschiedlich.

Für die Shareholder-Value-Theorie ist die Sache einfach: Eine Firma ist einfach ein Vehikel, das das Vermögen der Eigentümer vermehrt. Insbesondere trägt die Firma keinerlei Verantwortung für andere, es sei denn, die Missachtung dieser Interessen ist teurer als der dadurch erzielte Gewinn; das wäre z. B. der Fall, wenn die Firma die Umwelt verschmutzt und eine Strafe erhält, die teurer ist als ihre Einsparung aufgrund der Verschmutzung.

Unter diesem Gesichtspunkt versteht man auch, warum so wenig Unternehmensgeschichte geschrieben wird. Es lohnt sich im Grunde nicht, denn Firmen haben keinen eigenen Zweck (außer jenem, Geld zu vermehren). Sie stiften auch keinen „Sinn". Das Einzige, was vielleicht interessiert, sind Techniken oder Methoden, die Geld vermehren und als solche auf andere Firmen übertragbar sind.

Man kann Unternehmen aber auch ganz anders sehen. Auch das kann man am Beispiel Hoechst sehr schön demonstrieren. Wolfgang Hilger, der damalige Vorstandsvorsitzende, sagte 1987, wenige Jahre vor Dormanns Konzernumbau:

„Unternehmenskultur wird verstanden als ein übergreifendes Wertesystem, das unser aller Tun, unsere Einstellung, angeht. Manche mögen dies für eine Modeerscheinung gehalten und sich gefragt haben, wozu wir ein schriftlich fixiertes Selbstverständnis brauchen. Schon seit einigen Jahren, aber verstärkt seit dem Störfall von Sandoz, hat sich in unserem Umfeld so manches geändert. Wir haben uns auseinanderzusetzen mit ständig neuen Vorwürfen. Verantwortungslosigkeit, mangelnde Einsicht, fehlende Achtung vor der Gesellschaft, Bunkermentalität und vieles mehr wird uns vorgeworfen. Die Konsequenzen sind Ängste, wachsendes Misstrauen und gipfeln in der Forderung nach neuen Gesetzen und härteren Strafen. Es wird eine neue Chemiepolitik mit dem Ruf nach sanfter Chemie gefordert.

In diesem Umfeld mag auch der eine oder andere Mitarbeiter Halt suchen, möchte wissen, von welchen Wertvorstellungen unser Handeln bestimmt wird. Es ist Aufgabe der Führungsspitze des Unternehmens, diese Werte zu definieren und nach innen wie nach außen deutlich zu machen, den Inhalt vorzuleben.

Mit dem jetzt vorliegenden Hoechster Selbstverständnis haben wir einen Werterahmen, einen Unternehmenskodex, der nicht zu weit ins Ideale, Unerreichbare abschweift, aber doch hohe Ziele vorgibt. Wir müssen uns schon auf die Zehenspitzen stellen und uns mächtig strecken, um die Latte zu erreichen, aber wir bleiben auf dem Boden der Realitäten.

Der Sinn und Zweck des Selbstverständnisses ist demnach nicht nur die Beschreibung des Status quo im Sinne: ‚Ja, so verstehe ich mich als Hoechster', sondern erhält eine formende, erzieherische und motivierende Komponente im Sinne: So wollen wir als Hoechster sein.

Das Thema Umwelt und Sicherheit ist ein weiterer wesentlicher Inhalt unseres Selbstverständnisses. Wir können dabei an unsere Leitlinien für Sicherheit und Umweltschutz anknüpfen. Diese Leitlinien haben durch das schwere Brandunglück bei Sandoz eine ungeahnte Aktualität erlangt. Tschernobyl war schon vorher zum Symbol einer scheinbar nicht mehr zu beherrschenden Technik geworden. Wir wissen, wie viel Geld jede Betriebsstörung kostet und welche Belastung ein großer Unfall bedeuten kann. Dabei sind nicht nur wirtschaftliche Konsequenzen zu bedenken, sondern auch der Schaden, den das Unternehmen im öffentlichen Ansehen nehmen kann und damit die Glaubwürdigkeit, die wir alle verlieren.

Bei der sanften Chemie denkt man wohl in erster Linie an Biotechnik. Bei dieser groben Vereinfachung wird geflissentlich übersehen, dass die ‚harte' Ammoniaksynthese, einstmals nobelpreisträchtig, auch heute noch die Menschheit vor dem Verhungern bewahrt.

wollen, so gilt dies besonders auch nach innen. Wenige Tage nach dem Übernahmeangebot an die Celanese-Aktionäre haben wir in einer vielstufigen Information allen Mitarbeitern des Unternehmens die Aktivitäten der Celanese im Detail vorgestellt und auch die Motive für den Erwerb erläutert. Diese Akquisition ist eine wohl einmalige Chance für das gesamte Unternehmen, auch für die Geschäftsbereiche, die bei Celanese nicht vertreten sind." (Wehnelt 2009, S. 18f.)

Hilger zufolge ist ein Unternehmen etwas ganz anderes als nur ein Geldvermehrungsvehikel: Insbesondere trägt es (faktisch: seine Leitenden tragen) Verantwortung gegenüber einer ganzen Reihe von Betroffenen.

Daraus folgt, dass ein Unternehmen ganz unterschiedliche Dinge „sein" kann. Dafür gibt es keine naturgesetzliche Regel. Letztlich liegt es im freien Ermessen der Beteiligten, was eine Firma „ist" – von einer Art großer Familie („wir Hoechster") bis hin zum inhaltsleeren Geldvermehrungsvehikel. Davon abhängig sind auch die Spielregeln völlig unterschiedlich: Familienmitglieder wird man nicht so ohne Weiteres los, bloße Deckungsbeiträge schon.

Auf das „Wir-Gefühl", das Mitarbeiter mit Unternehmen verbinden kann und das bis kurz vor dem Ende des Unternehmens viele Mitarbeiter als „Hoechster" empfanden, komme ich im nächsten Kapitel zurück.

Korruption

Korruption kommt in herkömmlichen Managementlehrbüchern ebenso wenig vor wie Persönlichkeitsstörungen oder Mobbing. Dabei zeigt ein Blick in die Lageberichte Korruption des Bundeskriminalamtes, dass es jährlich tausende Fälle gibt (BKA 2022).

Während meiner Zeit als Unternehmensberater fragte ich einmal bei einer Bilanzanalyse, was unter „Sondereinzelkosten des Vertriebs" zu verstehen sei. „Schmiergelder", antwortete der Buchhalter wie selbstverständlich.

Im konkreten Fall von Hoechst liest sich das so (Seifert 2018, S. 43ff.; es handelt sich nicht um den einzigen, aber um den anschaulichsten Fall, den der Autor schildert):

„Ich hatte von Hoechst [für die Verbesserung der brasilianischen Niederlassung, d. V.] ein Investitionsbudget von 6 Mio. DM mitbekommen, welches für die Modernisierung der Anlage genutzt werden sollte. ...

Um die Qualität zu verbessern und Fehlchargen zu vermeiden, war meine erste Handlung, Vorprodukte aus den deutschen Betrieben zu bestellen. Nach deren Einsatz und damit weniger Fehlchargen stieg bereits die Ausbeute, obwohl wir in den ersten Monaten 1979 noch nicht in weitere technische Anlagen investiert hatten. Nach vier Monaten erzielten wir einen Produktionsrekord von über 100 t im Monat. Es ist zu verstehen, dass ich diesen schönen Erfolg – vorher hatte die produzierte Menge zwischen monatlich 50 und 60 t gelegen – auch der Produktionsabteilung Ausland des Geschäftsbereichs Farben in Höchst gemeldet habe. Ich löste nun das der Belegschaft gegebene Versprechen ein, einen Ochsen zu spendieren, sobald die von ihnen produzierte Menge diese Dimension erreicht hat. ...

Tatsächlich hatte ich wenig Ahnung von der Pigmentproduktion, und meine beiden guten Mitarbeiter, ein deutscher Techniker und der Betriebsmeister, produzierten, wie es auch vorher üblich war. Lediglich die bessere Qualität der auf meine Veranlassung eingesetzten Vorprodukte hatte zu diesem erheblichen Ausbeutesprung bei den dort hergestellten Pigmenten geführt.

Noch ahnte ich nicht, dass ich die Rechnung ohne den Wirt, nämlich Klinger [den Betriebsleiter, d. V.], gemacht hatte. Ich fand bald heraus, dass die Einkaufsabteilung der Hoechst do Brasil auf Anweisung von Klinger viele Vorprodukte von einer amerikanischen Firma namens Toptex einkaufte. Diese waren im Gegensatz zu den Hoechster Vorprodukten von minderer Qualität und stammten aus amerikanischen oder chinesischen Lieferquellen. Als Folge konnten in Suzano daraus keine Pigmente hergestellt werden, die den hohen Qualitätsansprüchen entsprachen.

Ich entdeckte bald einen regen Schriftwechsel zwischen der Hoechst do Brasil und der Firma Toptex/USA, in dem billige Angebote für Pigmentvorprodukte erwähnt waren. Zur damaligen Zeit gab es in Brasilien noch starke Importkontrollen, und es wurde für jedes importierte Produkt bei einer staatlichen Behörde, der Cacex, ein Preis festgesetzt. Dieser Preis durfte nicht überschritten werden. Ich kam bald dahinter, dass die von der Hoechst do Brasil importierten Produkte wesentlich billiger waren als die bei der Behörde registrierten Preise. Die Hoechst do Brasil wiederum zahlte aber stets den vom Staat festgesetzten höheren Preis an die Firma Toptex. Die Frage war, was mit der Differenz geschehen ist.

8 Hoechst befremdlich: wie Großunternehmen funktionieren

Es ist anzunehmen, dass jemand sich diese eingesteckt hat. ... Der Pigmentverkäufer unter Klinger war ein brasilianischer Kollege, Eide Paulo, der sich glücklich zeigte, dass er zum ersten Mal qualitativ gute Pigmente verkaufen konnte. Der Einzige, der sich nicht über diesen Erfolg freute, war erstaunlicherweise Klinger.

Bei einem kurzen Aufenthalt in Höchst im Dezember 1979 wurde ich in die Verkaufsabteilung Pigmente einbestellt. Dort forderten mich ein Direktor und ein Prokurist auf, weiterhin Vorprodukte bei der Firma Toptex zu bestellen. Klinger habe sich bei ihnen beschwert, dass ich störrisch sei und nur Vorprodukte der Hoechst AG einsetzen würde. Ich bedeutete den Herren, dass ich als Angestellter der Hoechst AG dafür sorgen wolle, dass ein entsprechender Gewinn in Deutschland anfiele und es mir daher sinnvoller erscheine, Produkte aus der Höchster Produktion zu beziehen und nicht von nordamerikanischen oder chinesischen Herstellern. Mein vorwiegender Beweggrund sei jedoch, dass die Qualität der Rohstoffe anderer Hersteller unseren Ansprüchen nicht genügen würde. Es stellte sich bei dem weiteren Gespräch heraus, dass die Firma Toptex dem Amerikaner Bill Goulden gehörte, was mir vorher nicht bekannt war. Bill Goulden war ein ehemaliger Angestellter der American Hoechst in New Jersey, hatte vor einigen Jahren Hoechst verlassen und seine eigene Firma Toptex gegründet. Die beiden Herren im Verkauf deuteten mir an, dass auch der Vorstand wünsche, dass ich die Produkte für den brasilianischen Betrieb von der Firma Toptex kaufen solle, da Bill Goulden Hoechst in den USA schon viel geholfen hätte. Ich erklärte meinen beiden Gesprächspartnern, dass ich den Wunsch verstehen, eine Notiz über dieses Gespräch erstellen und sie der Produktionsleitung in Hoechst, insbesondere Karl Holoubek, vorlegen würde. Die Qualität der brasilianischen Produktion würde mit Sicherheit sofort sinken, wenn ich wieder Vorprodukte der Firma Toptex einsetzen müsste. Sofort machten beide Herren im Verkauf einen Rückzieher und bestanden darauf, dass keine Aktennotiz über unser Gespräch erstellt wird. Ich machte sodann klar, dass ich auf keinen Fall bei der Firma Toptex einkaufen würde, es sei denn, ich sei durch die Weisung der Produktionsleitung in Höchst abgesichert. Wir beendeten das Gespräch in einer frostigen Atmosphäre, wobei die Herren mich baten, meinen Standpunkt noch einmal zu überdenken.

Zurück in Suzano habe ich erfahren, dass Klinger den Besuch beim Verkauf in Höchst für mich arrangiert hatte. Seine Freunde vom Verkauf Pigmente hatten ihn unmittelbar nach unserem Gespräch von meiner Entscheidung informiert. Er zeigte sich nun sehr enttäuscht darüber, dass ich mich nicht von meiner Haltung habe abbringen lassen. Bei der Gelegenheit habe ich auch mitbekommen, dass Klinger ein ausgesprochen gutes Netzwerk im Verkauf Pigmente hatte und einige Mitarbeiter mit kleinen und großen Geschenken sowie großzügiger Behandlung auf Dienstreisen nach Brasilien bedacht wurden.

Im Februar, als ich aus meinem Deutschlandurlaub zurück nach Brasilien kam, hatte Klinger in Abstimmung mit meinem Chef, dem damaligen Werksleiter Peter Junker, wiederum Vorprodukte von der Firma Toptex bestellt. Es handelte sich um das teuerste Vorprodukt für eines der besten Hoechster Pigmente. ...

Ich habe damals gelernt, dass es in einem Unternehmen vielfältige Korruption geben kann, wenn in verschiedenen Abteilungen eingeweihte Kollegen mitspielen. Ich war jedoch schockiert, als ich begriffen habe, dass es in den meisten Fällen niemand für nötig befand, diesen Sumpf trockenzulegen. Den oben geschilderten Fall habe ich an verschiedenen Stellen in Hoechst vorgebracht, aber keiner meiner damaligen Vorgesetzten nahm sich des Themas an. Betrügereien in großen Konzernen gibt es immer wieder. Sie können eigentlich nur durch eine gute interne Revision vermieden bzw. eingeschränkt werden. Sie konnten nie aufgedeckt werden, wenn ein System von Abhängigkeiten geschaffen worden war, das bis hin zur Konzernzentrale reicht."

Das heißt: Auch Konzerne sind nicht nur sehr anfällig für schädigendes Verhalten führender Mitarbeiter, es gibt offenbar auch kein etabliertes Verfahren, um solche Fälle zu entdecken. Sollte ein BWL-Lehrbuch solche Probleme nicht zumindest erwähnen?

Personalpolitik und Nachtbars

Dass Vertrieb häufiger in Bars stattfindet, ist bekannt; manche Firmen wurden so gegründet und groß gemacht. Hoechst ist ein Beispiel, dass dort auch Personalpolitik stattfindet; in diesem Fall ging es um die Zusammenlegung zweier Firmen in Japan, insbesondere die Frage, wer der beiden ehemaligen Geschäftsführer die alleinige Leitung der neuen Firma übernimmt (Seifert 2018, S. 450):

"Komplizierter war die Situation in Japan. Hoechst hatte mit Herrn Katoh einen außerordentlich guten Industrieleiter gehabt, und es war klar, dass Katoh auch der Landeschef der Clariant Japan werden sollte. Der Landesleiter der früheren Clariant in Japan, Donat Autsch, mit Sitz in Osaka, wollte dies allerdings nicht akzeptieren. Bei meinem Besuch in Japan gab er mir deutlich zu verstehen, dass er von Hoechst überhaupt nichts halten würde, und wir hatten den Eindruck, dass er nicht bereit war, an Katoh zu berichten. Donat Autsch zeigte sich auch mir gegenüber sehr kühl und distanziert. Er sagte: ‚Wir haben die Hoechst gekauft, und also haben wir auch das Sagen.' Wir flogen am nächsten Tag von Osaka nach Tokio weiter und hatten dort Besprechungen mit der neuen Clariant. Donat Autsch war früher einige Jahre in Südamerika gewesen und hatte ein besonderes Faible für Kolumbien. Nach dem Abendessen habe ich ihn in die Bar ‚First Lady' eingeladen, wo wir zu alten Hoechst-Zeiten manchen lustigen Abend verbracht hatten. Autsch, der schon zehn Jahre in Japan stationiert war, war überrascht, dass ein ehemaliger Hoechst-Vorstand eine solche Bar kennt. Wie es in Japan üblich war, baten wir einige junge Frauen an unseren Tisch: Zufällig war auch eine Kolumbianerin dabei, mit der er sich die restlichen zwei Stunden unterhielt. Seit diesem Abend hatte er mich und die Hoechst-Organisation akzeptiert. Er äußerte bald den Wunsch, wieder in einem südamerikanischen Land zu arbeiten.

Einige Monate später delegierten wir ihn als Landesleiter der Clariant nach Mexico. Seit diesem gemeinsamen Abend in Tokio pflegten wir ein freundschaftliches Verhältnis."

Warum werden Fehlleistungen und Korruption nicht vom Wettbewerb bestraft?

Eigentlich dürfte es schlechtes Management und Korruption in Unternehmen zumindest nicht in nennenswertem Umfang geben, denn darunter müssten Kosten steigen und/oder die Produktqualität leiden; dadurch müssten Wettbewerber Kunden übernehmen und schließlich das Unternehmen ganz verdrängen. Offenbar passiert das aber selten (es sei denn, ein Konzern wird zugrunde gerichtet, so wie bei Hoechst).

Dafür gibt es eine Reihe von Gründen:

- *Erstens* ist der Wettbewerb bei Chemiekonzernen überschaubar. Die Kosten für die Gründung eines neuen Unternehmens sind sehr hoch. Dadurch konkurrieren Chemieunternehmen nur untereinander. Wenn sie alle gleich schlecht gemanagt werden, gibt es keine Verschiebungen der Marktanteile.
- *Zweitens* gilt: Wer einmal oben ist, bleibt auch dort. Z. B. lockt der Marktführer im Zweifel bessere Mitarbeiter an, die dann bessere Produkte herstellen. Dieser *„Klumpenfaktor"* taucht in vielen Lebensbereichen auf, z. B. auch im Fußball. Ein Spitzenverein bekommt mehr Geld (durch internationale Wettbewerbe), kauft bessere Spieler, hat mehr Zuschauer, bekommt mehr Geld – der Kreis schließt sich.
- *Drittens* gibt es auch einen *Klüngelfaktor*. Gemeint ist, dass in etablierten Systemen Außenseiter keine Chance haben. C. Keese hat für das Silicon Valley gezeigt, dass die dortigen Firmenchefs und Investoren zwar global agieren und disrumpieren wollen, aber selbst sehr ungern mit anderen zusammenarbeiten, die sie nicht persönlich kennen. Das führt dazu, dass sich Venture Capital vermehrt dort ansiedelt, sodass den dortigen Firmen mehr Geld für ihre Produkte und ihr Marketing zur Verfügung stehen. Das wiederum lockt Firmengründer an usw. Eine führende medizinische Zeitschrift, die einen sehr hohen „Impact Factor" hat (als Maß für ihre Reputation), lockt die meisten Beiträge an und kann daraus die besten aussuchen. Neben diesem Klumpenfaktor tritt auch hier Geklüngel: In einer führenden medizinischen Zeitschrift sollen 80 % aller Artikel aus der Region rund um Boston stammen. Usf.: Das Prinzip ist klar. Diese Erkenntnis ist keineswegs neu: Genau das meinten die Ordoliberalen, wenn sie von der Selbstzerstörung der Märkte (z. B. durch Monopolisierung) sprachen.

Orden

Die Hoechst-Vorstände sind nicht nur wohlhabend bis reich geworden. Martin Frühauf, dessen Befindlichkeitsstörung dazu führte, dass die Firma mehrere Milliarden zu viel für Roussel Uclaf zahlte, und Jürgen Dormann, der die Zerschlagung des Unternehmens leitete, wurden vom französischen Außenminister bzw. Staatspräsidenten zu Offizieren der französischen Ehrenlegion geschlagen; andere Beteiligte erhielten hohe deutsche Orden (Seifert 2018, S. 401). Das heißt: Gesellschaftliche Ehrungen gibt es eher für Nähe zur Macht als für Tapferkeit, Leistung oder Nächstenliebe. Ich komme darauf in Teil IV des Buches zurück.

8.2 Folgerungen für das Verstehen und Leiten von Unternehmen – und für die Gesellschaft

Leider lässt die Managementtheorie Unternehmen und Manager im Dunkeln, wenn es um kontraproduktives Verhalten geht. Das schadet nicht nur Firmen, sondern indirekt auch der ganzen Gesellschaft. Hier besteht dringender Forschungsbedarf zur Frage, wie man Transparenz über schädliche Vorgänge herstellen kann. Bis diese Forschungen anlaufen, helfen allenfalls Spezialliteratur (z. B. über Korruption, Compliance usw.) und „Trial and Error".

Unternehmen sind nicht naturgesetzlich; sie können sehr unterschiedliche Dinge sein: von sinnstiftenden Arbeitsorganisationen über Produktionsapparate bis hin zu inhaltsleeren Geldvermehrungsvehikeln.

Unternehmen können sehr schlecht gemanagt werden und trotzdem im Wettbewerb bestehen. Und es ist auch möglich, Kinder zu töten und damit reich zu werden.

Vor allem aber sind Unternehmen empirisch etwas ganz anderes als das, was in BWL-Büchern steht – sie haben auch rationale Elemente, aber daneben gibt es (teure) Eitelkeiten, Hinterhalte, Geklüngel, Schlampereien, Korruption und bösartiges Verhalten. Es ist einfach absurd, dass die Managerausbildung das nicht in den Blick nimmt.

Schließlich sind Unternehmen historisch gewachsen. Sie reagieren damit auf ihre Umwelt: In der Antike wurde der Großgrundbesitz immer größer, in der Renaissance herrschten (neben Agrarbetrieben) Manufakturen vor, aktuell werden wachsen manche Konzerne immer weiter, und zukünftig wird die Digitalisierung das Leben und damit auch Firmen verändern. Es handelt sich dabei um eine Art Evolutionsprozess. Der

Punkt ist, dass solche Prozesse (fast) nie abgeschlossen sind: Da sich Unternehmen, Mitarbeiter, gesellschaftliche Spielregeln, Techniken usw. in ständiger Veränderung befinden, können sich Unternehmen nicht an eine stabile Umwelt anpassen. Sie sind deshalb auch nie optimal.

Das erklärt (zusammen mit anderen Faktoren), warum Unternehmen so schlecht funktionieren wie in der Einleitung beschrieben. Es gibt aber auch Anlass zur Hoffnung: Wenn es gelingt, den blinden Evolutionsprozess durch eine vernünftige Planung zu ersetzen, wird nicht nur besser produziert, sondern die Arbeit macht auch mehr Spaß!

Literatur

BKA (2022). https://www.bka.de/DE/AktuelleInformationen/StatistikenLagebilder/Lagebilder/Korruption/korruption_node.html. Zugegriffen am 16.08.2022

Ceic (2022). https://www.ceicdata.com/de/indicator/germany/market-capitalization%2D%2Dnominal-gdp. Zugegriffen am 22.12.2022

Friedman M. A Friedman doctrine – the social responsibility of business is to increase its profits. New York Times, 13.09.1970

Menz W, Becker S, Sablowski T (1999) Shareholder-Value gegen Belegschaftsinteressen. VSA-Verlag, Hamburg

Reich R (2008) Superkapitalismus. Wie die Wirtschaft unsere Demokratie untergräbt. Campus, Frankfurt a. M.

Rigoni R, Griffiths A, Laing W (1986) Die Multinationalen Unternehmen der Pharmaindustrie. Campus, Frankfurt

Seifert K-G (2018) Goodbye Hoechst. Societäts-Verlag, Frankfurt

SRF (2022). https://www.srf.ch/wissen/gesundheit/teures-novartis-medikament-wie-kann-eine-behandlung-4-millionen-franken-kosten. Zugegriffen am 16.08.2022

Thielscher C (2022) Wirtschaft und Gerechtigkeit. Springer, Wiesbaden

Wehnelt C (2009) Hoechst. Kunstverlag Josef Fink, Lindenberg

9

Marienhaus: ein christliches Unternehmen mit unchristlicher Führung

Fallstudie

Die Hilferufe waren laut und deutlich, sie kamen aus Kliniken in St. Wendel, Ottweiler und Kohlhof. „Ich gehe heute mal wieder arbeiten mit Bauchweh ... hab' das Gefühl, ich mache da bei diesem Verbrechen mit", textete ein anonymer Absender im Mai. Ein anderer schrieb: „Seit Jahren wird die Belegschaft ... geknechtet, wo es nur geht." Ein Dritter berichtete von einem „Massenandrang" der Patienten, „psychisch kaum mehr auszuhalten".

Der Arbeitgeber dieser Briefeschreiber ist die Unternehmensgruppe Marienhaus. Von der Zentrale in Waldbreitbach aus leitet sie 14 Kliniken in drei Bundesländern und gehört einer kirchlichen Stiftung. Sie ist dem Bistum Trier unterstellt, einem der reichsten in Deutschland.

Laut Eigendarstellung orientiert sich das Marienhaus ‚an der Botschaft Jesu. Leitlinien unseres Handelns sind daher seine Nächstenliebe, seine bedingungslose Annahme des Mitmenschen.' Patienten und Mitarbeiter schildern die Zustände in den Krankenhäusern anders.

Dem Handelsblatt liegt eine Auswahl von 160 Briefen und E-Mails vor, die Michael Quetting, Pflegebeauftragter der Gewerkschaft Verdi für das Saarland und Rheinland-Pfalz, im April erhielt. Aus Angst vor Konsequenzen trauen die Absender sich nicht, sich offen zu äußern.

Es herrsche ein Klima der Angst in dem Klinikunternehmen, heißt es immer wieder. Berichtet wird von Arbeitsbedingungen, die das Wohl von

Personal und Patienten beeinträchtigen, von einem harten Sanierungskurs und einem ausgedünnten Dienstplan, der sich den coronabedingt veränderten Pflegeschlüssel zunutze macht.

Um die Vorgänge bei Marienhaus aufzuklären, wurde dem saarländischen Pflegebeauftragten Jürgen Bender im Mai Akteneinsicht gewährt. Sein abschließender Bericht ist noch nicht veröffentlicht. Ein Fragenkatalog, der dem Handelsblatt vorliegt, deutet jedoch auf massiven internen Druck der Geschäftsleitung, auf unzumutbare Dienstpläne und auf einen laxen Umgang mit dem Coronaschutz von Mitarbeitern hin.

Ein Pfleger für 15 Patienten

Eskaliert ist die Situation offenbar, als im März die Lungenkrankheit Covid-19 Deutschland erreichte. Damals schuf die Politik allerhand Sonderregelungen, um die Krankenhäuser auf den Ansturm von Patienten vorzubereiten. Dazu zählte auch die Möglichkeit, den Pflegeschlüssel zu verändern, um den Betrieb aufrechtzuerhalten.

Der Ansturm blieb aus, das Marienhaus veränderte den Personalschlüssel trotzdem. Eine Pflegekraft musste nun 15 statt zehn Patienten gleichzeitig betreuen. Auf der Intensivstation waren es vier statt zwei Patienten. Verdi-Mann Quetting bezeichnet die Maßnahmen als Versuch, die Coronakrise auszunutzen, um Einsparungen durchzusetzen. Das eingesparte Personal habe Minusstunden aufbauen müssen, Schichtzulagen seien weggefallen.

Die Reduzierung des Pflegeschlüssels sei mit den Mitarbeitervertretungen abgestimmt gewesen, heißt es von Marienhaus. Gespräche gab es tatsächlich. Seltsam nur: Nach heftigen Protesten der Belegschaft musste die Geschäftsführung die Änderungen zurücknehmen.

Gespräche des Handelsblatts mit Mitarbeitern zeigen zudem, dass die eingeschränkte Pflege offenbar in einigen Häusern weiterging. Von den schlechten Arbeitsbedingungen berichtet eine Pflegerin aus St. Wendel. Sie und viele Kollegen, auch in Ottweiler, hätten sich zwischenzeitlich krankmelden müssen. „Man sieht die Menschen da liegen und leiden. Das war nicht mehr verantwortbar."

Marienhaus dagegen spricht von „Kommunikationsproblemen" an einigen Standorten und betont, dass der coronabedingte Pflegeschlüssel bereits mit der bundesweiten schrittweisen Rückkehr zum Normalbetrieb ab dem 1. Mai 2020 in den Kliniken außer Kraft gesetzt worden sei.

Unter welchem Druck die Mitarbeiter bei Marienhaus standen, deutet auch der Fragenkatalog des Pflegebeauftragten Bender an. Dort heißt es unter anderem: „Was hat es mit der Anordnung auf sich, dass eine Intensivstation nur mit 4:1 zu besetzen sei, egal, welches Krankheitsbild vorliege? Wer zwingt wen in welcher Weise dazu, Patienten zu vernachlässigen? Wer droht, wenn man sich dem widersetzt, mit Abmahnung?" Sollte sich nur ein kleiner Teil der hinten [sic] den Fragen stehenden Vorgänge bestätigen, dürfte Benders Bericht vernichtend ausfallen.

Vollstrecker des Bischofs
Verantwortlich für die Umbrüche bei Marienhaus ist Sanierungsberater Thomas Wolfram. Marienhaus-Geschäftsführer Heinz-Jürgen Scheid holte ihn schon 2019 ins Haus, „Fitnessprogramm" nannte er in einer hausinternen Zeitung das, was er gemeinsam mit Wolfram für das kirchliche Unternehmen aufsetzen wollte.

Wolfram war eine eigentümliche Wahl für ein Unternehmen, das dem Geiste Jesu Christi verpflichtet ist. Während seiner Tätigkeit als Geschäftsführer bei der Hamburger Klinikgruppe Asklepios nannten ihn Medien ob seines Führungsstils „General". Wolfram sagte, er könne über die damalige Berichterstattung nur schmunzeln.

Doch auch der Pflegebeauftragte Jürgen Bender will wissen: „Wer droht in welcher Weise welchen Leitungen mit starken Konsequenzen, wenn Anordnungen von Herrn Wolfram nicht gefolgt wird?" Gewerkschafter Quetting sagt dazu, dass bei Marienhaus Angst vor dem Generalbevollmächtigten herrsche. Die Methoden von Wolfram in Verbindung mit dem kirchlichen Arbeitsrecht seien ein Nährboden für Krisensituationen. Marienhaus möchte sich zu diesen konkreten Vorwürfen nicht äußern.

Als Wolfram im März vor den saarländischen Sozialausschuss zitiert wurde, zeigte sich der Vize-Fraktionschef der CDU, Herrmann Scharf, konsterniert. Wolframs Sprache habe er als „nicht von einem christlichen Menschenbild und Nächstenliebe geprägt" empfunden.

Können Nächstenliebe und Sanierung nicht Hand in Hand gehen? Die finanzielle Situation der Marienhaus-Gruppe hat sich in den vergangenen Jahren verbessert. 2017 schrieb sie einen Bilanzverlust von knapp sieben Millionen Euro. 2019 rechnet man dank der Zusammenarbeit der Geschäftsführung mit Wolfram sowie der Wirtschaftsberatungsgesellschaft Ernst & Young nun mit einem Überschuss von zwölf Millionen Euro.

Auch beim Bistum Trier sind die Mittel da: 2019 nahm es mehr als 332 Mio. Euro Kirchensteuer ein. In der letzten einsehbaren Bilanz von 2017 ist das Vermögen der Kircheneinrichtung mit 900 Mio. Euro ausgewiesen. Warum sie nicht für die Bewältigung der Krise ausreichen, wollte das Bistum nicht erklären. Der Trierer Bischof Stephan Ackermann wollte sich auf Anfrage „nicht zu laufenden Vorgängen" äußern.

Gleichzeitig geht der wirtschaftliche Aufwärtstrend von Marienhaus mit vielen Schließungen einher. Noch 2018 hatte der Träger für den Krankenhausstandort in Losheim eine Bestandsgarantie bis 2022 abgegeben – kassierte dafür 5,8 Mio. Euro öffentliche Fördergelder aus einem Krankenhausstrukturfonds. Doch seit September heißt es von Marienhaus, der Standort müsse aus der Notfallversorgung ausscheiden, stattdessen werde er in ein „altersmedizinisches Zentrum umgewandelt".

Der Träger begründet den Schritt mit „Gesetzgebungsänderungen" und den veränderten Rahmenbedingungen im Zuge der Covid-19-Pandemie.

> Man wolle, so heißt es, durch das altersmedizinische Zentrum die „Bestandsgarantie mit Leben füllen".
> **Interne Finanzflüsse**
> Losheim ist der bisherige Höhepunkt der Sanierungsmaßnahmen. 2017 schlossen die Häuser in Wadern und Flörsheim, 2019 in Dillingen. Nach Angaben des Unternehmens stehen die Loreley-Kliniken in den rheinland-pfälzischen Gemeinden St. Goar und Oberwesel ebenso auf der Streichliste wie das saarländische Klinikum Ottweiler. Marienhaus gibt an, die Krankenhäuser hätten keine Perspektive und begründet das mit den politisch veränderten Rahmenbedingungen.
> Die Bilanzen der Unternehmensgruppe zeigen, dass aber auch interne Faktoren eine Rolle spielen. Die Kliniken müssen nämlich gleichzeitig Gelder an die Kirche abführen, ein Grund ist die Altersvorsorge der Ordensschwestern bis 2031. Einst hatten sie die Marienhaus-Stiftung gegründet.
> Für die weniger als 200 noch lebenden Franziskanerinnen sind in der Bilanz zwischen 2,1 und 2,7 Mio. Euro jährlich vermerkt. 2014 zog die Holding zudem einen Betrag von 21 Mio. Euro aus der Kliniksparte ab, zur „unternehmensinternen Kapitalkonsolidierung", wie es heißt.
> Vor diesem Hintergrund scheint die Marienhaus-Gruppe nun auch den guten Willen der Politik aufgebraucht zu haben. „Das Vertrauen ist weg, und Marienhaus tut nichts dafür, es wieder aufzubauen", sagt der Co-Vorsitzende der saarländischen Grünen, Markus Tressel, und fügt hinzu: „Marienhaus hat aus meiner Sicht Corona ausgenutzt, um Tabula rasa zu machen."
> Auch der Vorsitzende des Gesundheitsausschusses im Saarland, Magnus Jung (SPD), nennt Marienhaus „unprofessionell". Wie CDU-Mann Scharf weist aber auch Jung auf die Probleme im Krankenhauswesen hin: „Es muss sich etwas an der grundsätzlichen Finanzierung kleiner Krankenhäuser ändern." (Handelsblatt, 10. 10. 2020)

Nicht nur in profitorientierten Unternehmen gibt es schlechtes Management, sondern auch in freigemeinnützigen Einrichtungen und in Behörden. Letztere sind besonders anfällig für Geklüngel, weil ihre Kunden ihre Interessen häufig nicht selbst vertreten können. Krankenhäuser sind dafür ein exzellentes Beispiel, und deshalb hole ich bei der Beschreibung des Hintergrundes weiter aus.

9.1 Die Planung des medizinischen Versorgungsbedarfes

Im System der medizinischen Versorgung (um den irreführenden Begriff „Gesundheitswesen" zu vermeiden – es geht ja nicht um Gesunde, sondern um Leidende) ist der Preis als Rationierungsinstrument außer Kraft gesetzt, und zwar aus guten Gründen. In den meisten anderen Branchen bekommt der Konsument das, was er sich leisten kann und möchte. Als Patient bekommt man das, was man braucht – jedenfalls nach Meinung der behandelnden Ärzte, und man zahlt auch nicht für die je einzelne Maßnahme, sondern eine gehaltsabhängige Pauschale. Im Grunde funktioniert die Finanzierung in kommunistischer Weise: Jeder gibt, was er kann, und bekommt, was er braucht.

Der erwünschte Effekt ist, dass niemand zu Schaden kommt, weil er eine bestimmte Leistung nicht bezahlen kann. Organtransplantationen, Blutermedikamente, viele onkologische Therapien könnten sich ohne gesetzliche Krankenversicherung nur die Reichen leisten, und die Armen würden sterben. Zwar leben Männer, die mehr als das 1,5-Fache des Durchschnittseinkommens verdienen, immer noch 15 Jahre länger in Gesundheit als Männer mit weniger als dem 0,6-fachen Durchschnittseinkommen (Lampert et al. 2016), aber zumindest theoretisch werden alle gesetzlich Versicherten gleich behandelt – was die meisten Menschen als gerecht empfinden, denn Krankheit kann jeden treffen, und jeder hat das gleiche Recht auf Leben (nicht aber auf gleichen Konsum).

Dass der Patient meistens nicht die erforderlichen oder wünschenswerten Leistungen festlegen kann, unterscheidet ihn vom mündigen Konsumenten anderer Branchen, der auf sich selbst aufpassen kann und muss. Andere legen für ihn fest, was er bekommt, und zu welchem Preis die jeweilige Leistung vergütet wird. Der Patient kann also nicht kontrollieren, was „geliefert" und abgerechnet wird. Nun muss aber trotzdem irgendjemand festlegen, welche Kapazitäten vorgehalten werden und wer wie viel Geld für welche Leistung erhält. Da der Markt das nicht übernimmt, müssen politische Gremien einspringen.

Man würde erwarten, dass die Kapazitätsplanung irgendwie am Bedarf der Patienten orientiert ist, etwa so:

Schritt 1: Ermittlung des krankheitsbezogenen Versorgungsbedarfes. Für jede bedeutsame Indikation (Geburten, Gallenentfernungen, Hüftoperationen …) wird die aktuelle und zukünftige Häufigkeit bestimmt. Beispiel Hüfterkrankungen: In der Region Köln werden aktuell pro Jahr 2700 Hüft-TEPs benötigt; außerdem X Untersuchungen bei Orthopäden, physiotherapeutische Behandlungen usw. Durch den demografischen Wandel erhöhen sich die Zahlen auf xyz.

Schritt 2: Definition der optimalen Versorgung. Für jede Indikation wird bestimmt, wie sie am besten medizinisch (inkl. Prävention, ambulante und stationäre Behandlung, Reha usw.) versorgt wird. Im Beispiel: Es wird festgelegt, wie viel Prävention bei Hüfterkrankungen möglich ist, was dafür erforderlich ist, welche kurativen Eingriffe von wem durchgeführt werden usw.

Schritt 3: Zielsystem ermitteln. Aus dem Bedarf wird pro Region die entsprechende Versorgung geplant. Z. B. werden die 2700 Hüftoperationen so auf Krankenhäuser aufgeteilt, dass eine gute Balance gefunden wird zwischen Konzentration auf wenige Häuser (damit die Mitarbeiter genügend Erfahrung haben – zu wenig Eingriffe gehen häufig mit Qualitätsproblemen einher), guter Erreichbarkeit der Kliniken für alle Kölner und ausreichendem Wettbewerb unter den Kliniken.

Ein solches Verfahren ist eigentlich naheliegend und auch machbar, wenn man die entsprechenden epidemiologischen Zahlen hat (sie liegen Krankenkassen vor) und medizinische Fachgesellschaften den Prozess mit ihrem Wissen unterstützen.

So funktioniert es aber in der Realität nicht, sondern ganz anders.

Zunächst planen 16 Bundesländer jeweils für sich ihre Bettenkapazitäten; daneben planen die 17 Kassenärztlichen Vereinigungen (KVen) ebenfalls jeweils für sich die ambulante Versorgung. Durch die Zersplitterung der Planung auf 33 Instanzen steht jeweils nicht genügend Personal zur Verfügung, um bedarfsgerecht zu planen; Qualitätsaspekte können erst recht nicht berücksichtigt werden. Auch sind ambulante und stationäre Versorgung, Reha usw. nicht aufeinander abgestimmt. Faktisch werden einfach die aktuellen Bestände fortgeschrieben, mit minimalen Veränderungen, die zwischen Kassen und Kliniken bzw. KVen basarartig ausgehandelt werden. Natürlich führt das weder zu optimalen noch zu zukunftsorientierten Ergebnissen. Eine Folge davon ist, dass es in Deutschland nach wie vor zu viele Betten gibt, aber zu wenig Krankenpfleger und -schwestern pro Bett. Das führt wiederum dazu, dass das Personal im Durchschnitt (!) übermäßig belastet wird, und gleichzeitig sind die Kosten unnötig hoch. Auch wird die Chance zur Qualitätsoptimierung vertan (z. B. erleiden aktuell in Deutschland ein Drittel aller Patienten auf der Intensivstation Medikationsfehler).

Es weiß auch jeder, der sich mit dem System auskennt, dass es ganz leicht wäre, das Ergebnis zu optimieren, aber es passiert – nichts.

Warum ist das so?

Das ist nur historisch und politisch zu erklären. Seit der Gründung der Sozialversicherung 1881 konnten Krankenkassen frei entscheiden, mit welchen niedergelassenen Ärzten sie Verträge abschließen wollten. (Daher die Bezeichnung „alle Kassen" auf früheren Praxisschildern, was so viel bedeutet wie: Dieser Arzt kann Versicherte aller Kassen behandeln.) In der Weimarer Republik resultierten daraus Ärztestreiks, die mit einem Deal beigelegt wurden: Die Ärzte bilden ein Kartell (eben die später so bezeichneten KVen), und jeder Arzt darf jeden Patienten behandeln. Im Gegenzug verzichten Ärzte auf ihr Streikrecht (daher dürfen niedergelassene Ärzte bis heute nicht streiken).

Nun hat sich seit damals die Medizin dramatisch verändert. Insbesondere haben Kliniken erheblich an Bedeutung gewonnen. Es macht keinen Sinn mehr, ambulante und stationäre Versorgung einzeln für sich zu planen. Aber die KVen beziehen einen wesentlichen Teil ihrer Daseinsberechtigung aus dieser Planung und werden sie daher nicht aufgeben.

Ganz ähnlich stellen sich die Bundesländer vor ihre Krankenhäuser, denn sie schaffen Stellen, die aus einem anderen Budget bezahlt werden (nämlich dem der Krankenkassen). Freilich kommen dieselben Bundesländer ihrer Verpflichtung zur Investitionsfinanzierung allenfalls schleppend nach, weshalb viele Kliniken in erbärmlichem Zustand sind. (Aber das ist ein anderes Thema.)

Auch der Bundesgesundheitsminister kann im Grunde nicht viel unternehmen, weil die medizinische Versorgung Sache der Bundesländer ist, die ihre Kompetenzen nicht abgeben wollen.

In diesem Grabenkrieg geht es weder voran noch zurück. Natürlich wäre es für Qualität und Effizienz der Versorgung besser, eine kompetente Planungsbehörde zu haben als 33 inkompetente; aber durchsetzen lässt sich das aktuell nicht.

Was müsste passieren, um Planung und Effizienz zu verbessern? In funktionierenden Märkten teilen Konsumenten ihre Präferenzen durch ihre Kaufentscheidung mit. Patienten können das nicht – sie kaufen ja nicht ein. In der Medizin können Präferenzen nur berücksichtigt werden, wenn sie überhaupt erkennbar sind. Das setzt voraus, dass potenzielle und aktuelle Patienten sich eine Meinung bilden, was sie wollen, und sie auch mitteilen. Wenn wir wirklich eine bessere und effizientere Medizin wollen, dann brauchen wir Transparenz und Öffentlichkeit, und zwar nicht nur in Fachmedien, sondern auch in Publikumsmagazinen, im Radio, Fernsehen und in neuen Medien. Wer sich ein Auto kauft, informiert sich ja auch vorher. Viele Bürger müssen erkennen, wo aktuell medizinische Probleme liegen (von der Kapazitätsplanung bis zum Pflegenotstand), und sich notfalls beschweren.

Transparenz ist ein sehr gutes Mittel gegen Geklüngel und Vermachtung. Mündige Bürger, die Fehlsteuerung beseitigen wollen, müssen erkennen und sagen, was sie wollen: Das ist der Preis der Gleichheit. Ich komme später darauf zurück.

Auf die Bestimmung der Preise für Krankenhaus- und ambulante Leistungen, Medikamente usw. gehe ich hier hingegen nicht ein, weil es zu weit führt; dafür verweise ich auf Speziallliteratur.[1] Für unseren Zweck ist wichtig zu wissen, dass die Krankenhäuser für ihre Leistungen eine Art Durchschnittskostenerstattung (sog. DRGs) erhalten. Zum Beispiel erhalten alle Kliniken in einem Bundesland für einen bestimmten Eingriff – z. B. eine unkomplizierte Gallenblasenentfernung – einen bestimmten Betrag, der vom InEK (dem Institut für das Entgeltsystem im Krankenhaus in Siegburg) dadurch ermittelt wird, dass (verkürzt gesagt) die durchschnittlichen Ist-Kosten der Krankenhäuser kalkuliert werden.

Das Problem ist allerdings, dass gerade sehr große Kliniken (z. B. Universitätskliniken) wegen ihrer tendenziell schwierigeren Fälle und kleine Häuser (wie die Kliniken der Marienhaus GmbH) wegen der schlechteren Auslastung von Personal und Anlagen damit nicht zurechtkommen.

---

[1] Z. B. die von mir herausgegebenen Bücher über Medizinökonomie.

9.2 Das Problem der Marienhaus GmbH

1863 wurde von Rosa Flesch in Waldbreitbach die Kongregation der Franziskanerinnen von der allerseligsten Jungfrau Maria von den Engeln (Waldbreitbacher Franziskanerinnen) gegründet. Stammsitz der Gemeinschaft ist seitdem das Kloster Marienhaus (daher der Name).

Einer der Zwecke des Ordens bestand in der Krankenpflege. 1903 wurden die verschiedenen Aktivitäten in der Marienhaus GmbH zusammengefasst.

Aktuell betreibt die GmbH 15 Krankenhäuser (Marienhaus 2022) sowie Alten- und Pflegeheime und weitere Einrichtungen (z. B. Hospize, Medizinische Versorgungszentren, Dienstleistungs- und Servicegesellschaften, eine Zentralapotheke und ein Bildungshaus). Die Einrichtungen der Gruppe befinden sich in Nordrhein-Westfalen, Rheinland-Pfalz und dem Saarland.

Im Konzernabschluss zum Geschäftsjahr vom 01.01.2017 bis zum 31.12.2017 wies die Marienhaus Holding GmbH, Waldbreitbach, einen Umsatz von rund 870 Mio. Euro und einen Verlust von 6,7 Mio. Euro aus (nach einer „schwarzen Null" im Vorjahr). Im Jahr 2018 wurde ein Gewinn von 5,7 Mio. Euro erwirtschaftet, 2019 12,5 Mio. Euro und 2020 19,9 Mio. Euro.

Vor diesem Hintergrund berichtete die Marienhaus-Gruppe am 30. 10. 2020:

„Das umfassende Restrukturierungsprogramm, dem sich die Marienhaus Unternehmensgruppe seit Anfang 2019 unterzogen hat, ist erfolgreich abgeschlossen. Deshalb beendet Dr. Thomas Wolfram, der Generalbevollmächtigte der Marienhaus Holding GmbH, Ende Oktober planmäßig seine Tätigkeit für den Träger. In einem Schreiben an die Mitarbeiterinnen und Mitarbeiter danken Dr. Heinz-Jürgen Scheid und die gesamte Unternehmensleitung Dr. Thomas Wolfram ausdrücklich für die exzellente Arbeit. Dieser habe ‚Strukturen, Prozesse und Abläufe im Unternehmen und den Kliniken so gestaltet, dass wir voller Zuversicht die Zukunft angehen und gewinnen können'. Das Unternehmen sei ‚wirtschaftlich stabilisiert und damit für die Zukunft wieder investitionsfähig' aufgestellt. Der Erfolg ist umso höher zu bewerten, als die Corona-Krise die Arbeit im Gesundheits- und Sozialbereich tiefgreifend verändert hat. Als Verantwortlicher des Corona-Krisenstabes habe Wolfram ‚unsere Trägerschaft umsichtig und zielgerichtet durch die Pandemie im Frühjahr dieses Jahres geführt', so Scheid weiter.

Mit Blick auf die damals schwierige wirtschaftliche Situation hatte die Marienhaus Unternehmensgruppe Anfang 2019 den zeitlich befristeten Restrukturierungsprozess auf den Weg gebracht. Auf die Zeit von Umorganisation und Restrukturierung ‚soll und muss eine Phase der Konsolidierung, des Neuaufbruchs und des Wachstums folgen', so stimmt Heinz-Jürgen Scheid die Mitarbeiterinnen und Mitarbeiter auf die Zukunft ein. Zu Beginn des kommenden Jahres werden die nächsten Schritte zur strukturellen und personellen Neuausrichtung der Unternehmensleitung folgen."

Leider ist nie mitgeteilt worden, was genau restrukturiert wurde. Von gewerkschafts- und mitarbeiternahen Organisationen war aber zu hören, dass – neben den bereits eingangs genannten Schließungen unprofitabler Häuser – der Einkauf verändert wurde (so soll die Anzahl gekaufter Artikel reduziert worden sein) – v. a. aber wurde enormer Druck auf die lokalen Geschäftsführer ausgeübt, um sie zur Kostensenkung zu zwingen.

Dem Vernehmen nach wurden die Positionen der jeweiligen Klinikgeschäftsführung bewusst mit Personen besetzt, die mit dieser Aufgabe überfordert waren und das auch wussten. Umso mehr waren sie abhängig von der Konzernzentrale. Um deren Vorgaben zu erfüllen, wussten sie keinen anderen Rat, als Personal abzubauen – mit den eingangs aus der Presse zitierten Folgen („Ich gehe heute mal wieder arbeiten mit Bauchweh ... hab' das Gefühl, ich mache da bei diesem Verbrechen mit").

9.3 Bedeutung der Unternehmenskultur

Krankenhäuser in kirchlicher Trägerschaft haben eine besonders ausgeprägte Unternehmenskultur. Mitarbeiter fühlen sich mit dem Zweck ihres Unternehmens verbunden – sie tun mit ihrer Arbeit etwas Gutes. Obendrein ist diese Arbeit mit dem größten denkbaren Sinn, nämlich dem religiösen, aufgeladen. Das dürfte einer der Gründe gewesen sein, dass es bis 2017 keine Streiks in solchen Unternehmen gab – die Marienhaus GmbH war dann als Erstes betroffen (Der Spiegel, 11.10.2017).

Für die Mitarbeiter ist ihr Unternehmen also nicht nur ein Geldvermehrungsvehikel, sondern spirituelles Zuhause – noch mehr als bei den „Hoechstern".

Diese sehr enge Mitarbeiterbindung hat sich der Sanierer mit seinem „Fitnessprogramm" zunutze gemacht: Man hat einfach den Personalschlüssel heruntergesetzt im Wissen, dass die verbliebenen Mitarbeiter nicht von sich aus kündigen würden. Mit Blick auf das Konzernergebnis war diese Strategie bösartig, aber erfolgreich.

9.4 Das Versagen der Systemtheorie

Zusammengefasst: Die Ursache-Wirkungs-Kette vom Versagen der Versorgungsplanung über unfaire Preise, mangelhafte Investitionsfinanzierung bis zu bösartigem Management ist ausgesprochen komplex und schwer zu durchschauen. (Aber es ist dennoch möglich! *Das* muss die BWL lehren.) Man sollte meinen, dass die Systemtheorie behilflich sein kann. Merkwürdigerweise betrachtet aber die Systemtheorie Mitarbeiter als (von der Organisation her gesehen) „außen", klammert sie also bewusst aus ihrem Fokus aus (z. B. Simon 2018, in direktem Bezug auf Luhmann). Der Vorteil ist, dass dadurch die Analyse der Organisation einfacher wird. Der Nachteil besteht natürlich darin, dass man so niemals ein reales Unternehmen verstehen kann: Was bei der Hoechst AG, Marienhaus GmbH und jeder anderen Firma passiert, hat nun einmal viel mit den Mitarbeitern zu tun.

Simon (2018) erläutert weiter:

„Nicht alle sozialen Systeme sind langlebig. Da sie sich aus (Kommunikations-)Ereignissen zusammensetzen, ist die Wahrscheinlichkeit groß, dass sie – wie Streichhölzer – verglühen, kaum dass sie entzündet sind. Man trifft einen Menschen auf der Straße, fragt ihn nach dem Weg, er antwortet, man bedankt sich – und alles ist vorbei: ein soziales System, das seine Zukunft bereits hinter sich hat, wenn es das Licht der Welt erblickt.

Hier zeigt sich ein wesentlicher Unterschied zur Organisation als sozialem System. Denn in ihrem Fall wird die Kommunikation fortgesetzt, das heißt, es wird Geschichte geschrieben, die Organisation kann sich an Vergangenheit erinnern und Fantasien für die Zukunft entwickeln. Die Erklärung dafür liefert eine spezifische Prozessform der Kommunikation, die dafür sorgt, dass Kommunikationen an Kommunikationen *anschließen*, sodass der Kommunikationsprozess fortgesetzt wird. Sie macht die Dauerhaftigkeit des sozialen Systems Organisation wahrscheinlich (oder, um das Bild des ‚brennenden Streichholz' aufzunehmen: Sie sorgt dafür, dass Brennstoff nachgelegt wird).

Dieser Typus von Prozessen ist von Humberto Maturana (1978, S. 280) ‚autopoetisch' bezeichnet worden. Seiner Ansicht nach sind solche Prozesse das definierende Merkmal lebender Systeme – ein Spezialfall von Selbstorganisation.

Organismen erschaffen sich selbst als unterscheidbare Einheiten durch ihre internen biochemischen Prozesse. Ein selbstbezüglicher Prozess, durch den – aus der Perspektive des Beobachters (der auch das betreffende System selbst sein kann) gesehen – eine Innen-außen-Unterscheidung realisiert wird. Aufgrund ihrer internen Prozesse bilden lebende Systeme (Organismen) eine Grenze zum Rest der Welt (Haut), die sie als Einheit konstituiert. Und diese Grenze sorgt dafür, dass die internen biochemischen Prozesse, die sie hergestellt haben, weiter ablaufen können. Das heißt, dass alle drei Unterscheidungen des klassischen Modells der Herstellung unbelebter Gegenstände oder Dinge zusammenfallen: Der ‚Produktionsprozess' lebender Systeme (die Abgrenzung zwischen Systemen und -Umwelten) ist sowohl ‚Produzent' als auch ‚Produkt'. Der Begriff, den Maturana vorgeschlagen hat, um die Einheit dieser sonst getrennt konzeptualisierten Phänomene zu bezeichnen, ist: „autopoietisches System".

Autopoietische Systeme sind definiert als selbstbezüglich (‚selbstreferenziell') operierende Systeme, die sich aufgrund des Netzwerkes ihrer internen Prozesse als zusammengesetzte Einheiten konstituieren und gegen ihre Umwelten abgrenzen."

Nun ist es natürlich richtig, dass Menschen, ihr Verhalten und darauf beruhende Prozesse in Unternehmen ein Eigenleben entfalten können. Es ist aber nicht richtig, dass sich Unternehmen darin erschöpfen. So sehr ich Vergleiche mit der Medizin schätze – hier führt die Analogie in die Irre.

Der entscheidende Punkt, der hier übersehen wurde, ist, dass Unternehmen einen *Auftrag* bzw. *Zweck* haben, der sogar in aller Regel in einer Satzung definiert ist. Das heißt, dass die Gründer eine bestimmte Absicht verfolgen. Das ist auch jedem Mitarbeiter zumindest in Umrissen klar:

Ein Krankenhaus soll Patienten heilen, eine Frittenbude Essen produzieren usw. Ohne diese Zwecksetzung bleibt die Autopoiese unverständlich. (Natürlich haben auch Organismen einen „Zweck", nämlich – evolutionstheoretisch formuliert – die Vermehrung ihrer Gene. Aber aus dieser Analogie folgt für Unternehmen – nichts.)

Systemtheoretiker versuchen also, Organisationen zu verstehen, indem sie die Mitarbeiter und den Unternehmenszweck ausblenden. Man fragt sich, ob diese Menschen jemals eine reale Firma gesehen haben.

9.5 Folgerungen für das Verstehen und Leiten von Unternehmen

Die Marienhaus GmbH ist ein überzeugender Beleg für die Bedeutung von „Sinn". Das kann man in verschiedene Richtungen entwickeln: Man kann den Sinn nutzen, um Mitarbeiter zu motivieren, man kann ihn missbrauchen usw.

Interessant wird es aber erst, wenn man weiß, was das konkret bedeutet. Dass es „irgendeine" Unternehmenskultur gibt, gehört zum gesunden Menschenverstand. Managementbücher müssten erklären können, welche Branchen sich durch welche kulturellen Elemente auszeichnen. Das fehlt bisher weitgehend. Unternehmensleiter müssen bis auf weiteres den „Sinn" der Firma selbst konstruieren und den Mitarbeitern kommunizieren.

Literatur

Der Spiegel (2017). https://www.spiegel.de/karriere/ottweiler-verdi-streikt-an-einem-katholischen-krankenhaus-erstmals-a-1172311.html. Zugegriffen am 17.08.2020

Handelsblatt 10.10.2020. https://www.handelsblatt.com/unternehmen/dienstleister/marienhaus-gruppe-wie-ein-katholischer-krankenhausbetreiber-seine-kliniken-kaputtspart/26235482.html. Zugegriffen am 17.08.2022

Lampert T, Richter M, Schneider S, Spallek J (2016) Soziale Ungleichheit und Gesundheit. Bundesgesundheitsbl 59:153–165

Marienhaus (2020). https://www.marienhaus.de/presse/aktuelles/einzelmeldung?tx_ttnews%5Btt_news%5D=8726&cHash=89cf3a9cae882504f0b795d332e67389. Zugegriffen am 17.08.2022

Marienhaus (2022). https://www.marienhaus.de/einrichtungen/klinikenmarienhaus. Zugegriffen am 17.08.2022

Simon FB (2018) Einführung in die systemische Organisationstheorie. Carl-Auer, Heidelberg

10
Mythos McKinsey entmythologisiert

> **Fallstudie**
>
> Jochen W., ein gutaussehender, eloquenter, aber sehr kaltherziger und nicht besonders kreativer Unternehmensberater, war in der Vergangenheit eher mäßig erfolgreich. Einmal konnte er seine Karriere nur retten, indem er seine Mitarbeiter (die dafür entlassen wurden) für seinen Fehler verantwortlich gemacht hat. Da spielt das Schicksal ihm eine riesige Chance zu: Ein großer behördennaher Konzern wird plötzlich dem Marktwettbewerb ausgesetzt. Zwar gelingt es W., mehrere Projekte zu verkaufen, die den Konzern „fit" machen sollen, aber er kennt die Branche noch nicht, hat insbesondere noch nie für Wettbewerber gearbeitet und daher keinen Wissensvorsprung; die Arbeit schleppt sich mangels zündender Ideen dahin. Wie üblich sind die Vorhaben jeweils mit einem Projektleiter und einem Team des Konzerns und der Unternehmensberatung besetzt; außerdem gibt es auf der Konzernseite jeweils einen Senior Manager, der das Projekt begleitet.
>
> Eines Abends kommt Jochen W. auf die Idee, dass die Senior Manager mit ihren Projekten zusätzliche Arbeit haben und setzt durch, dass sie vom Konzern dafür vergütet werden. Die (so genannten) „Projektpaten" gewöhnen sich schnell an das zusätzliche Gehalt; bei Projektende sind sie sehr daran interessiert, neue Projekte zu finden. Der Konzern wird für Jochen W. zur Goldgrube, er selbst steigt in die Führungsspitze seines Beratungsunternehmens auf und beendet seine Karriere überhäuft mit Geld und Ehrentiteln.

Wenn man lange genug Unternehmensberater war, ist der Job eigentlich ziemlich simpel. Kundenunternehmen sind, wie in früheren Kapiteln gesehen, voll von ungelösten Konflikten: Mitarbeiter haben ihre eigenen Agenden und Ziele, die nicht mit den Zielen des Unternehmens übereinstimmen müssen; andere Mitarbeiter weisen mehr oder weniger schwerwiegende Persönlichkeitsstörungen auf; verschiedene Abteilungen einer Firma arbeiten mitunter eher gegeneinander als miteinander – manchmal zwingen die Regeln sie sogar dazu: Forschung/Produktion auf der einen und Marketing/Vertrieb auf der anderen Seite (oder jeweils untereinander) geben sich dann gegenseitig die Schuld an schwachen Umsätzen. Daher entstehen in jedem Unternehmen Reibungen, die oft nicht von innen heraus lösbar sind, sondern einen externen „Schiedsrichter" brauchen – ein unerschöpfliches Betätigungsfeld für Unternehmensberater.

10.1 Der „Mythos" McKinsey

Unter der Überschrift: „The McKinsey-Mystique" schreibt McDonald (2013) in seinem Bestseller über das Unternehmen:

> „Vor allem haben die Berater von McKinsey Unternehmen und Regierungen dabei geholfen, viele der unternehmerischen Verhaltensweisen zu schaffen und zu erhalten, die die Welt, in der wir leben, geprägt haben. Indem sie zu einem unverzichtbaren Bestandteil der Entscheidungsfindung auf höchster Ebene wurden, haben sie sich nicht nur als eine der großen unternehmerischen Erfolgsgeschichten unserer Zeit erwiesen, sondern auch dazu beigetragen, das zu erfinden, was wir als amerikanischen Kapitalismus bezeichnen, und es in jeden Winkel der Welt zu tragen. Die abstrakte ‚White-Collar(Angestellten)-Natur' der modernen Wirtschaft – die Tatsache, dass der größte Wert in unserer Wirtschaft heute von Menschen geschaffen wird, die in klimatisierten Wolkenkratzern und Unternehmensparks sitzen und mit Informationen hantieren – ist eine Realität, die McKinsey maßgeblich mitbegründet, gefördert und von ihr profitiert hat. Der beste Beweis für die Kompetenz von McKinsey ist die Firma selbst. Sie ist ihrem eigenen Rat gefolgt und hat eine beneidenswerte Position der Macht und des Prestiges erreicht…
>
> Was machen McKinsey-Berater eigentlich? Sie sind Managementexperten, Kostensenker, Sündenböcke und Katalysatoren für Unternehmensveränder-

ungen. Sie sind die Geschäftsleute der Geschäftsleute. Sie sind die Mandarin-Elite des Unternehmens, ein privates Korps, das fernab von neugierigen Blicken hinter den Kulissen für die mächtigsten Leute der Welt arbeitet. Wie machen sie das? Nun, ihre Methoden wurden (von anderen und von ihnen selbst) mit denen der Jesuiten, der US-Marines und der katholischen Kirche verglichen. Sie sind so sehr von sich überzeugt, dass sie auf einem Eigennamen bestehen, wo es keinen gibt. Für einen Außenstehenden sind sie eine Beratungsfirma. Für sich selbst sind sie einfach ‚Die Firma'."[1]

Dabei ist die Geschichte überhaupt nicht magisch, sondern leicht zu verstehen – geradezu simpel –, aber sie erhellt einiges über Unternehmen, ihre Wirkung auf die Gesellschaft und die Betriebswirtschaftslehre.

Um die Jahrhundertwende erlaubten neue Techniken und Finanzierungsmethoden die Entstehung immer größerer Unternehmen, aber die Führungsmethoden waren nicht schnell genug mitgewachsen. Es gab entsprechend viele Versuche, das zu entwickeln, was man heute „Management" nennt. Bekannt wurde z. B. Frederick W. Taylor mit seinen Untersuchungen über „Scientific Management" (Kernelemente: Trennung von Management und Arbeit, Zergliederung körperlicher Arbeit in einfachste, effiziente Arbeitsschritte), die allerdings nicht besonders wissenschaftlich und obendrein teilweise gefälscht waren (Tourish 2019). 1886 gründeten zwei Chemiker die Firma Griffin & Little Chemical Engineers, die sich ursprünglich mit der Papierherstellung beschäftigte; da-

---

[1] Im Original: „Above all, McKinsey consultants have helped companies and governments create and maintain many of the corporate behaviors that have shaped the world in which we live. And in becoming an indispensable part of decision making at the highest levels, they have not only emerged as one of the great business success stories of our time but also helped invent what we think of as American capitalism and spread it to every corner of the world. The abstract, white-collar nature of modern business – the fact that the greatest value in our economy is now created by people sitting in air-conditioned skyscrapers and corporate parks who manipulate information – is a reality that McKinsey was instrumental in establishing, championing, and profiting from. The best evidence for McKinsey's expertise is the firm itself. It has followed its own advice into an enviable position of power and prestige. ...

What do they actually do? They are managerial experts, cost cutters, scapegoats, and catalysts for corporate change. They are the businessman's businessmen. They are the corporate Mandarin elite, a private corps, far from prying eyes, doing behind-the-scenes work for the most powerful people in the world. How do they do it? Well, their methods have been compared (by others and by themselves) to the Jesuits, the U.S. Marines, and the Catholic Church. They feel so strongly about themselves that they have insisted on a proper noun where one need not exist. To an outsider, they are a consulting firm. To themselves, simply, The Firm."

raus ging später die Firma Arthur D. Little (ADL) hervor, die sich über das Ingenieurwesen zur Management- bzw. Unternehmensberatung entwickelte; ADL gilt heute als ältestes Beratungsunternehmen der Welt.

James O. McKinsey (1898–1937) lehrte Buchhaltung an der Universität Chicago. 1922 optimierte er Budgetierungsmethoden und ermöglichte dadurch, Unternehmen besser zu steuern. Mitte der 1920er-Jahre (in der Literatur finden sich verschiedene Angaben: 1924, 1925 und 1926) gründete er die Firma James O. McKinsey and Company, die er 1935 verließ, um in das Management eines Handelsunternehmens zu wechseln. Als er starb, hatte McKinsey, Wellington & Company (für einige Jahre hatte man sich mit einer anderen Beratungsfirma zusammengetan) keine 50 Mitarbeiter. Vom Gründer blieb in der Firma vor allem sein elitäres Bewusstsein, das sich nicht nur in sehr hohen Tagessätzen spiegelte, sondern auch in seinem Bemühen, sich mit den Vorstandsvorsitzenden seiner Kunden zu vernetzen.

Die eigentliche McKinsey-Unternehmenskultur baute Marvin Bower auf, der seit 1933 in der Firma arbeitete und von 1950 bis 1967 Managing Director war. Insbesondere geht auf ihn die Idee „Client First, Firm Second, Self Third" zurück: Alle Mitarbeiter sollen bei allem, was sie tun, zuerst die Interessen des Kunden (im McKinsey-Jargon: des „Klienten") berücksichtigen; die eigenen Wünsche haben zurückzustehen. Die Firma McKinsey selbst liegt dazwischen. Das schließt ein, Kundendaten und -informationen extrem vertraulich zu behandeln. Diese Verschwiegenheit ist wohl einer der Gründe dafür, dass (fast) kein Berater in der Öffentlichkeit bekannt ist.

Insgesamt ist McKinsey ein schönes Beispiel, wie die Persönlichkeit von Firmengründern in einer Unternehmenskultur sehr lange (Jahrzehnte) nachwirken kann.

Aus diesen wenigen Zutaten ergab sich ein bemerkenswert simples Business-Modell: McKinsey rekrutiert nur die besten Absolventen (elitärer Anspruch); dadurch werden außergewöhnlich gute Dienstleistungen erzeugt; dafür werden sehr hohe Vergütungen gefordert, was wiederum erlaubt, die besten Mitarbeiter zu rekrutieren. Das strenge Up-or-Out-Prinzip (wer nicht befördert wird, muss die Firma verlassen) soll dazu beitragen, das Niveau zu halten. Der Anspruch, nur auf Vorstandsebene zu arbeiten, führt dazu, dass die Mitarbeiter nach einigen Jahren die wichtigsten Probleme der jeweiligen Industrie sehr genau verstehen. Obendrein kennen sie die Konkurrenz: Zwar wechselt man nicht einfach nach einer Marktstudie für Toyota zu BMW, um dort dasselbe zu tun; aber man kann durchaus zunächst ein Kostensenkungsprogramm in der PKW-Sparte von Mercedes leiten, danach ein „Cool-down-Projekt" in einer anderen Branche, und anschließend ein Marketingprojekt bei Dacia. Irgendwann hat man die Industrie „durch", erst recht, wenn mehrere Partner (ältere Mitarbeiter) zusammenkommen. Natürlich plaudern sie nicht einfach Geschäftsgeheimnisse aus, aber was man weiß, das weiß man.

Dadurch ersetzt Erfahrung Expertise. McKinsey meint, dass ein guter Berater heute in der einen Branche arbeiten kann und seine „Managementtools" morgen genauso gut in einer anderen Branche anwendet. Das ist realistischerweise falsch, und tatsächlich fokussieren sich ältere Berater auf eine oder höchstens zwei Industrien. Der „Wert", den sie bringen, liegt nicht in den Tools, sondern in ihrem Branchen- und Insiderwissen. In manchen Fällen können winzige Details sehr wertvoll sein, z. B. Preis- oder Kostendaten. – Man kann es mit Paul Watzlawick (Watzlawick 1995) auch so sehen: Unternehmensberater sind (neben ihren anderen Funktionen) die von allen geduldeten Spione der Industrie, die Wissen hin- und hertragen und damit zu heftigen Wettbewerb durch Informationsunterschiede vermeiden.

Berater haben außerdem den Vorteil, nur eine gewisse Zeit in einem Unternehmen zu verbringen. Sie müssen daher keine politischen Rücksichten nehmen. Mehr noch, als Externe können sie leicht die „Schiedsrichter"-Rolle übernehmen – und die des Blitzableiters („Ich wollte dich nicht entlassen, aber McKinsey zwingt mich dazu").

Diese Melange aus Wissensvorsprung (auch hinsichtlich der Konkurrenten des Kunden), Zugang zur Geschäftsführung, intellektueller Überlegenheit, dem Bedürfnis, der Beste zu sein, und der Unabhängigkeit des Beraters erzeugt einen schwer einzuholenden Vorsprung.

Insgesamt ist McKinsey eine Art Energie- oder Druckerzeugungsmaschine. Auch innerhalb stehen die Mitarbeiter unter enormem Erfolgsdruck; selbst ältere Partner müssen sich einem gnadenlosen Beurteilungsprozess stellen. Das Beurteilungssystem, das eine „Meritokratie" erzeugen soll, funktioniert ganz gut, auch wenn selbstverständlich

z. B. die Tochter eines Staatspräsidenten die „besseren" Projekte bekommt und freundlicher beurteilt wird als ein gewöhnlicher Mitarbeiter. Wo man diese Energie hinlenkt, ist weitgehend unbestimmt – man könnte sie auch nutzen, um Gewerkschaften zu stärken. McKinsey ist weltanschaulich weitgehend neutral, wenn man davon absieht, dass viele Mitarbeiter eine neoklassische Wirtschaftsausbildung durchlaufen haben, derzufolge kapitalistische Märkte immer die beste Lösung sind. In dieser Denktradition sagte ein Partner einmal: „Was volkswirtschaftlich gut ist, setzt sich auch betriebswirtschaftlich durch." Damit lag er allerdings falsch, denn in realen Märkten gewinnt oft der Mächtigere oder der, der einen Startvorteil hat, nicht der Bessere.

Aus alldem folgt ein verheerendes Zeugnis für die BWL. Neue McKinsey-Mitarbeiter erzeugen nicht viel Wert („Kinderkreuzzüge"), obwohl sie als BWLer Bestleistungen gezeigt haben. Sie verfügen aber noch nicht über Erfahrung und v. a. nicht über Insiderwissen. Andererseits braucht man sie als fleißige Informationssammler und als „Produkt": Damit die Firma McKinsey ihre Tagessätze abrechnen kann; und damit jemand vor Ort beim Kunden ist.[2] Ich selbst konnte aus meinen beiden Studiengängen (BWL und VWL) praktisch nichts in meiner Tätigkeit als Berater anwenden. In der Medizin ist das anders; als Arzt hätte ich gar nicht arbeiten können, wenn ich nicht Medizin studiert hätte. Insofern muss sich das BWL-Studium dringend ändern und den Studierenden endlich die tatsächliche Anatomie, Physiologie, Pathologie und Pathophysiologie ihres Gegenstandes vermitteln! Ich komme im Lösungsteil darauf zurück.

10.2 Zeichenhaftes Handeln

Die älteren Firmenmitglieder geben sich viel Mühe, den jüngeren das Gefühl zu vermitteln, zu einer auserlesenen Elite zu gehören. Das erfolgt v. a. durch zeichenhafte Handlungen. Der damalige Deutschland-Chef (Leiter des deutschen Büros), Herbert Henzler, überreichte 1999 seinem

---

[2] Dabei ist nicht immer leicht zu sagen, wer der Klient ist: das Unternehmen? Der Vorstand als Auftraggeber? Oder die Eigentümer?

Nachfolger eine Original-Kapitänsbinde der deutschen Fußballnationalmannschaft von 1954. Der Nachfolger selbst forderte in seiner Antrittsrede von seinen Partnern (!) u. a., nur noch A-Vorträge auf A-Kongressen zu halten, davon aber jede Menge.

Wer dringend zu einem wichtigen Meeting muss, kann auch einen Hubschrauber mieten, wenn es anders nicht geht. Alle Büros sehen weltweit gleich aus, und alle Anzüge aller Berater sowieso. Schreibblöcke werden quer benutzt.

Alles zusammen hat einen doppelten Wirkmechanismus: Erstens arbeiten Menschen, deren Chefs glauben, dass sie besser sind, tatsächlich besser (Rosenthal-Effekt); zweitens arbeiten Menschen, denen man sagt, dass sie besser sind, tatsächlich besser als andere. Und wirklich erleben McKinsey-Mitarbeiter ihre jeweilige Aufgabe als völlig überwertig. Schon in der Anfangszeit der Firma wurden McKinsey-Berater als übergeschnappte Buchhalter betrachtet. Man könnte auch sagen: Hier wurde Größenwahn als Firma institutionalisiert.

Selbstverständlich wird sehr lange gearbeitet. Letzteres macht inhaltlich überhaupt keinen Sinn: Man könnte ja (angesichts der Marge) genauso gut zwei Mitarbeiter einsetzen, die ausgeschlafen ihre Arbeit machen. Auch dieses Handeln ist eher zeichenhaft zu verstehen. Es ist für einen Kunden einfacher zu akzeptieren, einen Rat anzunehmen, wenn dieser mit extrem harter Arbeit erzeugt wurde; schwierig ist es, hinzunehmen, dass der andere klüger ist. Das „Leid des Beraters" mindert außerdem den Ärger über die enormen Kosten.

Letztlich hängt die enorme Bedeutung des zeichenhaften Handels mit dem Versagen der Managementtheorie zusammen. Ein Arzt braucht sehr viel weniger „Show" (natürlich, auch der weiße Kittel ist bloßes Zeichen), weil er weiß, was er zu tun hat. – Henzler sagte einmal auf die Frage, was Unternehmensberatung bedeutet: gesunden Menschenverstand auf Unternehmen anzuwenden. McKinsey ist inhaltlich gesunder Menschenverstand „auf Speed".

Das elitäre Verhalten bringt mitunter ausgesprochen inspirierende Situationen hervor. Als in der westlichen Welt langsam klar wurde, dass China ein riesiger Markt wird, war McKinsey schon da. Der damalige Managing Director erzählte, man habe im Partnerkreis überlegt, dass man in China die führende Rolle spielen wolle. Dann habe man festgestellt, dass das nur geht, wenn man die Kommunistische Partei penetriert (Firmenjargon); so geschah es dann auch. Dieses Denken, das sich von vermeintlichen Begrenzungen löst und vom Ergebnis her rückwärts rechnet, ist sehr typisch.

Es treibt allerdings auch sehr merkwürdige Blüten und fördert manchmal sogar abstoßende Verhaltensweisen. Bei einem Empfang für ehemalige McKinsey-Mitarbeiter kamen fünf Ex-Berater zusammen und unterhielten sich darüber, was sie gerade machten. Der erste hob sein Glas und sagte in Richtung Himmel: „Seit genau 10 Jahren Vorstand." So ging es einmal um den Tisch, und dann prahlten alle mit ihren Ehefrauen, die sich mindestens gerade in Astrophysik habilitierten oder das größte Umweltschutzprogramm Südamerikas leiteten. Einer von ihnen sagte: „Meine Frau arbeitet am Empfang in einer HNO-Praxis." Nach zunächst ungläubigem, danach peinlichem Schweigen ergänzte er, selbst Vorstandsmitglied eines Versicherungskonzerns, inzwischen rot angelaufen: „In einer *großen* HNO-Praxis."

In einer anderen Runde erklärte ein Partner allen Ernstes, sein dreijähriger Sohn interessiere sich für „literature, tennis, and classical music". Ein anderer erklärte, wie sehr es ihm helfe, sich von seiner Arbeit zu erholen, wenn er abends vom Balkon seiner Villa auf den Genfer See hinabschaue – ich glaube, er wollte wirklich bemitleidet werden.

Und Selbstbeschreibungen folgen *immer* dem Schema: 1. Warum ich es schwerer hatte als alle anderen. 2. Wie ich trotzdem der Allerbeste wurde. 3. Was ihr daraus lernen könnt.

McKinsey rekrutiert nur die „Besten" (gemessen an Schul- und Examensnoten), achtet dabei auch darauf, dass die zukünftigen Mitarbeiter irgendeine Art von sonstigem (z. B. sportlichem) Antrieb zeigen, aber nicht auf sittliche Reife. Das führt dazu, dass es unter den Beratern die ganze Bandbreite von Menschen gibt – freundliche und hilfsbereite ebenso wie sittlich sehr unreife (um es freundlich auszudrücken). Ich selbst hatte mit Extremfällen der letzten Art zu tun, die später bei Investmentbanken reich wurden. Es wäre eine reizvolle Idee, ein Beratungsunternehmen zu gründen, das nur Mitarbeiter beschäftigt, die zugleich intelligent und nett sind.

Daher gibt es auch zwei „Schulen" bei McKinsey. Die eine versucht wirklich, durch harte Arbeit dauerhafte Verbesserungen für die Kunden zu erzielen. Die andere schlägt Schaum und freut sich am eigenen Einkommen. Unter einem solchen Vorgesetzten musste ich monatelang arbeiten. Er hatte überhaupt keine Ahnung von dem, was er verkaufte. Als ich ihn einmal wegen eines inhaltlichen Problems fragte, und er nicht zugeben wollte, dass er auch nicht weiterwusste, verwickelte er mich in eine langwierige Diskussion über ein winziges Detail des Problems, das schon gelöst war, „fand" selbst noch einmal die „Lösung", und schloss mit der Bemerkung: „Siehst du, dann sind wir ja *da* schon mal sauber. Jetzt musst du nur noch den Rest genauso bearbeiten. Ich muss mich jetzt leider um etwas anderes kümmern." Der Satz „Dann sind wir ja *da* schon mal sauber" wurde im Teamraum zum geflügelten Wort für idiotisches Getue um eine Scheinlösung.

10.3 Der Sündenfall des Rajat Gupta

Bis zum Jahr 2012 gab es keinen einzigen Fall, in dem ein McKinsey-Mitarbeiter wegen Geheimnisverrats verurteilt wurde. Bowers Vorgabe wurde offenbar ernstgenommen, und zwar von zigtausenden Mitarbeitern, die zwischenzeitlich dort gearbeitet hatten. Dann wurden im Rahmen des „Galleon-Skandals" Anil Kumar und Rajat Gupta zu 2 Jahren auf Bewährung bzw. zwei Jahren im Gefängnis und einem Jahr Hausarrest sowie 5 Mio. US-Dollar Geldstrafe verurteilt (Guptas Vermögen betrug zu dieser Zeit rund 100 Mio. US-Dollar).

Zumindest bei Kumar, der als Kronzeuge gegen seinen Ziehvater Gupta und den indischen Milliardär Rajaratnam aussagte und daher mit einer Bewährungsstrafe davonkam, hatte die Strafe scheinbar keine erzieherische Wirkung: Im Jahr 2015 wurde bei einer Untersuchung festgestellt, dass er illegal Gelder aus Insidergeschäften auf Offshore-Konten im Namen seiner Hausangestellten Manju Das gesammelt hatte. Weiter fanden die Ermittler, dass Frau Das keine Kenntnis von diesen Konten hatte, die mit von Kumar gefälschten Ausweispapieren eingerichtet worden waren, und dass sie von Kumar mehrere Jahre lang weit unter dem Mindestlohn bezahlt wurde, was einen Verstoß gegen US-Gesetze darstellt (Wikipedia 2022a).

Während Kumar „nur" Senior Partner (Director) war, hatte Gupta von 1994 bis 2003 McKinsey als Managing Director geführt. Seine Verurteilung – wenn auch lange nach dieser Zeit erfolgt – traf die Firma sehr viel härter. Gupta selbst hält sich bis heute für unschuldig.

Wie kommt jemand, der längst über alle finanziellen Sorgen erhoben ist, auf die Idee, illegalerweise Geschäftsgeheimnisse zu verkaufen?

Etwas oberhalb der ersten Milliarde US-Dollar beginnt der Club der wirklich (einfluss-)reichen Menschen. Aktuell (2022) gibt es knapp 3000 Milliardäre mit einem Vermögen von ungefähr 10 Billionen US-Dollar; das entspricht ungefähr dreimal dem deutschen oder der Hälfte des US-amerikanischen Bruttoinlandsproduktes. Die Macht der Milliardäre beruht dabei weniger auf ihrem Vermögen als vielmehr auf ihren Kontakten untereinander und mit den Spitzen von Wissenschaft und Politik. Manche treffen sich in sehr exklusiven Konferenzen (Bilderberg, Bohemian Grove usw.), vor allem aber informell: Wen fragt der US-Präsident, wenn er etwas über IT wissen will – den Internetshopbetreiber an der Straßenecke oder Bill Gates? Und wen fragt Gates, wenn er wissen will, was die Politik vorhat und wie er sein Vermögen vor Steuern schützt? Dass Gates in diesem Absatz mit Namen genannt wird, der US-Präsident aber nicht, hat seinen Grund: Präsidenten kommen und gehen, Kapital ist fast unvernichtbar.

Es geht also nicht etwa um eine Verschwörung, sondern um ein soziales Milieu. Krysmanski (2015) hat es aus soziologischer Sicht beschrieben; er zitiert auch den russischen Oligarchen Jewtuschenko: „Erfolg hängt ab von den persönlichen Beziehungen zur Macht. Ein dichtes Netz persönlicher Kontakte ist in New York ebenso lebenswichtig wie in Moskau… Jetzt bekomme ich innerhalb von fünfzehn Minuten einen Termin beim luxemburgischen Premierminister." (Etwas später scheint er bei Putin in Ungnade gefallen zu sein, jedenfalls stürzte sein Vermögen von 10 auf 3 Mrd. US-Dollar ab.)

So sind Menschen nun einmal: Man vertraut Leuten, die man kennt. Ob sich Nachbarn gegenseitig bei der Autoreparatur helfen oder sich Milliarden zuschustern, unterscheidet sich nicht in der Natur der Sache, sondern in der Hierarchieebene und beim Effekt auf den Rest der Gesellschaft. Modelliert man Firmen als rationale Entscheidungsfindungs- und Entscheidungsumsetzungssysteme, wird man die Wirtschaft nie richtig verstehen.

Diese Superreichen brauchen eine Funktionselite – Banker, Unternehmensberater, Rechtsanwälte usw., die ihnen helfen, ihr Geld zu vermehren, und zwar mit „atypischen" Investments: Man kann schlecht 1 Mrd. Euro auf ein Sparbuch der Sparkasse Köln einzahlen, ganz abgesehen davon, dass man so niemals auf 12 % Rendite kommt. Um diesen Kreis schart sich wiederum eine Gruppe von gehobenen Professionen, und darunter lebt das „Volk". Im Grunde ist es genauso wie immer in der Geschichte. Louis XIV, die Habsburger, Hohenzollern usw. haben ja auch nicht selbst ihre Bauern ausgepresst; dafür hatten sie ihren Adel und ihre Verwalter. Nur wird heute Macht nicht mehr in Form von Adel vererbt, sondern von Geld.

Wenn ich – wie Gupta es getan hat – mich mein ganzes Leben abgerackert hätte, um superreiche Familien noch reicher zu machen – Leute, die ich aus der Nähe kennenlerne, und die weit weniger intelligent, kreativ und kultiviert sind als ich –, und wenn ich jeden Tag mit meiner Arbeit die Kluft zwischen ihnen und mir vergrößere: Vielleicht hätte ich dann auch irgendwann den Wunsch gehabt, zu denen ganz oben zu gehören, anstatt immer nur ihre Drecksarbeit zu erledigen. Tatsächlich hatte Rajaratnam – den polizeilichen Aufzeichnungen seiner Gespräche zufolge – den Eindruck, dass Gupta keine Lust mehr hatte, „armer Consultant zu sein und in den Kreis der Milliardäre aufsteigen wollte" (McDonald 2013).

Geld ist ja auch genug vorhanden. Denn durch die – längst empirisch nachgewiesene – Akkumulation und Konzentration von Kapital gibt es immer mehr freies Geld, das irgendwie angelegt werden muss (u. a., weil die Notenbanken immer mehr Geld zur Verfügung stellen), und gleichzeitig immer weniger Verwendung dafür: Denn die Mittel- und Unterschichten haben relativ weniger Geld zur Verfügung, und die Superreichen können ja nicht Millionen Gegenstände konsumieren. Daher lohnt es sich immer weniger, Geld in normale Produktionsanlagen zu investieren, weil die Nachfrage relativ sinkt.

Das wiederum bedeutet, dass der Wert von smarten Geldmachern steigt. Zum Beispiel muss man schon sehr smart sein, wenn man als amerikanischer Fondsmanager auf die Idee kommt, deutsche Pflegeheime zu kaufen, weil ihre Betreiber (Kirchen, Kommunen) keine Gewinnerzielungsabsicht haben (sodass die Heime sehr günstig zu kaufen sind), einigen Mitarbeitern zu kündigen und/oder sie durch billigere Kräfte zu ersetzen, die Ersatzinvestitionen zu strecken, so den Gewinn zu pushen und das Ganze dann gewinnbringend zu verticken. Oder Mieten in die Höhe zu treiben. Insofern hätte Gupta ohne Weiteres einen riesigen Kapitalfonds verwalten und dabei selbst Milliardär werden können – wäre er nicht „nur" Unternehmensberater gewesen. Schon 2015 scheiterte Steven Schwarzman mit seinem Gehalt nur knapp an der Milliardengrenze (sein Jahresgehalt betrug etwas über 810 Mio. US-Dollar); inzwischen sind zehnstellige *Gehälter* keine Seltenheit mehr.

Zu viel Mitleid muss man also mit Gupta nicht haben: Wenn er sein Geld gut anlegt, sollte er um 2030 herum von selbst (auch aus dem Knast heraus) Milliardär geworden sein.

10.4 Gerissene bis bösartige Auftraggeber

McKinsey macht das, was der Auftraggeber will. Das wird zum Problem, wenn der Auftraggeber selbst gerissen oder gar bösartig ist.

2013 wurde Mario Longho zum CEO von U.S. Steel berufen. In seinem Auftrag sorgte McKinsey für eine massive Kürzung der Ausgaben für die Instandhaltung der Ausgaben; insbesondere wurden auch erfahrene Mitarbeiter aus diesem Bereich entlassen. Kurzfristig wurde das Unternehmen dadurch profitabel, und Longhi und sein Stellvertreter machten Kasse, indem sie Aktien im Wert von 25 Mio. US-Dollar verkauften; bei seinem Weggang 2017 erhielt er noch einmal einen Bonus von 4,54 Mio. US-Dollar. Inzwischen war der finanzielle Effekt des Programms bereits verpufft; schon 2015 machte das Unternehmen 75 Mio. US-Dollar Verlust, und 9000 Arbeiter wurden entlassen. Vor allem aber kam es zu tödlichen Unfällen, deren Zusammenhang mit der Personalverminderung freilich niemals nachzuweisen sein wird. Der Konzern wurde zu einer Geldstrafe von 42.000 US-Dollar verurteilt, die später auf 14.500 US-Dollar reduziert wurde.

Die Ehefrau eines Verstorbenen, die plötzlich mitsamt ihren Kindern mittellos dastand, wurde von Freunden mit 14.000 US-Dollar unterstützt (Bogdanich und Forsythe 2022).

Sehr viel tödlicher und bösartiger war die Rolle einiger McKinsey-Berater beim Opioid-Skandal. Dieser Skandal, der in Europa kaum zur Kenntnis genommen wurde, hat ungefähr eine halbe Million Menschen das Leben gekostet. Dieser Effekt schlägt sogar auf die *durchschnittliche* Lebenserwartung durch und trägt dazu bei, dass sie in den USA seit 2010 deutlich hinter anderen Industrienationen zurückbleibt (die schlechtere Herz-Kreislauf-Sterblichkeit wirkt freilich noch stärker). Opioide kosteten amerikanische Männer im Durchschnitt ein halbes Jahr Lebenszeit (Max-Planck-Gesellschaft 2022). Im Kern unterstützte McKinsey die Eigentümer der Firma Purdue, die Familie Sackler, dabei Opioide, also Schmerzmittel, auch bei unzureichender Indikation zu verkaufen und so Hunderttausende von Patienten drogenabhängig zu machen. Beispielsweise rechneten die Berater aus, wie viel Geld Kundenapotheken bei Drogentoten möglicherweise zu zahlen hätten, und schlug vor, ihnen (den Apotheken) die Kosten zu ersetzen – um sie davon abzuhalten, weniger Opioide zu verkaufen. Selbstverständlich wurde der Vertrieb aktiviert und in besonders aussichtsreiche Regionen der USA gesteuert (vermutlich dort, wo viele Menschen perspektiv- und arbeitslos waren) und alle anderen typischen Umsatzsteigerungsverfahren eingesetzt.

Im selben Zeitraum, in dem 400.000 Menschen starben, hatte die Familie Sackler 10 Mrd. US-Dollar aus ihrem Unternehmen entnommen. Die ausführliche Darstellung des Vorgangs bei Bogdanich und Forsythe M. (2022) – dort findet man auch die Klarnamen der beteiligten Berater, die heute noch aktiv sind (zum Teil bei anderen Beratungsfirmen) – deckt sich inhaltlich im Wesentlichen mit der kürzeren Fassung bei Wikipedia (2022b):

„Purdue Pharma ist ein insolventes US-amerikanisches Unternehmen der pharmazeutischen Industrie mit Hauptsitz in Stamford. Das Unternehmen wurde 1892 von John Purdue Gray und George Frederick Bingham gegründet und befindet sich vollständig im Besitz der Erben von Mortimer und Raymond Sackler, die das Unternehmen 1952 übernahmen. Ebenfalls in Besitz der Sackler-Erben sind die Schwestergesellschaften Mundipharma in Deutschland und Napp Pharmaceuticals in Großbritannien…

Das erfolgreichste Produkt des Unternehmens ist Oxycontin (Eigenschreibweise: OxyContin), ein Schmerzmedikament mit dem Wirkstoff

Oxycodon. Oxycontin kam 1995 auf den Markt und zählte lange Zeit zu den umsatzstärksten Arzneimitteln der Welt. Seit 2018 verfügt Purdue Pharma über Patente für ein Medikament auf Oxycontin-Basis, das den Opiat-Entzug unterstützen soll.

Das Produkt wird als einer der Hauptauslöser der Opioid-Epidemie in den USA angesehen, da es von Purdue Pharma unter der Behauptung, es hätte ein sehr geringes Suchtpotenzial, sehr aggressiv beworben wurde. In einem TV-Werbespot des Unternehmens hieß es, weniger als ein Prozent aller Patienten würden abhängig werden, weshalb Oxycontin massiv, auch schon bei alltäglichen Schmerzen, eingesetzt wurde. Tatsächlich liegt das Suchtpotenzial nicht unter dem anderer Opioide.

Rechtliche Auseinandersetzungen und Insolvenz

Im Jahr 2007 wurde Purdue zur Strafzahlung von 634,5 Millionen US-Dollar verurteilt wegen unzureichender Warnungen vor Suchtgefahren durch die Einnahme des Medikaments.

Im Januar 2019 klagte als erster US-Bundesstaat Massachusetts in einem 275-seitigen Memo acht Mitglieder der Sackler-Familie an. Deren Entscheidungen hätten den Tod von rund 400.000 US-Bürgern mit herbeigeführt. Derartige Klagen erhoben bis zum September 2019 nahezu alle US-Bundesstaaten sowie rund 2000 Kommunalverwaltungen. Unabhängig davon wurden Vertreter der Sackler-Familie von 17 Bundesstaaten angeklagt.

Laut dem Wall Street Journal bereitete Purdue bereits im März 2019 trotz wirtschaftlich stabiler Lage ohne Überschuldung oder Liquiditätsengpässe eine Insolvenz vor. Damit würden laufende Klagen gestoppt und gebündelt vor Gericht verhandelt. Josh Shapiro, der als Generalstaatsanwalt von Pennsylvania als einer von vier Generalstaatsanwälten mit Purdue und den Sacklers verhandelte, sagte: ‚Ich denke, es handelt sich um eine Gruppe scheinheiliger Milliardäre, die logen und betrogen, um einen ansehnlichen Gewinn zu erzielen. Ich glaube wirklich, dass sie Blut an ihren Händen haben.'

Die US-Großbank JPMorgan Chase und die Beratungsgesellschaft McKinsey & Company beendeten 2019 ihre Geschäftsbeziehungen mit Purdue, da sie hohe Ansehensverluste durch die Verbindung mit der Opioidkrise befürchteten.

Am 27. August 2019 wurde bekannt, dass Purdue angesichts von 2000 Klagen zu einem Vergleich in Höhe von bis zu 12 Milliarden US-Dollar bereit wäre. Purdue müsste dazu Insolvenz nach Chapter 11 des US-

Insolvenzrechts anmelden. Damit würde die Familie Sackler ihre Eigentümerschaft an Purdue Pharma aufgeben. Rund 3 Milliarden US-Dollar der Vergleichssumme soll die Familie Sackler privat aufbringen.

Der Bundesstaat New York klagte Purdue Pharma, diverse Vertriebsgesellschaften und acht Mitglieder der Sackler-Familie Ende März 2019 wegen Betruges an: Hunderte Millionen US-Dollar wären aus dem Konzern über Offshore-Unternehmen auf Privatkonten der Familie geleitet worden, um sie vor dem Zugriff des Staates bei Schadensersatzansprüchen zu verbergen. In diesem Zusammenhang entdeckte die New Yorker Staatsanwaltschaft im Herbst 2019, dass die Sackler-Familie mindestens 1 Mrd. US$ außer Landes geschafft hatte. Das gesamte Vermögen der Sackler-Familie wurde durch Forbes auf 13 Milliarden US-Dollar geschätzt, diese Zahl wird jedoch durch die Familie zurückgewiesen.

Am 16. September 2019 beantragte Purdue Pharma L.P. Insolvenz nach Chapter 11. Das Unternehmen soll in eine Stiftung der öffentlichen Hand überführt werden. Entgegen vorherigen Spekulationen um eine Vergleichssumme in Höhe von 12 Milliarden US-Dollar zur Abgeltung der Schadenersatzforderungen wurde ein Vergleichsbetrag von mehr als 10 Milliarden US-Dollar festgelegt, davon 4 Milliarden von der Eignerfamilie. Der Vergleich und somit der Schutz der Eignerfamilie vor Klagen wurde in zweiter Instanz aufgehoben.

Vor einem US-Bundesgericht bekannte sich Purdue im November 2020 schuldig, gegen mehrere Bundesgesetze verstoßen zu haben. Unter anderem gestand das Unternehmen die Verschwörung zum Betrug ein.

Amerikanische Bundesstaaten machen Schäden in Höhe von 2,2 Billionen US-Dollar gegenüber dem Pharmakonzern Purdue Pharma geltend, den sie für die Opioid-Krise in den Vereinigten Staaten hauptverantwortlich machen. Reuters habe dies unter Berufungen auf Gerichtsdokumente gemeldet, berichtete die FAZ Mitte August 2020. Laut *Wall Street Journal* verlangen Bundesstaaten ebenso von Pharmahändlern Schadensersatz in Höhe von 26 Milliarden US-Dollar. Ihnen werde vorgehalten, dass sie auffällige Bestellmuster nicht den Behörden gemeldet haben. In einigen Verkaufsbezirken schnellten Bestellungen nach oben, was ein Indiz für illegale Geschäfte und Verschreibungspraktiken durch kriminelle Ärzte ist."

Das ist das Problem, wenn man unkritisch und weltanschaulich ungebunden der Beste sein will: Es kann passieren, dass man als bester Panzerkommandant der Waffen-SS endet.

McKinsey und Goldman Sachs

McKinsey hat zwei Probleme: Erstens arbeiten die Berater überwiegend auf der falschen Seite der Unternehmen, nämlich der Produktion. Durch die Finanzialisierung (Zunahme und Konzentration von Geld, dadurch Verschiebung der Macht – s. das Kapitel über betende Chefs) wird dort immer weniger Geld verdient. Investmentbanken (wie Goldman Sachs) hingegen arbeiten mit dem „Wert" des Unternehmens, und der nimmt an Bedeutung zu.

Zweitens rechnet McKinsey immer noch Tagessätze ab, während Banker eine Erfolgsprovision erhalten, z. B. in Höhe von 3 % des Unternehmenswertes. Freilich verfügt McKinsey über ein Vermögen von über 30 Mrd. US-Dollar, das von einem eigenen Hedgefonds verwaltet wird und das Geld „hinter einem Dickicht von Briefkastenfirmen auf einer Insel im Ärmelkanal versteckt, die als Steueroase bekannt ist" (Bogdanich und Forsythe 2022, S. 35).

Zum ersten Mal wurde mir die Verschiebung der Wertschöpfung von der Produktion zur Finanzierung deutlich, als mir ein Finanzexperte erzählte, wie Novartis entstand: Die beiden Präsidenten der Firmen Ciba-Geigy und Sandoz hatten sich zum Abendessen getroffen. Einer der beiden wollte sowieso nicht mehr lange im Amt bleiben (sonst hätte es ein Problem gegeben: wer muss auf Platz zwei?), bekam eine riesige Abfindung, und mit dem Argument „Größe ist gut" entschied man, die Firmen zu fusionieren. Am nächsten Tag stieg der Aktienkurs um 30 %: eine Wertvermehrung um viele Milliarden Franken – beim Kaffee beschlossen, und zwar nicht auf Basis wissenschaftlicher Daten, sondern „gesunden Menschenverstands".

Wenn Unternehmen fusionieren, muss man den Altinvestoren ausrechnen, wie viel ihr Unternehmen wert ist. Nun weiß das leider niemand genau, denn die zukünftige Entwicklung ist wie jede Prognose unsicher.

Exkurs: Bewertung einer Werbeagentur
Zum Verkauf steht eine Werbeagentur. In den letzten Jahren hat sie jeweils einen Umsatz von 8 Mio. Euro und einen Gewinn von 0,8 Mio. Euro erzielt. Die Gebäude sind allesamt angemietet, der Firma selbst gehören nur die Büroausstattung und einige Computer, alles zusammen im Wert von 0,5 Mio. Euro. An-

leger erwarten aktuell eine Rendite von 10 %; diese wird als Diskontierungszinssatz gewählt. Eine Investmentbank ermittelt für Sie in einer sündhaft teuren Untersuchung, dass der Markt aktuell in ähnlichen Fällen das 5 fache des Gewinns oder das 0,7 fache des Umsatzes zahlt. – Wie viel ist das Unternehmen wert?

Der Substanzwert beträgt offensichtlich 0,5 Mio. Euro.

Der Marktwert beträgt, bezogen auf den Gewinn 0,8 Mio. × 5 = 4 Mio.; bezogen auf den Umsatz 8 Mio. × 0,7 = 5,6 Mio. Euro.

Der Ertragswert beläuft sich auf 8 Mio. Euro. (Diesen Wert erhält man entweder, wenn man sich überlegt, wie hoch ein Guthaben sein muss, das bei 10 % jährlich 0,8 Mio. Euro ausschüttet, oder, indem man einen ewigen Zahlungsstrom von 0,8 Mio. Euro mit 10 % diskontiert und die Werte aufaddiert.)

Insgesamt ist das Unternehmen also entweder 0,5, 4,0, 5,6 oder 8,0 Mio. Euro wert. Welcher Wert stimmt?

Leider kann man das nicht so einfach entscheiden. Der „Wert" von etwas ist eben keine physikalische Eigenschaft, sondern etwas von Menschen Zugemessenes. Letztlich ist die Bewertung eines Unternehmens auch nicht genauer als die eines Gebrauchtwagens. Faktisch kommt man auch mit noch so ausgefeilten mathematischen Methoden der Wahrheit nicht wirklich auf die Schliche, wie zuletzt die Finanzkrise gezeigt hat, bei der die Verfahren zur Bewertung von Anlageoptionen versagt haben. Allerdings geben diese Verfahren, z. B. zur Aktienbewertung, ihren Anwendern und den Anlegern das gute Gefühl, mit modernsten wissenschaftlichen Methoden gearbeitet zu haben.

Die Konzernchefs mit ihrem quasi-wissenschaftlichen Getue können sich aber schlecht vor die Hauptversammlung (der Aktionäre) stellen und zugeben, dass sie die Zahl halt geschätzt haben. Das ist die Stunde von Investmentbankern, die mit noch mehr Show (zeichenhaftem Handeln) als McKinsey behaupten, sie wüssten den Unternehmenswert. Hier wird der Preis zum (falschen) Qualitätsindikator: Je teurer die Investmentbank, umso eher wird ihr Professionalität unterstellt.

Der Chef einer Pharmafirma hatte am 23. Dezember die Idee, mit einer anderen Firma zu fusionieren. Das Goldman-Sachs-Team rückte am Heiligabend an, arbeitete bis zum 2. Januar durch und präsentierte die Ergebnisse. Dafür rechnete es 3 % des Fusionswertes ab (aus Sicht der Aktionäre ein kleiner Teil vom Ganzen), also 40 Mio. US-Dollar. Das wäre bei einer Woche Arbeit in Tagessätzen schwer abzurechnen.

10.5 Folgerungen für das Verstehen und Leiten von Unternehmen

Wenn ein Geschäftsmodell einmal „gezündet" hat (so wie das von McKinsey), läuft es häufig störungsfrei und akkumuliert von selbst (abhängig von den Gegebenheiten, z. B. der Wettbewerbsstärke, des jeweiligen Marktes). Die schwierige und gefährliche Zeit ist die Gründungsphase. Öffentliche Wahrnehmung und Darstellung in der Wirtschaftspresse beschäftigen sich aber lieber damit, bereits etablierte Unternehmen zu feiern. Das ist weder für neue Unternehmen noch aus gesellschaftlicher Sicht optimal. In den nächsten Kapiteln werde ich zeigen, dass die Finanzialisierung – die Machtverschiebung von produzierenden zu Finanzunternehmen – es zunehmend schwerer macht, neue Firmen zu gründen, die etwas herstellen.

Literatur

Bogdanich W, Forsythe M (2022) Schwarzbuch McKinsey. Econ, Berlin
Krysmanski HJ (2015) 0,1 %. Das Imperium der Milliardäre. Westend, Frankfurt
Max-Planck-Gesellschaft (2022). https://www.mpg.de/16126485/demogr_jb_20201. Zugegriffen am 23.12.2022
McDonald D (2013) The firm: the story of McKInsey and its secret influence on American business. Simon&Schuster, New York, S 2f
Tourish D (2019) Management studies in crisis. Cambridge University Press, Cambridge
Watzlawick P (1995) Wie wirklich ist die Wirklichkeit? Piper, München
Wikipedia (2022a). https://en.wikipedia.org/wiki/Anil_Kumar. Zugegriffen am 25.08.2022
Wikipedia (2022b). https://de.wikipedia.org/wiki/Purdue_Pharma. Zugegriffen am 23.12.2022

11

Faktorherstellung: Blutsaugerkapitalismus im Wortsinne

> **Fallstudie**
>
> „Sehr geehrter Herr Dr. Pollmann,
>   wie wir Ihnen bereits in unseren Schreiben v. 15. 4. und 27. 8. mitgeteilt haben, liegen die Kosten für Blutprodukte in Ihrer Ambulanz um ein Mehrfaches über den Kosten vergleichbarer Einrichtungen. Dieser Effekt ist im Wesentlichen darauf zurückzuführen, dass in Ihrer Ambulanz ausschließlich ein sehr teures Präparat eingesetzt wird.
>   Eine Begründung für diese Mehrausgaben ist uns nicht bekannt und wurde von Ihnen trotz mehrfacher Aufforderung auch nicht beigebracht.
>   Zum Schutz der Interessen unserer Versicherten sehen wir uns daher gezwungen, Sie für die Mehrkosten in Höhe von DM 4.235.353,68 für das Jahr 1982 in Regress zu nehmen. Für die folgenden Jahre behalten wir uns weitere Regressforderungen vor.
>   Mit freundlichen Grüßen
>
>   ...
>
>   (Vorstand der [Krankenkasse XYZ] Münster)"

Anfang der 80er-Jahre spielte sich ein weltweiter Medizinskandal ab, der Tausende Patienten das Leben kostete und ganze Familien auslöschte. Das Zusammenspiel von Markt- und Staatsversagen ist bis heute empörend, aber auch lehrreich. E. Koch (1990) hat die Geschichte mit einem Fokus auf Deutschland detailliert beschrieben; die folgende Darstellung stützt sich in wesentlichen Teilen auf sein Buch.

11.1 Zum medizinischen, technischen und ökonomischen Hintergrund

Hämophilie ist eine relativ seltene Erbkrankheit, die X-chromosomal rezessiv vererbt wird; betroffen ist etwa einer von zehntausend Männern (Arastéh et al. 2018). Bei der Hämophilie A mangelt es an Faktor VIII, bei der Hämophilie B an Faktor IX. In beiden Fällen ist die Bildung von Fibrin verlangsamt, sodass es zu ausgedehnten Blutungen kommt. Bei unbehandelten Patienten können lebensgefährliche Blutungen auftreten, außerdem können Gelenke durch wiederholte Einblutung versteifen. Eine kausale Therapie fehlt bis heute. Durch Ersatz von Faktor VIII bzw. IX können die Patienten ein weitgehend normales Leben führen, allerdings werden die Faktoren überwiegend aus menschlichem Plasma gewonnen, wodurch das Risiko der Übertragung von Krankheiten ensteht.

Die ersten Therapien, die in den 1950er-Jahren verfügbar wurden, bestanden aus einem Eiweißgemisch, das u. a. den Faktor VIII enthielt. Diese sogenannte Cohn-Fraktion hatte allerdings den Nachteil, dass sie nur in Notfällen (nicht prophylaktisch) einsetzbar war. Eine vorbeugende Gabe war erst ab 1963 möglich, nachdem durch neue Reinigungsverfahren der Faktor VIII bzw. IX relativ rein dargestellt werden konnte.

Ab 1971 wurde die Selbstbehandlung eingeführt: Patienten spritzten sich den Faktor VIII bzw. IX selbst. Dadurch konnten sie ein fast normales Leben führen (und z. B. Sport treiben). Hans Egli (Bonn) war eine der ersten, der dieses Therapiekonzept in Deutschland einsetzte.

1984 wurden das Gen, das Faktor VIII kodiert, erkannt. Dadurch wurde es möglich, Faktor VIII gentechnisch herzustellen. 1997 wurde zudem ein biotechnologisch hergestellter Faktor IX zur Behandlung von Hämophilie B verfügbar. Anfangs waren Zusatzstoffe aus menschlichem

11 Faktorherstellung: Blutsaugerkapitalismus im Wortsinne

Blut erforderlich; seit 2003 gibt es ein rekombinantes Faktor-VIII-Präparat, das komplett biotechnologisch im Labor hergestellt wird.

Bereits 1981 hatte die Firma Behring ein Faktor-VIII-Präparat entwickelt, das hitzeinaktiviert war und mit hoher Wahrscheinlichkeit Viren inaktivierte (die Hepatitis-C-Viren, die Leberentzündung und -krebs auslösen, kannte man noch nicht, vermutete aber eine virale Ursache). Es war allerdings ca. 30 % teurer als vergleichbare Präparate und wurde von den deutschen Blutbanken (unter Führung des Egli-Institutes) nur selten verordnet.

In den 80er-Jahren gab es mehrere medizinische „Schulen" der Hämophiliebehandlung. Das „Institut für Experimentelle Hämatologie und Transfusionsmedizin des Universitätsklinikums Bonn" wurde von Prof. Hans Egli geleitet und daher auch „Egli-Institut" genannt. Es war mit Abstand das größte Hämophilie-Zentrum in Deutschland und betreute rund 800 Bluter. Egli war Vertreter einer hoch dosierten Therapie. Der Vorteil davon ist, dass Bluter ein völlig normales Leben führen können (wenn man davon absieht, dass sie sich regelmäßig Faktorpräparate spritzen müssen), der Nachteil ist das höhere Infektionsrisiko. (In der Medizin treten solche Abwägungsfragen öfter auf.) Durch Blut und Blutprodukte besteht insbesondere die Gefahr der Übertragung von HIV, HBV und HCV. Das Hepatis-B-Virus wurde 1970 entdeckt, das Hepatitis-C-Virus 1989 (die von ihm verursachte chronische Leberentzündung, die nach vielen Jahren tödlich verläuft, hieß bis dahin „Hepatitis non-A-non-B"). Das HI-Virus wurde 1983 zuerst beschrieben.

Faktorpräparate sind sehr teuer. Schon in den 90er-Jahren kosteten sie – je nach Dosierung – pro Patient und Jahr zehntausende bis hunderttausende DM, in Einzelfällen 30 Mio. DM. Dabei gab es schwer nachvollziehbare Preisunterschiede: In den USA betrug der Preis nur ein Drittel bis ein Fünftel des deutschen.

Merkwürdig war auch die Finanzierung des Bonner Egli-Institutes: Es erhielt einen prozentualen Aufschlag auf den Preis der verordneten Einheiten. Das heißt, je teurer die Einheiten, und je mehr Einheiten es verordnete, umso höher seine Einnahmen. Zeitweilig machte es derart viel Umsatz und Gewinn, dass es 20 Mio. DM an die NRW-Landeskasse abführte.

Auch die Hersteller erzielten enorme Gewinne, wenn es ihnen gelang, Präparate günstig einzukaufen (z. B. in den USA) und zum mehrfachen Preis in Deutschland zu verkaufen.

Blut wurde (und wird) in den USA häufig von Armen gewonnen, die keinen Job fanden und auf das Zusatzeinkommen angewiesen sind. Noch billiger bekommt man Blut aus Dritte-Welt-Ländern. Zur Zeit des von den USA unterstützten Somoza-Regimes in Nicaragua verblutete mindestens ein Spender, weil ihm zu oft Blut abgezapft wurde. Der Journalist, der diesen Vorfall an die Öffentlichkeit brachte, wurde vom Regime ermordet.

11.2 Der Beginn des Skandals

Mitte 1982 erhielt B. Evatt, ein Mitarbeiter des Center for Disease Control (CDC) in Atlanta (USA), eine Anforderung für ein Medikament (Pentamidin), das nur für Patienten mit Immunschwäche verwendet wurde. Der Patient, der es benötigte, war Bluter. Im Sommer 1981 hatte das CDC eine schwer zu erklärende Häufung von Pneumocystis-carinii-Pneumonien (5 Fälle) und Kaposi-Sarkomen (16 Fälle) bei sonst gesunden Homosexuellen in Los Angeles und New York bemerkt; diese Krankheiten sind sonst sehr selten und treten nur bei immungeschwächten Patienten auf – daher wurde die neue Krankheit als „Acquired Immune Deficiency Syndrome" (AIDS) bezeichnet. (Renz-Polster und Krautzig 2008).

Als ein Bluter Pentamidin benötigte, lag der Verdacht nahe, dass er sich durch Faktorpräparate mit Viren angesteckt hatte. Evatt teilte der Fachöffentlichkeit seine Beobachtung mit und empfahl, Maßnahmen einzuleiten, um das Infektionsrisiko für Bluter zu vermindern. Zum Beispiel sollten Blutspender befragt werden, ob sie zu einer der damaligen AIDS-Risikogruppen gehörten; auch wusste man, dass viele AIDS-Patienten eine Infektion mit Hepatitis B hatten (auf die man testen konnte); und schließlich konnte man die Anzahl von Blutspenden, die für die Faktorgewinnung gepoolt wurden, vermindern. Keine dieser Maßnahmen wurde umgesetzt.

11.3 Die Rolle der deutschen Ärzte

Es ist im Nachhinein schwer nachvollziehbar, warum die deutschen Ärzte so lange gewartet haben, bis sie die AIDS-Gefahr ernst nahmen. AIDS war ja das Endstadium einer Krankheit, die über mehrere Jahre fortschritt; das heißt: Wenn man einen AIDS-Patienten unter den Blutern diagnostizierte, waren wahrscheinlich sehr viel mehr bereits infiziert. Noch im Dezember 1984 warnte Hans Egli nicht etwa vor der AIDS-Gefahr, sondern vor hysterischen Überreaktionen, die angeblich zu mehr Toten durch Suizid als durch AIDS führten.

Am Ende waren 90 % der Bonner Bluter mit HIV infiziert. Da erst seit 1996 wirksame Therapien zur Verfügung standen, dürfte ein großer Teil von ihnen an HIV gestorben sein.

Dass es auch anders ging, zeigt das Beispiel der Hämophilie-Ambulanz für Kinder in Münster. Deren Leiter, Dr. Pollmann, setzte sofort nach Bekanntwerden der AIDS-Gefahr nur noch den hitzeaktivierten Wirkstoff ein – mit der Folge, dass fast alle Kinder überlebten. Bei der Rekonstruktion dieser Geschichte halfen mir dankenswerterweise eine seiner langjährigen Mitarbeiterinnen, Frau Göhausen, und ein Behring-Mitarbeiter, Herrn Höinghaus.

Pollmann, der 2010 an einer Hirnblutung starb, war selbst Bluter. Als die Krankenkassen die Mehrkosten von ihm zurückforderten, hielt er tapfer stand und rettete damit das Leben seiner Patienten. (Leider sind diese Briefe verloren; der eingangs zitierte Brief wurde rekonstruiert.) Obwohl Dr. Pollmann vielen Kindern das Leben rettete, erinnert heute keine Würdigung an ihn; ganz im Gegensatz zu Managern, die aktiv am Tod Hunderter beteiligt waren – dazu unten mehr.

11.4 Die Rolle der Krankenkassen und des BGA

Die Krankenkassen, die die Kosten der Behandlung trugen, versuchten zu Recht, Parallelimporte aus den USA zu fördern (wo dieselben Medikamente einen Bruchteil kosteten). Erfolgreich waren sie damit nicht.

Ein Fehler war es allerdings, die Ärzte unter Druck zu setzen, die das hitzeinaktivierte Präparat verordneten. Offenbar konnten die Kassen nicht wirklich entscheiden, was medizinisch angebracht war und was bloße Geldverschwendung. Man muss ihnen zugutehalten, dass ein Teil der Ärzte und Behörden ganz falsche Signale sendete. Mitte 1984 ließ sich auch die Wochenzeitung „Die Zeit" täuschen: in ihrem Bericht vom

Kongress der Internationalen Gesellschaft für Bluttransfusionen zitierte sie die „erlösenden" Worte von Frau Prof. Inge Scharrer, derzufolge die Gefahr, an einer unstillbaren Blutung zu sterben, um ein Vielfaches höher sei, als sich mit AIDS zu infizieren. Tatsächlich war in Frankreich um 1985 bereits die Hälfte aller Bluter infiziert; für Deutschland liegen aus dieser Zeit keine Daten vor, aber die Situation dürfte ähnlich gewesen sein.

Erst im Juli 1985 schrieb das Bundesgesundheitsamt vor, Blutprodukte auf HIV zu testen; als die Industrie protestierte, wurde der Startzeitpunkt auf Oktober 1985 verschoben. Nicht einmal ein Ersatztest auf HBV wurde vorgeschrieben – aus Kostengründen. Stattdessen appellierte das Amt an die „Eigenverantwortung" der pharmazeutischen Unternehmer – immerhin trat der BGA-Chef später zurück, und die Behörde wurde umgebaut.

11.5 Die Rolle der Industrie

Warum es Behring nicht gelang, den Marktanteil seines hitzeinaktivierten Präparates zu steigern, ist im Nachhinein schwer nachzuvollziehen. Es scheint, als sei es schwierig gewesen, die Produktion auszuweiten.

Alle anderen Hersteller spielten auf Zeit und wehrten sich mit allen Mitteln gegen Maßnahmen, die ihre Gewinnmarge schmälern konnten. Oben wurde schon erwähnt, dass sie sich gegen HBV-Tests und Befragungen der Spender wandten. Noch 1984 präsentierte die österreichische Firma Immuno einen Medizinstatistiker, der behauptete, der Anteil der AIDS-kranken Hämophilen werde unter 1,5 % sinken und damit bedeutungslos werden.

Selbstverständlich wäre es den Herstellern möglich gewesen, das Behring-Verfahren in Lizenz zu nutzen. Sie hätten seit 1981, also noch vor Entdeckung des ersten Bluters mit AIDS, sichere Präparate erzeugen können. Stattdessen behaupteten sie lieber, es bestehe keine Gefahr, und versuchten, im Hintergrund ein eigenes Verfahren zur Virusinaktivierung zu finden.

Auch bei der späteren Entschädigung der infizierten Bluter zeigten sich die meisten Firmen ausgesprochen schäbig und versuchten, juris-

11 Faktorherstellung: Blutsaugerkapitalismus im Wortsinne

tisch auf Zeit zu spielen – denn Verstorbene können keine Ansprüche geltend machen.

Wie der Vertrieb der Blutprodukte funktionierte, erläutern Koch und Meichsner (1993) sehr anschaulich am Beispiel des Pharma-Managers Marguerre:

„Zum Jahresende war Wolfgang Marguerre als leitender Angestellter beim Marktführer Travenol [einem Hersteller von Blutprodukten] ausgeschieden. Anfang 1979 wechselte er zur Revlon Health Care Group in Paris über, dem neuen Eigentümer des Faktor-8-Herstellers Armour Pharma. Seine langjährige Auslandserfahrung – unter anderem in England, Spanien und Südafrika – hatte sich ausgezahlt: Marguerre wurde von Revlon als Vizepräsident für Europa eingestellt; er war zuständig für den allgemeinen pharmazeutischen Bereich.

Auch das Privatgeschäft, das sein Duz-Freund Rolf Hackenbroich mit Otto Murke [ein Tarnname; Koch gibt nicht den Klarnamen an], dem Chefeinkäufer des Egli-Instituts, eingefädelt hatte, entwickelte sich vielversprechend. Seit Januar 1979 wurden Rechnungen geschrieben. Der Profit war grandios und – solange das Bonner Institut mitspielte – absolut sicher: Die amerikanischen Originalpräparate kosteten umgerechnet weniger als 25 Pfennig, wurden in Bonn jedoch zum üblichen deutschen Einheitspreis von 83 Pfennig an den Mann gebracht.

Im Februar beschlossen Marguerre und seine Partner, ein neues Unternehmen zu gründen, über das der Handel in Zukunft abgewickelt werden sollte: Pro Plasma. Pro Plasma war zu keiner Zeit mehr als eine Briefkastenfirma. Pro Plasma stand weder im Telefonbuch noch war eine Rufnummer über die Auskunft zu erfragen. Als Adresse wurde die Osterather Straße Nr. 7 in Köln angegeben. Vor Ort wies auf die Existenz von Pro Plasma jedoch nur ein handgeschriebenes Zettelchen an der Haustürklingel eines Mehrfamilienhauses hin.

Im August 1979 offenbarte sich einer der beiden Hintermänner von Pro Plasma, ein Manager, der bis vor Kurzem in führender Position bei den Kölner Tropon-Werken, dem offiziellen Importeur der Firma Cutter [einer weiteren Firma für Blutprodukte], tätig gewesen war. Der Mann machte Dr. Murke ein überraschendes Angebot: Seine Partner und er seien bereit, ihn ab sofort an jeder gelieferten Einheit Faktor-8 mit zehn Pfennig zu beteiligen. Das Geld werde auf ein Schweizer Nummernkonto überwiesen. Murke wunderte sich: Hatte der Handel nicht bislang auch ohne Extras funktioniert? Als er einwandte, daß er in der ganzen Sache keinen Sinn sehe, meinte sein Gesprächspartner, man erwarte von ihm nicht mehr, als er ohnehin tue. Eglis Oberassistent willigte nach kurzer Bedenkzeit ein. Jedenfalls fehlte es ihm, wie es später, als die Affäre aufgeflogen war, ein Gremium von Kassenärzten formulierte, »an der notwendigen Kraft, der Versuchung, beträchtliche Gelder unverdient mühelos zu erhalten, zu widerstehen«. In Begleitung des früheren Tropon-Managers reiste er nach Glarus, um bei der Schweizerischen Kreditanstalt sein Konto (Nr. 2503-92-1) gegenzuzeichnen, auf das tags zuvor bereits fast 300.000 Mark überwiesen worden waren. Mit seinem Schweizer Bankier vereinbarte der Bonner Arzt, daß jener sein Geld für ihn treuhänderisch anlegen solle und man einmal jährlich die weitere Anlage besprechen würde."

Diese Vorgehensweise scheint bis heute nicht untypisch zu sein. 1983 gründete Marguerre die Firma Octapharma mit Sitz in der Schweiz; seit 1995 ist er alleiniger Eigentümer und CEO. 2016 wurde einer der führenden Octapharma-Manager, der u. a. die Laudatio zu Marguerres 75. Geburtstag hielt, wegen Bestechung und anderer Vergehen verhaftet (Schmidt et al. 2022). Die Firma teilte mit, davon nichts gewusst zu haben.

Octapharma sammelt weiterhin Blut u. a. in heruntergekommenen amerikanischen Städten; der Umsatz betrug 2020 2,4 Mrd. Euro. Schweizer Journalisten berichten sehr anschaulich (Schmidt et al. 2022):

„Willkommen bei Octapharma Plasma. Wir begrüssen Ihren Entscheid, lebensrettendes Plasma zu spenden.'

Früher war der Bau rot und beherbergte einen Dollar-Store, jetzt leuchtet er meerschaumfarben. Die Scheiben sind getönt, überall Sicherheitskameras. Das Innere ist eine Mischung aus Notaufnahme und Bankfiliale: Über polierte Fliesen führt der Weg zu einer Rezeption mit behandschuhten Mitarbeitenden, die iPad-Stationen mit beinahe religiösem Eifer von Keimen reinigen. Neben ihnen Pinnwände, die einen Bonus von 100 Dollar denjenigen versprechen, die im Verlauf von zwei Wochen viermal Plasma spenden. Und nochmals 50 Dollar kriegt, wer Freunde anwirbt, die mindestens dreimal spenden. Mit allen Entschädigungen und Boni können neue Spender so mehr als 700 Dollar im Monat verdienen, heisst es auf der Website von Octapharma.

11 Faktorherstellung: Blutsaugerkapitalismus im Wortsinne 217

Krankenschwester Angel überreicht ein 17-seitiges Dokument mit der Aufschrift ‚NEW DONOR'. Darin eine Fülle von Erklärungen und noch mehr Warnungen vor möglichen Folgen der Plasmaspende: Übelkeit, durchstossene Venen, Nervenverletzungen, Blutergüsse, Muskelzuckungen und Embolien bis hin zum Tod. Der erste Gesundheitscheck findet an einem Bildschirm statt, 44 Fragen, die sich mit Ja und Nein beantworten lassen. Haben Sie HIV? Sind Sie mit dem Blut eines anderen Menschen in Berührung gekommen? Waren Sie in den letzten 72 Stunden im Gefängnis oder im Strafvollzug? ‚Ich verstehe, dass ich alle Screening-Fragen wahrheitsgemäss beantworten muss', heisst es. Anschliessend werden drei Videos gezeigt, die den Inhalt der Informationsmappe wiederholen. ‚Damit stellen wir sicher, dass die Leute tatsächlich alles verstanden haben', so Angel.

Das Spendenzentrum, in dem Krankenschwester Angel arbeitet, gehört einer Tochtergesellschaft der Octapharma AG mit Sitz in Lachen am oberen Zürichsee, einer schweizerischen Steueroase. Das Hauptgeschäft von Octapharma sind Medikamente aus Blutplasma. Den Rohstoff sammelt die Firma in weltweit über hundert Spendenzentren, grösstenteils in den USA. Gründer und Eigentümer der Firma ist Wolfgang Marguerre. Er leitet die Firma seit bald 40 Jahren, unterstützt von seinen beiden Söhnen Tobias und Frederic. Octapharma gehört zu dem halben Dutzend Grosskonzernen, die das Plasmageschäft dominieren. Es ist das einzige Unternehmen im Familienbesitz und das einzige mit einem Patron, der alle Fäden in der Hand hält. Octapharma beschäftigt 9000 Mitarbeitende und ist in weit über hundert Ländern vertreten. 2020 setzte die Firma 2,4 Mrd. Euro um.

Zurzeit baut das Unternehmen sein Plasmageschäft mit Hochdruck aus, vor allem in den USA, wo der Rohstoff ein wichtigeres Exportgut als etwa Sojabohnen oder Computer ist. Nun sollen zu den bereits achtzig bestehenden Octapharma-Spendenzentren in kürzester Zeit dreissig weitere hinzukommen. Grund: Bereits vor Covid-19 entwickelte sich der Markt äusserst vorteilhaft; gemäss Analysen soll sich das weltweite jährliche Marktvolumen bis 2024 um fast 20 Mrd. auf 43 Mrd. $ nahezu verdoppeln. Nun lauten die Prognosen nochmals besser.

Nach einer Stunde dürfen wir unser Plasma an Octapharma spenden. Daniel, ein weiterer Mitarbeiter, prüft mit einem Stich in den Finger unsere Vitalwerte, er misst Blutdruck und Gewicht. Dann übernimmt Rachel. Sie registriert Sozialversicherungsnummer, Führerschein und elektronischen Abdruck des rechten Daumens ‚um sicherzugehen, dass Sie tatsächlich Sie sind'. Anschliessend überprüft sie unsere 44 Antworten. Wir fragen, wie oft gelogen wird. ‚Ständig', sagt Rachel und lacht nervös. ‚Meistens lügen die Leute, wenn es um Drogen geht. Oder sie lügen über ihre sexuellen Vorlieben.' Sie fügt hinzu: ‚Ich meine, ich würde auch lügen, wenn ich in dieser Situation wäre.'

Das Zentrum, in dem wir Plasma spenden, befindet sich an der East 105th Street in Cleveland. Es wurde im Dezember 2020 eröffnet, es ist bereits das vierte in der 400 000-Einwohner-Stadt. Weshalb ausgerechnet Cleveland? Cleveland, Bundesstaat Ohio im Mittleren Westen, ist die ärmste Grossstadt der USA. Ganze Strassenzüge stehen leer, Hunderte von Gebäuden sind zerfallen. Damit ist klar: Hier ist viel Plasma zu holen. Stammspender checken an einem der Lesegeräte denn auch als Erstes den Kontostand ihrer – von Octapharma herausgegebenen – Debitkarte. ‚Danke, dass Sie Ihre Karte aktivieren!', sagt eine Roboterstimme. ‚Ihr aktueller Kontostand beträgt … vierzig Dollar!' Die überwiegende Mehrzahl der Menschen kommen hierher, weil sie sonst ihren Alltag nicht finanzieren können. Mit dem Entgelt für das Plasma kaufen sie Essen, füllen den Tank des Autos, zahlen die Miete …

Nach bestandenen Tests dürfen wir weiter zur Spenderetage mit ihren beigen Lederliegen. Zurzeit ist nur jede vierte belegt, manchmal – am frühen Morgen – steht man hier Schlange. Die nächste Mitarbeiterin kommt, mit regenbogenfarbener Kopfbedeckung und blauem Kittel. Sie desinfiziert die Armbeuge und steckt die Nadel. ‚Immer schön den Knautschball drücken', erinnert die Nurse und wirft einen prüfenden Blick auf die leise summende Maschine, in der das Blut verschwindet. Das Gerät hat einen besonderen Filter. Während das Plasma in der Maschine zurückbleibt, fliessen die Blutkörperchen – zusammen mit einer Kochsalzlösung – über eine zweite Kanüle in den Körper zurück. Ein Erwachsener spendet pro Sitzung je nach Körpergewicht 600 bis 850 Milliliter Plasma.

Neben uns geben zwei Männer in Kapuzenpullis und Baseballcaps ihr Plasma an die Maschine ab. Ihre offensichtliche Langeweile lässt darauf schliessen, dass sie regelmässig hier sind. Die Frage, was sie davon halten, mit ihrem Plasma gesichtslosen Fremden das Leben zu retten, während sie gleichzeitig Geld verdienen, mögen sie nicht beantworten. Der Flachbildschirm über unseren Köpfen zeigt ein mittelmässiges Polizeidrama.

Wir sind nicht die ersten Journalisten, die die Geschehnisse in und um ein Octapharma-Spendenzentrum in Cleveland dokumentieren. ‚Die melken mich', sagt einer der Plasmaspender in die Kamera von François Pilet und Marie Maurisse, die im Jahr 2017 in der Stadt eine Dokumentation für Arte drehten. ‚Das letzte Mal dachte ich, ich sterbe', so der Kommentar eines anderen. Tatsächlich können häufige Plasmaspenden zu Schwächeanfällen führen; denn im Gegensatz zum Amerikanischen Roten Kreuz, das aus gesundheitlichen Gründen pro Jahr nur maximal 24 Plasmaspenden gestattet, nehmen die kommerziellen Plasmaverarbeiter ihrer Kundschaft gemäss eigenen Websites bis zu 104-mal Plasma ab, zweimal wöchentlich, jede einzelne Woche im Jahr. Draussen vor dem Spendenzentrum sahen Pilet und Maurisse die Drogenhändler warten, im Wissen, dass ihre Kundschaft jetzt Geld hat."

„Das Vermögen von Wolfgang Marguerre beträgt gemäß der Forbes-Liste 2016 etwa 6,1 Mrd. US-Dollar ... Mit einer Spende über 15 Mio. Euro hat er die Sanierung des Theaters in Heidelberg (bei einem ... Gesamtaufwand von knapp 60 Mio. Euro) ganz wesentlich vorangebracht. ... Der Neue Saal des Gebäudes wurde nach Marguerre benannt." (Wikipedia 2022).

Der Begriff des „blutsaugenden Kapitalismus" erhält hier eine sehr naturnahe, nicht-metaphorische Bedeutung.

Dr. Pollmann wartet noch auf seine Ehrung.

11.6 Folgerungen für das Verstehen und Leiten von Unternehmen

Vielleicht ist das die wichtigste Erkenntnis aus dem Blutspendeskandal: Unternehmen müssen, um erfolgreich zu sein, nicht unbedingt auch den Konsumenten dienen. Das gilt insbesondere für Märkte, deren Konsumenten sich nicht auskennen oder deren Interessen gar von anderen vertreten werden. Auch hilft die Vermeidung von öffentlicher Transparenz, durch illegale Praktiken Gewinne zu erwirtschaften.

PS.: 2013 wurde Sofosbuvir zur Behandlung von HCV in den USA zugelassen. Das Präparat ist sehr wirksam und gut verträglich. Gilead erwarb 2011 die Firma Pharmasset, die die Patente hielt, für etwas über 11 Mrd. US-Dollar. – In Deutschland gibt es (wahrscheinlich) rund 100.000–400.000 HCV-Träger. Da Gilead pro Behandlung (90 Tabletten) 60.000 Euro forderte, hätte die Behandlung allein in Deutschland 6 bis 24 Mrd. Euro gekostet.

Es gelang den deutschen Ärzten und Krankenkassen, die Kosten zu senken. Neben einer Preisreduktion auf 40.000 Euro pro Therapie wurde die Anzahl der behandelten Patienten begrenzt. Kassen drohten Ärzten, sie bei Verschreibung in Regress zu nehmen. Laut mündlicher Mitteilung eines Insiders soll in Niedersachsen ein Deal geschlossen worden sein: Ein Arzt in Hannover verschreibt Sofosbuvir, die anderen niedersächsischen Ärzte nicht. Wer die Adresse kennt, überlebt. Nach meinem Kenntnisstand wurden Prostituierte und Drogenabhängige, die etwa die Hälfte der HCV-Träger ausmachen, nie darüber informiert, dass sie an einer heilbaren tödlichen Krankheit leiden. Selbst meine Bitte, das Thema beforschen zu dürfen, wurde von Hilfestellen für sozial Schwache nicht beantwortet.

Aus gesellschaftlicher Sicht muss man fragen, ob es ein guter Deal ist, zweimal für neue Präparate zu zahlen: Erst werden sie an öffentlich finanzierten Universitäten entwickelt, bei Produktreife an Pharmafirmen verkauft, und dann noch einmal sehr teuer als Fertigarznei gekauft.

PPS.: In Indien erhält man Sofosbuvir für unter 4000 Euro. Eine meiner Studentinnen, die selbst für eine große Gesundheitskasse arbeitet, hat herausgefunden, dass man legal Patienten nach Indien schicken und ihnen dort das Medikament kaufen kann. Mitsamt Flug kostet die lebensrettende Aktion deutlich unter 10.000 Euro. Keine einzige der von mir angefragten Krankenkassen hat Interesse gezeigt. Es gelang mir nicht einmal, die Untersuchungsergebnisse zu publizieren.

Literatur

Arastéh K et al (2018) Duale Reihe Innere Medizin. Thieme, Stuttgart
Koch ER, Meichsner I (1993) Böses Blut. Hoffmann und Campe, Hamburg
Renz-Polster H, Krautzig H (2008) Basislehrbuch Innere Medizin. Urban & Fischer, München
Schmidt C, Caneco S, Damolin M Geschäfte mit Blutplasma. Der Handel ist global, verschwiegen und liegt in den Händen weniger. https://reportagen.com/reportage/geschaefte-mit-blutplasma/. Zugegriffen am 01.09.2022
Wikipedia (2022). https://de.wikipedia.org/wiki/Wolfgang_Marguerre. Zugegriffen am 01.09.2022

Teil IV
Gesellschaft

12

Betende Chefs: Möge uns Gott von der Gewerkschaft befreien

Fallstudie

„Wofür wollen wir heute beten?", fragt Norbert R.

Vor vielen Jahren hat er ein Unternehmen gegründet, das Presseerzeugnisse mit zweifelhaftem Kosten-Nutzen-Verhältnis produziert. Das damit erworbene Geld legt er u. a. in Aktien an. Seine Zielvorgabe ist eine jährliche Rendite von 12 %, was er selbst so begründet: Im Durchschnitt haben Aktien in den letzten Jahren 10 % (aus Dividenden und Wertsteigerung) gebracht; weil er nicht „blind" investiert, sondern seine Mitarbeiter Informationen suchen lässt, kommt er auf etwas mehr, also 12 %. Aktuell verfügt er über ein Vermögen von mehreren hundert Millionen Euro und wird in einigen Jahren Milliardär sein.

Daneben investiert er auch größere Beträge in einzelne Firmen. Manchmal bekommt er ganze Pakete angeboten; gelegentlich sind – als Beifang – darin auch notleidende Unternehmen enthalten. Einem Freund, der eine dieser Firmen sanierte, hatte er versprochen, ihn am Gewinn zu beteiligen. Als der Millionengewinn realisiert wurde, konnte er sich an sein Versprechen nicht mehr erinnern.

In der Midlife-Crisis merkte Norbert R., dass sein Leben keinen Sinn macht, und schloss sich einer extremen Spielart – manche meinen: Sekte – des christlichen Glaubens an.

Jeden ersten Montag im Monat lädt er zu einem Gebetsfrühstück in seine Villa ein. Es beginnt jeweils damit, dass einer der Teilnehmer – Ältester der

Gemeinde vor Ort, an die Norbert R. regelmäßig spendet – eine frei vorgetragene, aber druckreif formulierte Andacht hält. Heute spricht er über Lukas 10, 25–27:

„Und siehe, da stand ein Gesetzeslehrer auf, versuchte ihn und sprach: Meister, was muss ich tun, dass ich das ewige Leben ererbe? Er aber sprach zu ihm: Was steht im Gesetz geschrieben? Was liest du? Er antwortete und sprach: Du sollst den Herrn, deinen Gott, lieben von ganzem Herzen, von ganzer Seele und mit all deiner Kraft und deinem ganzen Gemüt, und deinen Nächsten wie dich selbst."

Darauf kommt es an, sagt der Älteste: Du musst dein Verhältnis zu Gott ins Reine bringen. Dafür ist Jesus gestorben. Er kam nicht als Sozialrevoluzzer. Abraham war einer der reichsten Männer seiner Zeit. Gott möchte dich segnen, aber du musst seine Vergebung als Geschenk annehmen.

Dann wird gefragt, wer Gebetsanliegen habe. Einer der Teilnehmer hat vor einigen Jahren ein Unternehmen, das wegen äußerer Umstände vorübergehend in Schwierigkeiten war, für einen symbolischen Euro von der amerikanischen Muttergesellschaft erworben. Wie erwartet, hatten sich die Umsätze und Gewinne rasch wieder stabilisiert. Nun möchte er die Gehälter der Mitarbeiter, die der frühere Geschäftsführer großzügig gestaltet hatte, wieder kürzen, um mehr Gewinn einzubehalten und einen Teil davon in neue Anlagen zu investieren. Allerdings gibt es Widerstand bei einigen Mitarbeitern. Es war ihm nicht gelungen, sie von der Notwendigkeit der Maßnahme zu überzeugen.

„Also: Wofür sollen wir beten?", fragt Norbert R., der auf die Zeit achtet und seine eigenen Gebetsanliegen auch noch loswerden will.

„Dafür, dass die Gewerkschaftsfuzzis bei der nächsten Verhandlung Vernunft annehmen", schlägt ein Teilnehmer vor, und alle stimmen zu.

Nachdem alle ihre Wünsche vorgetragen haben, beten sie nacheinander gegenseitig dafür. Norbert R. beendet schließlich das Gebetsfrühstück mit einer inbrünstig vorgetragenen Anrufung Gottes.

12 % jährliches Vermögenswachstum klingen harmlos. Dieser Wert ist auch nicht ungewöhnlich hoch; der Vorstandsvorsitzende der Deutschen Bank, J. Ackermann, versprach 2009 den Kapitalgebern eine Eigenkapitalrendite von 25 %.

Über längere Zeiträume können solche Erträge allerdings ganze Gesellschaften aus den Angeln heben. 12 % bedeuten, dass sich Vermögen (mit Zins und Zinseszins) alle 7 Jahre mehr als verdoppelt (auf das 2,21-

Fache) und alle 21 Jahre verzehnfacht (auf das 10,8-Fache); nach zwei Generationen (61 Jahren) hat es sich vertausendfacht (1005-fach). Wenn Ihr Großvater in den 50er-Jahren eine Million hatte, verfügen Sie bereits über mehr als eine Milliarde, und Ihr Enkel wird mehr als eine Billion besitzen. Das entspricht dann einem Drittel des deutschen Bruttosozialproduktes. Weitere zehn Jahre später arbeitet ganz Deutschland für Sie, und noch ein paar Jahre später gehört Ihnen alles – Sie sind dann König von Deutschland.

Nichts gegen Sie, aber ich vermute, dass es zu sozialen Spannungen kommen könnte, denn der Rest von Deutschland besitzt dann nichts mehr. (Derselbe Effekt liegt dem „Josephspfennig" zugrunde: Hätte Joseph zu Jesu Geburt einen Pfennig bzw. Cent zu 4 % angelegt, dann wären daraus heute $1{,}04^{2024} = 3 * 10^{34}$ Cent = $3 * 10^{32}$ Euro geworden. Das Weltbruttosozialprodukt beträgt dagegen mickrige 100 Billionen Euro, also 10^{14}. Drei Milliarden Galaxien mit je einer Milliarde Erden würden gerade den Wert des Josephspfennigs erwirtschaften.)

12.1 Die Kumulation von Macht und Kapital

Tatsächlich ist diese Vermehrung und Konzentration (beides zusammen bezeichne ich als Akkumulation) von Kapital überhaupt keine neue Entwicklung. Wie der Historiker Scheidel (2018) nachgewiesen hat, neigten Macht und Vermögen immer schon zur Akkumulation, wenn man sie irgendwie bewahren bzw. vererben kann, und wenn es möglich ist, die damit verbundenen Rechte durchzusetzen, d. h., wenn es Gerichte und Polizei gibt. Nur größere Störungen wie Kriege oder Seuchen, denen große Teile der Bevölkerung zum Opfer fallen, schwächen diesen Trend vorübergehend ab. Auch umgekehrt gilt: Sehr ungleiche Gesellschaften führen mehr Kriege.

Wenn mittlere bis große Vermögen einmal entstanden sind, zieht sich das Feld von selbst auseinander, weil sie umso schneller wachsen, je größer sie sind. T. Piketty (2014, S. 598) hat für das Stiftungskapital von 850 amerikanischen Unternehmen gezeigt, dass ein loglinearer Zusammenhang besteht: Stiftungsvermögen mit mehr als einer Milliarde US-Dollar wachsen (über 30 Jahre gemittelt) mit 10,2 % jährlich, solche unter 100 Mio. US-Dollar mit 6,2 %, der Rest liegt – ebenfalls nach Größe gestaffelt – genau dazwischen.

Darüber, woran das liegt, kann man bisher nur spekulieren: Größere Vermögen bedeuten mehr Macht und mehr Information (z. B. durch Zugang zu Politikern; das kann durchaus korruptionsfrei passieren, weil Regierungsmitglieder im Zweifel eher von erfolg- und einflussreichen Menschen Rat erhoffen als von Durchschnittsbürgern), aber auch mehr Anlagemöglichkeiten, v. a. untypischer Art, etwa durch Kauf großer Immobilien oder ganzer Firmen. Wer mehr Geld hat, kann teurere (und vielleicht bessere) Manager einstellen. Ein wenig bekannter Mechanismus der Vermögensverteilung von unten nach oben steckt in der Realwirtschaft im Produktpreis. Die (wenigen) Schätzungen, die es gibt, gehen davon aus, dass ca. 10–25 % der durchschnittlichen Produktpreise an Kapitalgeber fließen. Davon profitieren die reichsten 10 % der Bevölkerung, für die 80 % bezahlen (bei den restlichen 10 % verrechnen sich die Effekte zu null). Das heißt, dass bei jedem Kaufvorgang Geld von unten nach oben fließt.

Auch bei den reichsten 10 % ist die Verteilung sehr ungleich: Die Superreichen erhalten sehr viel mehr als die nicht ganz so Reichen (Schneegans 2003).

Hinzu kommt, dass große Vermögen überwiegend steuerfrei vererbt werden, während die Erben kleiner Vermögen bis zu 50 % Erbschaftsteuern zahlen. Auf Erbschaften oder Schenkungen über zehn Millionen Euro wurden in Deutschland 2018 in Deutschland im Schnitt nur fünf Prozent Steuern fällig; zwei Drittel der knapp 40 Bürger, die sogar 100 Mio. Euro und mehr erbten oder geschenkt bekamen, gingen komplett steuerfrei aus. Wer im vergangenen Jahr 100 Mio. Euro oder mehr erbte bzw. geschenkt bekam, zahlte im Schnitt nur eine Steuer von 0,2 %. (Tagesspiegel 2019)

2014 besaßen 45 Menschen in Deutschland so viel wie die ärmere Hälfte der gesamten Bevölkerung (Diekmann 2018); aktuell sind es 5 Menschen (mdr 2024). Dieses Verhältnis gilt in etwa auch global: Schätzungen reichen von weniger als 10 bis zu ca. 50 Superreichen, die so viel Vermögen haben wie die ärmere Hälfte der Menschheit (Oxfam 2017). Deutschland ist, was die Ungleichheit der Vermögensverteilung betrifft, derzeit etwa auf dem Niveau von Marokko (Sackmann 2017).

Das heißt, dass Vermögen, wenn sie nicht steuerlich belastet werden, sich auch *empirisch* von selbst so entwickeln, dass am Ende ein einzelner Mensch alles Vermögen besitzt und alle anderen gar nichts.

Insgesamt entsteht auf diese Weise ein Zirkel: Die Kapitalakkumulation verursacht Shareholder-Value-Ideologien; diese verändern Unternehmen (à la Hoechst); die Unternehmen wirken auf die Gesellschaft zurück (z. B., indem sie die Shareholder reicher machen und Mitarbeiter entlassen). Das heißt für die BWL: Um Unternehmen zu verstehen, muss man die Gesellschaft verstehen, in der sie agieren.

12.2 Gesellschaftliche Auswirkungen

Natürlich handelt es sich bei der Akkumulation um einen schleichenden Prozess, dessen Auswirkungen vom größeren Teil der Bevölkerung nur langsam bemerkt und kaum verstanden werden.

In der Nachkriegszeit waren Vermögen in Deutschland im Vergleich zu heute relativ gleich verteilt. Dadurch fielen Vollbeschäftigung, gute Kapitalverzinsung, verbesserte Produktion und allgemeine Wohlfahrt zusammen. Kapitalbesitzer und Arbeitnehmer profitierten gleichermaßen vom Produktivitätszuwachs. Es gab eine breite Mittelschicht, die eine stabile Demokratie trug, und relativ wenig soziale Spannungen. Dieser Zustand hielt bis etwa in die 80er-Jahre an. Mancher Leser fragt sich vielleicht, warum eine ungleiche Vermögensverteilung Arbeitslosigkeit fördert. Der Punkt ist, dass sie eine Abnahme des Konsums bewirkt, weil der ärmere und weiter verarmende Teil der Bevölkerung weniger Geld ausgeben kann; die Reichen können diesen Ausfall nicht durch Mehrkonsum ausgleichen (sie können z. B. nicht Millionen Brote pro Tag essen). Dadurch wird aber auch die Investition in produktive Verwendungen uninteressanter, weil es weniger Käufer für die Produkte gibt; ein Investor wird daher zögern, neue Produktionskapazitäten aufzubauen. Stattdessen investiert er z. B. in nichtproduktive Verwendungen, etwa Finanzanlagen oder Immobilien. Dadurch stellen Unternehmen weniger Jobs zur Verfügung. Binswanger (2015) hat nachgewiesen, dass in den letzten Jahren die Zunahme der Geldmenge mit dem Kauf von Immobilien korrelierte, also (wahrscheinlich) das neu geschaffene Geld vor allem in den Kauf bereits existierender Immobilien floss (und nicht in den Bau neuer Immobilien).

Ab etwa Mitte der 70er-Jahre war der Vermögensbestand durch Zins und Zinseszins so angestiegen, dass nicht mehr alle (Kapitalbesitzer und

Arbeitskräfte) gleichermaßen befriedigt werden konnten, und gleichzeitig die politische Macht der Kapitalbesitzer zunahm. Etwa ab den 80er-Jahren setzte der neoliberale Umbau westlicher Gesellschaften ein, der dann in die „Finanzialisierung" mündete.

„Neoliberalismus" ist ein Sammelbegriff für heterogene Phänomene (Biebricher 2012), aber im Kern nehmen (die meisten) Neoliberalen an, dass eigentumsbasierte Marktlösungen im Zweifel gegenüber politischen Systemen vorzuziehen sind. Beispielsweise plädieren sie dafür, öffentliche Unternehmen und Strukturen (wie Bahnen und Straßen) und Vorsorgesysteme (wie die Rentenversicherung) zu privatisieren.

Mit „Finanzialisierung" wird ein Prozess beschrieben, der Finanzinstitutionen (z. B. Banken, Hedgefonds) und deren Methoden gegenüber der Realwirtschaft und anderen gesellschaftlichen Systemen stärkt.

Im Folgenden sollen diese Begriffe kurz an einigen Beispielen erläutert werden. Die Idee, dass Unternehmen ausschließlich dem Shareholder value dienen, also den Eigentümern, wurde am Beispiel von Hoechst beschrieben.

Die Vermehrung der Kapitaleinkünfte gegenüber Lohneinkünften wirkt sich z. B. auf das Gesundheitswesen aus. Da die gesetzliche Krankenversicherung (GKV) ihre Einnahmen ganz überwiegend aus Löhnen und Gehältern (und nicht aus Kapitaleinkünften) bezieht, muss der Beitragssatz steigen, wenn die Lohnquote sinkt. Der Anstieg des GKV-Beitragssatzes von rund 11 % (1980) auf rund 15 % (2020) beruht also nicht etwa auf der Zunahme der Ausgaben (trotz demografischen Wandels und technischen Fortschritts!), sondern ganz überwiegend auf der sinkenden Lohnquote. Das hat übrigens der Deutsche Ärztetag (1996) – der nicht im Verdacht steht, politisch „linke" Positionen zu vertreten – schon 1996 in seinem Beschlussprotokoll festgestellt: „Es hätte in diesem Zeitraum keine Steigerung der Beitragssätze in der GKV gegeben, wenn die Lohnquote konstant geblieben wäre"; und auch der Sachverständigenrat schloss sich einige Jahre später dieser Einschätzung an.

Die Finanzialisierung der Wirtschaft, also die Verschiebung der Gewinnerzeugung weg von produktiven Unternehmen hin zur Finanzwirtschaft führt zu merkwürdigen Folgen (Jenner 2000):

12 Betende Chefs: Möge uns Gott von der Gewerkschaft befreien

„140.000 abhängig Beschäftigte der Gruppe Peugeot erwirtschafteten im ersten Halbjahr 1998 einen Gewinn von 2,2 Mrd. Francs oder 330 Mio. $ (bei einem Kurs von 6 Francs zu einem US-Dollar) – ein Rekorderfolg. Im gleichen Zeitraum brachten es aber ganze 340 Händler der Citibank mit ihren Devisenspekulationen zu einem Gewinn von 552 Mio. $ – pro Person entspricht dies einem 400-mal so großen Erfolg!

Reale volkswirtschaftliche Leistung und Einkommen auf ihre Kosten verhalten sich hier also wie 1 zu 400! Kein Wunder, dass die Spekulation ein exponentielles Wachstum verzeichnet, weil die reale Leistung unter diesen Bedingungen immer weniger zu motivieren vermag. … Die persönliche Leistung verschafft zunehmend weniger, das Vermögen zunehmend mehr Erfolg. Ohne den Eingriff der Gesellschaft muss dieses System an seiner Instabilität und den inneren Widersprüchen zerbrechen."

Die Firma Blackrock verwaltet aktuell (2020) ca. 8 Billionen US-Dollar. Sie ist u. a. bei der Hälfte der deutschen DAX-Unternehmen größter Einzelaktionär; bei Unternehmen, die in der gleichen Branche tätig sind, hat Blackrock wenig Interesse daran, dass sie heftig gegeneinander konkurrieren. Eine solche Konzentration führt tatsächlich nachweisbar zur Verringerung des Wettbewerbs.

Das hat wiederum politische Auswirkungen. Einflussreiche Politiker sind bzw. waren Angestellte des Unternehmens, z. B. der frühere britische Finanzminister G. Osborne oder der CDU-Vorsitzende F. Merz, der schon 2020 als Kanzlerkandidat auftrat. Osborne verschaffte der Branche nicht nur eine Steuererleichterung von jährlich rund 200 Mio. Euro, sondern brachte Altersersparnisse im Wert von 25 Mrd. US-Dollar in Bewegung, indem er während seiner Amtszeit als Minister dafür sorgte, dass Rentner ihre Rente nicht mehr in jährlichen Raten beziehen müssen, sondern sich nun die gesamte angesparte Summe auszahlen lassen und selbst anlegen können (Schumann und Simantke 2018).

Große Vermögen sind politisch kaum noch kontrollierbar; im Gegenteil hat sich der Kontrollfluss weitgehend umgekehrt. Bereits 1992 (am „Schwarzen Freitag") konnten Devisenspekulanten die Bank of England in die Knie zwingen. Faktisch haben Nationalstaaten die Kontrolle über ihre Währungen verloren. Erwünscht wäre aus gesellschaftlicher Sicht, dass die Zentralbanken regulierend in die Geldschöpfung der übrigen Geldinstitute eingreifen können.

Da inzwischen ganze Staaten untereinander um Kapital konkurrieren, besteht international ein Trend zu sinkenden Unternehmenssteuersätzen. Der durchschnittliche Unternehmenssteuersatz der 28 EU-Mitgliedstaaten reduzierte sich zwischen 1996 und 2018 von 38 auf 21,3 % (Bpb 2019).

Vielleicht das deutlichste Beispiel lieferte die *Süddeutsche Zeitung*, als sie über den Milliardär Mercer und seinen Einfluss auf die amerikanische Politik schrieb: „Trump zum Präsidenten zu machen war nur der erste Schritt" (Denkler 2017). Was werden die nächsten Schritte sein?

Die zunehmend ungleiche Vermögensverteilung wirkt auf die Gesellschaft. Sehr ungleich verteilte Vermögen erzeugen soziale Spannungen und Machtmissbrauch; außerdem sind solche Gesellschaften tendenziell unfriedlich (wie etwa der europäische Nationalismus und Militarismus der Vorkriegszeit). Um 1900 wurden in Frankreich 90 % aller Vermögen vererbt und 10 % erarbeitet; nach dem Krieg betrug das Verhältnis 50/50. Man konnte also durchaus ein Häuschen durch ehrliche Arbeit erwerben; in Kürze ist wieder ein Zustand erreicht, in dem man allenfalls durch Heiraten oder Erben wohlhabend wird (Piketty 2014).

Schließlich hat zunehmende Ungleichheit weitere unerwünschte Folgen – z. B. nehmen Krankheiten, Kriminalität und Drogenabhängigkeit zu (Kappeler und Fichtel 2019).

Selbstverständlich gelten diese Aussagen auf globaler Ebene verstärkt. Erstens ist die Ungleichheit größer – bis hin zu 10 Mio. Hungertoten jährlich. Zweitens sind (kapital-)schwache Gesellschaften anfälliger für plötzliche Änderungen der Kapitalströme (Der Spiegel 2015).

12.3 Gerissenheit und Gouvernementalität

Manche Kapitalanleger sind mit seltsamen Methoden reich geworden. Glaubt man der Darstellung auf Wikipedia (2021), so hat Paul Singer sein Milliardenvermögen erworben, indem er Entwicklungsländer in den Bankrott trieb:

12 Betende Chefs: Möge uns Gott von der Gewerkschaft befreien 231

„Singer hatte nach der Insolvenz Argentiniens 2001 zusammen mit anderen Investoren zahlreiche Staatsanleihen dieses Landes zu billigsten Konditionen aufgekauft. Während die argentinische Präsidentin Cristina Fernández de Kirchner versuchte, die Schulden zu restrukturieren, mussten viele der Gläubiger sich mit reduzierten Rückzahlungen abfinden. Paul Singer legte jedoch Rechtsmittel gegen Argentinien ein und versuchte, argentinische Vermögenswerte weltweit zu beschlagnahmen.

Ein New Yorker Bezirksrichter verurteilte Argentinien im Oktober 2012 zu einer Zahlung von 1,3 Mrd. US-Dollar an die Hedgefonds. Als weiteres Druckmittel wurde es Argentinien verboten, andere Schulden zu bedienen, solange die Hedgefonds nicht bezahlt worden seien, denn es dürfe kein Gläubiger bevorzugt bedient werden…Nachdem ein Schlichtungsverfahren zwischen Argentinien und den US-amerikanischen Hedgefonds, darunter insbesondere NML Capital [ein Fonds Singers, d. V.], es nicht geschafft habe, zum 31. Juli 2014 Mitternacht zu einer Einigung zu kommen, erklärte der argentinische Wirtschaftsminister sein Land für bankrott, zumindest gegenüber diesen Hedgefonds. 2016 kam es zur Begleichung der Schulden…Dies führte im Ergebnis dazu, dass die Holdout-Gläubiger 9,3 Mrd. $ erhielten, wovon 2,4 Mrd. $ an Elliott [ein anderer Fonds Singers] gingen.

Ende der 1990er-Jahre kaufte die auf den Cayman Islands ansässige Kensington International – eine Tochter von Singers Elliott Associates – für 1,7 Mio. US-Dollar Schuldentitel der Republik Kongo aus den 1980er-Jahren, die einen (ursprünglichen) Nennwert von 32,6 Mio. US-Dollar gehabt hatten. Danach folgte die (schon übliche/bzw. schon geplante) Klagerunde, um 100 % des Schuldentitels einzutreiben. Kensington strengte verschiedene Klagen an, bekam Recht und Anspruch auf mittlerweile (Zins + Zinseszins) aufgelaufene 118,6 Mio. Als die Republik Kongo sich weigerte zu zahlen, versuchte Kensington Zugriff auf Vermögenswerte der Republik Kongo selbst und auch auf deren Geschäftspartner zu erlangen. So reichte der Fonds bei einem britischen Gericht einen Antrag ein, Gelder einer englischen Tochtergesellschaft des Schweizer Rohstoffkonzerns Glencore, die über verschiedene Firmen Öl aus dem Kongo erworben hatte, einzuziehen. Kensingtons Anwälte hatten zuvor nachgewiesen, dass die Firmen, mit denen Glencore Geschäfte getätigt hatte, dem kongolesischen Staat gehörten. Und so ordnete im November 2005 der High Court in London schließlich an, dass Glencore 39 Mio. US-Dollar für zwei Öllieferungen nicht an die kongolesischen Handelsfirmen, sondern an Kensington International zahlen müsse. Das US-Nachrichtenmagazin *Nation* berichtete, dass es Singer gelungen sei, vorübergehend 90 Mio. $ Entwicklungshilfe zu blockieren. Diese Summe war für die Bekämpfung einer Cholera-Epidemie vorgesehen."

Wie wird man reich? Erben ist eine gute Möglichkeit. In Deutschland ist der häufigste relevante Grund für den Erwerb eines größeren Vermögens von über einer Million Euro das Erben (67 %), meist in Kombination mit Unternehmensbesitz – also der Möglichkeit, andere für sich arbeiten zu lassen (Lauterbach et al. 2016). Vor allem bei Frauen kommt Heiraten als Grund hinzu; Heirat ist bei 36 % der Frauen relevanter Grund, bei 21 % Hauptgrund des Vermögenserwerbs.

Wie gesehen, kann man, wenn man ein mittleres Vermögen mitbringt, lange genug wartet, und Glück bei der Geldanlage hat, auch über die Zeit reich werden.

Und drittens zeigt Paul Singer, dass Rücksichtslosigkeit bis Bösartigkeit, wenn sie mit Gerissenheit einhergeht, auch eine gute Voraussetzung ist.

Nach meinem Kenntnisstand wurde bisher nicht untersucht, welche sonstigen Gründe es gibt. Ich kenne auch keine Krankenschwester, keinen Postzusteller oder sonst jemanden aus einem „normalen" Beruf, der mit ehrlicher Arbeit reich geworden wäre. Einzelne Rechtsanwälte oder Uniklinikchefs mögen wohlhabend sein, und wenn sie das Geld zu 12 % anlegen, sind ihre Enkel irgendwann reich.

Vor diesem Hintergrund gibt es gute Gründe für die Frage, was solche Geschichten mit der Gesellschaft „machen". Denn Herrschaft muss sich irgendwie legitimieren. Foucault (2006) nannte das „Gouvernementalität". Viele Jahrhunderte lang bestand die amtliche Propaganda darin, Pharaonen, Cäsaren und Könige als von Gott eingesetzt darzustellen. Der Kapitalismus kann darauf nicht mehr zurückgreifen. Stattdessen behauptet er, jeder sei seines Glückes Schmied, und wer scheitert, ist selbst schuld. Sehr anschaulich schreibt T. Veerkamp (2005):

> „Der Schneidersohn Aladin war ein richtiger Taugenichts, der von der Arbeit seiner Mutter lebte. Eines Tages wurde er von einem Fremden angesprochen, der ihn um einen Dienst bat. Aladin willigte ein und nach einigen

Verwicklungen kam er in den Besitz einer alten Lampe, die der Fremde selber hatte haben wollen. Einige Tage später putzt er die alte Lampe. Plötzlich erscheint ein Geist, der dem verdutzten Faulenzer Aladin erklärt, er würde jeden Auftrag erfüllen, den jener ihm erteilt. Die Mutter, die das Leben klug gemacht hat, beschwört Aladin, die Lampe wegzuschmeißen. Aladin freilich ist sich schnell darüber im Klaren, dass er mit dieser Lampe keinen Finger mehr krumm machen muss. Er würde ohne große Sorgen von der Arbeit des Geistes aus der Lampe leben können. Mit der anfänglichen Bescheidenheit des kleinen Mannes schickt er den Geist los, um Essen zu besorgen. Der Auftrag wird zur Befriedigung Aladins ausgeführt, zumal der Geist das Essen auf Schüsseln und Tellern aus Feinsilber auftischt. Die Schüsseln und Teller macht er zu Geld. Nach und nach werden die Wünsche unbescheidener, bis auch das Unmöglichste möglich wird. Der Geist bringt ihm den unermesslichen Schatz, mit dem Aladin den Sultan dazu bewegen kann, ihm seine Tochter zu geben. Standesgemäß lässt er vom Geist der Lampe einen Palast errichten, der an Schönheit und Ausstattung alles übertrifft, was je ein Menschenauge gesehen hat. Solches Glück ist immer prekär, der Neider des Glücks, der Konkurrent, schläft nie. Der Bruder des betrogenen Fremden erscheint, bringt die Lampe und so den Palast samt Sultanstochter an sich. Das Märchen geht gut aus, der Bösewicht wird getötet, Aladin und seine Braut erben das Königreich. Die Fantasie der Märchenerzählerin aus Bagdad war unerschöpflich. Sie, die persische Prinzessin Scheharazadeh, erzählte ihre Märchen während tausendundeins Nächten dem berühmten Beherrscher des Weltreichs von Bagdad, dem Kalifen Harun Amaschid. Die Märchen waren aber für die Kinder des Reiches und für die Kinder aller Reiche und aller Zeiten gedacht. Sie sollten von jung auf all die Weltklugheit entdecken, die Scheharazadeh in ihren Märchen versteckt hat. Es steckt in Aladins Wunderlampe sogar eine Parabel, die uns die Verhältnisse unserer Tage besser verstehen lässt.

‚Lassen Sie Ihr Geld für Sie arbeiten', inserierte eine große Geschäftsbank. Geld arbeitet, die Leute werden schlafend reich, suggeriert die Bank. Geld arbeitet nicht, Menschen arbeiten. Wer viel Geld hat, ist wie Aladin. Er besitzt eine wunderbare Lampe. Er kann den Geist in der Lampe wecken. Der Geist ist ein Heer von arbeitsamen Menschen. Dieser moderne Aladin muss nicht nur den schlafenden Geist in der wunderbaren Lampe wecken, er muss ihn dazu bringen, für ihn zu arbeiten. Der Geist, eben jenes Millionenheer von arbeitsamen Menschen, führt dann die Aufträge des Lampenbesitzers aus, und den Reichtum, den er schafft, legt er ihm zu Füßen.

> Der Lampenbesitzer kann die Menschen dazu bringen, für ihn zu arbeiten, indem er sie mit Gewalt dazu zwingt. Kostengünstiger ist es, wenn er sie glauben macht, es gehöre zum Lauf der Welt, dass manche wunderbare Lampen haben, andere die Aufträge der Lampenbesitzer ausführen müssen. Weiter müssen die Menschen glauben, dass dies alles letztendlich auch ihrem Wohl dient. Der erste Artikel dieses Glaubens lautet, dass das Eigentum an wunderbaren Lampen elementares und heiligstes Menschenrecht ist, der zweite, dass der Eigentümer solcher Lampen Befehlsgewalt über die dienstwilligen Geister hat. Der dritte Artikel verkündet schließlich, es entstehe so die beste aller möglichen Welten, wenn man Lampenbesitzer und Geister nur gewähren lässt."

Dass diese Gouvernementalität ihre Opfer auch noch bloßstellt, hat Bröckling (2000, S. 154ff.) beschrieben (s. Kap. 2).

Nebenbei bemerkt: Eine weit verbreitete Meinung, deren Wahrheitsgehalt fast nie hinterfragt wird, besteht darin, dass der Kapitalismus in den letzten Jahrhunderten den Aufschwung von Wissenschaft und Technik ermöglicht habe. Möglicherweise war es genau andersherum: Die Zunahme an Wissen und Produktivität ermöglichte Kapitalwachstum.

12.4 Folgerungen für das Verstehen und Leiten von Unternehmen und für die Gesellschaft

Im Rahmen der Finanzialisierung wird es für Produktionsunternehmen immer schwerer, sich gegen Finanzunternehmen zu behaupten. Es läge also im Interesse dieser Unternehmen – wenn sie ihr Produktionsportfolio erhalten wollen – zu starke Kapitalkonzentration zu vermeiden.

Es ist ein weit verbreiteter Irrtum, Märkte förderten immer Produktqualität, Innovation und Fortschritt. In fast allen BWL-Büchern wird z. B. die Unternehmensführung als „Ausrichtung des gesamten Unternehmens an den Bedürfnissen der Kunden" verstanden. Das gilt nur, wenn Unternehmen um Kunden konkurrieren, wenn mit den Kunden Umsatz und Gewinn wachsen, und wenn die Kunden bemerken und danach handeln, wer ihre Bedürfnisse am besten erfüllt. Diese Voraussetzungen sind manchmal, aber nicht immer (und in manchen Märkten nicht einmal häufig) erfüllt. Tatsächlich ist die allgemeine Regel, dass Märkte so etwas wie Gerissenheit belohnen. Unternehmen sollten sich darauf einstellen, und Gesellschaften die Rahmenbedingungen so setzen, dass die „Energie" hinter der Gerissenheit in erwünschte Aktivitäten gelenkt wird.

Das gilt umso mehr, als Macht – auch in Form von Kapitaleigentum – sich von selbst aufkonzentriert, wenn niemand eingreift. Ich halte es für moralisch falsch, den Dingen ihren Lauf zu lassen, wenn sie zu unerwünschten und ungerechten Ergebnissen führen.

Literatur

Ärztetag (1996) Beschlussprotokoll des 99. Deutschen Ärztetages vom 04.–08. Juni 1996 in Köln. https://www.bundesaerztekammer.de/fileadmin/user_upload/downloads/Beschlussprotokoll_99_DAeT_Koeln.pdf. Zugegriffen am 22.09.2021
Biebricher T (2012) Neoliberalismus. Junius, Hamburg
Binswanger M (2015) Geld aus dem Nichts. Wiley, Weinheim
Bpb (Bundeszentrale für politische Bildung) (2019). https://www.bpb.de/nachschlagen/zahlen-und-fakten/europa/70564/unternehmenssteuern. Zugegriffen am 22.09.2021
Denkler T. Trump zum Präsidenten zu machen war nur der erste Schritt. Süddeutsche Zeitung, 20. August 2017
Der Spiegel (2015). https://www.spiegel.de/wirtschaft/unternehmen/schwellenlaender-investoren-ziehen-eine-billion-dollar-ab-a-1048785.html. Zugegriffen am 19.08.2022
Diekmann (2018). https://www.spiegel.de/wirtschaft/soziales/vermoegen-45-superreiche-besitzen-so-viel-wie-die-halbe-deutsche-bevoelkerung-a-1189111.html. Zugegriffen am 20.09.2021
Foucault M (2006) Sicherheit, Territorium, Bevölkerung. Geschichte der Gouvernementalität I. Suhrkamp, Frankfurt
Jenner G (2000) Der Mythos vom ökonomischen Gleichgewicht. In: Freystedt V (Hrsg) Für einen neuen Geldpluralismus. Bietet eine Vielfalt von komplementären Währungen einen Ausweg aus der Krise? Symposiumsdokumentation, Steyerberg, S 65–67

Kappeler PM, Fichtel C (2019) Soziale Ungleichheit. Muster, Mechanismen und Konsequenzen in Primatengesellschaften. In: Hartung G, Herrgen M (Hrsg) Interdisziplinäre Anthropologie. SpringerNature, Wiesbaden, S 5ff

Lauterbach W, Ströing M, Grabka M, Schröder C (2016) HViD – Hochvermögende in Deutschland. Abschlussbericht zu den Ergebnissen der Befragung. O. V

Mdr (2024). https://www.mdr.de/nachrichten/deutschland/gesellschaft/faktencheck-vermoegen-deutschland-ungleich-100.html. Zugegriffen am 21.09.2021

Oxfam (2017). https://www.oxfam.de/ueber-uns/aktuelles/2017-01-16-8-maenner-besitzen-so-viel-aermere-haelfte-weltbevoelkerung. Zugegriffen am 21.09.2021

Piketty T (2014) Das Kapital im 21. Jahrhundert. Beck, München, S 533

Sackmann (2017). https://www.focus.de/finanzen/geldanlage/laendervergleich-deutschland-nur-auf-platz-117-in-welchen-laendern-die-schere-zwischen-arm-und-reich-am-kleinsten-ist_id_7236465.html. Zugegriffen am 22.09.2021

Scheidel W (2018) Nach dem Krieg sind alle gleich. Wbg Theiss, Darmstadt

Schneegans T (2003) Umlaufgesicherte Komplementärwährungen. Diplomarbeit, Berlin. http://userpage.fu-berlin.de/~roehrigw/diplomarbeiten/Freigeldpraxis.pdf. Zugegriffen am 15.10.2020

Schumann H, Simantke E (2018) Ein Geldkonzern auf dem Weg zur globalen Vorherrschaft. Tagesspiegel 8:5

Tagesspiegel (2019). https://www.tagesspiegel.de/wirtschaft/fuenf-prozent-auf-10-millionen-euro-grosserben-zahlen-in-deutschland-kaum-steuern/25291380.html. Zugegriffen am 19.08.2022

Veerkamp T (2005) Der Gott der Liberalen. Argument Verlag, Hamburg

Wikipedia (2021) Paul Singer (Geschäftsmann). https://de.wikipedia.org/wiki/Paul_Singer_%28Gesch%C3%A4ftsmann%29. Zugegriffen am 22.04.2021

13

Deutschland 2024: Krankheit macht arm, und Armut macht krank

> **Fallstudie**
>
> „Sechs Uhr morgens in Schöneiche bei Berlin. Katharina musste sich zunächst keine Sorgen ums Geld machen, als sie vor 3 Jahren an Brustkrebs erkrankte. Die frühere Finanzchefin eines jungen Unternehmens bekam erst Kranken-, dann Arbeitslosengeld. Zweieinhalb Jahre lang. Doch seit sechs Monaten lebt sie von Hartz IV …
> (Katharina:) ‚Das ist aber das, was einem Stress bereitet – wirklich Stress bereitet. Das ist nicht mal die Krankheit und alles, was damit zusammenhängt und Therapien, die man macht, sondern wirklich – wirklich – auch immer wieder dieser Stressfaktor: Wie geht's weiter? Wie komme ich über den nächsten Monat?'
> Die Sorgen der Mutter bleiben auch den Kindern nicht verborgen. Der Sohn: ‚Ich würde mir wünschen, dass meine Mama Arbeit findet. Irgendwo. Dann weiß man eben, dass man nicht so arm ist, sozusagen.'" (3SAT 2022)

In der Bundesrepublik machen Krankheit arm und Armut krank. Ältere und gesundheitlich Beeinträchtigte sind überproportional stark von Arbeitslosigkeit betroffen. Sie haben ein höheres Risiko, entlassen zu werden und bleiben überdurchschnittlich lange arbeitslos (Bpb 2022).

Tab. 1 Lebenserwartung bei Geburt und gesunde Lebenserwartung bei Geburt nach Einkommen (in Jahren). Datenbasis: Sozio-oekonomisches Panel und Periodensterbetafeln 1995–2005 [46]				
	Lebenserwartung bei Geburt		Gesunde Lebenserwartung[a] bei Geburt	
	Männer	Frauen	Männer	Frauen
Netto-Äquivalenzeinkommen[b]				
<60%	70,1	76,9	56,8	60,8
60%–<80%	73,4	81,9	61,2	66,2
80%–<100%	75,2	82,0	64,5	67,1
100%–<150%	77,2	84,4	66,8	69,1
≥150%	80,9	85,3	71,1	71,0

[a] Anzahl der Lebensjahre, die bei guter oder sehr guter Gesundheit verbracht werden
[b] Anteil vom mittleren Netto-Äquivalenzeinkommen

Abb. 13.1 Lebenserwartung und sozialer Status in Deutschland. (Lampert et al. 2016)

Umgekehrt wirken sich Arbeitslosigkeit und Armut auch negativ auf die Gesundheit aus. Beispielsweise verbringen männliche Bürger, die mindestens über das Anderthalbfache des Durchschnittseinkommens verfügen, 15 (!) Jahre mehr in Gesundheit als Einwohner, die weniger als das 0,6-Fache erhalten (Lampert et al. 2016; siehe Abb. 13.1).

Das heißt: Geringes Einkommen führt nicht nur zu weniger Konsum. Es macht krank.

Der Zusammenhang zwischen sozioökonomischem Status und Krankheiten ist in Deutschland statistisch gut untersucht. Sehr verdienstvoll sind die Arbeiten der RKI-Arbeitsgruppe um den 2020 verstorbenen Thomas Lampert (z. B. Lampert et al. 2005).

Allerdings ist bis heute nicht wirklich verstanden worden, *warum* Armut krank macht. Zwar existieren durchaus brauchbare Modelle (z. B. das von Elkeles und Mielck 1997; s. Abb. 13.2), sie wurden bisher aber kaum mit Daten gefüllt. So ist zwar sehr plausibel, dass Unterschiede in Wissen, Macht, Geld und Prestige zu Unterschieden in gesundheitlichen Belastungen führen (z. B. in Form von Stress am Arbeitsplatz), aber für politisches Eingreifen müsste eine solche Aussage quantitativ erhärtet werden. (In diese Richtung arbeiten z. B. Seidler et al. 2022.)

Auch umgekehrt gilt: Krankheit macht nach wie vor arm. Insbesondere junge Menschen, die noch keine nennenswerten Rentenansprüche erworben haben, verlieren mit ihrer Arbeitsfähigkeit zugleich die Grundlage ihrer wirtschaftlichen Existenz (Freund et al. 2019; Walther 2010).

Besonders in prekären Lebenssituationen münden Krankheit und Armut rasch in katastrophale Situationen, denen die Betroffenen nicht mehr entrinnen, z. B. bei Obdach- oder Wohnungslosigkeit. So werden

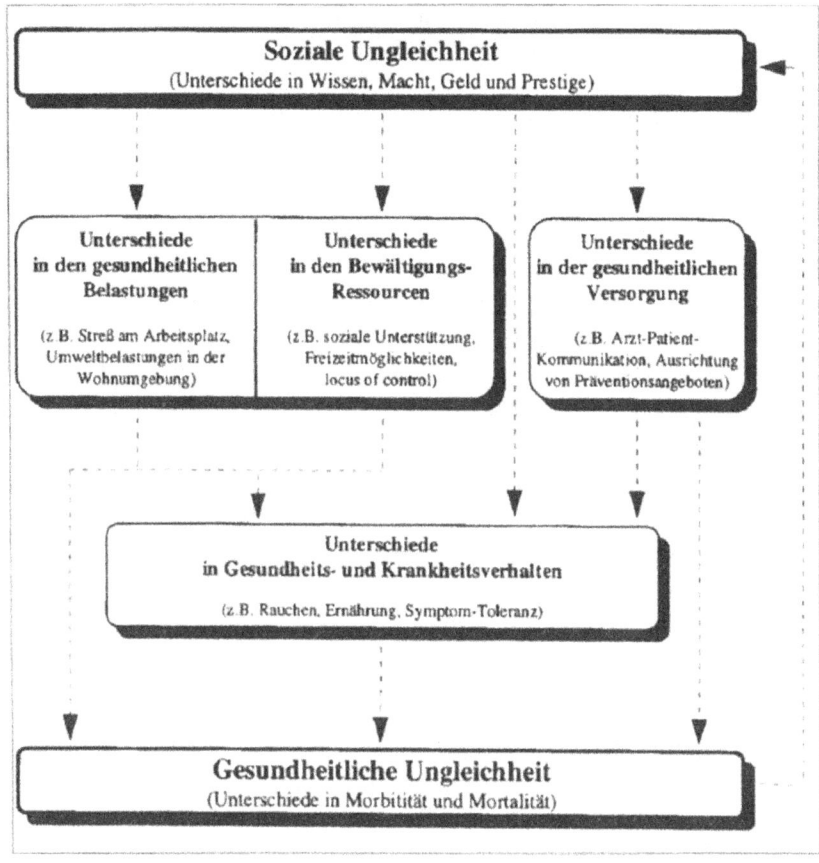

Abb. 13.2 Zusammenhänge zwischen sozialer und gesundheitlicher Ungleichheit. (Elkeles und Mielck 1997)

wohnungslose Menschen von der medizinischen Regelversorgung kaum noch erfasst, z. B., weil sie keinen Nachweis über ihren Versicherungsstatus erbringen können, aber auch, weil sie sich aus Scham nicht in normale Arztpraxen trauen; ihr durchschnittliches Sterbealter liegt zwischen 42 und 52 Jahren (Kaduszkiewicz et al. 2017). Die aus der Unterversorgung resultierenden Krankheiten erschweren wiederum, eine Wohnung zu finden: ein klassischer Teufelskreis.

Auch leiden viele Obdachlose an akuten, z. B. wahnhaften Krankheiten, die die Bearbeitung ihrer übrigen Probleme unmöglich machen (Schreiter et al. 2017).

Sozialarbeiter und Ärzte empfehlen bei Obdachlosigkeit, die Betroffenen mit niederschwelligen Angeboten („Housing First", d. h., Betroffene erhalten eine Wohnung, ohne dass sie dafür Leistungen erbringen müssen – sie dürfen z. B. weiter Alkohol trinken) zu versorgen, damit sie überhaupt wieder behandlungsfähig werden. Mit solchen Maßnahmen kann ungefähr die Hälfte der Obdachlosen dauerhaft aus ihrer Notlage befreit werden (Lutz et al. 2017).

Auf internationaler Ebene ist Armut freilich noch viel tödlicher als in Deutschland. Ungefähr 800 Mio. Menschen hungern (FAO 2020). Wie viele davon am Hunger sterben, ist schwer zu sagen: Gute Zahlen aus unterversorgten Gebieten sind nicht leicht zu erheben, und außerdem sterben viele Hungernde an Folgekrankheiten, z. B. aufgrund eigentlich harmloser Leiden, denen sie aber wegen ihres geschwächten Immunsystems erliegen. Schätzungen reichen von ca. 8 Mio. (Brot für die Welt 2020) bis zu 18 Mio. (Ziegler 2011) Hungertoten pro Jahr. Davon sind ca. drei Millionen Kinder unter fünf Jahren, die nie eine Chance bekommen, etwas aus ihrem Leben zu machen (Welthungerhilfe 2020). Dass sie verhungern, liegt nicht daran, dass es weltweit zu wenig Lebensmittel gäbe, sondern daran, dass sie nicht genug abbekommen.

Dabei ist Hunger nur eine besondere Form des Mangels; auch andere Krankheiten treffen arme Menschen weltweit häufiger und schlimmer als reiche, auch wegen des schlechteren Zugangs zu Medikamenten und Impfstoffen.

Ob es der WHO gelingt, innerhalb einer Generation die Lücke zwischen reichen und armen Ländern zu schließen, darf bezweifelt werden (Marmot et al. 2008; dort finden sich auch weiterführende Analysen).

13.1 Der Druck, schön zu sein

Wie sehr die Medizin mitunter auf gesellschaftliche Scheinzwänge bloß reagiert, zeigt das Beispiel der Schönheitschirurgie. Gutes Aussehen wird zunehmend als selbstbestimmtes Resultat von Training, Kosmetik und

Chirurgie gesehen (Liesmann 2009, S. 97); der Einzelne ist geradezu selbst dafür verantwortlich, „schön" zu sein.

Gleichzeitig schwindet in der Postmoderne (Lyotard) die Bedeutung von Institutionen, die nach der „Wahrheit" suchen – Schulen, Universitäten, gute Zeitschriften und Bücher etc. – während Macht, Geld und Schönheit wichtiger werden: dass gutes Aussehen Fähigkeit ersetzt, kam immer schon vor, aber nicht so ausgeprägt wie heute. Die Warenästhetik überformt menschliche Schönheit: Das Ich wird zum Produkt, das einen möglichst hohen Preis erzielen soll, und muss entsprechend gestylt werden (Haug 2009). Sehr anschaulich hat U. Bröckling (s. Kap. 2) beschrieben, wie im Kapitalismus das gesamte Leben der Gesellschaftsmitglieder umgedeutet wird, z. B. bei der Arbeit, beim Konsum, aber auch bei der Sicht auf sich selbst; etwa, wenn jeder sich selbst auf einen fremden Zweck hin optimieren muss.

Die medizinischen Auswirkungen dieser Entwicklungen sind regional sehr unterschiedlich. In Korea wurden im Jahr 2014 980.000 Schönheitsoperationen durchgeführt, in Deutschland (bei etwa anderthalbmal so vielen Einwohnern) rund 40.000 (Chingufreunde 2021). Selbstverständlich drängt sich die Frage auf, welche gesellschaftlichen Mechanismen diesen Unterschied verursachen; bisher gibt es dafür allenfalls Ansätze einer Erklärung (z. B. der höhere Anpassungsdruck in der koreanischen Gesellschaft: „Man muss den Nagel, der hervorsteht, einhämmern.").

Die Vermutung liegt nahe, dass eine Vielzahl psychischer Krankheiten auf solche Belastungen zurückzuführen ist.

13.2 Soziale Sicherung

In Westeuropa gilt der Zugang zu wichtigen medizinischen Leistungen als eine Art Menschenrecht: Niemand soll sterben oder zu Schaden kommen, weil er sich eine bestimmte Behandlung nicht leisten kann. Damit ist aber der Peis als Rationierungsinstrument außer Kraft gesetzt.

In Deutschland entscheidet daher nicht der Patient, welche Leistungen er „einkauft", sondern die Gesellschaft stellt ihm diejenigen Güter und Dienstleistungen zur Verfügung, die er „braucht". Dieser Bedarf ist nicht immer ganz leicht festzustellen und außerdem Gegenstand für Diskussionen: Gehört Zahnpasta zum Katalog derjenigen Dinge, die jedes Gesellschaftsmitglied kostenlos erhält? Wie ist es mit Kuren? Haarverpflanzungen?

Auch, wenn sich keine Marktpreise bilden, so muss es doch Verrechnungspreise geben, denn jeder Anbieter möchte schließlich wissen, was er für seine Leistungen erhält. Diese Preise entstehen nicht von selbst, sondern werden faktisch von einer jeweils zuständigen Behörde festgelegt.

Daraus resultieren einige Nebenwirkungen. Erstens ist die Regulierungsdichte im Gesundheitswesen enorm hoch. Zweitens sind nicht alle Regulierungen ideal (z. B. planen die Länder ihre Klinikbetten je für sich und stimmen sich in unterschiedlichem Ausmaß mit den Kassenärztlichen Vereinigungen ab, die den Sektor der niedergelassenen Ärzte planen). Drittens gibt es wohl keine Branche, die so viele Lobbyisten beschäftigt (Reiners 2009, S. 11).

Diese hohe Regelungsdichte erschwert internationale Vergleiche, weil die Regulierung je nach Staat unterschiedlich und schwer vergleichbar ist. Solche Vergleiche wären aber wichtig, um z. B. innovative Regelungen auszutauschen oder Personalbestände zu vergleichen. Beispielsweise versorgen Krankenschwestern in Deutschland etwa doppelt so viele Fälle wie ihre Kolleginnen in den Niederlanden (Hans-Böckler-Stiftung 2021), aber die Zahlen sind deshalb nur schwer zu vergleichen, weil nicht klar ist, ob möglicherweise das Tätigkeitsprofil unterschiedlich ist (etwa, weil die Arbeiten zwischen Ärzten und Pflegern je nach Land unterschiedlich verteilt sind).

Insgesamt ist die Beschäftigung mit sozialer Sicherung komplex und umfasst eine Reihe von Themen, die hier nicht besprochen, sondern nur genannt werden können; für die weitere Beschäftigung muss auf die Spezialliteratur verwiesen werden (z. B. Thielscher 2015, 2017).

13.3 Folgerungen für das Verstehen und Leiten von Unternehmen und für die Gesellschaft

Die gute Nachricht für Unternehmen ist: Nach wie vor müssen Arbeitnehmer Arbeit annehmen, wenn sie ordentlich leben wollen. Daher stehen sie – marxistisch formuliert – weiterhin zur Ausbeutung bereit.

Aus gesellschaftlicher Sicht stellt sich die Frage, ob man die Chance auf ein erfülltes Leben an Umstände ketten muss, die bisher nicht beeinflusst werden – oder ob man diese Umstände steuern will. Ansatzweise erfolgt das ja auch schon (z. B. in Form von Arbeitsschutzvorschriften, Arbeitslosenunterstützung u. Ä.), aber Zuschnitte von Karrierepfaden, die internationale Verlagerung von Kapital und Arbeitsplätzen usw. bleiben bisher dem freien Spiel der Kräfte (d. h., der Machtverhältnisse) überlassen.

Literatur

3SAT (2022) [Doku] 37 Grad: 40 Stunden schaff' ich nicht – Wenn die Leistung nicht mehr reicht. https://www.youtube.com/watch?v=9qeQUBjaKfA. Zugegriffen am 23.12.2022

Bpb (2022). https://www.bpb.de/themen/arbeit/arbeitsmarktpolitik/305833/daten-und-fakten-arbeitslosigkeit/. Zugegriffen am 30.08.2022

Brot für die Welt (2020). https://www.brot-fuer-die-welt.de/themen/ernaehrung/. Zugegriffen am 08.01.2020

Chingufreunde (2021). https://chingufreunde.com/schoenheitsoperationen-in-suedkorea/. Zugegriffen am 12.10.2021

Elkeles T, Mielck A (1997) Ansätze zur Erklärung und Verringerung gesundheitlicher Ungleichheit. Jahrbuch für kritische Medizin 26:23–44

FAO (2020) FAO, IFAD, UNICEF, WFP and WHO. The State of Food Security and Nutrition in the World 2019. Safeguarding against economic slowdowns and downturns. Rome, FAO. http://www.fao.org/publications/sofi/en/. Zugegriffen am 08.01.2020

Freund M, König V, Faber G, Seifart U (2019) Finanzielle und soziale Folgen der Krebserkrankung für junge Menschen. Gesundheitspolitische Schriftenreihe der DGHO, Band 16. O. V., Berlin

Hans-Böckler-Stiftung (2021). https://www.boeckler.de/de/boeckler-impuls-gute-arbeit-gegen-pflegenotstand-4181.htm. Zugegriffen am 12.10.2021

Haug WF (2009) Kritik der Warenästhetik. Suhrkamp, Frankfurt

Kaduszkiewicz H, Bochon B, van den Bussche H, Hansmann-Wies J, van der Leeden C (2017) Medizinische Versorgung von wohnungslosen Menschen. Dtsch Arztebl Int 114:673–679

Lampert T, Saß A-C, Häfelinger M, Ziese T (2005) Armut, soziale Ungleichheit und Gesundheit. Expertise des Robert Koch-Instituts zum 2.Armuts- und Reichtumsbericht der Bundesregierung. Robert Koch-Institut, Berlin

Lampert T, Richter M, Schneider S et al (2016) Soziale Ungleichheit und Gesundheit. *Bundesgesundheitsbl* 59:153–165

Liesmann KP (2009) Schönheit. Facultas, Wien

Lutz R, Sartorius W, Simon T (2017) Lehrbuch der Wohnungslosenhilfe. Beltz, Weinheim

Marmot M, Friel S, Bell R, Houweling TA, Taylor S, Commission on Social Determinants of Health (2008) Closing the gap in a generation: health equity through action on the social determinants of health. The Lancet 372(9650):1661–1669M

Reiners, H. (2009) Mythen der Gesundheitspolitik. Huber, Bern.

Schreiter S, Bermpohl F, Krausz M, Leucht S, Rössler W, Schouler-Ocak M (2017) Prävalenzen psychischer Erkrankungen bei wohnungslosen Menschen in Deutschland. Dtsch Arztebl Int 114(40):665–672

Seidler A, Schubert M, Freiberg A, Drössler S, Hussenoeder FS, Conrad I, Riedel-Heller S, Romero SK (2022) Psychosoziale berufliche Belastungen und psychische Erkrankungen. Dtsch Arztebl Int 119:709–715

Thielscher C (Hrsg) (2017) Medizinökonomie. SpringerGabler, Wiesbaden 2015 (Band 1) bzw. (Band 2)

Walther J (2010) Krebs und Armut. DKG. Forum 26(1):27–30

Welthungerhilfe (2020). https://www.welthungerhilfe.de/fileadmin/pictures/publications/de/fact_sheets/topics/2016_factsheet_hunger.pdf. Zugegriffen am 08.01.2020

Ziegler J (2011) Wir lassen sie verhungern. Bertelsmann, München, S 28

14

Die Guck-Guck-Welt: GAFAM als Brandbeschleuniger der Kapitalakkumulation

Fallstudie

„Das amerikanische Fernsehen ist tatsächlich ein Genuß fürs Auge, ein wundervolles Schauspiel, das an jedem Sendetag Tausende von Bildern verströmt. Die durchschnittliche Länge einer Kameraeinstellung in den Sendungen der großen Fernsehgesellschaften beträgt nur 3,5 Sekunden, so daß das Auge nie zur Ruhe kommt, stets etwas Neues zu sehen bekommt. Außerdem bietet das Fernsehen den Zuschauern eine Vielfalt von Themen, stellt minimale Anforderungen an das Auffassungsvermögen und will vor allem Gefühle wecken und befriedigen. Selbst die Werbespots, die mancher als lästig empfindet, sind raffiniert gemacht, stets angenehm fürs Auge und mit erregender Musik unterlegt. Die beste Photographie der Welt bekommt man heutzutage zweifellos in der Fernsehwerbung zu sehen. Mit anderen Worten, das amerikanische Fernsehen hat sich ganz und gar der Aufgabe verschrieben, sein Publikum mit Unterhaltung zu versorgen.

Wenn man sagt, das Fernsehen sei unterhaltsam, dann ist das zunächst nichts weiter als eine Banalität. Aus dieser Tatsache ergibt sich noch keine Bedrohung für die Kultur, und es würde sich nicht einmal lohnen, ein Buch darüber zu schreiben. Man könnte sich sogar darüber freuen …

Problematisch am Fernsehen ist nicht, daß es uns unterhaltsame Themen präsentiert, problematisch ist, daß es jedes Thema als Unterhaltung präsentiert. Um es anders zu formulieren: Das Entertainment ist die Superideologie des gesamten Fernsehdiskurses. Gleichgültig, was gezeigt wird und aus welchem Blickwinkel – die Grundannahme ist stets, daß es zu unserer Unterhaltung und unserem Vergnügen gezeigt wird. Deshalb fordern uns die Sprecher sogar in den Nachrichtensendungen, die uns täglich Bruchstücke von Tragik und Barbarei ins Haus liefern, dazu auf, ‚morgen wieder dabei zu sein'. Wozu eigentlich? Man sollte meinen, daß einige Minuten, angefüllt mit Mord und Unheil, Stoff genug für einen Monat schlafloser Nächte bieten. Aber wir nehmen die Einladung des Nachrichtensprechers an, weil wir wissen, daß wir die »Nachrichten« nicht ernstzunehmen brauchen, daß sie sozusagen nur zum Vergnügen da sind. Der ganze Aufbau einer Nachrichtensendung gibt uns das zu verstehen: das gute Aussehen und die Liebenswürdigkeit der Sprecher, die netten Scherze, die aufregende Anfangs- und Schlußmusik der Show, die abwechslungsreichen Filmbeiträge, die attraktiven Werbespots – das alles und manches mehr erweckt den Eindruck, daß das, was wir eben gesehen haben, kein Grund zum Heulen sei. Kurzum, die Nachrichtensendung ist ein Rahmen für Entertainment und nicht für Bildung, Nachdenken oder Besinnung. Und wir dürfen nicht zu hart über diejenigen urteilen, die sie so gestaltet haben. Sie stellen Nachrichten nicht zusammen, damit man sie liest, sie senden sie auch nicht im Radio, damit man sie hört. Sie übertragen sie im Fernsehen, damit man sie sieht. Sie müssen der Richtung folgen, die ihnen ihr Medium vorzeichnet. Dahinter steckt weder böse Absicht noch mangelnde Intelligenz. ...
So kommt es, daß die Amerikaner die am besten unterhaltenen und zugleich wahrscheinlich die am schlechtesten informierten Leute der westlichen Welt sind. Ich betone das deshalb, weil man sich bei uns vielfach einbildet, das Fernsehen als Fenster zur Welt habe die Amerikaner zu überaus gut informierten Zeitgenossen gemacht."

Neil Postmans Buch „Amusing Ourselves to Death", 1985 in den USA erschienen, ist auch heute noch augenöffnend – erst recht, wenn man es im Wissen liest, dass das Internet längst das Fernsehen als „Informationsquelle" verdrängt und dabei die von Postman angesprochenen Risiken verschärft hat. Postman hat nicht nur mit äußerster Klarheit den Einfluss des Fernsehens auf die Gesellschaft herauspräpariert, sondern in geradezu prophetischer Weitsicht erkannt, wie Desinformation zu Unwissenheit führt und Fake News ermöglicht. Am Beispiel des Geiseldramas (als 1979 Mitarbeiter der US-Botschaft im Iran als Geiseln genommen wurden) zeigt er, dass die amerikanischen Zuschauer zwar ständig über das aktuelle Geschehen „informiert" wurden, dass ihnen aber praktisch keine Hintergrundinformationen vermittelt wurden, sodass sie noch nicht einmal wussten, was dieses Geschehen ausgelöst hatte. Die Erzeugung von Unwissenheit erfolgt dabei nicht bewusst, sondern als Ergebnis des Umstandes, dass im Fernsehen „alles" zu Unterhaltungszwecken gesendet wird.

Auch seine Anmerkungen zum damaligen Präsidenten der USA wirken angesichts der Wahlen von 2024 wie eine düstere Prophetie:

> „Aber was sollen wir tun, wenn wir die Unwissenheit für Wissen halten? Hier ein alarmierendes Beispiel dafür, wie uns dieser Vorgang in seinen Bann zieht. Ein Artikel aus der New York Times vom 15. Februar 1983 trägt die Überschrift: ‚Nachlassendes Interesse für Reagans Fehldarstellungen'. Der Artikel beginnt folgendermaßen:
> Berater von Präsident Reagan waren in der Vergangenheit des Öfteren sichtlich beunruhigt, wenn darauf hingewiesen wurde, daß er seine Politik oder allgemeine Tagesereignisse in entstellender und vielleicht auch irreführender Weise dargestellt hatte. Solche Hinweise scheint es jetzt kaum noch zu geben.
> Tatsächlich stellt der Präsident auch weiterhin anfechtbare Tatsachenbehauptungen auf, aber die Berichterstattung der Medien beschäftigt sich nicht mehr so ausführlich wie früher damit. Aus der Sicht der Beamten des Weißen Hauses spiegelt die nachlassende Berichterstattung ein Nachlassen des Interesses in der breiten Öffentlichkeit wider.'"

Vielleicht am beunruhigendsten ist, dass hier Desinformations*strukturen* entstehen, die von selbst zukünftige Entwicklungen in eine bestimmte Richtung lenken. So „macht" das Medium die Nachricht. Mit Rauchzeichen kommuniziert man nicht nur auf andere Weise, sondern auch andere Inhalte als mit Büchern oder YouTube-Schnipseln. Wenn also elektronische Medien Bücher ersetzen, dann verändern sie – gewissermaßen automatisch – auch das, worüber informiert wird.

Ein Buch muss man z. B. aufmerksam lesen, und das kann anstrengend sein. Dafür behandelt es sein Thema ziemlich umfassend (jedenfalls im Vergleich zu einem „Tweet") und stellt die gebotenen Informationen in den zugehörigen Kontext. Umgekehrt ist das Bücherschreiben ein mühseliger Prozess, den man nur auf sich nimmt, wenn man ein Anliegen hat.

Dass das, was gefällt (amüsiert, unterhält …), nicht immer nützlich ist, gilt nicht nur für Fernsehsendungen, sondern z. B. auch für das Zusammenwirken von menschlicher Biologie bzw. menschlichem Verhalten und Ernährung. Schon Platon hat darauf hingewiesen, dass ein Koch, der nur schmeicheln möchte, nicht unbedingt die gesündeste Nahrung empfiehlt. Fast Food schmeckt Kindern, weil in der Entwicklung der Menschheit Nahrung lange knapp war und wir daher salzige, fette und süße Speisen als schmackhaft empfinden. Mit der Zunahme von Fast Food, das bewusst sehr süß, fett und salzig hergestellt wird, steigt daher auch die Zahl diabetischer Kinder. Das strukturelle Problem ist, dass Fast-Food-Hersteller hochprofitabel sind – hier wird belohnt, wer anderen schadet (Leser, die aus diesem Buch vor allem lernen wollen, wie sie schnell reich werden, sollten daher ein Fast-Food-Geschäft eröffnen, bevor die Gesellschaft gelernt hat, dagegen vorzugehen). Solange es noch genügend unabhängige Stellen gibt, die die Konsumenten über gesundes und ungesundes Essen aufklären, sodass die meisten in der Lage sind, sich notfalls zusammenzureißen und lieber gesund zu essen, ist das Problem nur ärgerlich. Gefährlich wird es hingegen, wenn nur noch Fast-Food-Anbieter Lebensmittel bereitstellen – weil sie aufgrund höherer Profitabilität gesündere Anbieter verdrängen – oder wenn sie (z. B. durch Drittmittelvergabe an Forschungseinrichtungen oder durch den Kauf von Medienunternehmen) bestimmen, was über Nahrungsmittel berichtet wird – sodass Konsumenten fälschlich glauben, Fast Food sei gesund.

Der Ulmer Psychiater M. Spitzer hat nachgewiesen, dass „soziale" Medien (ein Oxymoron) ganz ähnliche Mechanismen verwenden. Facebook kann z. B. suchtartig wirken (Spitzer 2017, S. 109 f.) – und, wie jede Sucht, enorme Gewinnmargen erzeugen – nur, dass es, im Gegensatz zu Heroin, legal ist.

Wer desinformiert ist, verliert die Kontrolle – zunächst über die Medien selbst, aber dann auch über andere einflussreiche Menschen in Politik, Wirtschaft, Wissenschaft und anderen Lebensbereichen. Dass Fake News geduldet werden, ist ein schlechtes Zeichen, weil es bedeutet, dass z. B. Politiker nicht mehr kontrolliert werden.

Und schließlich hat Postman auch schon richtig festgestellt, dass Fernsehen unterhalten MUSS, um Gewinn zu machen, und damit die Gesellschaft verändert. Wirtschaftswissenschaften sollten diese Zusammenhänge erkennbar machen.

Was ist das Gemeinsame an GAFAM?

„GAFAM" steht als Abkürzung für die fünf größten Internetkonzerne: Google (bzw. der Mutterkonzern Alphabet), Amazon, Facebook (bzw. Meta), Apple und Microsoft. Nach Marktkapitalisierung (Anzahl Aktien mal Aktienwert) belegen sie allesamt Plätze unter den Top-10-Unternehmen (Wikipedia 2022):

Rang	Name	Marktkapitalisierung (in Mrd. US-Dollar)
1.	Apple	2.850
2.	Microsoft	2.311
4.	Alphabet	1.842
5.	Amazon.com	1.659
9.	Meta Platforms	605

Diese Firmen sind nicht nur sehr jung. Sie sind auch alle deshalb so erfolgreich, weil sie natürliche Monopole besetzen.

Natürliche Monopole entstehen dann, wenn ein größerer Anbieter billiger produzieren oder bessere Waren herstellen kann als ein kleinerer. Dann wechseln nach und nach alle Kunden zum größeren. Facebook ist ein anschauliches Beispiel: Wer möglichst viele Menschen kennenlernen will, nutzt eine Plattform, auf der schon viele sind. Ganz ähnlich macht es für Entwickler Sinn, Programme für das am weitesten verbreitete Betriebssystem (Microsoft) zu schreiben. Wer Produkte verkaufen will, findet die meisten potenziellen Kunden auf der Google-Suchseite bzw. auf dem Amazon-Marketplace. Nur Apple bildet eine gewisse Ausnahme, weil es seine Monopolstellung lange durch besonders innovative Produkte selbst erzeugt hat.

Dass Monopole reich machen (weil der Anbieter die Preise diktieren kann), wissen natürlich auch Kapitalgeber. Daher versuchen sie, schnell so viel Geld in ihre Unternehmen zu investieren, dass sie ihre Wettbewerber rasch abhängen und dann über das natürliche Monopol märchenhafte Renditen erzeugen.

Dabei wiederum hat das Silicon Valley einen enormen Standortvorteil: Bereits 2014 wurden dort jährlich 15 Mrd. US-Dollar Wagniskapital investiert – 20-mal so viel wie in Deutschland –, und zwar in einer einzigen Straße, nämlich der Sandhill Road. Das zieht wiederum Firmengründer magisch an und führt zu einer Konzentration von Kapital und Können.

Natürliche Monopole „verklumpen" die globale Gesellschaft, d. h., sie ziehen sie auseinander – in wenige Gewinner und sehr viele Verlierer.

Warum steht im Silicon Valley so viel Kapital zur Verfügung? Weil institutionelle Anleger in den USA, z. B. Pensionsfonds, einen kleinen Teil ihres Geldes in Start-ups anlegen. Und ein kleiner Teil von sehr viel Geld ist eben auch viel Geld. Der „California Public Employees Fonds" verwaltete z. B. 2020 über 300 Mrd. US-Dollar; ein halbes Prozent davon sind 1,5 Mrd. US-Dollar. In Deutschland ist die Rente hingegen (meistens) umlagefinanziert: Die heutigen Arbeitnehmer zahlen die Rente der Pensionäre und erhalten später ihre Rente von den dann Arbeitenden (hoffentlich). In den USA ist die Rente stärker kapitalgedeckt, d. h., jeder Arbeitnehmer zahlt in einen Kapitalstock ein, aus dem er später seine Rente erhält. Ein merkwürdiger Sondereffekt tritt ein, wenn das Kapital sich gegen den eigenen Eigentümer wendet, z. B. wenn der Fonds, der das Kapital verwaltet, eine Firma, in der zukünftige Pensionäre des Fonds arbeiten, auffordert, zwecks Steigerung der Profitabilität Mitarbeiter zu entlassen. Der Eigentümer hat dann eine geringfügig bessere Rente, aber keinen Job mehr.

Ob eines dieser Verfahren (Umlage- bzw. Kapitaldeckung) für die Pensionäre und/oder die Gesellschaft insgesamt besser ist, darüber streiten die Gelehrten. (Für die Firmen, die den Fonds verwalten, ist Kapitaldeckung freilich besser – was dazu führt, dass sie mit viel Geld und bestechungsnaher Einflussnahme dafür werben (z. B. einflussreiche Politiker zu fürstlichen Gehältern einstellen); z. B. Blackrock den britischen Finanzminister Osborne (s. Kap. 12 über betende Chefs). Jedenfalls führt die Kapitaldeckung dazu, dass mehr Geld bzw. Kapital im Markt ist, denn es wird ja angespart, während beim Umlageverfahren das Geld sofort wieder ausgegeben wird.

Das beeinflusst z. B. Börsenkurse: Wenn die kapitalgedeckten Fonds mehr Geld in Aktien anlegen, steigt deren Preis. Die Marktkapitalisierung aller börsennotierten Unternehmen betrug 2020 in Deutschland ungefähr 56 % des Bruttoinlandsproduktes (BIP), in den USA hingegen 194 %. (Ceicdata 2022). Das ist einer der Gründe dafür, dass 2022 unter den 100 wertvollsten Unternehmen der Welt kein einziges deutsches mehr war (Tagesschau 2022). Letztlich ist daran auch Hoechst gescheitert, weil es mit seiner schwachen Marktkapitalisierung einfach kein brauchbares Unternehmen in den USA kaufen konnte (s. im Kap. 8 über Hoechst).

Insgesamt kommt so ein Zirkel in Gang: Wer das meiste Kapital (Geld)[1] hat, gründet auch die schnellsten und besten Internetfirmen. Diese Firmen werden dann schnell zu Monopolen und entsprechend wertvoll, was wieder Geld ins Land spült. Apple war zwischenzeitlich über 3 Billionen US-Dollar wert, was in etwa dem Bruttoinlandsprodukt von Deutschland entspricht. Anders gesagt: Wenn alle Deutschen ein Jahr lang auf *alle* Ausgaben (selbst für Essen und Wohnen) verzichten und alles Geld, das sie verdienen, sparen, dann können sie sich am Jahresende genau eine Firma kaufen, nämlich Apple. Freilich sind die Gewinner nicht die USA (die Realeinkommen stagnieren seit ca. 1980, die der weniger Qualifizierten sind sogar rückläufig – Eeckhout 2021), sondern eine Handvoll von Investoren, die dadurch extremen Reichtum anhäufen.

Exkurs: Deutschland könnte plötzlich reich werden, wenn es wollte!
Es hindert physikalisch nichts daran, die Renten in Deutschland auf Kapitaldeckung umzustellen. 2021 betrugen die Renten rund 340 Mrd. Euro, die Bezugsdauer durchschnittlich knapp 20 Jahre. Nehmen wir an, aktuell wären die Rentner genau gleich über diese Zeitspanne verteilt; dann hätten sie aktuell eine Forderung für die Restlaufzeit von 340 * 20 * 0,5 = 3400 Mrd. oder 3,4 Billionen Euro. Selbstverständlich steigt dieser Wert in Zukunft wegen des demografischen Wandels an, für unseren Zweck ist die Schätzung aber genau genug. Und ebenso selbstverständlich steht diesen Forderungen eine Verpflichtung gegenüber; darauf komme ich gleich zurück.

Die Bundesbank (oder irgendeine andere öffentliche Einrichtung) könnte die Forderungen der Rentner verbriefen (z. B. in Wertpapiere umwandeln – das ist bei anderen Forderungen gängige Praxis) und sie damit in ein Vermögen in Höhe von 3,4 Billionen Euro umwandeln. Nennen wir dieses Vermögen den „DRF", den deutschen Renten-Fonds. Dieses Vermögen hat einen jährlichen Abfluss von rund 300 Mrd. Euro und einen gleich hohen jährlichen Zufluss. Die 3,4 Billionen an Wert stehen für investive Zwecke zur Verfügung; der DRF

---

[1] Hier müsste man präzise zwischen diesen Begriffen in der jeweiligen historischen Situation unterscheiden. Aber erstens gibt das die aktuell herrschende Geldtheorie nicht her, und zweitens führt es für unsere Zwecke zu weit, ohne die Inhalte der Darstellung wesentlich zu beeinflussen.

kann also 3,4 Billionen Euro anlegen. Er könnte z. B. den Auftrag erhalten, das Geld in Aktien anzulegen (oder sonstwie damit Profite zu erwirtschaften). Es darf nur nicht in konsumptive Zwecke fließen, auch nicht in Straßen oder andere Infrastruktur, die kostenlos genutzt wird – nur in Unternehmen, die Profite ausweisen (das müssen nicht unbedingt private Unternehmen sein). Das Ganze muss natürlich sehr straff öffentlich kontrolliert werden.

Der Haupteffekt wäre, dass die Marktkapitalisierung Deutschlands massiv zunähme (sie würde sich in etwa verdoppeln) und zugleich würden Wert und Innovationskraft (u. a. durch Zukäufe) derjenigen Unternehmen explodieren, in die der DRF investiert. Das globale wirtschaftliche Machtverhältnis würde sich massiv verändern. Es würde eine neue Phase der Profitabilität und Prosperität ausbrechen. Und der Staat wäre plötzlich größter Anteileigner. Alles, wohlgemerkt, ohne irgendeine Anstrengung, nur durch eine Gesetzesänderung.

Einen kleinen Teil von 3,4 Billionen Euro – z. B. 1 %, also 34 Mrd. Euro – kann man in Start-ups investieren, am besten in einer Straße wie der Sandhill Road. Vielleicht gründet man Sillycan Allgäu?

Die Rechnung geht natürlich auch EU-weit, wobei gewisse – beherrschbare – Schwierigkeiten auftreten: nur Staaten mit bisher umlagefinanzierter Rente können mitmachen; der Ort des Silicon Valley Europe müsste geklärt werden (wahrscheinlich würde es in mehrere Valleys quer durch Europa aufgeteilt, was einen gewissen Streueffekt hätte).

Aufmerksame Leser werden einwenden, dass die Rechnung ohne die Schulden gemacht wurde: Denn den Forderungen der Rentner steht ja eine Verpflichtung der zukünftigen Rentenzahler gegenüber. Das macht aber nichts, weil man tatsächlich Forderungen verkaufen kann, wodurch neues Geld entsteht. Auch Banken schaffen auf diese Weise Geld: Wenn ein Unternehmen sich bei einer Bank Geld leiht, entsteht neues Geld (und natürlich entsteht auch eine Verbindlichkeit des Unternehmens gegenüber der Bank – aber die ist ja nicht „Anti-Geld"). Es klappt auch auf volkswirtschaftlicher Ebene. Zwischen 2000 und 2020 hat sich die Geldmenge M3 in der Eurozone von ungefähr 5 auf 15 Billionen Euro verdreifacht. (Warum hat das keine Inflation ausgelöst? Weil als „Inflation" nur die Preissteigerung bei Konsumgütern bezeichnet wird, nicht aber bei Sachwerten wie Aktien, Immobilien usw. und weil die Geldmenge kaum für zusätzliche Konsumgüter ausgegeben wurde. Der DAX stieg im selben Zeitraum auch ungefähr um den Faktor drei.)

Natürlich werden die meisten Wirtschaftswissenschaftler den Vorschlag als „abenteuerlich" zurückweisen – sie werden aber nicht sagen können, was daran falsch ist. Technisch wäre es ohne weiteres möglich. Es zeigt aber einmal mehr, wie absurd die gegenwärtige Theorie und Praxis der Finanzwirtschaft sind. Und es zeigt auch, wie empfindlich vermeintlich rationale Finanzvorgänge auf einfache Gesetzesänderungen, historische Geschmäcker usw. reagieren. (Würden alle Eheleute sich gegenseitig für ihre Haushaltsarbeit entlohnen, und flösse dieses Geld sofort wieder – ohne Bürokratiekosten zu verursachen – in das Haushaltseinkommen zurück, so wäre real alles wie vorher („linke Tasche – rechte Tasche"), aber das Bruttoinlandsprodukt würde massiv steigen!)

14.1 Wie Internetmonopolisten die Gesellschaft verändern

Für Amazon und Facebook liegen sehr anschauliche Beschreibungen darüber vor, wie diese Konzerne auf die Gesellschaften einwirken, in denen sie tätig sind.

Scott Galloway, ein Marketingexperte an der New York University Stern School of Business, der die großen Internetkonzerne ausführlich untersucht hat, sieht Amazons Hauptvorteil im „Story Telling": Weil Jeff Bezos den Aktionären versprach, den größten Laden der Welt zu schaffen, sammelte das Start-up-Unternehmen über 2 Mrd. US-Dollar ein, bevor die Firma ungefähr den Break even erreichte (d. h., wenn der Umsatz ebenso hoch war wie die Kosten; normal sind ungefähr 0,05 Mrd. US-Dollar). Dieses Geld wurde so investiert, dass Wettbewerber, die nicht so guten Zugang zu Kapital hatten, nicht mithalten konnten – und zusammenbrachen. So konnte Amazon beispielsweise als erstes Unternehmen in den USA die Lieferzeit für Bestellungen von zwei auf einen Tag reduzieren – in den Genuss dieser Dienstleistung kommen allerdings nur Menschen, die in prosperierenden Regionen mit überdurchschnittlich zahlungskräftigen Kunden wohnen: „Amazon is going underwater (macht Verluste, d. V.) with the world's largest oxygen tank, forcing other retailers to follow it, match its prizes, and deal with changed customer delivery expectations. The difference is other retailers have just the air in their lungs and are drowning. Amazon will surface and have the ocean of retail largely to itself." (Galloway 2017, S. 39)

Diese so gewonnene Monopolstellung wird danach ausgenutzt – das verlangen ja auch die Investoren, die aus den Monopolgewinnen ihr Kapital maximieren wollen. Die Firma, die sich anfangs so (kunden-)freundlich gerierte, zeigt ihr wahres Gesicht. Der Investigativ-Journalist Alex MacGillis hat über ein Jahrzehnt recherchiert und seine Ergebnisse 2021 in einer Monografie zusammengefasst; die folgende Darstellung stützt sich im Wesentlichen auf sein Buch.

2017 hatte Amazon so viel Geld verdient und war so schnell gewachsen, dass es sogar ganze amerikanische Städte gegeneinander ausspielen konnte. Der Firmensitz in Seattle (der zur Senkung der Umsatzsteuer gewählt worden war), der zu klein geworden war, erforderte eine Neuansiedlung mit 50.000 Mitarbeitern, die jeweils rund 150.000 US-Dollar Jahresgehalt beziehen sollten. Städte konnten sich in einer Art Bachelor-Show um diesen Firmensitz bewerben – und sie taten es. Zwar waren ihre Angebote (auf Wunsch von Amazon) streng geheim, aber manchmal sickerten Informationen durch. Chicago bot mehr als 1 Mrd. US-Dollar, Columbus mehr als zwei, Maryland 6,5, und Newark 7 Mrd.. Es gewann allerdings Washington, weil Amazon die Nähe zur Politik suchte (MacGillis, S. 229ff.).

Selbst bei bloßen Logistikzentren, in denen erfolgreiche Mitarbeiter nur 13 US-Dollar pro Stunde erhalten (anfangs, bei Zeitarbeitsfirmen, 10 US-Dollar), und Rechenzentren lässt sich Amazon die Ansiedlung typischerweise mit einer 15-jährigen Befreiung von der Grundsteuer versüßen (was bei einem Rechenzentrum über 5 Mrd. US-Dollar ausmacht) und verlangt weitere Sondermaßnahmen, z. B. strikte Geheimhaltung, beschleunigte Baugenehmigungen und Erlass sonst üblicher Gebühren. In Einzelfällen schenkten die Städte Amazon auch noch das Baugrundstück (MacGillis, S. 221). Nebenbei bemerkt: In den USA werden aus solchen Gebühren auch die örtlichen Rettungsdienste bezahlt, die Amazon selbstverständlich in Anspruch nimmt, ohne allerdings dafür zu bezahlen.

Dass Städte geradezu verzweifelt nach Jobs suchen, hat auch mit Amazon selbst zu tun. Amazon zerstört etwa zwei Arbeitsplätze für jeden neuen eigenen Arbeitsplatz (MacGillis, S. 195). Diese Vernichtung ist sehr ungleich verteilt. Z. B. verkaufte Amazon 2014 in Illinois und Missouri Waren im Wert von 3 Mrd. US-Dollar (die dem dortigen Einzelhandel entgingen), beschäftige dort aber nicht einen einzigen Mitarbeiter. Regionen, die ohnehin schon kaum industrielle Arbeitsplätze haben, verlieren auf diese Weise auch noch ihre Einzelhandelsjobs. Entsprechend verzweifelt versuchen sie in dieser Situation, wenigstens Verpackungszentren anzusiedeln. Anders gesagt: Amazon erzeugt zunächst genau die Abhängigkeit amerikanischer Städte, die es dann brutal ausnutzt.

Hinzuzufügen ist: An sich ist Produktivitätssteigerung ausgesprochen erwünscht – gerade, weil sie Arbeit vernichtet. Wenn aber die Arbeitsverteilung danach sehr ungleich ist und/oder es zu keiner Arbeitszeitreduktion kommt, dann kann sie wohlfahrtsschädlich sein. Hier bedarf es steuernder Einwirkung.

Aber auch für die wenigen Städte, die neue Arbeitsplätze bekommen, ist das kein reines Vergnügen: Insbesondere steigen Immobilienpreise und Mieten an, was zur Zunahme von Obdachlosigkeit führt – in King County, der Region um Seattle herum, stieg diese Zahl 2017 um 20 %. Der Bezirk lag damit USA-weit auf Platz drei bei der Obdachlosenzahl (MacGillis, S. 254).

Die einmal erreichte Monopolstellung beim Zugang zu Kunden nutzt Amazon, um kleinere lokale Händler auf seinen Marketplace zu zwingen. Das heißt, diese Händler vertreiben ihre Produkte nicht mehr direkt beim Kunden, sondern Amazon leitet die Bestellungen durch. Dadurch kassiert Amazon nicht nur durchschnittlich 15 % vom Umsatz – praktisch ohne Kosten –, vor allem behält es die Kunden und das Wissen über sie unter Kontrolle. Wenn Amazon dabei feststellt, dass seine Geschäftspartner gute Gewinne machen, zerstört es sie und übernimmt ihr Geschäft mit eigenen Produkten.

Das Wissen über die Kunden ist selbst wertvoll und ermöglicht maßgeschneiderte Angebote, höheren Umsatz und höhere Gewinne – nicht umsonst wurde Amazon über die Auswertung eigener Kundendaten auch zu einem der größten Anbieter von IT-Dienstleistungen. Galloway (2017) zufolge ist Alexa ein Versuch, Markenwerte zu zerstören: Kunden, die per Alexa bestellen, sehen keine Eigenschaften oder Garantien, in die die Hersteller jahrelang investiert haben.

Auch den Mitarbeitern gegenüber spielt Amazon seine Macht aus: Es verlangt immer strengere Arbeitsleistungen (und stellt gegen schmerzende Füße Automaten mit Schmerzmitteln auf). Gewerkschaften werden bei der Arbeit behindert (wenn es den Arbeitern überhaupt gelingt, sich zu organisieren). Bezos, der Gründer und Vorstandsvorsitzende von Amazon, der selbst bis zu seinem Ausscheiden („Kasse machen") 16 % der Anteile hielt, sagt dazu: „Führungskräfte handeln aus Überzeugung und mit starkem Willen. Sie gehen keine Kompromisse um des sozialen Zusammenhalts ein." (MacGillis, S. 232)

Irgendwann ruft eine solche, das Gemeinwohl gefährdende, Machtkonzentration Politik und Journalisten auf den Plan. Die Internetmonopole – so auch Amazon – reagieren darauf u. a., indem sie Politiker einstellen, die damit die Seite wechseln und z. B. als Lobbyisten für die Konzerne arbeiten. Kongressabgeordnete können auf diese Weise ihr Gehalt verzehnfachen. Noch 1970 wurden nur 3 % aller Kongressabgeordneten Lobbyisten, drei Jahrzehnte später waren es 40 % (MacGillis, S. 106). Amazon kaufte u. a. den ehemaligen Sprecher des Weißen Hauses ein und schluckte die *Washington Post*, die bis dahin hin und wieder kritisch berichtet hatte. Auf diese Weise erreichte das Unternehmen günstigere Konditionen bei der Post, zahlte keine Umsatzsteuer bei Verkäufen von Drittanbietern u. v. m. Kleinere Gesetzesvorhaben werden durch geeignete Informationskampagnen ganz gekippt (so geschehen bei einem Projekt in Seattle zur Unterstützung Obdachloser).

Insgesamt ist Amazon ein wesentlicher Treiber des Rückzugs des Politischen. Wenn Politiker sowieso auf eine zehnfache Gehaltserhöhung schielen, indem sie ihr politisches Wissen einem Monopol andienen, warum sollen Bürger sie dann wählen? Wer soll sich denn noch für die Gesellschaft engagieren, wenn die Elite dieser Gesellschaft aus Leuten besteht, die längst vom Willen weniger Konzernlenker abhängig sind?

Nicht zuletzt verliert der Journalismus seine Kontrollfunktion: Zwischen 2005 und 2015 fiel ein Viertel aller Reporterstellen weg, v. a. aufgrund der Schließung von Zeitschriften, die Abonnenten und Anzeigenkunden verloren (12.000 insgesamt; MacGillis, S. 101).

14.2 … und Facebook

Das meiste, was über die Wirkung natürlicher Monopole bei Amazon gesagt wurde, trifft auch für Facebook zu und muss hier nicht wiederholt werden (z. B. über Eingriffe in die Politik: Facebook stellte u. a. J. Kaplan, den ehemaligen stellvertretenden Stabschef des Weißen Hauses, und einen stellvertretenden britischen Premierminister – Sir Nicholas Clegg – ein).

14 Die Guck-Guck-Welt: GAFAM als Brandbeschleuniger der …

Aber Facebook schadet der Gesellschaft nicht nur als „Kollateralschaden", sondern ganz direkt. Das ergibt sich direkt aus dem Geschäftsmodell der Firma: da sie darauf zielt, User möglichst lange auf ihren Webseiten zu halten, bietet der Algorithmus, der darüber entscheidet, was sie zu sehen bekommen, möglichst Themen an, die emotional packen. Darunter finden sich insbesondere „Posts", die Hass, Abneigung oder Wut verursachen. Das beförderte letztlich den Völkermord an den Rohingya (dazu unten mehr).

2019 beschloss der Vorstand der deutschen Gesellschaft für Informatik,

„die Präsenz der Gesellschaft für Informatik e.V. (GI) unter https://www.facebook.com/wir.sind.informatik zum 15. Mai 2019 zu schließen. Knapp 10 Jahre lang hatte die GI ihre Facebookseite genutzt, um Interessierte über Nachrichten aus der GI zu informieren, aber auch, um interessante Inhalte mit Bezug zur Informatik zu teilen. Auch die eine oder andere Diskussion wurde auf Facebook geführt.

Die Präsenz auf Facebook war schon immer eine Abwägung der Vor- und Nachteile. Bereits in früheren Zeiten gab es innerhalb der GI Diskussionen über das Für und Wider. Bis vor kurzem wurde auch noch mehrheitlich gesehen, dass die Vorteile der Präsenz die Nachteile wohl überwiegen, auch wenn sie schwer messbar waren.

Das hat sich nun geändert: Schon seit einiger Zeit schwelte bei einigen Mitgliedern der Unmut über Facebook und das Verhalten des Konzerns, das seit Monaten immer wieder für negative Schlagzeilen sorgt. Zunehmend ist für die GI das Geschäftsgebaren von Facebook, aber noch viel mehr der fahrlässige Umgang mit Daten, das Ausspionieren und die vermeintliche oder tatsächliche Beeinflussung der Nutzerinnen und Nutzer untragbar geworden.

‚Facebook trägt den Datenschutz als Lippenbekenntnis vor sich her, kann ihn aber nicht ernsthaft umsetzen, weil das dem Geschäftsmodell des Konzerns zuwiderlaufen würde. Hier ist keine Besserung in Sicht, und ein Zuwarten also vergeblich', so Alexander von Gernler, Vizepräsident der GI. ‚Deshalb haben wir uns entschieden, nicht mehr Teil dieses sozialen Netzwerks sein zu wollen. Als Fachgesellschaft von verantwortungsbewussten Informatikerinnen und Informatikern können und wollen wir dieses Verhalten durch unsere Mitgliedschaft nicht weiter unterstützen.'

Unsere Begründung für den Austritt im Detail:

Facebook ist ein Feind des Datenschutzes. Dies ist im Geschäftsmodell begründet, das auf dem Verkauf von Daten fußt. Die jüngsten Einlassungen, man werde in Zukunft die Daten besser schützen, sind angesichts von Facebooks langer Geschichte von Datenschutzverletzungen unglaubwürdig. Facebook verschleiert Geschäftspraktiken, betrieb und betreibt intensives Lobbying gegen Datenschutz und verfolgt sogar Facebook-Gegner – im wörtlichen Sinn. Datenschutzbehörden, Gerichte und Kartellämter sind in vielen Ländern mit Einsprüchen, Urteilen und Bußgeldern gegen Facebook vorgegangen. Selbst in den USA gerät Facebook unter Druck …

Facebook bedroht Demokratie und Marktwirtschaft. Die Vorgänge um Cambridge Analytica haben die allgemeine Gefahr des Microtargeting über persönliche Daten – jenseits der bekannten Produktwerbung – deutlich gemacht. Der Handel mit persönlichen Daten öffnet jeder Art von systematischer Verhaltenssteuerung der Benutzer Tür und Tor. Dies unterminiert die Grundlagen unserer Demokratie. Hinzu kommt das Bestreben von Facebook, durch Integration weiterer Geschäftsfelder zum Universaldienstleister im Internet zu werden. Am chinesischen WeChat kann man sehen, wohin eine solche Entwicklung führt – sofern sie nicht kartellrechtlich vereitelt wird. In Indien wurde sie verhindert." (GI 2022, dort mit ausführlichen Belegen)

Dieser Vorgang – die größte wissenschaftliche Informatikgesellschaft in Deutschland erklärt, dass Facebook Demokratie und Marktwirtschaft bedroht – wurde allerdings öffentlich kaum wahrgenommen und zeigt, wie die Gewichte zwischen Wissenschaft, Gesellschaft und Internetkonzernen inzwischen verteilt sind.

Das Facebook-Problem wurde jüngst von Journalistinnen der *New York Times* umfassend analysiert (Frenkel und Kang 2021). Insbesondere konnten sie zeigen:

- Facebook war laut UN-Bericht wesentlich am Genozid an den Rohingya beteiligt, der bis 2018 über 20.000 Menschen das Leben kostete und vor dem weitere 700.000 fliehen mussten. Bereits im März 2013 hatten Facebook-Mitarbeiter intern davor gewarnt, dass der Facebook-Algorithmus Verschwörungstheorien und Hass der buddhistischen Mehrheit gegen die Rohingya-Minderheit schürt. Passiert ist nichts – um nicht die Nutzungszeit der User (die Zeit, die sie auf Facebook verbringen, und mit der Facebook Umsatz generiert) zu gefährden. Die Autorinnen schreiben:

„Die Ursache des Desinformationsproblems lag natürlich in der Technologie selbst begründet. Facebook war dazu konzipiert, immer da Öl ins Feuer zu gießen, wo ein Post Emotionen generierte, selbst wenn diese Emotion Hass war – der Algorithmus war auf Effekthascherei gepolt. Dabei war es unerheblich, ob jemand auf einen Link klickte, weil er neugierig, entsetzt oder betroffen war, das System erkannte, dass der Post oft gelesen wurde, und verbreitete ihn noch weiter auf den Facebook-Seiten der Nutzer. Die Situation in Myanmar war ein tödliches Experiment, das zeigte, was geschehen konnte, wenn das Internet in einem Land ankam, in dem man einem sozialen Netzwerk als erster und wichtigster Informationsquelle vertraute.

Facebook war sich sehr wohl darüber bewusst, dass sich mit Hilfe der Plattform die Emotionen von Menschen manipulieren ließen: Anfang Juni 2014 wurde öffentlich, dass die Firma heimlich ein Experiment durchgeführt hatte. Es offenbarte sowohl Facebooks Macht, tief in die Psyche seiner User einzudringen, als auch seine Bereitschaft, die Grenzen dieser Macht ohne deren Wissen auszuloten."

- Facebook hat wesentlich zur Verbreitung von Verschwörungstheorien beigetragen, die letztlich zum Sturm auf das Capitol führten (Frenkel und Kang, S. 340 ff.) – ebenso wie bei Pizzagate. In diesem Fall war auf „sozialen" Medien die Nachricht verbreitet worden, Hillary Clinton sei in einen Kinderpornoring verwickelt, der im Keller einer Pizzeria in Washington Kinder missbrauche. Tatsächlich drang 2016 ein mit einem Gewehr vom Typ AR-15 bewaffneter Mann in die Pizzeria ein, um die angeblich dort festgehaltenen und missbrauchten Kinder im Keller zu befreien, und gab zwei Schüsse auf ein Türschloss und einen Computer ab. Nachdem er festgestellt hatte, dass es gar keinen Keller gibt, ließ er sich widerstandslos festnehmen.
- Facebook hält Konsumenten in einer Filterblase gefangen. Da man nur noch das zu sehen bekommt, was man ohnehin zu wissen glaubt, nimmt Facebook Usern die Möglichkeit zu kritischer Reflexion. Besonders gefährlich ist das in Gegenden, in denen Menschen wenige andere Informationsquellen haben: In manchen ökonomisch schwachen Staaten ist Facebook der wichtigste Zugangsweg zum Internet.

Besonders ärgerlich ist, dass Facebook behauptet, keine Informationen zu verbreiten, sondern nur eine Plattform zur Verfügung zu stellen.

Damit entzieht es sich der Verpflichtung, die jede Zeitung übernimmt. Lediglich besonders widerliche „Posts" werden entfernt – etwa Vergewaltigungen von Kindern, Morde aller Art etc. –, und zwar von „Content Workern" in der dritten Welt, die aus Not eine extrem belastende und zugleich absurd unterbezahlte Arbeit ausführen müssen (Riesewick 2017 – Vorsicht, das Buch ist sehr verdienstvoll, zugleich aber verstört die Lektüre!). Manchen dieser – selbst missbrauchten – Arbeiter wird vorgegaukelt, sie nähmen an einem Kampf des Guten gegen das Böse teil (um sie trotz Hungerlöhnen zur Arbeit zu motivieren).

14.3 Auf dem Weg zur Plutokratie

Natürlich bedeutet das alles lange noch nicht den „Untergang des Abendlandes". Und den Missbrauch von Monopolmacht hat es immer schon gegeben. Jakob Fugger war einer der reichsten Menschen aller Zeiten; Rockefeller oder Carnegie standen ihren heutigen Nachfahren Bezos und Zuckerberg in nichts nach. Das Modell ist immer dasselbe: Erst entziehen die Monopole der Gesellschaft Geld, dann geben sie einen winzigen Teil davon als „philanthropy" zurück, um sich ein Denkmal zu setzen. Neu ist allerdings ihre gewissermaßen eingebaute Bösartigkeit als Geschäftsmodell.

Auch ein schleichender Prozess kann Grundlagen von Demokratie und Gemeinwohl unterminieren, bis beide in sich zusammenbrechen. Durchaus ernst zu nehmende (auch konservative) Amerikaner warnen vor einer „Plutokratie" (Diplomat 2022).

14.4 Folgerungen für das Verstehen und Leiten von Unternehmen und für die Gesellschaft

Konzerne sind, und das ist die zentrale Lehre für die BWL, nicht immer kleine Anbieter und kleine Nachfrager in riesigen Märkten; manche haben eine Größe erreicht, die ihnen erlaubt, die Spielregeln des Marktes zu ändern. Manchmal nebenbei, manchmal absichtlich, greifen sie dabei massiv in die Gesellschaft ein, in der und von der sie leben – zerstören ganze Regionen, ermuntern zum Völkermord, erschweren unabhängige Information u. v. m. Und Firmen sind selbst eben nicht demokratisch organisiert, sondern streng hierarchisch – der Eigentümer bestimmt, wo und wie es lang geht. Die Mitarbeiter sind Staffage (die nur bei Laune gehalten wird, damit sie „motiviert" bleibt).

Was macht es mit einer Gesellschaft, wenn man mit bösartigem Verhalten zum hofierten, bewunderten und superreichen „Philanthropen" wird? Ein Vorschlag könnte lauten: Monopole darf man nicht dulden, und wenn der privat organisierte Markt versagt, muss Infrastruktur öffentlich bereitgestellt werden (möglichst mit Wettbewerb).

Literatur

Ceicdata (2022). https://www.ceicdata.com/de/indicator/germany/market-capitalization%2D%2Dnominal-gdp. Zugegriffen am 22.11.2022

Diplomat (2022). https://thediplomat.com/2020/09/can-america-escape-plutocracy/. Zugegriffen am 23.11.2022

Eeckhout J (2021) The profit paradox. Princeton University Press, Princeton

Frenkel S, Kang C (2021) Inside Facebook. Fischer, Frankfurt

Galloway S (2017) The four. Penguin, New York

GI (2022). https://gi.de/meldung/gi-zentrale-verlaesst-facebook/. Zugegriffen am 23.11.2022

MacGillis A (2021) Ausgeliefert. Fischer, Frankfurt

Postman N (1992) Wir amüsieren uns zu Tode. Fischer, Frankfurt, S 99ff., 109f., 131ff

Riesewieck M (2017) Digitale Drecksarbeit. Dtv, München

Spitzer M (2017) Cyberkrank. Droemer Knaur, München

Tagesschau (2022). https://www.tagesschau.de/wirtschaft/finanzen/top-firmen-boerse-wert-101.html. Zugegriffen am 22.11.2022

Wikipedia (2022). https://de.wikipedia.org/wiki/Liste_der_gr%C3%B6%C3%9Ften_Unternehmen_der_Welt#PwC_Global_Top_100_%E2%80%93_Gr%C3%B6%C3%9Fte_b%C3%B6rsennotierte_Unternehmen_nach_Marktkapitalisierung. Zugegriffen am 22.11.2022

15

Die Wissenschaft rettet uns auch nicht mehr

Fallstudie

„Wahnsinn Habilitation – Die Willkür der Halbgötter

Seit geschlagenen 23 Jahren weigern sich Medizinprofessoren der Universität Münster, einem Chirurgen die Hochschullehrerprüfung abzunehmen. Jetzt hat die Justiz das Heft in der Hand und droht mit einer saftigen Geldbuße. Der kuriose Fall zeigt, wie die Gelehrtenzunft der Habilitation endgültig das Grab schaufelt.

Der Examenskandidat hatte schon den Tisch in einem Münsteraner Nobelrestaurant bestellt. Den Abschluss seiner Hochschullehrerprüfung (Habilitation) wollte er feiern – endlich, 23 Jahre nach der Meldung. Insgesamt neun Prozesse musste der Chefarzt einer norddeutschen Klinik gegen die Medizin-Fakultät der Universität Münster durchstehen. Er hat sie alle gewonnen. Ende April stand nur noch der Probevortrag an. Doch der Termin platzte, die Professoren glänzten durch Abwesenheit. Tränen der Wut standen dem inzwischen 63-jährigen Prüfling in den Augen.

Als höchste akademische Prüfung hat die Habilitation in Deutschland eine lange Tradition. Vor allem in der Medizin, den Rechts- und Kulturwissenschaften ist sie seit 150 Jahren praktisch für jeden unumgänglich, der einmal deutscher Universitätsprofessor werden will. Die Kandidaten reichen ihr ‚Opus magnum' ein, ein zweites dickes Buch nach der Doktorarbeit. Das muss den Fachgelehrten an einer Universität gefallen. Nach einem wissenschaftlichen Vortrag mit anschließender Aussprache erhält der Habilitand dann die Lehrbefähigung („venia legendi").

So will es die akademische Tradition. Dass es 23 Jahre dauert, verlangt sie indes keineswegs. Deshalb schreitet nun das Verwaltungsgericht Münster ein. Sprecherin Astrid Berkenheide erklärt: „Wir haben der Fakultät ein Zwangsgeld von 10.000 Euro angedroht, weil sie ihrer Prüfungsverpflichtung bisher nicht nachgekommen ist. Die Fakultät muss lernen, dass auch sie an Recht und Gesetz und rechtskräftige Gerichtsentscheidungen gebunden ist."

Das Gericht habe den Eindruck, dass die Professoren ‚mit allen Mitteln' versuchen, ‚berechtigte Ansprüche des Klägers bis zum Erreichen der Altersgrenze zu torpedieren', sagt Berkenheide. Tatsächlich geht es für den Chefarzt heute nur noch um die Ehrensache, in der Uniprüfung nicht gescheitert zu sein – denn den schmucken Professorentitel hat er schon längst von einer Fachhochschule.

Für andere Habilitanden steht mehr auf dem Spiel. So kämpft Werner Leitner, 45, noch um eine möglichst glänzende berufliche Zukunft in der Hochschule oder in der eigenen Praxis. Da macht sich die akademische Weihe zum ‚Privatdozenten' und anschließend zum Professor vielfach bezahlt. Der Pädagoge und Familienpsychologe streitet gegenwärtig im vierten Jahr wegen der Ablehnung seiner Prüfungsschrift gegen die Fakultät Pädagogik, Philosophie, Psychologie der Universität Bamberg.

Im Prüfungsverfahren ging es hoch her, wie Leitners Lehrer und Betreuer Reinhold Ortner zu den Akten gab: ‚Ich habe die Habilitationssitzung als psychische ‚Hinrichtung' erlebt. Da war schwelender Hass zu spüren, Gnadenlosigkeit und Häme. Ich suchte vergebens nach jemandem, der dieser ‚Hinrichtung' mit mutigen Worten ein Ende gemacht hätte. Stattdessen brach die Prorektorin zusammen mit einem Teilnehmer in lautes Gelächter aus.'

Die Fakultät setzte sich mit ihrem ‚Nein' über alle Fachgutachten hinweg. Leitner hat inzwischen die Unterstützung des Wissenschaftsausschusses im Bayerischen Landtag und des zuständigen Ministers Thomas Goppel – aber die können die Prüfung nicht selbst zu Ende führen. Die Uni schweigt zu alledem.

‚Auf dem Rechtswege ist noch niemand habilitiert worden', behaupten Professoren gern. Diese Meinung ist aber seit dem Streit in Münster nicht mehr als Standesdünkel. Das Gericht hat der Fakultät für die Fortsetzung der Prüfung über neun Runden immer engere Vorschriften gemacht. Die jüngsten ‚Maßgaben (der Fakultät) zur Nachbesserung der Habilitationsschrift' sahen die Richter schließlich ‚als erfüllt' an, weil völlig unklar sei, was das Prüfungskollegium ‚im Einzelnen gewollt hat'. So hatte der Vorsitzende der Medizinischen Fakultät das Gericht mit der Aussage verblüfft, dass man den fraglichen Nachbesserungswunsch genau genommen ‚als intellektuellen Kurzschluss bezeichnen müsste'.

‚Professoren bewegen sich in eigenen Angelegenheiten am liebsten wie in einer rechtsfreien Zone', sagt der Wissenschaftsjurist und Hochschullehrer Hartmut Krüger. So meinen die Gelehrten oft, die Hochschullehrerprüfung sei so etwas wie die Aufnahme in einen privaten Club – also alles

15 Die Wissenschaft rettet uns auch nicht mehr

andere als ein Verfahren zur Sicherung der Lehrqualität, als das die Habilitation ursprünglich einmal eingeführt worden war.

Der international angesehene Psychologe Peter R. Hofstätter setzt die Habilitation gar mit einem Initiationsritus gleich. Das Verfahren vor meist älteren Männern gleiche dem Eintrittsbegehren in eine ‚Rockergruppe junger Männer': Die Mitglieder wollen ‚sehen, ob der Neuling zu ihnen passt oder ob durch seine Aufnahme die Gruppe gesprengt werden könnte'. Schon mancher hoffnungsvolle Nachwuchswissenschaftler, so Hartmut Krüger, habe sich nach der Ablehnung durch die Gruppe frustriert in den Selbstmord geflüchtet. Wer durchprozessieren will, muss mindestens ein Chefarzteinkommen oder eine mittlere Erbschaft in der Hinterhand haben.

Vor diesem Hintergrund neigen nicht unbedingt die Besten, sondern eher Hasardeure zur Habilitation. Viele moderne Fächer, etwa die Ingenieurwissenschaften, verzichten inzwischen auf diese Prüfung. Aber auch in den ‚Lebenswissenschaften' (Biologie, Chemie, Genetik etc.) gelten zum Beispiel zwei Jahre erfolgreicher Mitarbeit in einem renommierten internationalen Forschungsteam selbst bei deutschen Professoren so viel wie die Habilitation.

Bundesbildungsministerin Edelgard Bulmahn will das antiquierte Ritual sogar völlig durch die neue Juniorprofessur als Bewährungsprobe auf sechs Jahre ersetzen. Die traditionelle Prüfungsprozedur hingegen bezeichnet selbst Karl-Ludwig Winnacker, Präsident der Deutschen Forschungsgemeinschaft, als ‚Herrschaftsinstrument' zur Wahrung persönlicher Abhängigkeiten, das ‚die Selbständigkeit des Wissenschaftsnachwuchses behindert oder verzögert'.

Der Gedanke vom Antrag auf Clubmitgliedschaft oder ‚Kooptation' ist zwar schon seit zehn Jahren juristisch tot, spukt aber noch in den Köpfen vieler Professoren. Von Rechts wegen muss die Hochschullehrerprüfung sich vielmehr nach der im Grundgesetz verankerten Freiheit der Berufswahl richten, also allen Bewerbern wie bei der Meisterprüfung Chancengleichheit verbürgen. Dem aber widerspricht ein Münsteraner Fakultätsbeschluss von 1977, also kurz vor Eröffnung des längsten Prüfungsverfahrens aller Zeiten. Darin heißt es, die Habilitation Externer, also von Ärzten außerhalb der Uniklinik, hänge zunächst davon ab, ob sie ‚erwünscht' sei oder ob ‚kein Bedarf besteht'. Der Antragsteller vor 23 Jahren war ein Externer.

Für Interne, ob Assistenz- oder Oberärzte, die sich jahrelang in der Klinikhierarchie hochgedient haben, war eine derartige Vorprüfung nie angesagt. Sie sollen schlicht leichter als alle anderen an die höheren akademischen Weihen kommen, die etwa wählerische Privatpatienten beeindrucken oder auf den Chefsessel im Kreiskrankenhaus verhelfen. Diese Regelung ist heute zwar überholt, aber nie förmlich aufgehoben worden.

Für die mündliche Prüfung des externen Prüflings in Münster beantragt sein Anwalt, der Berliner Rechtsprofessor Raimund Wimmer, jetzt Videoüberwachung im Sinne ‚effektiven Rechtsschutzes' – denn nichts soll nach 23 Jahren den Anschein der Seriosität gefährden." (Der Spiegel, 10.05.2004)

Bei geschwächtem Qualitätsjournalismus und rückläufigem Interesse an und Engagement für das Gemeinwohl wäre wissenschaftliches Eingreifen besonders wichtig, um die Entwicklung zur Plutokratie aufzuhalten. Denn Wissenschaft ist nicht nur von besonderer Bedeutung – sie hat heute die Deutungshoheit bei allen Sachfragen – sondern kann auch Hintergründe durchschauen und kritisch aufklären. In diesem Kapitel geht es um die Frage, inwieweit wissenschaftliche Organisationen dieser Aufgabe nachkommen und inwieweit ihre Strukturen geeignet sind, diese Ziele zu unterstützen.

Den eigentlichen Zweck von Bildung und Wissenschaft, nämlich Erkenntnis, Fortschritt und Emanzipation (was ihr ihre ungeheure Bedeutung verschafft, wie Poser (2001) zeigte), hat P. Bieri (2005) unter dem Begriff der „Bildung" gefasst und auf kaum zu übertreffende Weise beschrieben:

„Bildung ist etwas, das Menschen mit sich und für sich machen: Man bildet sich. Ausbilden können uns andere, bilden kann sich jeder nur selbst. Das ist kein blosses Wortspiel. Sich zu bilden, ist tatsächlich etwas ganz anderes, als ausgebildet zu werden. Eine Ausbildung durchlaufen wir mit dem Ziel, etwas zu können. Wenn wir uns dagegen bilden, arbeiten wir daran, etwas zu werden – wir streben danach, auf eine bestimmte Art und Weise in der Welt zu sein. Wie kann man sie beschreiben?

Bildung beginnt mit Neugierde. Man töte in jemandem die Neugierde ab, und man stiehlt ihm die Chance, sich zu bilden. Neugierde ist der unersättliche Wunsch, zu erfahren, was es in der Welt alles gibt. Sie kann in ganz verschiedene Richtungen gehen: hinauf zu den Gestirnen und hinunter zu den Atomen und Quanten; hinaus zu der Vielfalt der natürlichen Arten und hinein in die phantastische Komplexität eines menschlichen Organismus; zurück in die Geschichte von Weltall, Erde und menschlicher Gesellschaft, und nach vorn zu der Frage, wie es mit unserem Planeten, unseren Lebensformen und Selbstbildern weitergehen könnte. Stets geht es um zweierlei: zu wissen, was der Fall ist, und zu verstehen, warum es der Fall ist.

Die Menge von dem, was es zu wissen und zu verstehen gibt, ist gigantisch, und sie wächst mit jedem Tag. Sich zu bilden, kann nicht heissen, ausser Atem hinter allem herzulaufen. Die Lösung ist, sich eine grobe Landkarte des Wissbaren und Verstehbaren zurechtzulegen und zu lernen, wie man über die einzelnen Provinzen mehr lernen könnte. Bildung ist also ein doppeltes Lernen: Man lernt die Welt kennen, und man lernt das Lernen kennen. Dabei entstehen zwei Dinge, die gleichermassen wichtig sind. Das eine ist ein Sinn für die Proportionen. Man braucht, um gebildet zu sein, nicht die genaue Anzahl der Sprachen zu kennen, die es auf der Erde gibt. Aber man sollte wissen, dass es eher 4000 sind als 40. ... Louis Pasteur war für die Menschheit wichtiger als Pelé, die Erfindung des Buchdrucks und der Glühbirne folgenreicher als diejenige des Rasierapparats und des Lippenstifts.

Das Zweite, was im Zuge der Weltorientierung entsteht, ist ein Sinn für Genauigkeit: ein Verständnis davon, was es heisst, etwas genau zu kennen und zu verstehen: ein Gestein, ein Gedicht, eine Krankheit, eine Symphonie, ein Rechtssystem, eine politische Bewegung, ein Spiel. Es gibt niemanden, der mehr als nur einen winzigen Ausschnitt der Welt genau kennt. Doch das verlangt die Idee der Bildung auch nicht. Aber der Gebildete ist einer, der eine Vorstellung davon hat, was Genauigkeit ist und dass sie in verschiedenen Provinzen des Wissens ganz Unterschiedliches bedeutet.

Der Gebildete ist also einer, der sich in der Welt zu orientieren weiss. Was ist diese Orientierung wert? ‚Wissen ist Macht.' Was die Idee der Bildung anbelangt, kann das nicht heissen: mit seinem Wissen über andere zu herrschen. Die Macht des Wissens liegt woanders: Sie verhindert, dass man Opfer ist. Wer in der Welt Bescheid weiss, kann weniger leicht hinters Licht geführt werden und kann sich wehren, wenn andere ihn zum Spielball ihrer Interessen machen wollen, in Politik oder Werbung etwa.

Orientierung in der Welt ist nicht die einzige Orientierung, auf die es ankommt. Gebildet zu sein, heisst auch, sich bei der Frage auszukennen, worin Wissen und Verstehen bestehen und was deren Grenzen sind. Es heisst, sich die Frage vorzulegen: Was weiss und verstehe ich wirklich? Es heisst, einen Kassensturz des Wissens und Verstehens zu machen. Dazu gehören Fragen wie diese: Was für Belege habe ich für meine Überzeugungen? Sind sie verlässlich? Und belegen sie wirklich, was sie zu belegen scheinen? Was sind gute Argumente, und was ist trügerische Sophisterei? ...

Das aufgeklärte Bewusstsein des Gebildeten ist nicht nur kritisches Bewusstsein. Es ist auch geprägt von historischer Neugierde: Wie ist es dazu gekommen, dass wir so denken, fühlen, reden und leben? Und auf dem Grund dieser Neugierde liegt der Gedanke: Es hätte alles auch anders kommen können, es liegt in unserer Kultur keine metaphysische Zwangsläufigkeit. Das aufgeklärte Bewusstsein ist also ein Bewusstsein der historischen Zufälligkeit. Es drückt sich aus in der Fähigkeit, die eigene Kultur aus einer gewissen Distanz heraus zu betrachten und ihr gegenüber eine ironische und spielerische Einstellung einzunehmen. ...

Der Gebildete ist ein Leser. Doch es reicht nicht, ein Bücherwurm und Vielwisser zu sein. Es gibt – so paradox es klingt – den ungebildeten Gelehrten. Der Unterschied: Der Gebildete weiss Bücher so zu lesen, dass sie ihn verändern. «Schützt Humanismus denn vor gar nichts?», fragte Alfred Andersch mit Blick auf Heinrich Himmler, der aus einer Familie des humanistisch gebildeten Bürgertums stammte. Die Antwort ist: Er schützt nur denjenigen, der die humanistischen Schriften nicht bloss konsumiert, sondern sich auf sie einlässt; denjenigen, der nach dem Lesen ein anderer ist als vorher.

Das ist ein untrügliches Kennzeichen von Bildung: dass einer Wissen nicht als blosse Ansammlung von Information, als vergnüglichen Zeitvertreib oder gesellschaftliches Dekor betrachtet, sondern als etwas, das innere Veränderung und Erweiterung bedeuten kann, die handlungswirksam wird. Das gilt nicht nur, wenn es um moralisch bedeutsame Dinge geht. Der Gebildete wird auch durch Poesie ein anderer. Das unterscheidet ihn vom Bildungsbürger und Bildungsspiesser.

Der Leser von Sachbüchern hat einen Chor von Stimmen im Kopf, wenn er nach dem richtigen Urteil in einer Sache sucht. Er ist nicht mehr allein ... Der Leser von Literatur lernt noch etwas anderes: wie man über das Denken, Wollen und Fühlen von Menschen sprechen kann. Er lernt die Sprache der Seele. Er lernt, dass man derselben Sache gegenüber anders empfinden kann, als er es gewohnt ist ...

Education sentimentale, Herzensbildung, kann noch etwas anderes bedeuten: Entwicklung von moralischer Sensibilität. Aus der Einsicht in die Kontingenz der eigenen kulturellen Identität entsteht Toleranz – kein förmliches Dulden des Fremden, sondern echter und selbstverständlicher Respekt vor anderen Arten zu leben ...

Wir hatten gesehen: Je besser jemand die Sprache des Erlebens beherrscht, desto differenzierter empfindet er. Das hat zur Folge, dass auch seine Beziehungen zu den anderen reicher werden. Das gilt vor allem für die Fähigkeit, die wir Einfühlungsvermögen nennen. Sie ist ein Gradmesser für Bildung: Je gebildeter jemand ist, desto besser ist er darin, sich in die Lage anderer zu versetzen ...

Ausbildung ist stets an einem Nutzen orientiert: Man erwirbt ein Knowhow, um etwas zu erreichen. Dagegen ist die Bildung, von der hier die Rede ist, ein Wert in sich wie die Liebe ...

Der Gebildete ist an seinen heftigen Reaktionen auf alles zu erkennen, was Bildung verhindert. Die Reaktionen sind heftig, denn es geht um alles:

um Orientierung, Aufklärung und Selbsterkenntnis, um Phantasie, Selbstbestimmung und moralische Sensibilität, um Kunst und Glück. Gegenüber absichtlich errichteten Hindernissen und zynischer Vernachlässigung kann es keine Nachsicht geben und keine Gelassenheit.

Boulevardblätter, die aus purer Profitgier alles zerstören, wovon ich gesprochen habe, können nur den heftigsten Ekel hervorrufen. Überhaupt ist der Gebildete einer, der vor bestimmten Dingen Ekel empfindet: vor der Verlogenheit von Werbung und Wahlkampf; vor Phrasen, Klischees und allen Formen der Unaufrichtigkeit; vor den Euphemismen und der zynischen Informationspolitik des Militärs; vor allen Formen der Wichtigtuerei und des Mitläufertums, wie man sie auch in den Zeitungen des Bürgertums findet, die sich für den Ort der Bildung halten. Der Gebildete sieht jede Kleinigkeit als Beispiel für ein grosses Übel, und seine Heftigkeit steigert sich bei jedem Versuch der Verharmlosung. Denn wie gesagt: Es geht um alles."

Daher lasten enorme Aufgaben auf wissenschaftlichen Organisationen: Sie sollen Fortschritt „produzieren" – auch dort, wo man noch nicht weiß, in welcher Richtung zu suchen ist, und sie sollen Wissen verwalten und an die nachrückende Wissenschaftlergeneration weiterreichen.

Immerhin: Mit der Gründung der ersten Universitäten im Heiligen Römischen Reich deutscher Nation (in Bononia, heute Bologna) bzw. Frankreich (Paris) begann der Aufstieg dessen, was heute als „Westen" bezeichnet wird – wenn es auch historisch schwierig ist, abzuschätzen, wie sehr sie zu diesem Aufstieg beigetragen haben. Und heute haben Wissenschaftler bei inhaltlichen Fragen grundsätzlich das letzte Wort.

Können wissenschaftliche Organisationen die genannten Aufgaben erfüllen? In dieser Form ist die Frage freilich zu pauschal gestellt. Die Antwort hängt von der jeweiligen Wissenschaft und den historischen Umständen ab. Die Medizin beispielsweise hat Jahrhunderte lang Unsinn verbreitet (insbesondere die Säftelehre, derzufolge Gesundheit von der richtigen Mischung von vier Körpersäften abhängt: gelbe Galle, schwarze Galle, Blut und Schleim) und Patienten mehr geschadet als genutzt (z. B. in Form unnötiger Aderlässe), aber ab dem 18. Jahrhundert einen enormen Aufschwung erlebt. Seitdem hat sie nicht nur die Natur vieler Krankheiten aufgeklärt, also echten Erkenntnisfortschritt bewirkt, sondern auch Therapien entwickelt und damit das Leben vieler Menschen verbessert. Wie ich an anderer Stelle gezeigt habe (Thielscher 2022), befindet sich hingegen die aktuell herrschende volkswirtschaftliche Theorie, die Neoklassik, in einem spekulativen Modell gefangen – darin der Säftelehre ganz ähnlich –, und produziert keine brauchbaren Ergebnisse. (Das bezieht sich auf die neoklassische Theorie. Natürlich gibt es sehr nützliche volkswirtschaftliche Untersuchungen, z. B. jede Menge Statistiken, aber sie entstammen eben nicht der Neoklassik. Das ist vergleichbar der Tätigkeit von Wundärzten im 17. Jahrhundert, die aus Erfahrung Knochenbrüche versorgen konnten, obwohl die medizinische Theorie komplett unbrauchbar war.)

Dass die BWL wichtige Bereiche ihres Gegenstandes nicht einmal in den Blick nimmt, sollte inzwischen anhand der hier in diesem Buch gezeigten Beispiele hinreichend deutlich geworden sein. Das betrifft übrigens auch die Geschichte der BWL selbst; es gibt nur wenige Bücher, die sich dem Thema widmen.

15.1 Das Problem hierarchischer Willkür

In Universitäten müssen Entscheidungen getroffen werden, und das passiert in der Regel hierarchisch: Die nächsthöhere Instanz entscheidet, ob die nächstniedrigere „recht hat". Daneben gibt es je nach Universitätsverfassung auch demokratische Elemente.

Grundsätzlich ist wissenschaftliche Kommunikation auf Transparenz, Ehrlichkeit und Offenheit gegründet. Forschungsergebnisse werden z. B. veröffentlicht (in anderen Branchen sind sie ausdrücklich Firmengeheimnis); auch werden sie in einer Form dargestellt, die es anderen Forschern möglichst leicht macht, die Ergebnisse zu überprüfen. Zwar kann in der Forschung ebenso wie in anderen Branchen ein Anreiz zum Betrug bestehen, aber das Risiko, ertappt zu werden, ist relativ hoch. Bibliotheken sind in der Regel frei zugänglich, d. h. Wissen steht jedem zur Verfügung. Nach meiner Einschätzung ist das ein wesentlicher Grund für den Erfolg der Wissenschaften.

Allerdings neigt die Struktur der Wissenschaft nach oben (in der Hierarchie) immer mehr zum „Klüngeln". In der Schule sind Noten noch einigermaßen „gerecht", weil die Kinder gesichertes Wissen lernen (oder das, was wir aktuell dafür halten). Auch gibt es Fächer, in denen richtig und falsch leicht zu unterscheiden sind (z. B. Mathematik). Das gilt nach meiner Beobachtung auch noch für Diplome, Bachelor- und Masterarbeiten.

Etwa ab der Ebene der Doktorarbeiten ändert sich das – dort wird das System deutlich undurchsichtiger. Dabei unterscheiden sich die Fakultäten: In der Medizin ist es z. B. üblich, dass Ärzte zugleich „Doktor" sind. Daher findet man als Medizinstudent in der Regel relativ leicht einen Doktorvater, und meistens gelingt es, die Dissertation mehr oder weniger während des Studiums zu absolvieren. Tückisch sind manchmal Doktorandenstellen: eigentlich dafür gedacht, besonders guten Nachwuchswissenschaftlern zu ermöglichen, auch nach dem Studium an ihrer Promotion zu arbeiten, erweisen sie sich gelegentlich als Falle, wenn der Doktorvater seine Schützlinge als billige Arbeitskräfte ausbeutet und die Promotion absichtlich in die Länge zieht.

Während man in der Schule noch relativ leicht sagen kann, was eine gute oder schlechte Leistung ist, gelingt das bei Promotionen nur noch wenigen, nämlich den Spezialisten des Faches. Gerichte z. B. scheuen sich in der Regel, in solchen Sachfragen zu entscheiden. (Daher der Satz im Eingangsfall: „Auf dem Rechtswege ist noch niemand habilitiert (oder promoviert) worden."). Wenn der Doktorvater und mit ihm seine Kollegen gegen den Studenten stehen, hat dieser gegen jene keine Chance.

Zwar existieren an jeder Uni mehr oder weniger detaillierte Promotionsordnungen, die die Verleihung der Doktorwürde formal regeln, aber die Kernfrage, ob die wissenschaftliche Leistung des Doktoranden ausreicht, liegt letztendlich im Ermessen des Doktorvaters (der nicht umsonst so heißt). Wie genau die Promotion verläuft, hängt dann von den Usancen der jeweiligen Fakultäten ab.

In meinem Fall verlief die medizinische Promotion so: Zunächst wollte ich unbedingt eine experimentelle Arbeit durchführen, weil unter den Studierenden Gerüchte kursierten, dass es dafür bessere Noten gebe. Bereits im 5. Semester fing ich an, ein bestimmtes Protein zu isolieren, das mit der Arbeit zum ersten Mal überhaupt rein dargestellt werden sollte (freilich kein besonders wichtiges Protein – es ging um ein Kristallin, das mit der Entstehung von grauem Star zu tun hat und das ich aus Kuhaugen isolieren sollte). Nach zwei Jahren Arbeit und dem letzten

Reinigungsschritt war allerdings das Protein verschwunden – das Reinigungsverfahren, das mir der Doktorvater empfohlen hatte, funktionierte nicht. (Auch sonst war die Arbeit eine einzige Katastrophe: Einmal sollte ich eine Lösung einfrieren, um die Gefriertrocknung vorzubereiten. Als ich den freundlichen, aber etwas desorientierten Laborleiter, der mich unterstützen sollte, fragte, welche Becherglaser ich nutzen solle – immerhin war mir bekannt, dass Jenaer Glas empfindlich auf Druck reagiert, wie er entsteht, wenn sich Wasser beim Einfrieren ausdehnt – meinte er, ich solle sie jeweils nur einen Zentimeter hoch befüllen. Das tat ich dann auch. Wegen der geringen Füllhöhe benötigte ich praktisch den gesamten Becherglasbestand des Labors. Am nächsten Tag waren alle bis auf 2 Gläser kaputt.

Ein anderes Mal, als ich eine Farbstofflösung ansetzen sollte, fiel mir eine winzige Menge Methylenblau auf den Labortisch. Beim Versuch, die Farbe wegzuwischen bzw. mit einem feuchten Tuch aufzunehmen, verwandelten sich Tisch, Fußboden, mein Kittel und ich selbst in eine einzige blaue Fläche. Ich vermute, das Labor ist heute noch blau.)

Nach ergebnislosem Abbruch der Arbeit wurde es zeitlich knapp, aber ich hatte das Glück, einen Doktorvater zu finden, der intelligenter- und freundlicherweise für solche Fälle einen Datenpool vorhielt. Immer, wenn ein neuer Doktorand anfing, gab er ihm Daten aus seinem Bestand, und während der Arbeit füllte der Student die Daten wieder auf. So konnte man direkt mit der Auswertung anfangen. Damals war mir nicht klar, wie entgegenkommend mein Doktorvater war – wie hätte ich es auch wissen sollen? Es steht ja nirgends geschrieben, wie eine Promotion in der Praxis funktioniert.

In der Medizin ist die Promotion machbar, hingegen das Staatsexamen ausgesprochen schwierig. Im direkten Vergleich ist die Faktendichte – also das, was man aktiv lernt – in der Medizin nach meiner Schätzung ungefähr fünf- bis zehnmal so hoch wie im BWL-Studium. Das macht auch Sinn: Für den Patienten ist es nicht so entscheidend, ob der Arzt wissenschaftlich brilliert (was er mit der Promotion nachweist), sondern dass er gut Krankheiten erkennen und behandeln kann (das prüft das Staatsexamen).

In der Volkswirtschaftslehre ist die Situation völlig anders. Während das Studium kaum Fakten über die tatsächliche Volkswirtschaft vermittelt, sondern lediglich mathematische Herausforderungen bietet (die mit der Realität wenig zu tun haben), ist eine Promotion in der Regel daran gebunden, dass man dem Doktorvater fünf Jahre lang „die Koffer trägt". Externe Promotionen nimmt fast kein Professor an – warum sollte er auch? Das macht ihm nur unnötige Arbeit.

Auf der Suche nach einem Betreuer für meine zweite Promotion, die ich nun im Fach VWL schreiben wollte, besuchte ich u. a. ein Seminar des publikationsstärksten Professors einer führenden ökonomischen Universität. Eine Studentin fragte, ob sie etwas untersuchen dürfe, das mit der Realität zu tun hat, worauf der Professor antwortete: „Nein, keine Micky-Maus-Paper, nur Modelle!" Realität war für ihn also „Micky Maus" – z. B. die gesamte medizinische Forschung. „Richtige" Wissenschaft hingegen ist spekulativ und ohne jede Empirie. Dieses Erlebnis erschüttert mich heute noch. Zum Glück fand ich einen besseren Betreuer.

Noch undurchsichtiger wird es bei der Habilitation, der höchsten wissenschaftlichen „Prüfung", die faktisch oft eine seltsame Melange aus wissenschaftlicher Arbeit, Machtmissbrauch und Geklüngel darstellt. Früher war die Habilitation an deutschen Universitäten regelhaft Voraussetzung, um den Titel „Professor" zu erwerben; inzwischen gibt es auch vielfältige andere Möglichkeiten (z. B. Juniorprofessuren oder noch einfacher: der Kauf einer Stiftungsprofessur, eine sehr großzügige Spende an die Universität o. Ä.), sodass inzwischen kaum noch jemand die Lage durchschaut. Übrigens tummeln sich in diesem Umfeld manche Bürokraten, die ihre temporäre Macht an den Habilitanden auslassen, indem sie sie z. B. ihre Arbeit wegen formaler Lächerlichkeiten wiederholt zurückgehen lassen.

Je nach Habilitationsordnung der Hochschule sind die Regeln unterschiedlich, aber im Kern muss der Habilitand eine wissenschaftliche Arbeit nachweisen, die meist auf Veröffentlichungen in bestimmten, impactstarken Journals beruht. Dieser „Impact" bemisst sich daraus, wie oft die jeweilige Zeitschrift in anderen Zeitschriften zitiert wird (dazu unten mehr). Danach werden Gutachten von Fachleuten eingeholt, die darüber entscheiden, ob die Habilitation durchgeht oder nicht. Wissenschaftler, die mit dem Strom schwimmen und als Gegenleistung für geflissentliche Mitarbeit am Lehrstuhl von ihrem Habilitationsvater (der heißt so, obwohl die Habilitanden selbst schon nicht mehr jung sind) protegiert werden – indem der Vater z. B. die Gutachter passend auswählt und ihnen ein freundliches Gutachten nahelegt, was allerdings niemand wissen darf –, kommen in der Regel glatt durch. Hingegen wird ein Externer, der vielleicht sogar eine neue Idee hat, gnadenlos außen vor gehalten. Manchmal spielen auch persönliche Abneigungen eine Rolle – das mag im Eingangsfall so gewesen sein. Damit bleibt das System zugleich stabil und steril – wie es in der Medizin 2500 Jahre lang passiert ist.

Rechtlich gibt es, von Ausnahmen abgesehen, keine Möglichkeit, gegen ablehnende Gutachten vorzugehen – die Forschung ist auf dieser Ebene so spezialisiert, dass fast keiner mehr sie durchschaut.

Der entscheidende Punkt ist, dass hier Innovation *strukturell* verhindert wird: Denn die Gutachter *müssen* aus dem Gebiet stammen, in dem der Bewerber habilitiert werden soll, und sie sind in ihrer Gutachtertätigkeit vollkommen frei – oder willkürlich, je nachdem. Kopernikus wäre jedenfalls von den Gelehrten, die an die Drehung der Sonne um die Erde glaubten, nicht habilitiert (in den Klub eingelassen) worden. In den Naturwissenschaften kann sich eine neue Erkenntnis dennoch durchsetzen, wenn es gelingt, entsprechende experimentelle Nachweise zu führen (was sehr teuer sein kann). In Gesellschafts- und Geisteswissenschaften klappt das kaum.

Diese Gemengelage (von der Willkür bis hin zum Titelkauf) führt dazu, dass „man" dazu gehört, aber nicht darüber spricht. Nach außen werden Titel mit großem Aufwand zelebriert, aber beim internen Größenvergleich (freundlich formuliert), z. B. in der Vorstellungsrunde, flicht man nur ganz kurz ein, dass man sich habilitiert hat. Das Hochschulestablishment möchte nicht so gerne, dass die „Usancen" ans Tageslicht kommen.

Insgesamt verhalten sich Wissenschaftsbetriebe in diesem Punkt nicht anders als jede Firmenbürokratie: Niemand bringt eine Innovation voran, wenn der Chef nicht will. Systeme, die nur von oben kontrolliert werden, stehen in der Gefahr, nur noch die Interessen der Spitze zu verfolgen. Das ist offensichtlich bei Firmen, die den Zweck haben, den Wünschen der Eigentümer zu folgen. Aber auch öffentliche Einrichtungen verklüngeln, wenn es keine Kontrolle von außen gibt. Freilich ist es schwierig, Systeme so zu konzipieren, dass die Beteiligten sich gegenseitig kontrollieren. Dazu unten mehr.

15.2 Rankings und Drittmittel: mit Lichtgeschwindigkeit in die Einbahnstraße

Gegenüber der Willkür der Gutachter sind Rankings auf den ersten Blick ein Schritt hin zu mehr Objektivität. In der Medizin gibt es z. B. Firmen, die eine Vielzahl von Zeitschriften daraufhin untersuchen, wer wen zitiert. Die Zeitschriften, die am meisten zitiert werden, erhalten dann den höchsten „Impact Factor". Das sind durchweg amerikanische Zeitschriften, z. B. das *New England Journal of Medicine* mit Werten um 170 (2021, in der Thomson-Kalkulation); zum Vergleich: Deutsche Journals erreichen, wenn sie englischsprachig erscheinen, etwa 5–10, in deutscher Sprache 0–1.

Das Problem ist, dass auch auf diese Weise eine Einheitskultur entsteht: Weil alle Wissenschaftler versuchen, möglichst hochrangig zu veröffentlichen (denn daran wird ihre „Qualität" gemessen, und nicht zuletzt hängt ihr „Wert" daran, z. B. wenn sie Fördermittel beantragen), passen sie sich an Stil und Inhalte der führenden Zeitschriften an. Wenn nun aus irgendeinem Grund – z. B., weil es an empirischen Methoden mangelt – einmal eine falsche Richtung eingeschlagen wurde, dann rennt die gesamte Wissenschaftsgemeinde mit Höchstgeschwindigkeit in eine Sackgasse. So ist es, wenn man D. Tourish folgt, in der Führungsforschung geschehen. Auch R. Münch argumentiert:

> „Die Nachwuchsforscher in den USA haben diese Lektion schon früher gelernt als ihre europäischen Kollegen. Für sie ist es längst üblich geworden, die größte Mühe und die meiste Zeit in die Schaffung eines Datensatzes zu investieren, der dafür geeignet ist, aus ihm in den nächsten zehn Jahren eine Reihe von Aufsätzen zu generieren, die sich in einem Journal mit möglichst hohem Impact unterbringen lassen. Um welchen Forschungsgegenstand es dabei geht, ist zweitrangig. Die Forschungsfragen werden an das angepasst, was der Datensatz hergibt. Es kommt darauf an, dass exklusiv über einen Datensatz verfügt wird, der Individualdaten enthält, die sich mit den fortgeschrittensten Methoden auswerten lassen. Bisweilen führt dies Vorgehensweise zu originellen, theoretisch interessanten und methodisch versierten Beiträgen, meistens jedoch zu Pro-

dukten, die sich zwar methodisch auf der Höhe der Zeit befinden, aber keine interessante Frage beantworten können. Wer in dieses System gut hineinsozialisiert ist, schaltet zuerst einmal alle Risiken aus, die sich aus der Verfolgung von Fragestellungen ergeben, für die man noch keinen Sicherheit verbürgenden Datensatz hat. Deshalb wird die Forschung durch Peer Review zwar methodisch immer besser, dies geschieht aber auf Kosten einer wachsenden Eindämmung der theoretischen Neugier und der Verfolgung von Fragen, die über die Grenzen der Normalität hinausgehen." (Münch 2011, S. 147)

Leider muss ich das aus eigener Erfahrung bestätigen. In meinem eigenen Kerngebiet (Medizinökonomie) erhalte ich zur Begutachtung regelmäßig Arbeiten, die mit enormem Aufwand – vor allem hinsichtlich der Statistik und sonstiger Methoden – sehr sorgfältig Fragen bearbeiten, die inhaltlich komplett wertlos sind.

Münch weist in seiner Analyse noch auf eine Reihe weiterer Gefährdungen guter Forschung hin:

- Die Orientierung an „Eliteuniversitäten" muss nicht unbedingt zu besserer Forschung führen, sondern kann eine Art Monopolbildung bewirken: Die „besten" (d. h., reputationsstärksten) Unis erhalten am meisten Geld, ziehen die „besten" Forscher an (diejenigen, die die impactstärksten Journals bedienen) und erreichen damit hohe Bewertungen in Rankings. Monopole beseitigen aber den Wettbewerb, den Forschung unbedingt braucht.

    Im Übrigen zeigt Münch, dass die Zuspitzung der Forschung (the winner takes all) auf wenige Spitzenforscher insgesamt nicht sehr effizient ist. Nach seinen Berechnungen bringt eine größere Zahl an Professoren mit jeweils einer Handvoll Mitarbeitern mehr Ergebnisse.
- Auch wird der Wettbewerb sehr unfair. Universitäten, die allein aus ihrem Vermögen jedes Jahr 3 Milliarden US-Dollar an Zinsen ziehen, verfügen selbstverständlich über die bessere Ausstattung als finanziell klamme staatliche Einrichtungen. Zugleich sind die Gebühren solcher Eliteunis für Normalverdiener nicht erschwinglich, sodass kluge Kinder aus Normalfamilien von der Elite abgeschnitten werden.

- Drittmittel sind ebenfalls auf den ersten Blick ein gutes Instrument, um Forschung im Elfenbeinturm zu verhindern. Denn die externen Geldgeber, so wird unterstellt, achten darauf, dass auch etwas Nützliches beforscht wird. Aber dabei geht es nicht unbedingt um das Gemeinwohl, wie es bei der Forschung eigentlich der Fall sein sollte, sondern um kurzfristige Ziele (z. B. einfache Produktverbesserung) des jeweiligen Unternehmens. Im Gegenteil ist öffentliche Forschungsförderung gar nicht selten ein Mittel zur (verdeckten) Umverteilung von Geldern von unten nach oben: Eine Förderung funktioniert z. B. häufig so, dass ein Privatunternehmen die Forschung finanziert und der Staat die Hälfte davon erstattet (und die beteiligte Hochschule z. B. mit 80 % von deren Kosten finanziert). Wenn nun das Privatunternehmen ohnehin eine Produktentwicklung vorhatte, dann wird es auf diese Weise faktisch mit öffentlichen Mitteln bezuschusst (und spart die Hälfte seiner Entwicklungskosten).

Zugegebenermaßen neigt die Alternative zu Rankings (nämlich, dass die Forscher untereinander selbst entscheiden, was von wem erforscht wird) auch zur Selbstreferenzialität („Geklüngel"). Die Lösung besteht aber nicht in der Erzeugung von Scheintransparenz durch Rankings, sondern in echter öffentlicher Transparenz.

Das Erfolgsmodell Harvard
Harvard ist heute wahrscheinlich die erfolgreichste Universität weltweit – wenn man den Erfolg an Reputation, Studiengebühren und gewonnenen Preisen misst. Nun verfügt die Universität über einen Kapitalstock von über 30 Mrd. US-Dollar, aus dem sie jedes Jahr über 3 Milliarden US-Dollar Einkommen erzielt. Da z. B. medizinische Forschung sehr teuer ist, verschafft ihr das einen erheblichen Wettbewerbsvorteil. (Zum Vergleich: Die Universitätsklinik Köln hat einen Umsatz – wobei die komplette Krankenversorgung bereits eingeschlossen ist – von ca. 1 Mrd. Euro.) Es kommt dann die übliche Konzentrationsspirale eines natürlichen Monopols in Gang: Harvard verschafft Forschern die beste Ausstattung, lockt damit die besten Forscher weltweit an, und beides zusammen ergibt den besten Output. Es gibt aber noch ein weniger offensichtliches Erfolgsrezept, das ein Insider so beschreibt:

„Die Studierenden von Harvard kommen aus zwei Gruppen: Erstens die Kinder von Superreichen, denen die Eltern die extrem hohen Studiengebühren bezahlen. Und zweitens arme Superhirne, die ein Stipendium ergattern. Beim gemeinsamen Studieren und Saufen lernen die sich näher kennen und vertrauen sich. Wenn dann später die Schlauen in der Forschung aufsteigen, kriegen sie von ihren reichen Kumpels das Geld für ihre Produktentwicklung. Und Harvard beteiligt sich bei Ausgründungen mit ein paar Prozent."

Selbstverständlich werden die Gewinne nicht 50/50 zwischen Superhirn und reichem Sohn verteilt – der Löwenanteil bleibt beim Kapitalgeber (dem „gehört" ja das Ganze), aber die Forscher werden immerhin wohlhabend. Mit diesem aus Sicht der Universität tatsächlich sehr effizienten Verfahren wird die Intelligenz des Landes frühzeitig abgesaugt und in den Dienst der Kapitalverwertung gestellt. Im Grunde ist die Idee nicht neu, sondern funktionierte auch schon zu Zeiten fürstlicher Kaderschmieden. Demokratische Wissenschaft hat demgegenüber einen strukturellen Nachteil.

15.3 Folgerungen für das Verstehen und Leiten von Unternehmen und für die Gesellschaft

Lässt sich die Verklüngelung (hochsprachlicher: Vermachtung) wissenschaftlicher Einrichtungen irgendwie beheben? Wie kann man eine Gegenkontrolle einführen?

Auf den ersten Blick erscheint das fast unmöglich. Schließlich können sich Studierende schlecht selbst Noten geben.

Mir scheint, das beste Mittel gegen Klüngeln ist Transparenz. Vielleicht würde es helfen, wenn die Öffentlichkeit mehr Anteil nähme an dem, was in der Wissenschaft passiert. Sie könnte dann, direkt oder z. B. über die Wissenschaftsministerien, Einfluss nehmen. (Geheimbündler, die sich beobachtet fühlen, beenden in der Regel sofort ihr Geklüngel.) Insofern ist es schade, dass Wissenschaftszeitschriften an Bedeutung und Reichweite verlieren. Wenn man heute in die Ausgaben der Zeitschrift *Spektrum der Wissenschaften* schaut, die vor 40 Jahren erschienen, stellt man verblüfft fest, dass praktisch alle aktuellen Probleme – vom Klimawandel bis zu internationalen Konflikten – schon damals hellsichtig besprochen wurden. Allerdings gibt es kaum noch erstklassige Wissenschaftler, die bereit wären, ihre Forschungen auf ca. 8 Seiten für interessierte Laien aufzubereiten: Es lohnt sich nicht (solche Artikel sind für die wissenschaftliche Karriere nichts wert), und Wissenschaftlerethos allein bringt sie offenbar nicht dazu. Wie mir vor ca. 1 Jahr der Dekan einer großen und wohlhabenden Universität sagte: „Ich mache nichts mehr, wenn ich dafür nicht extra bezahlt werde."

15.4 PS.: Die Diktatur des Proletariats ist auch keine Lösung

Fallbeispiel

Die Antifa in K. hat zur Diskussion über Ausbeutung und Widerstand in der Nahrungsmittelindustrie eingeladen. Ungefähr 30 Personen haben den Weg in Saal XIV der Universität gefunden. Einige der Anwesenden würden auch bei einer Jura-Vorlesung nicht auffallen, ein anderer Teilnehmer trägt eine Latzhose, eine Teilnehmerin hat grüne Haare, ein Zuhörer erscheint mit Marx-Frisur. Zwei lesbische Frauen stellen deutlich zur Schau, dass sie gerade frisch verliebt sind. Die meisten hier sehen nicht nach ökonomischem Erfolg aus, und es liegt Bitterkeit im Raum – und der Wunsch, sich an den Ausbeutern zu rächen.

Esther K., die örtliche Leiterin, begrüßt die Teilnehmer. Sie ist Anfang dreißig, hochintelligent, hat ein herbes, aber sehr schönes Gesicht, trägt dezenten Goldschmuck und einen bauchnabelfreien Pullover; freilich zupft sie zwischendurch daran, als wolle sie ihre Blöße bedecken. Sie erläutert die Ziele der Antifa, die sich als radikale Linke und Speerspitze des Kampfes gegen Faschismus, Kapitalismus, Klimazerstörung und Patriarchat verstehe. Ihr Ziel sei die Befreiung der ArbeiterInnen von Ausbeutung und Unterdrückung. Dann leitet sie über zum Vortrag des heutigen Abends.

Drei Frauen treten nach vorne. Sie sind etwas jünger als Esther K., wirken etwas überfordert, klammern sich an ihr Manuskript und kichern manchmal nervös. Ihre Rede ist eher ungelenk. Sie berichten von dem Unternehmen, in dem sie als „Lebensmittelarbeiterinnen" beschäftigt sind, und in dem sie eine antifaschistische Zelle aufbauen. Als Erstes erklären sie, dass der Begriff „Frau" im Folgenden soziologisch gemeint sei, nicht biologisch. Frauen, erklären sie, seien doppelt von Ausbeutung betroffen: als Arbeiterinnen, aber auch als Trägerinnen unentlohnter Sorge-Arbeit. Das führe zur

> Einschränkung sexueller und reproduktiver Selbstbestimmung, vor allem hinsichtlich der freien Entscheidung für eine Abtreibung oder der Wahl der geschlechtlichen Identität. Der aktuelle Rechtsruck verschärfe diese Probleme massiv. Im Rahmen eines Streiks haben die drei politische Arbeit betrieben, um die arbeitenden Massen im Betrieb aufzuklären.
>
> Die anschließende Diskussion dreht sich lange um die Frage, ob man mit Gewerkschaften zusammenarbeiten solle, um auf die Arbeitsbedingungen einzuwirken, oder ob es besser ist, die Verelendung der ArbeiterInnen zu beschleunigen, damit Revolution und Diktatur des Proletariats schneller kommen. Dabei schenken sich die Teilnehmer untereinander nichts: Als einer vorträgt, dass es ihm schwerfalle, die Arbeiter in seinem Betrieb zu erreichen, doziert ein anderer, er habe damit gar keine Probleme; man müsse halt darauf achten, die politische Arbeit an den Wissenskontext der ArbeiterInnen anzupassen.
>
> Am Ende fasst Esther K. die wichtigsten Ergebnisse zusammen. Ihre Analyse ist bestechend präzise und scharfsinnig, aber sie selbst wirkt so hart und kalt, dass man die Pistole des Politkommissars im Nacken spürt: „Auf Einzelschicksale kann jetzt keine Rücksicht mehr genommen werden!"

Macht neigt zur Akkumulation. Der historische Normalzustand besteht darin, dass eine winzige Oberschicht die große Mehrheit der Gesellschaft beherrscht (vgl. Kap. 12). Zwar erzeugen egalitäre Gesellschaften oft blühende Hochkulturen (z. B. die attische Demokratie im 5./4. Jh. v. Chr.), aber sie sind nicht besonders stabil.

Machthaber geben ihre Macht ungern ab. Insofern hatte Marx recht mit seiner Annahme, dass eine Überwindung kapitalistischer Wirtschaftsformen nur möglich ein würde, wenn man die ökonomische Macht mit Zwang umverteilt. Falsch lag er allerdings mit seiner Hoffnung, dass in der Diktatur des Proletariats die staatliche Gewalt von selbst absterben würde. Dem stalinistischen Terror z. B. fielen Millionen Menschen zum Opfer. Die Vergesellschaftung der Betriebe reicht nicht, um Machtkonzentration und -missbrauch zu verhindern – politische und militärische Macht reichen für Gräueltaten völlig aus.

Literatur

Bieri P (2005) Wie wäre es, gebildet zu sein? Festrede, gehalten am 04.11.2005 zur Eröffnung der PH Bern. https://www.hoffbauer-stiftung.de/fileadmin/user_upload/hoffbauer/content/bildung/fort_und_weiterbildung/echris/schulwesen-allgemein/Peter-Bieri-wie-wa__re-es-gebildet-zu-sein.pdf. Zugegriffen am 24.11.2022. Auch gedruckt verfügbar, z. B. In: Hastedt H (Hrsg) Was ist Bildung? Reclam, Stuttgart 2012

Münch R (2011) Akademischer Kapitalismus. Suhrkamp, Berlin

Poser H (2001) Wissenschaftstheorie. Reclam, Ditzingen

Spiegel (2004). https://www.spiegel.de/lebenundlernen/job/wahnsinn-habilitation-die-willkuer-der-halbgoetter-a-299223.html. Zugegriffen am 23.11.2022

Thielscher C (2022) Wirtschaft und Gerechtigkeit. Springer, Wiesbaden

Tourish D (2019) Management studies in crisis. Cambridge University Press, Cambridge

Teil V

Lösungen

16
Anatomie und Physiologie – bessere Managementtheorie

Antike Ärzte wussten nichts vom Blutkreislauf oder der Funktionsweise innerer Organe; sie hatten fast keine wirksamen Medikamente, und operieren konnte sie auch nicht richtig. Die Möglichkeiten der modernen Medizin sind davon glücklicherweise meilenweit entfernt. Wäre es nicht schön, wenn Management und Managementlehre dieselbe Bewegung von faktischer Wissen- und Hilflosigkeit zur modernen Wissenschaft vollzögen?

Wie hat die Medizin es geschafft? Noch um 1730 behandelte der damalige Leibarzt des französischen Königs praktisch jede Krankheit mit Aderlässen. Der entscheidende Fortschritt kam, als die Medizin die Anatomie und Physiologie ihres Gegenstandes verstand. Zwar kannten schon die antiken Ärzte das Phänomen, dass der Urin mancher Patienten süß schmeckt (chinesische Ärzte sollen stattdessen untersucht haben, ob der auf die Erde geträufelte Urin Insekten anlockt), und sie nannten es – genau wie wir heute – „Diabetes mellitus", süßer Durchfluss (der ausgeschiedene Zucker zieht Wasser mit, daher müssen Diabetiker mehr Wasser lassen). Aber sie wussten nicht, dass die Bauchspeicheldrüse die zentrale anatomische Struktur der Erkrankung ist, und von Insulin auch nichts.

Das begann sich zu ändern, als Langerhans 1869 die nach ihm benannten Zellen der Bauchspeicheldrüse entdeckte. Etwa 20 Jahre später wurde ihre Rolle bei der Diabetesentstehung erkannt, und 1906 wurden erstmals Pankreasextrakte (aus Bauchspeicheldrüsen von Tieren) zur Therapie eingesetzt. *Das* waren wertvolle Erkenntnisse.

Daraus folgt: Um eine bessere Medizin zu bekommen, muss man

- krankheitsspezifisch vorgehen (also „Diabetes" untersuchen, NICHT „Krankheit an und für sich"),
- die (Mikro-)Struktur und Funktionsweise des Gegenstandes aufklären.

Dabei beginnt man am besten mit der Grobstruktur, schreitet von dort fort zur Feinstruktur, und von dort wiederum zur Funktionsweise.

Noch hat die BWL weder die Anatomie noch die Physiologie ihres Gegenstandes verstanden. Ich hoffe, dass ich in den letzten 15 Kapiteln deutlich machen konnte, wie sehr sie ihr Thema missdeutet: Demnach ist es ganz gleichgültig, ob man eine Frittenbude oder einen Chemiekonzern führt; Geschäftsführer sind stets großmütig, menschenfreundlich, ehrlich und selbstlos bestrebt, den Nutzen zuvörderst der Shareholder, aber gleichlaufend auch aller anderen Stakeholder zu mehren; alle Mitarbeiter handeln rational und kollegial entlang der vorgegebenen Ziele; und wenn doch einmal etwas schiefläuft, wird es vom Markt sofort zurecht konkurriert. Es gibt weder Interessenkonflikte noch Mobbing noch Korruption noch Rollenkonflikte noch „Politics" noch „Hidden Agendas" noch Persönlichkeitsstörungen noch Desinformation noch Machtmissbrauch noch Geklüngel noch Heuchelei noch Ungerechtigkeit noch Heimtücke. Auch lehrt die BWL nichts über spezifische Marktbedingungen, die Rolle von Gewerkschaften oder zur Akkumulation. Wenn überhaupt, dann müssen die Konsumenten ihre „Haltung" ändern (Csikszentmihalyi 2004).

Das Versagen der BWL wäre kein Problem, wenn Unternehmen gut funktionierten. Genau das gilt aber für die große Mehrzahl nicht: Nur 15 % der Mitarbeiter sind engagiert bei der Arbeit, der Rest macht Dienst nach Vorschrift oder hat innerlich gekündigt (s. Kap. 1, Einleitung). Es ist sehr unplausibel, dass das nur an den Mitarbeitern (und nicht am Versagen des Managements) liegt: Sind wirklich 85 % aller Menschen unfä-

16 Anatomie und Physiologie – bessere Managementtheorie

hig? Ich halte das für unwahrscheinlich. Hinzu kommen Millionen Leben, die unnötigerweise in Unzufriedenheit und Stress verbracht werden.

Was für eine Verschwendung von Lebensqualität und Produktivität! Zeit also, etwas zu ändern.

Die Lösung ist spiegelbildlich zum Problem. In diesem Abschnitt schlage ich einen Lösungsweg sowohl für die BWL als auch für die Zukunft des Managements und der Arbeit vor. Selbstverständlich handelt es sich nur um eine Skizze; aber eine Landkarte für ein noch unentdecktes Gebiet ist fast so nützlich wie die Begehung selbst.

Ich werde dabei zunächst auf den Ist-Zustand der Unternehmen eingehen und wie man ihn – dank besserer BWL – *unter den aktuell gegebenen rechtlichen und technischen Rahmenbedingungen* besser verstehen und managen kann. Im letzten, siebzehnten Kapitel hebe ich die Annahme gegebener Rahmenbedingungen auf und gehe der Frage nach, wie Unternehmen aussähen, wenn man sie und die Rahmenbedingungen komplett frei – „auf der grünen Wiese" – neu gestalten könnte.

Von der Quacksalberei zur modernen Managementlehre

Wenn man die BWL verbessern möchte, muss man also die Struktur und Funktionsweise realer Unternehmen betrachten. Das betrifft v. a. zwei Themen:

1. Die BWL muss mindestens reale Branchen untersuchen, je nach Situation sogar einzelne Unternehmen, anstatt über „Management an und für sich" in allen möglichen Branchen zu mutmaßen.
2. Sie muss reale Menschen mit ihren vielfältigen sozialpsychologischen Besonderheiten betrachten, statt über rationale Wesen zu spekulieren.

Zum ersten Punkt: *Unternehmen* sind sozialpsychologische Systeme mit einer technischen Basis in einem historisch gewachsenen Umfeld. So muss man sie auch – branchenspezifisch – analysieren (und nicht als quasi-rationale Zielfindungs- und Zielerreichungssysteme). Betriebswirtschaftslehrer müssen die Branchen kennen, über die sie lehren – genauso, wie ein Kardiologe das Herz kennen muss. Es reicht nicht, Managern oder Ärzten nur zu sagen, sie sollen „wirksam" sein. Man muss ihnen auch erklären, *wie* das geht. Die BWL muss ihre Faktendichte dramatisch erhöhen, statt Allgemeinplätze zu lehren („motivierte Mitarbeiter arbeiten besser").

Die BWL muss sich für Fragen der Art öffnen: Welchen Zielen dient Unternehmen X aktuell? Wie funktioniert die Branche: Wie viele Unternehmen gibt es, auf welchen Feldern konkurrieren sie, von welchen Annahmen gehen Eigentümer, Manager und Mitarbeiter aus? Welche Regeln bestimmen über Angebot und Nachfrage? Nebenbei bemerkt: Die Entstehung von Preisen ist ebenfalls abhängig von der jeweiligen Branche: In der medizinischen Versorgung werden sie behördlich festgelegt, in der Chemie kann man sie ausrechnen (Thielscher 2022b). Dass die Untersuchung erfolgreich war, erkennt man daran, dass man danach Frage der Art beantworten kann: Wie entsteht das Kommen und Gehen der Marktführer? Warum hat Frankreich aktuell vier junge Health-Tech-Einhörner (Unternehmen, die noch nicht börsennotiert, aber bereits mehr als eine Milliarde US-Dollar wert sind), Deutschland hingegen keines? Was genau macht Narzissten in Branche X so erfolgreich?

Eine bessere BWL, die ihren Gegenstand versteht, macht auch verständlich, welche Strukturen Unternehmen schaden (z. B. die Förderung von Narzissten), welche falschen Anreize zu gesellschaftsschädlichem Verhalten ermuntern (wie beim Blutskandal), warum Mitarbeiter gemobbt werden, und vieles mehr – sie nützt also nicht zuletzt dem Unternehmenserfolg selbst.

In diesem Buch wurde deutlich, dass Unternehmen in sehr verschiedenen Umwelten agieren, und dass die jeweilige Umwelt die richtige Strategie zumindest mitbestimmt: Chemieunternehmen z. B. benötigen viel Kapital und sind daher anfällig für hohe Kapitalkosten, während das bei anderen Firmen eine viel geringere Rolle spielt (z. B. bei Beratungsunternehmen).

Man kann und muss Unternehmen verstehen als Teil der gesellschaftlichen Entwicklung. Z. B. verstanden Geschäftsführer noch in den 1960er-Jahren ihre Aufgabe so, dass sie Anforderungen verschiedener „Stakeholder" (Eigentümer, Mitarbeiter, Kunden, die weitere Öffentlichkeit, die ökologische Umwelt usw.) zu balancieren hätten; seit den 1970er-Jahren rückten die Interessen der „Shareholder" (Eigentümer) ganz in den Vordergrund (übrigens auch aufgrund der Veröffentlichungen

16 Anatomie und Physiologie – bessere Managementtheorie

von Ökonomen, z. B. dem Artikel „The Social Responsibility of Business Is to Increase Its Profits" von Milton Friedman in der *New York Times* vom 13.09.1970).

Dass dieses Vorgehen prinzipiell möglich ist, habe ich an anderer Stelle (Thielscher 2017) am Beispiel der augenärztlichen Versorgung vorexerziert. Dadurch wird sehr klar, wie *dieser* Markt funktioniert, was Angebot und Nachfrage steuert, wie Preise entstehen, welche Ineffizienzen es gibt und wie man sie beheben könnte. Natürlich dürften sich die wenigsten Leser dafür interessieren, wie der Markt für Augenheilkunde 2017 funktionierte. Aber die Methode seiner Beschreibung ist prinzipiell auf *jeden* Markt anwendbar, weswegen ich die Kernpunkte wiederhole. Wem die folgende Darstellung zu kurz ist, kann sie in Thielscher (2017) ausführlich nachlesen.

Der Bedarf an Gütern und Dienstleistungen in der Augenheilkunde lässt sich ziemlich leicht beschreiben: Es handelt sich um Augenkrankheiten und deren Anzahl, und ihre Entwicklung in der Zukunft ist bekannt.

Nicht ganz eindeutig ist, wann Patienten einen Arzt aufsuchen: Ab wann halten sie z. B. ein „rotes Auge" für so schlimm, dass sie ihren Bekannten, ihren Apotheker und/oder Augenarzt um Rat fragen? Diese Wissenslücke ließe sich aber grundsätzlich erheben.

Das Angebot an niedergelassenen Ärzten, Kliniken und anderen Anbietern wird in Deutschland stark reguliert. Die Anzahl und Verteilung der augenärztlichen Klinikbetten wird von den Bundesländern geplant, während die Kassenärztlichen Vereinigungen (KVen) dasselbe für die niedergelassenen Ärzte tun. Diese Planungen sind nicht, wie es naheliegend wäre, an der Krankheitslast orientiert (d. h., sie folgen der tatsächlichen Krankheitslast), sondern schreiben die Ist-Zahlen der 1990er-Jahre fort, indem darüber verhandelt wird. Auch ist die Planung nicht qualitätsorientiert (indem z. B. eine besonders gute Klinik mehr Fälle behandeln dürfte). Optiker hingegen können grundsätzlich ihr Geschäft eröffnen, wo sie wollen; allerdings besteht Meisterpflicht.

Die Finanzierung augenärztlicher Leistungen wird in einem ziemlich komplizierten Verfahren von Krankenkassen und Kassenärztlichen Vereinigungen bestimmt: Zunächst wird die Gesamtvergütung für alle Ärzte verhandelt (faktisch von Jahr zu Jahr in etwa der Inflation folgend angehoben), danach der Betrag auf einzelne Ärzte verteilt. Die Preise sind also „politisch" festgelegte Verrechnungspreise.

Insofern ist die Struktur des Marktes ziemlich genau bekannt. Auch seine Funktionsweise lässt sich beschreiben: Die Pragmatik der Medizin („Was tun bei Weitsichtigkeit?") steht in Lehrbüchern. Sozialpsychologische Aspekte, z. B. die Fragen, wie Ärzte mit Patienten kommunizieren, sind aber noch besser zu erforschen. (Ein extremer Fall: der Urlaubsvertreter eines niedergelassenen Augenarztes fragt morgens den ersten Patienten: „Was können wir für Sie tun?" Worauf die Arzthelferin entsetzt dazwischenfährt: „Dafür haben wir keine Zeit!" Die Helferinnen waren gewöhnt, dass der Arzt nur die Rezepte unterschreibt, während sie alles andere selbst machen.)

Insgesamt wird eine Reihe von Problemen sichtbar:

- Die Patienten haben wenig Möglichkeiten, ihre Präferenzen (z. B. hinsichtlich ambulanter oder stationärer Behandlung) mitzuteilen.
- Wesentliche Teile der Versorgung (Menge und Preis) folgen weder dem tatsächlichen Bedarf noch einer belastbaren Qualitätsmessung. Tatsächlich ist Qualitätsmessung in der Medizin schwierig; statt dieses Problem zu lösen, werden aber häufig Scheinmessungen publiziert (die z. B. nicht Qualität, sondern Reputation messen (Thielscher 2011).

Tatsächlich liegt hier ein kombiniertes Markt- und Politikversagen vor. Der Markt versagt, weil Patienten nicht selbst darüber wachen können, ob sie angemessen behandelt werden: Sie wissen ja häufig gar nicht, was medizinisch angebracht ist. Daher können sie auch nicht die Preise bestimmen, wie sie es in anderen Märkten tun – indem sie Produkte nachfragen oder auch nicht. Die Politik versagt, weil sie das Angebot nicht an den tatsächlichen Patientenpräferenzen ausrichtet, sondern von Leistungserbringern und Kassen verhandeln lässt.

Das hat sehr konkrete Konsequenzen. Eine kleine Anekdote dazu: In den 90er-Jahren erlebte ich mit, wie ein Oberarzt (wohl auf Anweisung des Chefarztes) seine Assistenzärzte aufforderte, Patienten unnötigerweise über das Wochenende in der Klinik zu behalten, damit die Betten nicht leer standen (damals wurden Kliniken noch nach Krankenhaustagen vergütet). Dadurch ist niemand zu bleibenden Schäden gekommen, aber es zeigt, wie anfällig das System für Gemauschel ist, wenn es niemand überwacht. Vor dem skizzierten Hintergrund kann man das Verhalten von Unternehmen in diesem Markt verstehen, indem man weiter analysiert: es gibt xyz Augenkliniken mit xyz Ärzten; sie haben folgende innere Struktur … Der Chefarzt hat folgende Ziele, die er erreicht, indem er …

Solche Untersuchungen müssten die große Masse der BWL füllen.

Sieht man es so, dann erkennt man auch, dass es im Prinzip einfach wäre, zu einer guten BWL zu kommen, wenn sie sich der Frage öffnen würde, wie Märkte in der Realität funktionieren.

Natürlich ist dieses Forschungsprogramm aufwendig, weil man sehr viele Branchen bzw. Subsysteme von Branchen untersuchen müsste. Das ist genau wie in der Medizin, wo es eben auch Tausende Krankheiten gibt. Scheitert die moderne somatische Medizin daran? Nein, sie ist – im Vergleich zum 18. Jahrhundert – außerordentlich erfolgreich!

Zum zweiten Punkt: Wesentlicher Bestandteil von Unternehmen sind *Menschen*. Die BWL wird ohne sozialpsychologische Methoden kaum jemals belastbare Ergebnisse zustande bringen. Noch schlimmer ist eine „Systemtheorie", die Menschen bei der Untersuchung wegblendet. Sie kommt so weit wie eine Medizin, die nichts von Zellen wissen will.

Die BWL muss Menschen verstehen, und zwar in den Dimensionen Kognition (Was wissen sie?), Emotion (Was empfinden sie?) und Volition (Was wollen sie?). Dazu gehören auch Bedürfnisse nach Autonomie, Sicherheit und Sinn und Vorstellungen über Richtigkeit und Gerechtigkeit von Arbeit. Es ist nicht in Ordnung, dass „Gerechtigkeit" als Begriff weder in BWL- noch VWL-Büchern vorkommt; wenn dieser Mangel überhaupt thematisiert wird, dann häufig mit dem Argument, niemand wisse, was „gerecht" ist. Dass das nicht stimmt, sondern, dass man Gerechtigkeitsfragen sehr präzise auf Leistung, Bedarf und Vertrag zurückführen kann, habe ich an anderer Stelle nachgewiesen (Thielscher 2022a). Menschen können kooperieren, aber auch betrügen; sie können sich im Sinne der besseren Sache zusammenreißen, aber auch sich gehenlassen. Nicht zuletzt umfasst dies psychische Störungen, insoweit sie das Arbeitsleben betreffen, und zukünftige Entwicklungen. Wir müssen – im Kontext spezifischer Branchen! – besser verstehen, was Kooperation fördert.

Für Branchen und Menschen gilt: Die Managementlehre muss *spezifisch* werden. Denn selbstverständlich *kann* man untersuchen, was Erdkundelehrer tun sollen – welchen Zweck ihre Tätigkeit hat – und *wie* man ihnen erlaubt, diesen Zweck zu erreichen: Welche Ausbildung, Vergütung, Unterrichtsmaterialien benötigen sie? Und genau dasselbe gilt für Technische Zeichner in der Automobilindustrie, für Kellner in Fast-Food-Unternehmen usw. Warum sollte es nicht möglich sein, das alles besser zu verstehen? Offensichtlich ist es kein Problem, etwa das Erdkundewissen von Kindern zu messen, und auch nicht, es mit dem beobachteten Verhalten der Lehrer zu vergleichen.

Der Schlüssel zur Lösung liegt darin, klein anzufangen: mit einzelnen, vergleichbaren Mitarbeitern, z. B. Erdkundelehrern. Auch die Definition geeigneter Ziele ist nicht trivial, aber leistbar (etwa: die Kinder sollen erfolgreich und gerne Erdkunde lernen, im Kollegenkreis soll der Lehrer kooperativ und dabei selbst vergnügt sein).

Dann wird auch die „Führung" der Mitarbeiter (und in diesem Fall: der Erdkundelehrer durch die Schulhierarchie und der Kinder durch den Lehrer) anfassbar.

Hingegen wird man scheitern, wenn man „das" Management von allem zusammenfasst – genauso, wie man nicht „Krankheit an und für sich" untersuchen kann (sondern eben Tuberkulose, Divertikulitis usw. untersuchen muss).

Die BWL darf also nicht länger alle möglichen Arbeitssituationen, Personen, Umwelten in einen Topf (bzw. eine Untersuchungskategorie) werfen. Wahrscheinlich wird man sie neu starten müssen, indem man zunächst ziemlich fein granulierte Untersuchungen durchführt – so ähnlich wie in den ersten Kapiteln des Buches, die sich mit einzelnen Unternehmen, ihren Besonderheiten („Kultur") und ihrer historischen Realität beschäftigen. Später wird man Ergebnisse zusammenfassen und auf der Metaebene „Regeln", „Gesetze" usw. ableiten können.

Ebenso offensichtlich ist, dass diese Untersuchungen sich nicht vor der Realität wegducken dürfen. Sie müssen z. B. den Konflikt zwischen Kapital und Arbeit ebenso in den Blick nehmen wie die anderen verdrängten Probleme, die ich eingangs genannt habe. Die BWL muss endlich ideologische Scheuklappen abwerfen und sich trauen, den in vielen Unternehmen angelegten Konflikt zwischen Arbeitgeber- und Arbeitnehmer-

16 Anatomie und Physiologie – bessere Managementtheorie

interessen anzusprechen und zu untersuchen. Denn selbstverständlich weichen die Interessen der Eigentümer manchmal von denen der Mitarbeiter ab, z. B. hinsichtlich der Länge der Arbeitszeiten, des Arbeitseinsatzes usw. Bisher versucht die BWL auf Umwegen zum Ziel zu kommen und erfindet immer neue „Methoden" (zur Motivation, zur Mitarbeiter- und Unternehmenssteuerung, zu unternehmerischen Mitarbeitern, zur Selbststeuerung der Mitarbeiter …) – allesamt Modeerscheinungen, die kurzfristig wirken, aber nach wenigen Jahren schon wieder verlassen werden – anstatt sich dem Kern des Problems zu stellen. Anders gesagt: Motivationstheorien versuchen, den Grundkonflikt quasi-neurotisch zu umgehen (so, wie man bei Verdrängung ein Problem „löst", indem man es nicht mehr zur Kenntnis nimmt). Eine ordentliche BWL muss sich dem Problem stellen.

Und selbstverständlich darf die BWL als Wissenschaft sich nicht darauf beschränken, Techniken zu entwickeln, die „irgendwie" den Profit steigern – sie muss schon nach der Wahrheit suchen!

Journals, in denen BWL-Forschungen veröffentlicht werden, müssen ebenfalls besser werden: Sie dürfen nicht weiter sinnfrei vor sich hin klüngeln, wie D. Tourish gezeigt hat (Kap. 6).

Eine solche Analyse ist nicht nur erforderlich, um Unternehmen richtig zu steuern. Sie hilft darüber hinaus, kontraproduktive Strukturen im Umfeld der Unternehmen aufzudecken (und idealerweise abzuschaffen), die derzeit nicht in den Blick der BWL geraten. Ein sehr einfaches Beispiel soll das illustrieren: In ihrem TED-Talk berichtet L. Schweitzer (2022), wie ihr Sohn starb, nachdem in mehreren Krankenhäusern Behandlungsfehler passierten. Während eine der Kliniken anschließend mit ihr zusammenarbeitete, um solche Fehler zukünftig zu vermeiden, „mauerte" die andere, verweigerte das Gespräch und verwies auf ihre Rechtsanwälte. Frau Schweitzer beklagt zu Recht, dass dieses Verhalten inakzeptabel ist. Allerdings zwingt das US-amerikanische Rechtssystem Kliniken dazu, sich so zu verhalten, um Schadensersatzansprüchen auszuweichen. Anders gesagt: Ein Krankenhaus, das sinnvoll kooperiert, schadet sich selbst (bzw. seinem Träger). Man kann nicht dauerhaft Altruismus von handelnden Personen bzw. Unternehmensvertretern erwarten – hier muss man die Strukturen im Umfeld der Unternehmen ändern, wenn man das Problem lösen will (d. h., das Rechtssystem in diesem Punkt ändern). Davon handelt das folgende Kapitel.

Es ist geradezu ärgerlich, dass die BWL sich weigert, mit dem skizzierten Forschungsprogramm zu beginnen, denn das führt letztlich dazu, dass unser Wirtschaftssystem weiterhin von schlecht ausgebildeten Managern lausig gelenkt wird – mit den entsprechenden Folgen für Lebensqualität und Produktion und Verteilung von Gütern und Dienstleistungen.

Literatur

Csikszentmihalyi M (2004) Flow im Beruf. J. G. Cotta, Stuttgart
Schweitzer (2022). https://www.youtube.com/watch?v=qmaY9DEzBzI. Zugegriffen am 30.11.2022
Thielscher C (2011) Wo werde ich ordentlich behandelt? Ibidem, Stuttgart
Thielscher C (2017) Was kann die Gesundheitswirtschaft von der Medizin lernen? In: Matusiewicz D, Muhrer-Schwaiger M (Hrsg) Neuvermessung der Gesundheitswirtschaft. Wiesbaden, SpringerGabler, S 253–267
Thielscher C (2022a) Wirtschaft und Gerechtigkeit. Wiesbaden, Springer Gabler. (zitiert: 2022a)
Thielscher C (2022b) Wirtschaftswissenschaften verstehen. Wiesbaden, Springer Gabler. (zitiert: 2022b)

17

Bessere Unternehmen – besseres Leben

Im vorhergehenden Kapitel ging es darum, wie Unternehmen unter gegebenen Rahmenbedingungen besser funktionieren können. In diesem, letzten, Kapitel geht es darum, wie Unternehmen funktionieren *sollen* und wie man Rahmenbedingungen dafür passend einrichtet. Immerhin verbringen wir nicht nur einen großen Teil unserer Lebenszeit „auf der Arbeit", sondern wir beziehen auch „Sinn" aus ihr.

Wenn man diese Frage stellt, erregt man leicht Widerspruch: „Darf" die Gesellschaft (z. B. per Gesetzgebung – d. h. politisch) in Unternehmen eingreifen oder gar ihr Umfeld verändern? Führt das nicht sofort in schlechtes Management, vielleicht sogar zu stalinistischem Zwang? Droht nicht das Ende des Unternehmertums?

Aber das ist aus mehreren Gründen Unsinn: *Erstens* geht es nicht darum, freie Unternehmen abzuschaffen. *Zweitens* wird auch heute schon ein Teil der Unternehmenstätigkeit reguliert – beginnend mit dem Verbot der Kinderarbeit über die Gleichbezahlung von Männern und Frauen bis hin zur Förderung von Forschung und Entwicklung. Es mischen sich also immer schon private und öffentlich vermittelte Rahmenbedingungen für den Unternehmenserfolg.

Bisher entstehen diese Rahmenbedingungen mehr oder weniger zufällig; sie sind nicht optimiert. Wie denn auch? Solange man die Anatomie und Physiologie der Märkte nicht kennt, *kann* man sie gar nicht vernünftig steuern. Wirtschaftspolitik tappt im Dunkeln; Therapie ist Quacksalberei – wie in den vielen Beispielen von Markt- bzw. Politikversagen, die ich im Verlauf dieses Buchs aufgeführt habe.

Aber: Warum sollen wir die „Arbeit" dem blinden und zufälligen Spiel der Mächte in Politik und Wirtschaft überlassen? Sollten wir nicht bewusst (mit-)entscheiden, wie viel und welche Arbeit in welchen Branchen es gibt, wie sie verteilt wird, und was damit produziert wird – von schädlichen oder schlechten bis hin zu guten Produkten?

Nimmt man auf diese Weise nicht nur Unternehmen selbst, sondern die Volkswirtschaft insgesamt in den Blick, so hat das zwei wichtige Effekte:

1. Wir können die Zukunft unserer Arbeit steuern.
2. Wir können das Projekt der Aufklärung unterstützen.

17.1 Die Zukunft unserer Arbeit: Was wir wollen

Natürlich geht die Frage, wie „Arbeit" (und damit unser Leben samt unserer Tätigkeiten und unserer Konsummöglichkeiten) organisiert sein sollte, weit über die Möglichkeiten eines einzelnen Buches hinaus. Klar ist aber zumindest, was der größte Teil der Bürger möchte: vernünftige Arbeit und angemessene Arbeitsbedingungen, gute und nützliche Produkte und Fortschritt. Wesentlicher Bestandteil guter Arbeit ist *Gerechtigkeit*: Einkommen müssen angemessen und gerecht sein. Ungerechtigkeit zerstört Gesellschaften im Kleinen (Firmen) wie im Großen (Staaten). Klar ist auch, dass politische oder ökonomische Monopole und andere Formen von Markt- bzw. Politikversagen unerwünscht sind.

Wie das am besten geht, kann man nicht global, aber sehr wohl branchenspezifisch beantworten. Ich wiederhole mich: Betrachtet man einzelne Branchen, dann *kann* man ihre Struktur und Funktionsweise aufklären. Und innerhalb dieser Branchen lässt sich sagen, was gute Arbeit eines (zum Beispiel) Erdkundelehrers ist und wie man (zum Beispiel) eine gute Augenheilkunde bekommt. Auch ist Wettbewerb meist ein gutes Instrument, um übermäßige Machtkonzentration zu vermeiden. Dieser Wettbewerb kann viele Formen annehmen – rein marktliche, aber auch behördlich beeinflusste (etwa so, wie die Herstellung von Lebensmitteln reguliert wird).

Branchenspezifisch *kann* man mehr oder weniger sinnhafte Arbeit definieren: Wollen wir vielleicht weniger Arbeitsplätze, die zu Krieg, Umweltzerstörung und Verdummung beitragen, und dafür mehr, die etwas Nützliches produzieren? Wollen wir für mehr Arbeit sorgen, die Menschen erfüllt, Freude bereitet und gesund und ästhetisch ist?

Wollen wir die Steuerung unseres Arbeitslebens (nur) auf Eigentum und Hierarchie aufbauen? Denn typische hierarchische Unternehmen sind intern gar nicht demokratisch, sondern quasi monarchisch: Einer bestimmt, und die anderen führen aus.

Soll Arbeit auf bloße Warenproduktion und -verteilung reduziert werden oder hat sie einen Zweck? Wollen wir wie selbstbestimmte Menschen arbeiten, die stolz sind auf ihr Werk, oder wie neoklassische Roboter – in einer Lohnbeziehung ohne Sinn, auf den Austausch von Zeit gegen Geld reduziert?

Wollen wir Gerissenheit fördern (wie es ungesteuerte Märkte tun) oder vielleicht auch Geschicklichkeit, Freundlichkeit sowie eine Bildung, die Friedfertigkeit, Toleranz, Kontrolle und Kultur dient? Wollen wir weiterhin Orden an Leute verteilen, die anderen schaden (vergleiche die Beispiele geradezu empörender Ungerechtigkeit in diesem Buch), aber nahe an der Macht sind – oder wollen wir Gerechtigkeit auch in der Wirtschaft?

Sicher soll Wirtschaft die Energie nutzen, die durch den Wunsch nach besserem Leben („Eigennutz") entsteht, aber sie soll sie richtig steuern. Weder kapitalistische noch marktliche noch politische Steuerung von Firmen sind an sich gut oder schlecht. Es hängt von der jeweiligen spezifischen Situation ab, welche Branche man wie steuern muss, um die Wohlfahrt zu optimieren. *Davon* sollten BWL-Bücher detailliert berichten. Wir sollten endlich anfangen, das Thema zu untersuchen.

17.2 Aufklärung und Unternehmen

Menschen können in verschiedenen Achsen mehr oder weniger erwünschtes Verhalten zeigen: Sie können mehr oder weniger gebildet sein, sich mehr oder weniger für etwas einsetzen, und ihr Verhalten kann mehr oder weniger ethisch sein, also mehr oder weniger erwünschten Zielen dienen. Die Wohlfahrt nimmt in der Regel zu, wenn Gesellschaften erwünschtes Verhalten fördern und unerwünschtes hemmen. Das gilt für „Gesellschaften" im Kleinen, also Unternehmen, ebenso wie im Großen, also für einen Staat.

Kant (1784) versteht unter „Aufklärung" den „Ausgang des Menschen aus seiner selbst verschuldeten Unmündigkeit", und er definiert weiter: „Unmündigkeit ist das Unvermögen, sich seines Verstandes ohne Leitung eines anderen zu bedienen. Selbstverschuldet ist diese Unmündigkeit, wenn die Ursache derselben nicht am Mangel des Verstandes, sondern der Entschließung und des Mutes liegt, sich seiner ohne Leitung eines anderen zu bedienen. Sapere aude! Habe Mut, dich deines eigenen Verstandes zu bedienen! ist also der Wahlspruch der Aufklärung."

Mündiges Handeln setzt voraus: dass man weiß, wie richtig zu handeln ist – also Wissen und Bildung; und dass man handeln kann, wie es richtig ist – also Freiheit von ungerechter Unterdrückung; und dass man das richtige Handeln will.

Kant schreibt auch gleich dazu, was die Aufklärung bedroht: „Faulheit und Feigheit sind die Ursachen, warum ein so großer Teil der Menschen, nachdem sie die Natur längst von fremder Leitung freigesprochen (naturaliter maiorennes), dennoch gerne zeitlebens unmündig bleiben; und warum es anderen so leicht wird, sich zu deren Vormündern aufzuwerfen. Es ist so bequem, unmündig zu sein. Habe ich ein Buch, das für mich Verstand hat, einen Seelsorger, der für mich Gewissen hat, einen Arzt, der für mich die Diät beurteilt usw., so brauche ich mich ja nicht selbst zu bemühen. Ich habe nicht nötig zu denken, wenn ich nur bezahlen kann; andere werden das verdrießliche Geschäft schon für mich übernehmen. Daß der bei weitem größte Teil der Menschen (darunter das ganze schöne Geschlecht) den Schritt zur Mündigkeit, außer dem daß er beschwerlich ist, auch für sehr gefährlich halte: Dafür sorgen schon jene Vormünder, die die Oberaufsicht über sie gütigst auf sich genommen haben. Nachdem sie ihr Hausvieh zuerst dumm gemacht haben und sorgfältig verhüten, daß diese ruhigen Geschöpfe ja keinen Schritt außer dem Gängelwagen, darin sie sie einsperrten, wagen durften, so zeigen sie ihnen nachher die Gefahr, die ihnen droht, wenn sie es versuchen allein zu gehen. Nun ist diese Gefahr zwar eben so groß nicht, denn sie würden durch einigemal Fallen wohl endlich gehen lernen; allein ein Beispiel von der Art macht doch schüchtern und schreckt gemeinhin von allen ferneren Versuchen ab."

Aufklärung zielt darauf, Menschen mündig zu machen: Sie sollen einerseits wissen, was ist, und sie sollen nach Objektivität und normativer Rechtfertigung streben (Tiedemann 2023). Es soll Regeln geben, und sie sollen vernünftig sein. So verstanden ist Aufklärung der schmale und anstrengende Grat zwischen Dogmatismus (es gibt Regeln, aber sie sind nicht gerechtfertigt, sondern stammen aus Machtmissbrauch oder blindem Vertrauen auf Forderungen anderer) einerseits und der Auflösung jeder Regel im grenzenlosen Subjektivismus andererseits. Zugleich impliziert Rechtfertigung, dass die „richtige", und das heißt auch, die ethisch beste Entscheidung getroffen wird – und nicht diejenige des Machthabers, der allen anderen seinen Willen aufzwingt. Aufklärung schützt vor Bevormundung, verlangt aber Aktivität.

Aufklärung über Unternehmen bedeutet: Wir müssen Unternehmen, die in ihnen Handelnden, Märkte und gesellschaftliche Ziele transparent machen und dafür sorgen, dass gute Produkte und gute Firmen sich durchsetzen, und mit ihnen die richtig Handelnden in diesem Unternehmen. Wenn Märkte funktionieren, sind sie ein gutes Instrument, um genau dies zu erreichen. Wenn sie versagen, müssen andere Lösungen her. Das setzt, wie mehrfach betont, voraus, dass die BWL endlich reale Unternehmen in realen Märkten versteht.

Auch Journalisten, Historiker und Schulen müssen sich mehr mit Unternehmen beschäftigen, damit mehr Transparenz entsteht. Es ist auch nicht besonders schlau, wenn Zeitungen und Kabarettisten nur Politiker überwachen, hingegen selbst simple, aber wichtige betriebs- und volkswirtschaftliche Probleme verkennen. Wirtschaft muss wie jedes andere System kontrolliert werden, weil es sonst verklüngelt.

Und schließlich müssen wir, die Menschen in der Wirtschaft, sagen, was wir wollen, und von dort aus muss die Zielsetzung von Wirtschaft erfolgen. Das passiert bisher kaum – faktisch überlassen wir dem blinden Spiel der Kräfte unsere Wirtschaft und damit weite Teile unseres Lebens. Dabei sind diese Kräfte keine Naturgesetze, sondern durch juristische Regelungen vermittelt: Es liegt an uns, ob wir Monopole, Finanzkrisen, Umweltzerstörung zu Profitzwecken dulden oder nicht. Besseren Sonnenschein kann man nicht anordnen, bessere Firmen schon.

Zu fast allen Zeiten in fast allen Ländern bestimmte eine winzige Oberschicht von Königen, Fürsten und / oder Superreichen über das Schicksal der anderen, unmündigen Menschen. Dass diese anderen in Europa, den USA, Japan und einigen anderen Teilen der Welt seit einigen Jahrzehnten mitentscheiden, ist eine historische Anomalie; und leider gibt es gute Gründe für die Befürchtung, dass wir in einen Zustand wie vor der Aufklärung zurückfallen könnten (Tiedemann 2023). Wenn wir dafür arbeiten wollen, dass die Aufklärung noch eine Weile anhält, müssen wir für mündige Menschen sorgen.

Aufklärung erlaubt, Unternehmen so zu verstehen, wie sie sind, und sie zu führen, wie es richtig ist. Und umgekehrt tragen Unternehmen, die Mündigkeit und erwünschtes Verhalten fördern, dazu bei, das Projekt der Aufklärung am Leben zu erhalten.

Literatur

Kant I (1784) Beantwortung der Frage: Was ist Aufklärung? https://www.projekt-gutenberg.org/kant/aufklae/aufkl001.html. Zugegriffen am 25.03.2024

Tiedemann M (2023) Post-Aufklärungs-Gesellschaft. Brill Mentis, Paderborn

GPSR Compliance
The European Union's (EU) General Product Safety Regulation (GPSR) is a set of rules that requires consumer products to be safe and our obligations to ensure this.

If you have any concerns about our products, you can contact us on

ProductSafety@springernature.com

In case Publisher is established outside the EU, the EU authorized representative is:

Springer Nature Customer Service Center GmbH
Europaplatz 3
69115 Heidelberg, Germany

www.ingramcontent.com/pod-product-compliance
Lightning Source LLC
LaVergne TN
LVHW020341260326
834688LV00045B/1472